高等职业教育“十四五”规划教材

新时代劳动教育教程

XINSHIDAI LAODONG JIAOYU JIAOCHENG

高文红　王彦勇　袁红云　主编

中国农业大学出版社

·北京·

内容简介

本书定位于高职院校的劳动教育教学指导，采用项目任务教学模式，共分为 7 个项目，从劳动、劳动教育的内涵出发，简要介绍高职劳动教育的内涵、发展、类型与特征，并就劳动教育的理论基础进行阐述。在此基础上，本书分别从生活、校园、生产、专业、公益、文化传承 6 个方面开发高职劳动教育的项目实施方案，以劳动观念、劳动训练、劳动素养为主线，通过典型性、可实施性的劳动教育实践项目，为高职院校开展劳动教育提供必要的理论依据和实践指导。本书深入浅出、通俗易懂，体现知识技能的科学性、实用性以及内容的专业性等特点，便于组织教学，是高职劳动教育的通用教材，也可作为同年龄段读者的参考书，还可作为职业教育相关领域的研究者和管理人员用书。

图书在版编目（CIP）数据

新时代劳动教育教程 / 高文红，王彦勇，袁红云主编. -- 北京：中国农业大学出版社，2024.9. -- ISBN 978-7-5655-3284-9

Ⅰ. G40-015

中国国家版本馆 CIP 数据核字第 2024P82K28 号

书　名　新时代劳动教育教程

作　者　高文红　王彦勇　袁红云　主编

策划编辑　张　玉　　**责任编辑**　杨俊梅

封面设计　中通世奥图文设计

出版发行　中国农业大学出版社

社　址　北京市海淀区圆明园西路 2 号　　**邮政编码**　100193

电　话　发行部 010-62733489，1190　　读者服务部 010-62732336

编辑部 010-62732617，2618　　出　版　部 010-62733440

网　址　http://www.caupress.cn　　**E-mail** cbsszs@cau.edu.cn

经　销　新华书店

印　刷　天津鑫丰华印务有限公司

版　次　2024 年 9 月第 1 版　2024 年 9 月第 1 次印刷

规　格　185 mm×260 mm　16 开本　17.75 印张　440 千字

定　价　48.00 元

编写委员会

主　　任　李鹏丽

副 主 任　任利民　王书勤　王会民

编　　委　华梅志　张玉书　薛　刚　孔海珍

　　　　　　曹志国　张利平　张志研　武向梅

编审人员

主　　编　高文红　王彦勇　袁红云

副 主 编　侯贵宾　颜　冬　魏浩然

　　　　　　程淑琴　王同科

参编人员　刘宏印　烟玉华　冯文婷　任娜娜

　　　　　　董锋利　辛潇静　史平臣

主　　审　任利民

前言

习近平总书记强调，要在学生中弘扬劳动精神，教育引导学生崇尚劳动、尊重劳动，懂得劳动最光荣、劳动最崇高、劳动最伟大、劳动最美丽的道理，长大后能够辛勤劳动、诚实劳动、创造性劳动。2020 年，中共中央、国务院《关于全面加强新时代大中小学劳动教育的意见》和教育部《大中小学劳动教育指导纲要（试行）》相继发布，对新时代劳动教育作出了顶层设计和全面部署。党的二十大报告强调，坚持尊重劳动、尊重知识、尊重人才、尊重创造。职业教育的根本任务是对受教育者进行思想政治教育和职业道德教育，传授职业知识，培养职业技能，进行职业指导，全面提高受教育者的素质。因此，劳动教育引起各级各类职业院校的重视，同时各级各类职业院校开始针对劳动教育怎么搞、搞什么展开了不同层次的研究。本书就是在这个大背景下应运而生的。邯郸科技职业学院联合相关高职院校的专家，立项开展“高等职业学校劳动教育研究”，在研究基础上编纂《新时代劳动教育教程》。本书定位于高职院校的劳动教育教学指导，编写中力求构思新颖、内容丰富、结构完整、特色突出，较为系统地阐述高职劳动教育的价值、理论基础和实施路径，结构化呈现近年来高职劳动教育教学改革的研究成果。

《新时代劳动教育教程》采用项目任务教学模式，共分为 7 个项目，从劳动、劳动教育的内涵出发，简要介绍高职劳动教育的内涵、发展、类型与特征，并就劳动教育的理论基础进行阐述，包括哲学、教育学、行为学、经济学、心理学基础。在此基础上，本书分别从生活、校园、生产、专业、公益、文化传承 6 个方面，对高职劳动教育的项目实施方案进行开发，以劳动观念、劳动训练、劳动素养为主线，通过典型性、可实施性的劳动教育实践项目，为高职院校开展劳动教育提供必要的理论依据和实践指导。本书编写过程中力求深入浅出、通俗易懂，便于组织教学，体现知识技能的科学性、实用性以及内容的专业性，是高职劳动教育的通用教材，可作为同年龄段读者的参考书，还可作为职业教育相关领域的研究者和管理人员用书。

由于经验不足、学养有限，编者对高职劳动教育的把握和研究还远远不够，书中疏漏错误在所难免，恳请广大读者批评指正。

编　者

2024 年 6 月

目 录

项目一　劳动认知

知识目标

1. 理解劳动与劳动教育的内涵，理解劳动教育的特征；
2. 了解国内外劳动教育的发展与特征；
3. 掌握高职劳动教育的类型与内容；
4. 理解高职劳动教育的价值；
5. 掌握高职劳动教育的评价与途径；
6. 掌握劳动教育哲学、教育学、行为学、经济学、心理学基础。

能力目标

1. 能分辨劳动教育的类型；
2. 具有评价高职劳动教育的能力；
3. 能阐述高职劳动教育的价值；
4. 具有基本运用劳动教育哲学、教育学、行为学、经济学、心理学的能力。

思政目标

1. 培育正确的劳动价值观；
2. 培养热爱劳动、崇尚劳动的精神；
3. 培树勤俭节约、珍惜劳动成果的品质。

任务一　劳动教育认知

任务描述

劳动与我们的生活密不可分，在现代社会中，劳动作为人们日常生活的重要组成部分，发挥着不可忽视的作用。它不仅是实现个人价值和社会进步的根本基础，还是促进经济发展和社会稳定的重要动力。本任务我们就来了解劳动的内涵、类型与价值，明确劳动教育的内涵、特征，理解劳动教育的价值。

知识准备

劳动是中华民族千百年来的传统美德，对勤劳行为的倡导和赞美也是中国传统文化的重要组成部分。先秦的《击壤歌》就对古代劳动人民辛勤劳动的生活给予了歌颂："日出而作，日入而息，凿井而饮，耕田而食。帝力于我何有哉！"《朱子家训》中的"一粥一饭，当思来处不易；半丝半缕，恒念物力维艰"，也是教育子女们应该珍惜劳动成果、感恩劳动。中国的许多词语，如"勤劳致富""爱岗敬业""自食其力""多劳多得""不劳无获"等，都是我们应该传承的劳动价值观。

一、劳动概述

(一)劳动的内涵

"劳动"一词在我国古代一般用"劳""作"来代替，如《孟子·告子下》中的"劳其筋骨"，《国语·越语》中的"劳而不矜其功"、《庄子·让王》中的"日出而作"。古代的"劳动"另有释义，如"劳动故人庞阁老"中的"劳动"一词，就是"有劳了"和"感谢"的意思。那么，在现代社会生活中，"劳动"的含义又是什么呢？或者说我们目前使用的"劳动"一词该如何理解呢？

1. 马克思对劳动的释义

马克思认为，劳动"首先是人和自然之间的过程，是人以自身的活动来引起、调整和控制人和自然之间的物质变换的过程"。劳动过程的简单要素是有目的的活动或劳动本身、劳动对象和劳动资料。也就是说，劳动是指人们通过有目的的自身活动调控自然，从而获得所需物质的过程，包括劳动者的劳动、劳动对象和劳动资料3个基本要素。

在商品生产体系中，马克思对劳动的定义是："劳动力的使用就是劳动本身。劳动力的买者消费劳动力，就是叫劳动力的卖者劳动。"即劳动是劳动力的支出和使用。

2. 恩格斯对劳动的释义

恩格斯指出，劳动是指人们运用一定的生产工具，作用于劳动对象，创造物质财富和精神财富的有目的的活动。

3. 当代关于劳动的释义

在《中国大百科全书(哲学卷)》中，"劳动"的定义：劳动是人类特有的基本的社会实践活动，也是人通过有目的的活动改造自然对象并在这一活动中改造人自身的过程。

《简明不列颠百科全书》中的"劳动"是指人类在生产财富中所提供的有价值的服务(不是积累和提供资本，也不是承担经营企业的风险)。

《现代汉语词典》(第7版)中"劳动"一词的释义有3条：①人类创造物质或精神财富的活动，如体力劳动、脑力劳动；②专指体力劳动，如劳动锻炼；③进行体力劳动。

因此，劳动的内涵非常丰富，基本包括以下内容。

(1)劳动是人类自身的一种支出　人类在生活与工作的各项活动中，必定要消耗运动系统的能量，即体力的付出或支付；同时也离不开大脑的思维活动，脑细胞的运动产生记忆、思维、情绪、精神等，即脑力的付出或支付。因此，劳动是人类自身的一种支出，是一种体力与脑力的支出。

(2)劳动创造财富　人类通过体力与脑力的支出得到的生活生产所需的物质资料，是一种付出的回报，凝结着价值，是人类创造的物质财富。生活生产中的心情、态度、素质、知识、精神状态等,是人类创造的精神财富。物质财富为人类生存提供了最基本的物质资料,而剩余物质资料的形成产生了社会的分工,促进了人类社会的发展;精神财富如经验、知识等不仅满足了人类生存的精神需求,还加快了人类社会的发展。由此可见,劳动创造了人类生存与发展所需的物质和精神财富。

(3)劳动是一种活动　劳动是一种有目的、有计划的活动,并且是一种具有一定社会职能的综合动作。这种活动的目的是创造物质财富和精神财富,动机是为了生存与发展,动作是体力和脑力的消耗。

总之,劳动是指人类通过体力与脑力的支出而创造生存和发展所需物质财富和精神财富的活动。

(二)劳动的类型

按照马克思主义对劳动的分类,劳动可分为以下几类。

1. 依据劳动创造的价值分类

依据劳动创造的价值,劳动分为简单劳动和复杂劳动。简单劳动是指不需要经过专门训练和培养的一般劳动者都能从事的劳动,如流水线操作工的劳动。复杂劳动是指需要经过专门训练和培养,具有一定文化知识和技术专长的劳动者所从事的劳动,如科研人员、工程师、设计师等的劳动。

商品价值的形成与劳动的付出有着密切的关系。相对来讲,简单劳动创造的商品价值较低,而复杂劳动创造的商品价值较高。一般以简单劳动为尺度来衡量劳动创造的商品价值,复杂劳动等于多倍的简单劳动。在相同的劳动时间内,复杂劳动创造的价值大于简单劳动创造的价值。

2. 依据劳动支出呈现的方式分类

依据劳动支出呈现的方式,劳动分为脑力劳动和体力劳动。不同的劳动在劳动过程中的人体支出是不同的。劳动者以大脑神经系统为主要运动器官的劳动称为脑力劳动,如从事政治、文化、科学研究,组织生产,管理经济等;而劳动者以运动系统为主要运动器官的劳动称为体力劳动,如工程施工、农业生产、手工制作等。

3. 依据劳动生产的商品分类

依据劳动生产的商品,劳动分为具体劳动和抽象劳动。日常生活中常见的劳动都是能看得到的真实、具体而有结果的劳动。如做衣服、做蛋糕、绘画、植树、教室上课、打扫卫生等,这些都是具体劳动。衣服是用来穿的,蛋糕是用来吃的,画是用来欣赏的,这些不同质的具体劳动创造出不同质的使用价值,并且产生了交换的必要。因此,具体劳动是生产不同使用价值、不同性质和不同形式商品的劳动,它由生产的目的、操作方式、劳动对象、手段和结果决定。人类的生存与发展是离不开具体劳动的,具体劳动创造了商品的使用价值。抽象劳动,顾名思义,它是看不见的,是凝结在商品中的无差别的人类劳动。不同类别实物价值的等同与交换,如衣服与蛋糕的交换,是商品的等价交换,是实物差别的劳动交换,是抽象劳动价值的交换。

具体劳动和抽象劳动是劳动的二重性,也是商品的二重性。马克思指出:“一切劳动,从一方面看,是人类劳动力在生理学意义上的耗费;作为相同的或抽象的人类劳动,它形成商品价值。一切劳动,从另一方面看,是人类劳动力在特殊的有一定目的的形式上的耗费;作为具体的有用劳动,它生产使用价值。”例如教师上课,具体劳动是讲的什么内容、采用了哪种授课方式等,抽象劳动是教师讲了多长时间、教会学生多少知识等。

4. 依据劳动的主客体关系分类

依据劳动的主客体关系，劳动分为异化劳动和自由劳动。劳动的主体是指劳动者，劳动的客体是指劳动对象。劳动的主客体关系是指劳动者与劳动对象、劳动结果的根本关系，即劳动的主体劳动者与劳动所创造的产品及价值的所属关系。

异化劳动是私有制条件下劳动产生的异化现象。在资本主义社会中，工人阶级的劳动受资本家的控制，所创造的物质财富被资本家拥有；因生活所迫劳动者失去劳动的自由，被自己劳动所创造的价值统治，即工人阶级的劳动变为资本家的劳动——异化劳动。异化劳动是指人的物质生产与精神生产及其产品变成异己力量，反过来统治人。马克思认为，异化劳动是受一定生产关系制约的历史现象，将随着资本主义生产关系的灭亡而消亡。

自由劳动是指人的劳动由物的依赖性向自由个性的过渡。物的依赖性是人类社会生存的现实，只有生产力极大发展、社会物质产品极大丰富，才能实现从物的依赖性社会过渡到自由个性社会。自由个性社会是以人的自由全面发展为基础的社会。人的自由个性是指人不仅获得政治上的自由，享有自由的权力，而且还能够控制自己的社会关系和能力，独立自由地存在和发展，按照自己的个性特点自由地安排生活和活动。

5. 依据劳动的自然形态分类

依据劳动的自然形态，劳动分为生产劳动和非生产劳动。生产劳动是指创造物质财富的劳动，如农业劳动、建筑业劳动、手工业劳动等。生产劳动创造了人类赖以生存、发展的物质资料。在生产劳动过程中，人们形成物质资料生产、交换、分配、消费等方面的相互关系，这是生产关系本质的体现。非生产劳动是与生产劳动相对应的概念，是指不创造物质财富的劳动，如教育、文艺、文学、医护等的劳动。非生产劳动是以生产劳动为基础，随着生产劳动创造的物质资料有剩余以后才出现的；非生产劳动是为满足人们精神生活、医疗保健、生活服务的需求而产生、发展的。

（三）劳动的价值

劳动是人类生存发展的动力源泉，劳动的价值在于劳动促进整个人类社会和个体的发展，具体表现在以下 5 个方面。

1. 劳动创造了人类

人类生存与发展的最基本的实践活动就是物质生产劳动。人类通过数百万年的劳动实践，逐渐形成灵巧的四肢、发达的大脑、丰富的语言，并从自然界中分离出来。这充分说明，在从猿到人的进化过程中，劳动是决定性因素，劳动创造了人类。

恩格斯指出：“首先是劳动，然后是语言和劳动一起，成为两个最主要的推动力，在它们的影响下，猿的脑髓就逐渐地变成了人的脑髓。”恩格斯还指出，劳动是一切人类生活的第一个基本条件，而且达到这样的程度，以致我们在某种意义上不得不说：“劳动创造了人类本身。”

2. 劳动是人类生存的基础

为了生存和发展，劳动成为人类社会生活中极为重要、极为普遍的现象。“日出而作，日落而息”说明人类主要的活动是劳动。从根本上来讲，人类最初的劳动现象是为了从自然界中获取足够的生活资料，满足自身在衣食住行等方面的生活需求。物质资料的生产劳动是人类赖以生存和发展的基础。随着社会的发展，劳动不仅为人类创造了物质财富，还创造了精神财富，满足了人们日益发展的精神需求。因此，劳动是人类生存的基础。

3. 劳动推动了社会发展

马克思主义认为，劳动推动社会历史的进步，这是人最本质、最显著的特征。马克思强调：“对社会主义的人来说，整个所谓世界历史不外是人通过人的劳动而诞生的过程。”从这种意义上来说，劳动是推动人类社会进步的根本力量，是人类开创美好未来的源泉。

劳动是促进社会发展的动力。劳动是人的自然因素、社会因素和精神因素的统一。在劳动过程中，人是主要的劳动力，是生产力中起主导作用的要素，也是物质要素的创造者和使用者。人通过劳动创造了物质财富和精神财富，不仅满足了自身生存、发展和繁衍的需要，还在劳动过程中逐渐发展了社会生产力，提高了劳动技能，形成了一定的社会关系、人类文化。所以说，劳动推动了人类社会的发展。

4. 劳动促进科技文化的发展

文化源于劳动。陶铸曾说过：“劳动是一切知识的源泉。”人类在劳动过程中，需要制造和使用工具来获取原料，创造生存所需要的生产和生活资料，从而不断累积经验、吸取教训、获得知识、产生宗教信仰和理性思维，形成一个民族的文化。

科学技术是科学和技术的总称，简称科技。科学是人类关于自然、社会及思维过程的本质及运动规律的知识体系，这种知识体系是人类在长期的实践过程中创立，根据实践经验在科学原理指导下创造或发明的方法、技能和技巧等。从本质上看，科学技术是劳动，特别是脑力劳动的产物，是人类特有的创造性活动的结晶。人类所特有的劳动是科学技术和文化进步的源泉和动力。人民群众通过劳动促进科学技术和文化的发展。

5. 劳动促进个体的发展

劳动是人成长必需的课堂。人的一生离不开劳动，教育儿童要从小抓起、从身边小事做起。热爱劳动、尊重劳动、勤奋劳动是中华民族的优良传统。

劳动是促进个体发育的重要活动。劳动可以培育个体形成良好的道德品质和正确的价值观。劳动需要手脑并用，可以强健四肢、锻炼思维，从而促进智力和体魄的发育。马克思在回答燕妮问他世界上什么最光荣的问题时，坚定地说：“劳动最光荣。”

二、劳动教育的内涵与特征

(一)劳动教育的内涵

人们对于劳动教育的内涵有着不同的理解。劳动教育的内涵随着社会的发展而不断丰富、发展和完善。

马克思的劳动教育观认为，教育与生产劳动相结合是造就全面发展的人的唯一方法。马克思强调：“未来教育对所有已满一定年龄的儿童来说，就是生产劳动同智育和体育相结合，它不仅是提高社会生产的一种方法，而且是造就全面发展的人的唯一方法”。

《辞海》(第七版)中解释劳动教育是德育的内容之一，是受教育者树立正确的劳动观点和态度、养成劳动习惯的教育。《教育大辞典》中解释劳动教育是劳动、生产、技术和劳动素养方面的教育，旨在培养学生正确的劳动观点、劳动态度、劳动习惯，使学生获得工农业生产基本知识和技能。《中国百科大辞典》中指出，劳动技术教育是全面发展教育的重要组成部分之一，由劳动教育和技术教育两方面组成，劳动教育是以劳动实践为主，结合进行思想教育。

2020 年 3 月，中共中央、国务院《关于全面加强新时代大中小学劳动教育的意见》明确指出，劳动教育是“有目的、有计划地组织学生参加日常生活劳动、生产劳动和服务性劳动，让学生动手实践、出力流汗，接受锻炼、磨炼意志，培养学生正确劳动价值观和良好劳动品质”。

北京师范大学教授檀传宝认为，劳动教育是以提升学生劳动素养的方式促进学生全面发展的教育活动。由于劳动价值观是劳动素养的核心内涵，劳动教育也可以定义为是以促进学生形成劳动价值观和养成良好劳动素养为目的的教育活动。

从以上不同角度、不同层面对劳动教育的阐述来看，劳动教育首先是一种教育方式，这种教育的实现方式是劳动；劳动教育的目的是通过提升学生的劳动素养，促进学生的全面发展。由此把劳动教育定义为：劳动教育是指通过劳动有目的地对学生进行教育，是提升学生劳动素养、促进学生全面发展的教育活动。

（二）劳动教育的特征

劳动教育重在通过劳动达到教育的目的，它兼有劳动与教育的特点，又具有独特性。劳动教育的基本特征如下：

（1）教育的普遍性　劳动教育是我国教育方针的基本要求，是实施素质教育的重要内容，是培育和践行社会主义核心价值观的有效途径。我国的劳动教育实施涵盖了职业教育、普通教育、大中小幼不同学段，这充分体现了劳动教育的普遍性。陶行知曾说过“生活即教育”，这说明生活中劳动教育处处体现。生活中的劳动锻炼了我们的自理能力、动手能力、创新能力，培养了我们热爱劳动、崇尚劳动、奉献劳动的品质。

（2）突出的社会性　劳动教育是一种社会现象，它的发生和发展受社会发展规律的制约，主要是受经济基础、政治制度、生产力发展水平、科学文化等因素的影响和制约。新时代中国特色社会主义的劳动教育具有鲜明的思想性，将马克思主义劳动观贯彻始终，强调劳动者是国家的主人，一切劳动和劳动者都应该得到鼓励和尊重，反对一切不劳而获、崇尚暴富、贪图享乐的错误思想。

劳动教育使学校教育与家庭生活、社会实践、生产服务的联系紧密起来。通过劳动活动引导学生走向社会、认识社会，强化责任担当意识，增强社会责任感，体会社会主义社会平等、和谐的新型劳动关系。

（3）显著的实践性　劳动教育是以动手实践为主要方式的教育，其最大特征就是实践性。实践性是劳动教育课程区别于其他知识类课程的最大特点。学生通过亲身劳动，获得直接经验，提高运用知识的能力，掌握一定的知识和操作技能，体现了“做中学”和“学中做”的知行合一的教育理念。劳动教育引导学生在认识世界的基础上，学会建设世界、塑造自己。

（4）价值的核心性　教育与生产劳动相结合是马克思关于教育的基本原理，也是我国新时代全面发展“五育”素质教育的本质特征和根本途径。在德、智、体、美、劳“五育”中，“劳”位居第 5，但是却起着主要作用，是培育人全面发展的重要一环。劳动有树德、增智、健体、育美、创新等较为全面的教育功能。

劳动教育的核心是劳动素养的培育，而劳动素养的核心是劳动价值观。社会主义劳动教育的核心目标就是促进学生形成正确的劳动价值观。劳动教育让学生认识到劳动是一切社会财富的源泉，是实现个人成长进步的阶梯，是实现生命价值和生命意义的唯一途径。

（5）强烈的时代性　由于人类的发展、社会的进步，劳动教育有着强烈的时代性。新中国成立初期，国家建设百废待兴，这一时期的“三为”教育方针中的“教育为工农服务，为生产建设服务”明确指出，劳动教育是以体力劳动（生产劳动）为主的劳动教育，是促进生产建设的劳动教育。在我国大力发展社会主义建设时期，劳动教育以勤工俭学和半工半读的方式，培养体力劳动和脑力劳动相结合的新型劳动者，为国家各项建设事业输送技术劳动力。在中国特色社会主义建设的新时期，劳动教育全面素质育人，培养德智体美劳全面发展的社会主义建设者和接班人。2018 年 9 月，习近平总书记在全国教育大会上明确提出：“要在学生中弘扬劳动精神，教育引导学生崇尚劳动、尊重劳动，懂得劳动最光荣、劳动最崇高、劳动最伟大、劳动最美丽的道理，长大后能够辛勤劳动、诚实劳动、创造性劳动。”这对劳动教育提出了新时代的更高要求。

三、劳动教育的价值

1. 以劳立德树人

劳动教育重在培养学生的思想品德，目的是立德树人，促进学生的全面发展。学生良好的道德品质，正确的人生观、价值观、政治观及思想方法的培养源于劳动教育。

要通过日常生活劳动，增强生活自理能力，培养家庭责任感，形成勤俭节约的品质。朱柏庐《朱子家训》中的“黎明即起，洒扫庭院”，就是通过打扫庭院的劳动培养儿童创造环境美的意识，体会劳动中的美，培育爱劳动、爱干净的文明素养。参加学校劳动能促进团结协作、踏实肯干、意志坚定优良品质的形成。在社会实践与生产劳动中，培育爱岗敬业、大国工匠、崇尚劳动的精神，理解劳动的义务和使命，体会劳动创造美好生活，成为有大爱、大德和大情怀的人。从时传祥到袁隆平，从李素丽到杨利伟，虽然他们的劳动有着天壤之别，但是他们同样光荣。劳动不仅是对自己负责，还是对社会负责，它体现了一个人的人生观、价值观和世界观。

2. 以劳增智创新

劳动教育是人类有目的、有计划的特殊实践活动。在这种有目的、有计划的劳动过程中，人的大脑在积极活动，指挥肢体做出动作，促进智力的发展。人在用手把石头做成石刀、石斧以后，手变得灵活了，能够不断地获得新的技能；人的双手所做的精细动作越多，人就越能增强自身智力的发展。在劳动过程中，手、脑都在积极地“理解与思考”，边思考边劳动，促进了智力的发展。尤其对于儿童来讲，基本的劳动训练可以使儿童脑细胞得到更多的刺激，加快脑细胞的发育成长，促使双手和大脑协调发展，有利于智力的开发。在劳动过程中，人通过观察、推测促进逻辑思维能力和创新能力的发展。例如，在设计制作一个小木凳的过程中，设计制作者通过脑力劳动和体力劳动的结合，发现问题、解决问题、完成劳动，在劳动中促进了智力发展，培养了创新能力。

3. 以劳强身健体

不论是体力劳动还是脑力劳动，都是要耗费体能和精力的。尤其是体力劳动，在营养良好的情况下，能促进肌肉、骨骼的生长发育，增强心肺功能，改善血液循环系统状况，提高抗病能力，增强身体的适应能力，有利于形成健康的体魄，展示朝气蓬勃的精神面貌。

4. 以劳育美创美

劳动教育有利于加强和改进学校美育。在劳动过程中，树立“劳动最光荣、劳动最崇高、劳动最伟大、劳动最美丽”的劳动审美观；在劳动创造中，形成发现美、体验美、鉴赏美、创造美的意识和能力，从而提高审美能力和人文素养，培养高尚情操和文明素质。

劳动创造了美。人们在劳动中按照审美标准不断创造美的事物。例如，人们通过劳动创造了优美的服装、五彩的绸缎、精美的陶器、壮丽的大厦、宏伟的桥梁、秀美的园林、色香味俱全的佳肴等。

劳动体现了美。劳动的情景给人们带来一种无与伦比的美感，它真实而美妙的内在美让人们崇尚劳动。诗人海子的《麦地》赞美了种麦收麦劳作的父亲："月亮下，连夜种麦的父亲，身上像流动金子。"这首诗向读者描绘了一幅农业生产劳动的画面，它宁静而祥和、纯净而美丽、质朴而浪漫，生动真实地描绘了劳动之美。

5. 以劳学知掌技

将劳动教育与学生的个人生活、校园劳动和社会生活实践有机结合起来，不仅丰富了学生的劳动体验，提高了他们的劳动能力，深化他们对劳动价值的理解，还能使学生获得生活及工农业生产的基本知识和技能。

陶行知说："行是知之始，知是行之成。"这句话说明理论联系实践的必要性。学生参加实习实训、专业服务和创新创业活动，在劳动实践中把所学的知识融汇在一起，通过动手操作实施运用知识，不仅巩固了所学的知识和技能，还在实践劳动过程中发现问题并努力寻求解决问题的方法途径。

案例分析

2022年5月1日，重庆市举行了"新时代奋斗者——2022年重庆市最美产业工人发布仪式"活动，表彰了10名在全市各行各业作出突出贡献的优秀产业工人。重庆市轨道交通（集团）有限公司童家院子单轨车大修车间研发班工班长、国家级技能大师工作室暨劳模创新工作室负责人黄德勇，在仪式活动现场向全市所有产业工人说："10多年来我始终扎根一线，从'菜鸟'一步步成长为现在的国家级技能大师，同事们给我取了一个外号叫'活图纸'。坚守初心，扎根岗位，咱们产业工人大有可为！"

解析：

1. 劳动分为哪几种类型？黄德勇从事的是哪种类型的劳动？
2. 黄德勇的发言内容，说明了劳动具有哪些作用与意义？
3. 国家级技能大师黄德勇10多年的工作经历，验证了劳动教育的哪些价值？

任务实施

（一）制订实施方案

劳动教育认知：根据任务需要进行人员分组，6～8人/组；制订实施方案，具体方案见图1-1。

（二）准备材料用具

期刊、图书、笔、本、计算机等。

（三）具体实施步骤

1. 资料学习

在教师的指导下，学习劳动、劳动教育的内涵，劳动教育的特征与价值。

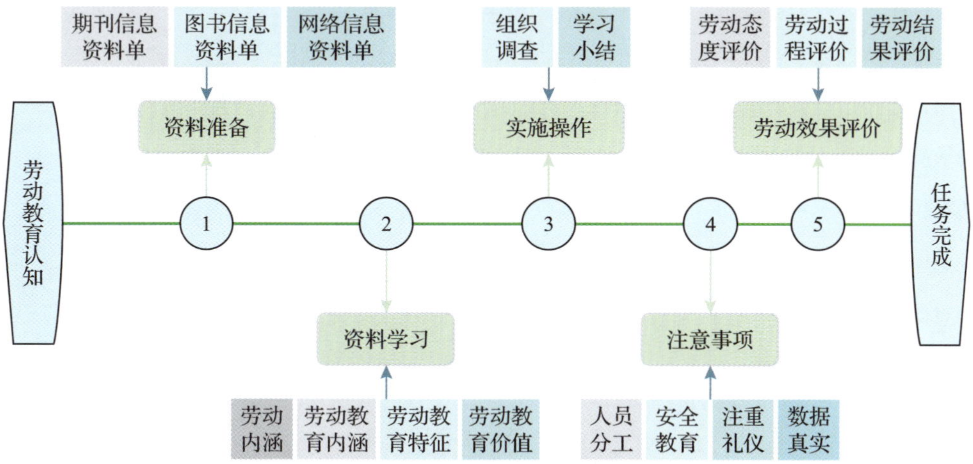

图 1-1　劳动教育认知实施方案

2. 组织调查

(1)调查准备　通过图书、期刊、网络查询等途径,了解我国、本省和当地劳动教育的基本情况。

(2)制订方案　以小组为单位制订调查方案,包括时间、地点、调查对象和内容等,并进行调查表格的设计。

(3)开展调查　在查阅资料的基础上,按照制订的调查方案,通过走访当地教育管理部门、教职员工、学生等,了解当地学校劳动教育的类型、目的等。

(4)调查总结　根据调查结果每人撰写 1 份不少于 600 字的调查总结,并在教师的组织下与同学们交流学习。

3. 学习小结

(1)学习收获　每人写 1 份学习收获。

(2)小组讨论　用集体的智慧完成 1 份较好的学习收获。

(3)典型发言　每组选 1 个代表进行典型发言,在全班讲解小组的学习方法、学习收获;组员补充收获的内容。

(4)小组评价　教师组织全班同学讨论、评价各小组的学习情况,实现全班同学共享学习资源和收获体会,巩固所学的知识内容。

(四)注意事项

(1)人员分工　实施前进行人员分工。

(2)安全教育　开展交通安全、人身安全、财物安全和网络安全等教育。

(3)注重礼仪　注重与人沟通交流的礼貌、礼节。

(4)数据真实　确保调查内容基础数据的真实性。

(五)劳动效果评价

劳动效果评价分为劳动态度评价、劳动过程评价、劳动结果评价。采用百分制,劳动态度评价占 30%,劳动过程评价占 40%,劳动结果评价占 30%。劳动态度评价表、劳动过程评价表和劳动结果评价表分别见表 1-1～表 1-3。

表 1-1　劳动态度评价表

劳动项目：　　　　评价对象：　　　　评价人：　　　　评价日期：

评价项目	分值	学生自评	组内学生互评	教师评价	总评
活动动机	20				
调研次数	30				
责任意识	30				
大局意识	10				
心得体会	10				

表 1-2　劳动过程评价表

劳动项目：　　　　评价对象：　　　　评价人：　　　　评价日期：

评价项目	分值	学生自评	组内学生互评	教师评价	总评
服从安排	20				
团队意识	20				
沟通能力	20				
行为表现	40				

表 1-3　劳动结果评价表

劳动项目：　　　　评价对象：　　　　评价人：　　　　评价日期：

评价项目	分值	学生自评	组内学生互评	教师评价	总评
信息查询	20				
深度访谈	20				
案例分析	20				
调查总结	40				

总结反思

任务二　高职劳动教育认知

任务描述

职业教育的目的是为企事业单位培养一线高素质专业技能型人才，那么劳动教育对于职业教育以及高职学生的作用、价值有哪些呢？本任务我们就来了解高职劳动教育的内涵，理解高职劳动教育的价值，掌握高职劳动教育的类型与内容，了解高职劳动教育的评价内容及途径。

知识准备

职业教育作为一种教育类型，区别于普通教育的重要特点在于它的实践性。实习实践是职业教育教学的重要内容。劳动教育以实践活动为主，与职业教育有着天然的内在一致性；离开劳动，离开劳动教育，职业教育将失去其应有的根基。高职劳动教育有着丰富的内涵、重要的价值、多样的类型、特色的内容以及评价内容。

一、高职劳动教育概述

（一）职业教育概述

1. 职业教育的内涵

职业教育是社会发展的产物，是人类文明发展的产物。职业教育产生于18世纪末的欧洲，最初采取学徒制形式；19世纪，随着工业的发展，一些欧洲国家开始以学校形式开展“技术教育”。而中国是1917年5月黄炎培等在“实利主义教育”思想的启发下，提出了“实用主义教育”，创办中华职业教育社，从此“职业教育”成为新中国成立前我国社会各界多数人通用的概念。

国内外对职业教育的理解存在一定差别，但对其内涵的理解却达成共识。1974年，联合国教科文组织在《关于技术与职业教育的建议（修订草案）》中建议使用“技术与职业教育”概念，对其内涵理解为：是普通教育的组成部分；是在某一职业领域就业准备的手段；是继续教育的一个方面。

1998年，联合国教科文组织在正式批准的《国际教育标准分类法》中提出，职业或技术教育主要是为引导学生掌握在某一特定的职业或行业或某类职业中从业所需的使用技能、专业知识和认识而设计的。

《国际教育辞典》中“职业教育”的定义：“职业教育是指在学校内或学校外为提高职业熟练程度而进行的全部活动，它包括学徒培训、校内指导、课程培训、现场培训和全员再培训。当今则包括职业定向、特殊技能培训和就业安置等内容。”

《教育大辞典》将“职业教育”释义为“传授某种职业或生产劳动知识和技能的教育”，内涵包括2个方面：①仅指培养技术工人类的职业技能教育；②泛指为谋取或保持职业而准备、养成或增进从业者的知识、技能、态度的教育和训练，不仅包括技能性，还包括技术性，与“职业技术教育”同义。

总而言之,职业教育是指适应个体发展以及经济和社会的发展要求,在一定的文化水平基础上,培养人们获得一定的职业资格,以及继续深造、职业发展所需要的知识和技能的综合职业素质教育。

2. 职业教育的类型

《中华人民共和国职业教育法》指出,要建立健全适应社会主义市场经济和社会发展需要、符合技术技能人才成长规律的职业教育制度体系,把职业教育分为职业学校教育和职业培训2大类。

(1)职业学校教育　分为中等职业学校教育和高等职业学校教育。中等职业学校教育由高级中等教育层次的中等职业学校(含技工学校)实施。高等职业学校教育由专科、本科及以上教育层次的高等职业学校和普通高等学校实施。其他学校、教育机构或者符合条件的企业、行业组织按照教育行政部门的统筹规划,可以实施相应层次的职业学校教育或者提供纳入人才培养方案的学分课程。

(2)职业培训　包括就业前培训、在职培训、再就业培训及其他职业性培训,可以由相应的职业培训机构、职业学校实施。

3. 职业教育的特征

(1)职业性　是指职业教育培养生产、服务、技术和管理所需要的高素质劳动者和技术技能型人才,注重学生职业能力的培养,具有以职业为导向、为就业服务的特点。

(2)社会性　是指职业教育是一种社会需求制约型的教育。也就是说,职业教育的办学必须与社会的需求与发展相适应,因为职业教育的培养目标、发展规模、结构和发展速度,既受社会需求的推动,又受社会需求的约束。在职业教育实施过程中,需要广泛吸引社会力量的参与,主要表现在职业教育的办学、教学、就业等方面都需要企业和行业等社会力量的大力支持。

(3)实践性　主要体现在教学过程及其培养的人才类型具有实践性的特点。职业教育主要是为企业培养应用型技术技能型人才,因此职业教育强调实际训练,突出技术技能教育,为经济社会发展培养一线应用型人才。职业教育必须根据企业生产经营的特点、技术创新的要求和劳动组织方式的变革等,把教学与生产、理论与实践、技术与创新相结合,做到面向社会、面向企业、面向生产。

(4)大众性　也称为人民性。职业教育是面向全民的教育。职业教育的大众性体现了职业教育必须最大程度地满足广大人民的需要,以服务人民为宗旨。在当今社会,绝大多数的社会职业,无论是技术的还是非技术的,都需要由经过一定的职业训练并获得职业资格的人来从事。这就决定了每个公民都必须接受一定的职业教育。我国实行“先培训,后就业”的原则,正是职业教育大众性的体现。

(5)终身性　是指职业教育是贯穿于人的一生的一种教育形式。一个人在一生中只有接受多次职业教育,才能不断地具有胜任各项工作的能力。随着社会的进步、科技的发展,人们也必须与时俱进,根据生产技术、设备工艺等的要求,不断接受职业培训,以提高自己的职业能力,满足职业的需要。

(二)高等职业教育的内涵

“高等职业教育”是“高等”与“职业教育”概念的复合。对其内涵的理解有3级:第1级是将它归入“高等教育”范畴,认为高等职业教育是高等教育中具有较强职业性和应用性的一种特定的教育;第2级是认为它只是“职业教育”范畴中处于高层次的那一部分,并不属于“高等教育”范畴;第3级则是把它泛化地理解为凡是培养处于较高层次职业技术人才(不管其属何种系列)的教育都属于高等职业教育,如把培养技术工人系列人才中的高级技工教育也看作高等职业教育,从而将“高等”与“高级”等同起来。

根据《教育大辞典》中的有关条目解释,高等职业教育属于第3级教育层次,而第3级教育“一般认为与‘高等教育’同义”,认为高等职业教育与普通高等教育一样,应包括学历教育和非学历教育2部分。

目前,国际上对高等职业教育概念的界定,都是根据联合国教科文组织制定的《国际教育标准分类》。根据《国际教育标准分类》中的有关说明,高等职业教育属于“高等教育”范畴,只是其课程计划有特殊性。高等职业教育面向的是某一特定职业或职业群体的实际需要,同时也针对某一特定学科领域的需要,比普通高等教育更定向于实际工作并更体现职业的特殊性。

2006年11月,教育部颁布的《教育部关于全面提高高等职业教育教学质量的若干意见》中明确指出:“高等职业教育作为高等教育发展中的一个类型,肩负着培养面向生产、建设、服务和管理第一线需要的高技能人才的使命,在我国加快推进社会主义现代化建设进程中具有不可替代的作用。”目前,我国对高等职业教育的界定为:高等职业教育是中国高等教育的组成部分,包括专科、本科和研究生3个学历教育层次,是面向生产、建设、服务和管理第一线需要的高技能人才的教育,是我国职业教育体系中的高层次教育。

2019年1月,国务院印发的《国家职业教育改革实施方案》中指出,“职业教育与普通教育是两种不同教育类型,具有同等重要地位。”它强调职业教育是一种“类型教育”;职业教育的转型就是职业教育的办学模式要从普通教育转向类型教育。新的职业教育的突出特点是:①办学格局由一元主体向双元主体转型,校企合作、产教融合、校企“双元”育人;②教育目标由单一需求向双重需求转变,即个人职业需求与社会需求的转变;③教育制度由共性制度向兼容并蓄制度调整,开放办学,体现知行合一的多维度教育制度,如“学历证书+若干职业技能等级证书”制度(简称1+X证书制度),学历证书和职业技能等级证书互通衔接、符合国情的国家资历框架制度,“文化素质+职业技能”的职教高考制度等。

(三)高职劳动教育的内涵

通过职业教育、高等职业教育的内涵来理解高职劳动教育的内涵,高职劳动教育应是高等教育、职业教育、劳动教育相结合的教育。下面从3个方面对高职劳动教育的内涵进行释义。

首先,高职劳动教育应属于高等职业教育的重要内容;其次,通过劳动对高职院校学生进行劳动素养、劳动价值观教育,培育学生的工匠精神与职业道德;最后,通过劳动教育提高学生的劳动能力,培养高职院校学生扎实的劳动知识与技能,使他们学会创造性劳动,运用劳动技能解决现实问题。

二、国内外劳动教育的发展与特征

(一)我国劳动教育的发展与特征

1. 我国劳动教育的发展

我国是在1981年将“劳动技术教育”正式列入课程。我国教育专家、学者对劳动教育的研究主要集中在20世纪80年代，研究对象主要是中小学生的劳动教育，对于大学生劳动教育的研究比较少，对于职业教育学校的劳动教育研究就更少了。2008年，国内学术界对大学生劳动教育问题进入热研阶段，其研究内容、视角及方法丰富多样，但高职劳动教育课程的研究开发仍是弱项。

高职劳动教育主要是开设劳动技术课程，让学生在教育者的引导下，通过独立活动或者与他人合作，在设计、制作、使用与维修等一系列劳动体验、专业实践和实际探究的技术活动过程中学习技术知识，掌握技术操作，增强技术意识，提高劳动技术素养。

党的十八大以来，党和国家对于劳动和劳动教育的重视程度日益提高。为构建德智体美劳全面发展的教育体系，2020年3月，中共中央、国务院印发了《关于全面加强新时代大中小学劳动教育的意见》，对新时代劳动教育作出了顶层设计和全面部署。劳动教育迎来了历史性的春天。

2020年7月，教育部印发的《大中小学劳动教育指导纲要(试行)》提出，在大中小学设立劳动教育必修课程。职业院校开设劳动专题教育必修课，不少于16学时；普通高等学校要将劳动教育纳入专业人才培养方案，明确主要依托的课程，可在已有课程中专设劳动教育模块，也可专门开设劳动专题教育必修课。因此，高职劳动教育亟须开发教育课程，以促进职业院校劳动教育的实施。

2. 我国劳动教育的特征

我国劳动教育历经了曲折而艰辛的发展道路，其突出的特点是阶段性、体系性、核心性、时代性。

(1)阶段性　不同历史时期劳动教育的教育目的有所不同。改革开放以前，劳动教育主要是劳动与生产相结合；改革开放以后，劳动教育成为对学生进行思想政治教育的重要途径。高校劳动教育，尤其是高职劳动教育更注重职业化、专业化的劳动实践，多关注生产技术、生产工艺等的更新发展。新时代的劳动教育是以“育人为本，德育为先”为标准，强调劳动价值观、劳动态度和劳动品格的塑造，培养受教育者的劳动素养，进而在全社会形成积极向上的劳动风尚。

(2)体系性　中共中央、国务院印发的《关于全面加强新时代大中小学劳动教育的意见》中指出：“劳动教育是国民教育体系的重要内容，是学生成长的必要途径，具有树德、增智、强体、育美的综合育人价值。实施劳动教育重点是在系统的文化知识学习之外，有目的、有计划地组织学生参加日常生活劳动、生产劳动和服务性劳动，让学生动手实践、出力流汗，接受锻炼、磨炼意志，培养学生正确劳动价值观和良好劳动品质。”因此，劳动教育成为独立学科，具有独立的教学体系；劳动教育的效果更好地发挥在高等教育人才培养的各个环节中，也落实在“三全育人”的教育体系中。

(3)核心性　立德树人是教育的根本。新时代要构建德智体美劳全面发展的教育体系，而劳动教育作为全面发展教育体系的重要组成部分，承担着高校立德树人的重大使命。加强劳动教育可以帮助学生提升劳动技能，培养劳动态度、劳动习惯和劳动品德，并为以后的工作和生活奠定坚实的基础；能促进学生知、情、意、行的转化，使学生在实践中强化对社会主义核心价值观的认同。

(4)时代性　劳动创造了人类，人类劳动推动了社会发展。目前我国正处于由“中国制造”向“中国创造”转变的时期。新时代要求新发展，而新发展最大的动力是劳动。只有劳动才能实现个人的发展、社会的发展。学生是祖国的未来，是建设中国、实现“百年”奋斗目标的国家栋梁，是实现“中国创造”的主力军；而高职院校的学生更是各行各业生产建设的一线技术力量，肩负着国家富强、民族复兴的重任。因此，劳动教育是实现中华民族伟大复兴中国梦的现实需求，具有现实的时代性。

（二）国外劳动教育的发展与特征

1. 国外劳动教育的发展

20 世纪 80 年代中期，世界上许多发达国家开始进行面向 21 世纪的课程改革。这次世界性的教育改革的共同特点是整个教育内容为适应社会科技文化进步和劳动世界需要而演变，加强道德、情感和劳动技术教育。各国纷纷开始将技术和生产劳动引进学校，使之成为课程整体设计中的内容。

虽然世界各国设置劳动技术课程的名称和内涵各不相同，但大都包括劳动教育和技术教育 2 个方面。随着现代科学技术的迅速发展，世界各国劳动技术教育的核心也越来越趋于一致——提高学生的技术素养。技术素养教育不仅在内涵上包含了最初劳动技术教育课程层面的劳动教育和技术教育，还在外延上进行了拓展。

2. 国外劳动教育的特征

（1）“以生为本”的劳动教育　通过劳动教育培养学生的生活自理自立能力。美国高校主要是以学生发展理论为指导开展大学生劳动教育，主张“以生为本”，重视培养学生的独立能力，减轻他们对家长的依赖；通过强化“自我教育、自我管理、自我服务、自我监督”，让学生在应对挑战的同时，实现自我价值和完全独立。美国成人教育突出地表现为独立适应社会的生存能力的培养，将“想花钱自己挣”的观念植入学生心中，使学生通过修草坪、送报纸、刷盘子等方式挣零花钱。高校学生利用课余时间和假期打工挣学费、生活费，在劳动中获得自信、幸福感和责任感。日本“生活本位”的劳动教育理念强调家庭、学校、社会“三位一体”的多途径劳动教育。学生在家庭做力所能及的事情，如做饭、打扫卫生、种菜、养花等，培养生活自理、生存自立的能力；学校设有专门的劳动教育课程，如家政学课、环境净化与美化课、专业技能课等，组织学生参加社会实践活动、志愿者体验活动。

（2）“就业目的”的劳动教育　劳动教育主要是以就业为目的。通过劳动教育培养学生的专业劳动技术、技能，为岗位培养专业人才。20 世纪 70 年代，美国有 1/3 的高中生在读完高中后，既无法接受高等教育，又没有获得谋生的一技之长。因此，美国国会通过了《生计教育促进法》，拨款对学生实施生计劳动教育，让学生对选定的职业进行深入研究，并通过增加访问、见习、实际操作的机会，使学生积累实践经验，深化对职业的认识；通过劳动教育使学生掌握专业技能，为职业选择作准备。德国高校的劳动教育更是与专业相结合，突出专业技术、技能的培养。德国高校教育实行“双元制”教育模式，通过学校的理论教育与企业培训的实践教学交替进行，提高学生的专业技术、技能。

（3）“公民素养”的劳动教育　许多国家进行公民劳动教育的常见方式就是“志愿服务 / 社区服务”与“服务学习”。服务学习是从 20 世纪 60 年代开始在美国兴起的。1969 年，美国南部地区教育委员会、亚特兰大市政府和亚特兰大城市联盟等联合召开会议，讨论服务学习在教育领域的重要性。会议达成了 3 点共识：①学校必须鼓励学生参与社区服务，并对服务学习给予认可；②学校、民间组织、联邦和州政府必须为学生提供参与服务学习的机会和专项资金；③学生、教师必须参与服务学习的规划与实施过程。1990 年 2 月，美国颁布了《国家与社区服务法案》,首次在法律上明确了服务学习的地位。1993年,美国颁布了《国家与社区服务信托法》,规定联邦政府对开展服务学习给予资金支持,鼓励政策制定者、学校和民间组织探索新的合作方式,把学生与学校、社会重新联系起来。上述法案的颁布,提高了服务学习的地位,使服务学习有了稳定的资金来源,极大地推动了服务学习的发展。现在美国每个州都开展服务学习,有些州还将服务学习作为公民教育计划的组成部分,并把它作为学生从学校毕业的基本条件之一。

美国学校都会因地制宜地开展社区志愿服务活动,如为正处于康复期的家庭提供服务、清洁社区、与残疾学校的学生联谊、为弱势群体发起捐献生活物品活动、回收废物、为疗养院制作装饰品、为残疾儿童制作圣诞卡、宣传禁烟等。这些活动使学生变得更加具有同情心和责任感。新泽西理工学院在每学年的春假、暑假、寒假甚至周末都会开展"假期项目",安排学生去校外考察,让学生与被服务者短期内近距离地生活在一起,合作应对当地社区亟须解决的问题,如饥饿问题、艾滋病问题、流浪人员问题、环境问题、女性问题和经济复苏问题。普林斯顿大学的工程学教授曾带领一群学生开展贫困社区家庭节能项目,该小组向社区居民传授如何利用太阳能节约家庭燃料开支。通过社区参与,学生不仅学会将课堂上所学的理论知识应用到实际问题的解决中,还懂得在学校里学到的理论知识对于环境和人类社会发展的影响,进一步强化自己的公民责任意识。

三、高职劳动教育的价值

高职院校教育的独特之处就是实践性,是培养学生的专业技术与技能。归根结底,一切都体现在专业实践活动中,即学生要参加专业性强、具有高等技术要求的劳动。由此可见,高职劳动教育与学生的发展是密不可分的,二者是融于一体的。

1. 培养工匠精神

工匠精神是指劳动者在制造或生产中精益求精的态度,是职业精神、职业道德、职业品质的体现,是从业者爱岗敬业的表现。它包括爱岗敬业、精益求精、不断创新等。

高职院校学生在参加各项劳动教育,尤其是专业生产劳动教育时,能够进一步加强对今后所从事工作岗位的认知,增强爱岗敬业精神。在高职劳动教育中,对学生劳动过程中的每一个环节进行评价,让学生从细节、小事做起,认真对待每项劳动,培养精益求精的劳动态度。通过解决劳动过程中出现的问题,不断培育学生的创新意识和能力。

2. 提高动手能力

动手能力也称为实践能力,通常是指把理论知识灵活地、创造性地应用到实践中去,使理论和实践相结合。高职教育人才培养的目标就是为生产一线培养具有高级专业技术技能的人才。因此,高职劳动教育强调锻炼学生的动手能力,让学生把所学、所知的理论知识及经验运用到劳动中,并通过动手实践丰富自己的知识。俗语"光说不练假把式"指的就是理论知识丰富,但缺乏实践动手能力。劳动也是如此,看似简单的劳动,并非每个人都能完成,在完成过程中动手实际操作是关键。由此可知,劳动教育让学生动起来,亲身体验操作技能,提高动手能力。

3. 增强健康体质

劳动教育以劳动为基本活动。生活、工作中的每项具体劳动都是通过身体的协调运动实现的,可以说劳动锻炼了四肢,强壮了身体,疏通了血脉,提高了人体免疫力。

4. **培育审美能力**

审美能力是美育，也称为艺术鉴赏力，是指人感受、鉴赏、评价和创造美的能力。审美能力是后天培养的。学生在劳动教育中凭借体验而感受劳动形式的美，并对劳动成果有一定的评价与鉴赏能力。不同的劳动通过多种艺术形式与技巧，培养学生创造美的能力，有利于学生形成文明、健康、科学的生活习惯。

四、高职劳动教育的类型与内容

《关于全面加强新时代大中小学劳动教育的意见》指出："加强政府统筹，拓宽劳动教育途径，整合家庭、学校、社会各方面力量。家庭劳动教育要日常化，学校劳动教育要规范化，社会劳动教育要多样化，形成协同育人格局。""根据教育目标，针对不同学段、类型学生特点，以日常生活劳动、生产劳动和服务性劳动为主要内容开展劳动教育。结合产业新业态、劳动新形态，注重选择新型服务性劳动的内容。"这充分说明不同类型的劳动教育对学生劳动精神面貌、劳动价值取向和劳动技能水平的影响深远。了解高职劳动教育的类型对劳动教育的进一步实施意义重大。一般来说，根据劳动教育的内容，高职劳动教育可分为生活劳动教育、校园劳动教育、生产劳动教育、专业劳动教育、公益劳动教育、文化传承性劳动教育 6 种类型。

（一）生活劳动教育

生活劳动教育是指对学生开展以个人生活事务处理为主要内容的劳动教育。在劳动教育中结合开展新时代校园爱国卫生运动，注重生活能力和良好卫生习惯的培养，让学生树立自理、自立、自强的品质。生活劳动教育包括家庭生活劳动教育、校园生活劳动教育和社会生活劳动教育。

1. **家庭生活劳动教育**

家庭生活劳动教育是指家庭成员为了维持正常生活而付出的没有报酬的劳动，是无偿劳动的一种，包括为自身提供的家庭生活劳动和为家庭成员提供的无偿护理劳动，如洗衣，做饭，房间整理，家电装调，打扫卫生，照顾孩子、老人或病人等。

参加家庭生活劳动教育可使学生提高劳动素养，养成积极的劳动态度和良好的劳动习惯，培养热爱劳动、自觉劳动的意识。学生的家庭生活劳动教育应该从小抓起，从生活自理劳动做起；家长、老师需有目的、有计划地让学生参加家庭生活劳动，让学生在成长的不同阶段承担不同的家务劳动项目，培养劳动习惯，树立爱劳动、自觉劳动的理念。

2. **校园生活劳动教育**

校园生活劳动教育是指学校开设的生活劳动教育课以及为了维持良好校园生活环境而付出的必要劳动，包括课堂生活劳动教育和课外生活劳动教育 2 部分。

（1）课堂生活劳动教育　实现的主要形式是劳动课，包括家政劳动课、生活劳动技能课、劳动艺术课等。家政劳动课是让学生掌握生活技能，以提高学生的生活能力与服务能力，如衣物收纳、糕点制作、洗衣做饭等；生活劳动技能课可以让学生学习工农业相关知识，如维修小家电或日常用品等；劳动艺术课能挖掘学生的艺术细胞，如个人形象设计、房间装饰、创意编织、基础摄影等，让学生通过劳动感受艺术美、创造艺术美。

（2）课外生活劳动教育　主要包括个人生活活动和环境卫生扫除。个人生活活动包括保持个人卫生、洗衣、整理个人物品等，锻炼学生的集体生活能力，形成良好的个人卫生习惯。环境卫生扫除包括教室卫生、宿舍卫生和校园卫生的扫除。

3. 社会生活劳动教育

社会生活劳动教育是指利用自己的业余时间，为他人、为社会提供的生活劳动，它可以使学生了解社会、走入社会、服务社会，增强学生的责任意识和劳动意识，培养学生乐于奉献的精神。

社会生活劳动教育是通过学校联系需要帮助的社区而开展的，包括社区志愿劳动、环保志愿劳动、应急救灾志愿劳动等。社区志愿劳动主要是指学生到敬老院、社区独居或空巢老人家中进行生活照顾，力所能及地帮助老人们解决生活中的困难，利用所学知识进行法治宣传以预防网络诈骗、维修小家电等。环保志愿劳动是主要围绕垃圾分类、植树造林、环境美化、污染预防等环保方面的志愿劳动，如宣传垃圾分类的知识，防止环境污染；进行落叶清扫、垃圾捡拾等活动来美化环境。应急救灾志愿劳动主要是针对洪涝、泥石流、地震等自然灾害开展的志愿劳动，如利用所学的专业知识，提供心理调适、医疗卫生服务等。

（二）校园劳动教育

校园劳动是指学生在校园里依照一定的规则、方法和纪律，利用自己所学的理论知识，对校园进行净化、绿化、文化建设及专业实践时进行的劳动。校园劳动教育就是利用校园劳动对学生进行劳动教育，引导学生树立正确的劳动观念，充分认识劳动价值，学会尊重劳动成果，养成良好的劳动习惯，积累一定的劳动技能，建立健全社会公德和社会责任感，督促学生成为合格的社会主义事业建设者和接班人。校园劳动教育总体分为以下 3 类。

1. 校园净化类劳动教育

校园净化类劳动教育包括校园学习场所的净化和校园生活场所的净化 2 种。校园学习场所的净化主要是指教室、实验室、图书馆等场所的净化，包括地面、门窗、墙面的清扫，桌椅的摆放归位，实验仪器的清洗整理，实验药品的整理，图书归还、归位等。校园生活场所的净化包括校园、宿舍、餐厅的日常及突击性的打扫劳动，如地面打扫，玻璃清洁，墙面、桌椅的净化，垃圾的分类、收集、转运等。

2. 校园绿化类劳动教育

学校都非常重视校园绿化。校园绿化已成为创建“文明校园”的重要抓手，也是学校对外宣传的名片。校园绿化一般包括花卉和树木的种植、栽培、养护、修剪等，这项工作多数由学校专门的园林处（科）负责。校园绿化中非专业性很强的劳动，如树木和花卉的种植、浇水、施肥及草坪修剪等，都可以作为劳动教育的内容。在劳动过程中，学生可以学到许多与植物、景观、园林设计相关的知识和优秀的传统文化，提高对植物传统文化的认同感，促进传统文化的传承，同时也可以提高审美能力，增强生态意识。

3. 校园美化类劳动教育

校园美化类劳动教育往往和校园文化的建设相结合。每个学校都有自己独特的校园文化。文化特色除了可以借助校园绿化展现以外，还可以通过校园植物的挂牌，校园墙面、地面、下水道井盖的粉刷、绘画以及各种校园文化橱窗的设计、布置等途径进行展示。校园美化从前期形状、颜色、内容、风格等的设计，到后期的描绘、实施，都可以交给学生来完成。这类劳动不仅能提高学生的审美水平、设计能力，还能培育学生的创新能力，锻炼和培养学生认真、细致、专注、合作的精神。

（三）生产劳动教育

生产劳动教育让学生参与农业、工业、服务业生产活动，从而体验物质财富的创造过程，学会使用农业、工业、服务业生产的劳动工具,经历从简单劳动向复杂劳动、创造性劳动的递进过程。通过参与生产劳动,学生可以掌握一些农业、工业、服务业生产相关的知识与技术,进一步感受劳动创造价值的意义,体会平凡劳动中的伟大。

1. 农业生产劳动教育

广义的农业是指包括农业(即种植业)、林业、畜牧业、渔业及其为上述行业提供辅助性活动的行业;狭义的农业是指种植业,它是国民经济的基础。农业生产劳动是最基本的劳动,是人们赖以生存的劳动。对学生进行农业生产劳动教育,旨在让学生积极参加农业生产劳动,了解种植、养殖过程,体会劳动的艰辛,尊重劳动,珍惜劳动成果,培养不怕吃苦、勤俭节约的精神。

2. 工业生产劳动教育

第二产业是指工业(包括采矿业,制造业,电力、热力、燃气及水的生产和供应业)和建筑业。工业是第二产业的主要组成部分,是对自然资源进行开采和对各种原材料进行加工的社会物质生产部门,分为轻工业和重工业 2 类。工业生产劳动教育主要是通过校企合作、专业实训、企业实践、工厂劳动等,让学生进行工业产品加工制造,乃至产品创造。通过工业生产劳动教育,学生可以理解岗位职责,树立工匠精神,培养团队意识,提高创新能力。

3. 服务业生产劳动教育

服务业即第三产业,主要包括:流通类——商业餐饮业、邮电通信业、交通运输业、物资供销和仓储业等;生产和生活服务类——金融业、保险业、房地产管理业、公用事业、居民服务业、旅游业、信息咨询服务业和各类技术服务业等;提高科学文化水平和居民素质服务类——教育、文化、广播电视、科学研究、卫生、体育和社会福利事业等;公共服务类——国家机关、党政机关、社会团体、警察、军队等。

服务业生产劳动是指在从事服务生产和经营活动的过程中,劳动者运用特定设备和工具,直接满足消费者对服务产品需要的劳动。高职院校服务业生产劳动教育项目包括在饭店为顾客制作食品、在成衣店为客户加工衣服、义务理发等。参加服务业生产劳动,学生可以进一步了解服务业的现状,掌握必要的劳动技能,增强服务社会的意识,提高社交与沟通能力。

(四)专业劳动教育

教育部印发的《大中小学劳动教育指导纲要(试行)》中指出:“职业院校要将劳动教育全面融入公共基础课,要强化马克思主义劳动观、劳动安全、劳动法规教育。专业课在进行职业劳动知识技能教学的同时,注重培养‘干一行爱一行’的敬业精神,吃苦耐劳、团结合作、严谨细致的工作态度。”

专业劳动教育是结合专业特点对学生开展的劳动教育,它将所学专业与劳动教育有效结合。专业劳动教育以专业为载体,培养学生的专业劳动情感、专业劳动能力和专业劳动品质。专业劳动教育包括实习实训劳动教育、专业社会实践劳动教育和专业公益劳动教育。

1. 实习实训劳动教育

中共中央、国务院《关于全面加强新时代大中小学劳动教育的意见》指出,把劳动教育纳入人才培养全过程,以实习实训课为主要载体开展劳动教育,积极发挥学校、家庭、社会协同育人的作用。

专业实习实训全程注入劳动教育元素,遵循技术技能型人才培养的规律,按照整体性、应用性和递进性原则,科学设置实习实训类课程。根据教育部颁布的专业教学标准、1+X 证书要求、行业企业用人需求和新技术、新工艺、新规范的发展趋势，及时更新实习实训教学内容，加强综合性实践项目的开发和应用，将学科竞赛、创新创业、社会调查与社会实践等纳入实习实训教学体系，形成科学合理、系统优化、便于实施的实习实训教学方案；将劳动教育融入教学规范、质量标准和考核办法，使实习实训教学成为学习劳动知识和技能的主课堂，真正做到教育与生产的结合、职业技能与职业精神的融合。实习实训劳动教育可以弘扬劳模精神和工匠精神，教育引导学生爱岗敬业、崇尚劳动、尊重劳动，进行创造性劳动，增强劳动法律意识，保护自身的合法权益。

2. 专业社会实践劳动教育

广义的社会实践是指人类认识世界、改造世界的各种活动的总和；狭义的社会实践即假期实习或在校外实习。专业社会实践劳动教育有利于学生加深对本专业的认知，合理进行职业生涯的规划，为走向社会、步入职场作准备。

部分学生选择在校勤工俭学、做家教、打零工；部分学生选择专业公益社会实践活动，既能提高专业技能，又能锻炼社会适应能力，同时培养奉献精神；更多的学生则倾向于选择和专业相关的单位实习(包括有偿和无偿)。通过参加实习单位的专业实践劳动，学生可以培养岗位能力，增加择业机会，提高就业竞争优势。

3. 专业公益劳动教育

专业公益劳动是指以专业知识与技能服务于社会的各项公益事业而不获取报酬的劳动。学校劳动教育和学生社会实践的目的在于培养学生为人民服务、为公众谋利益的良好思想品德。学校组织学生参加的专业公益劳动主要包括工农业生产劳动和服务业劳动，如义务汽修、敬老院义护、慰问演出等。高职院校应根据学生所学专业知识与技能，从实际情况出发，力所能及地开展专业公益劳动教育。

（五）公益劳动教育

公益劳动教育是指让学生接触社会、深入社会、服务社会，组织学生参加各种公益服务劳动，用所学到的知识提供无偿服务，使学生不断提高实践能力与道德修养，培育为人民服务、无私奉献的精神。公益劳动教育会随着产业新业态，劳动新形态、新内容的发展，调整实践项目。高职院校公益劳动教育包括以下 3 种类型。

1. 校园公益劳动教育

校园公益劳动是指在学校内组织的义务劳动，如校园净化、迎新生和参加与劳动有关的社团活动等。通过参加校园公益劳动教育，学生能够爱护环境，热爱劳动，增进友谊，体会校园文化，增强集体荣誉感，树立我爱我校的精神。

2. 社会公益劳动教育

社会公益劳动是指不谋私利、不计报酬、直接服务于社会的义务劳动。学校可根据教学安排，定期组织学生参加农业生产、工业实践体验、商业和服务业实践、教学实习实践等公益劳动。通过参加社会公益劳动教育，学生可以养成尊重劳动、热爱劳动的习惯，培养组织能力与奉献精神，锻炼社交能力和与人合作的能力，培养竞争意识和开拓进取精神。

3. 国家公益劳动教育

国家公益劳动属于社会公益，是为社会服务的劳动，是国家级政府性公益活动。高职院校组织、鼓励和支持学生以不同的形式参与救灾、支边、扶贫等活动。几十年来，党中央、国务院对援藏、援疆制定了一系列特殊政策和鼓励措施，引导和鼓励高校毕业生到西部去、到基层去、到祖国最需要的地方去。通过落实“三支一扶”（支教、支农、支医、帮扶乡村振兴）计划，为偏远山区脱贫提供志愿者公益服务。国家公益劳动教育可以锻炼学生吃苦耐劳、无私奉献的精神，培树新时代大学生的正确人生观和价值观。

（六）文化传承性劳动教育

“民生在勤，勤则不匮”，中华民族勤于劳动、崇尚勤劳的精神已延续数千年。学校开展劳动教育，充分发掘中华优秀传统文化中的劳动教育元素，开展文化传承性劳动教育，不仅可以更好地落实立德树人的根本任务，还有利于培养学生对传统文化、技艺的传承与弘扬。

中国的传统文化历史悠久，博大精深。文化传承性劳动教育种类繁多，高职院校文化传承性劳动教育常见的类型有饮食类文化传承性劳动教育、服饰类文化传承性劳动教育、装饰性文化传承性劳动教育、农耕文化传承性劳动教育等。

1. 饮食类文化传承性劳动教育

中华饮食文化素以历史源远流长、流传地域广阔、食用人口众多、烹饪工艺卓绝、文化底蕴深厚而享誉世界。积厚流广的中华饮食文化，在维系华夏民族的繁衍昌盛、促进生产力发展、推动社会进步和文明等方面都发挥了重要的作用。饮食类文化传承性劳动教育包括中国的烹饪技艺、茶艺、面食制作、药膳熬制、陶瓷餐具制作等。

2. 服饰类文化传承性劳动教育

服饰是人类特有的劳动成果，它既是物质文明的结晶，又具有精神文明的含义。追求美是人的天性，服饰不仅具有遮身暖体的功能，还具有美化的功能。自服饰起源开始，人们就将生活习俗、审美情趣、色彩爱好、文化心态，都沉淀于服饰之中，构筑了服饰文化的精神文明内涵。服饰类文化传承性劳动教育包括刺绣技术、盘扣制作、纺织工艺等。

3. 装饰性文化传承性劳动教育

装饰性的主要功能是美化生活，增添生活情趣，提高生活品质，它常与实用性联系在一起。装饰性可以表现在具象化的艺术形象中，也可以表现在抽象的图案中，其表现形式与被装饰物调和构成审美统一体。装饰性文化传承性劳动教育包括剪纸艺术、字画装裱、花艺、雕刻技术等。

4. 农耕文化传承性劳动教育

农耕文化是人们在长期农业生产中形成的一种风俗文化，是世界上最早的文化之一，也是对人类影响最大的文化之一。中国农耕文化是我国劳动人民几千年生产生活智慧的结晶，它体现和反映了传统农业的思想理念、生产技术、耕作制度以及中华文明的内涵；它包括农事、农具、农艺、农俗、农时、农历、农作物等文化内容，是中国存在最为广泛的文化类型。农耕文化传承性劳动教育主要包括适时顺势耕作、土地用养结合、管理精耕细作、收获颗粒归仓、耕读传家教育等。

五、高职劳动教育的评价

（一）劳动教育评价的内涵

1. 教育评价的渊源

1981 年，美国学者斯派蒂首先提出“成果导向教育”（Outcome-Based Education，简称为 OBE）理念，它以教育目标分类、精准教育、能力本位教育等为理论基础，重点强调以预期学习成果为导向来组织、实施和评价教学过程。其内涵是学生应取得的学习成果被事先确定，教学目标、过程和手段都是为了有效帮助学生取得这些学习成果。

OBE 理念实施“评价即学习”的评价理念，主张建立多元化的评量机制，让学生能以多种方式呈现自己所取得的学习成果。基于此，OBE 理念的考核与评价聚焦于学习成果本身，是旨在“立足过程，促进发展”的多元化考核评价，其特点为：根据学生的个体差异制订个性化、多元化的评价方式，评价结果由达成最高绩效成就的标准和内涵来反映；采用关注学生学习全过程的行程性考核方式，注重学生基于自身水平的成长和进步状况，侧重对学生个体的学习成果进行纵向比较，而不是横向比较。

基于 OBE 理念构造高职劳动教育考核与评价标准体系，搭建一整套科学完整的劳动教育考评体系框架，可为提高高职劳动教育质量、培养学生树立大国工匠精神、培养社会主义的合格建设者和可靠接班人提供重要保障。

2. 劳动教育评价

劳动教育评价以学校为评价主体，涵盖家庭评价、社会评价与个人自评结果。构建学校评价体系，既要有劳动教育理论课的考核，又要有学生参加实践教学的评价，还要有学生参加社会实践活动的评价。理论课由劳动教育专任教师考核，实践教学由专业课教师、实习实训指导教师和企业考核，社会实践活动由学工、团委、第三方部门评价，并将劳动素养纳入学生综合素质评价体系。评价体系应涵盖劳动时间、劳动次数、劳动态度、劳动技能水平、劳动成果、创造能力等。科学的劳动教育评价体系能确保高职劳动教育的实效性，真正做到“劳有所教”“劳有所范”。

（二）高职劳动教育评价的内容

首先要制定科学合理且覆盖全部劳动知识、技能、态度的评价指标，将劳动素养纳入学生综合素质评价体系；其次要明确评价主体，建立以学校评价为主，学校、家庭、社会、学生共同参与的多元评价方式，不同评价主体分别评价相应的劳动课程和实践类型，各个评价主体协同思维、相互联动、综合考评；最后要明确评价方法和手段，注重过程性评价和结果性评价相结合、平时表现和学段结果相结合、定性评价和定量评价相结合，充分利用物联网、大数据、人工智能、云平台、5G 移动通信网络技术等信息化手段，对劳动教育全程客观记录、科学评价、及时反馈。高职劳动教育评价的内容包括以下 4 个方面。

1. 过程性评价

对照劳动教育教学的目标任务，对劳动教育教学的具体过程进行实时监测、记录、评价，形成周期性的反馈机制并对学生学习情况进行动态调整。如劳动教学的课堂参与和课堂纪律、劳动项目的访谈观察和现场考核、专业劳动的研讨创新和成果展示等不同劳动任务和内容的评价重点不同，都要进行全过程的纵向评价，借此调节和完善劳动教育教学过程，促进教学目标的达成。

2. 增值性评价

在基本掌握学生劳动教育背景信息的基础上，关注学生通过劳动获得的实际增长和进步幅度，这对职业院校的学生尤其重要。无论是生活劳动、服务劳动、生产劳动还是专业劳动，都要对劳动观念、劳动能力、劳动精神及劳动习惯的增值进行评价，使学生改变过去“应试化”的学习方式，激起专业兴趣、激活创业潜力、激发自我发展。

3. 结果性评价

不简单以分数为评价标准，结合过程性评价彰显学生的发展与进步，反映劳动教育对学生的影响程度。在观测和评价劳动教育的成果时，既要考核劳动知识、劳动素养、职业精神等隐性成果，又要考量劳动技术技能、劳动产品、技能等级证书数量、劳动教育奖励等显性成果，真正发挥结果的导向作用。

4. 综合性评价

建立一体化的劳动教育评价机制，坚持主体多元、指标多维、方法多样，关注学生未来的职业指向，形成规范、科学、操作性强的劳动教育评价长效机制。形成以过程性评价为主，结果性评价、增值性评价为辅的综合评价方法，破除评价的片面性，整体、系统、全面地考量和评判学生劳动教育目标的达成度。

六、高职劳动教育的途径

高职劳动教育实施途径有以下几种。

（一）劳动教育联结生活

高职劳动教育首先要培养学生的生活自理能力。高职院校的学生多数是独立生活在学校里，需要管理自己的日常学习和生活，而劳动教育联结着学生们的生活。

1. 劳动教育与日常生活

高职劳动教育需要紧密结合学生的日常生活进行，经常组织个人内务整理活动和班级课桌、教室卫生打扫劳动，定期检查宿舍卫生、教室卫生，开展宿舍环境评优、教室环境评比、个人自立评选等活动，使学生提高自我生活管理能力，增强自立自强精神，培养良好的日常生活劳动习惯，强化服务环境意识。

2. 劳动教育与环境美化

学校生活离不开良好的校园环境，高职院校的学生都已进入大学生活，具有一定的劳动能力，能够参与校园环境净化与美化劳动。开展校园净化劳动、为校园花草树木作“美容”等，可培养学生爱学校、爱劳动的品质。

（二）劳动教育服务于社会

1. 劳动教育与公益活动

高职院校组织学生参加公益服务劳动，如重大社会活动、自然灾害救援等志愿者活动，包括奥运会志愿者、国庆节志愿者、地震灾区志愿者、敬老院和孤儿院志愿者等，可强化学生的服务意识，培育学生无私奉献的精神和劳动光荣的价值观。

2. 劳动教育与生产实践

劳动教育与生产实践相结合，强化马克思主义劳动教育观。高职院校更应重视生产实践。生产实践不仅可以提高学生的劳动技能，还让学生走向社会、了解社会，在生产劳动中感受辛劳以及劳动中创造的价值，形成正确的劳动价值观和劳动态度。高职院校应组织学生参加与专业联系紧密或不需专业知识的生产实践活动，如农业生产劳动、工厂生产实践劳动、建筑基础性劳动等。

（三）劳动教育融入专业

1. 劳动教育与专业课程

职业教育具有明显的专业性，它为生产一线培养专业技术技能型人才。高职劳动教育应该融入专业课程，做到跨学科的整合，并体现在人才培养方案中；应深化专业建设产教融合，改进劳动教育方式。专业实验、实训、实习等都离不开动手劳动，这不仅要求学生掌握专业生产劳动技能，还要求学生具有普通劳动科学知识与技能，能够深刻理解马克思主义劳动观和社会主义劳动的关系，培育正确的就业观。

2. 劳动教育与专业实践

高职院校结合学科专业开展劳动教育，围绕学生就业与创新创业，开展专业综合实习实训、专业生产实践、专业服务性劳动，强化岗位意识，培养爱岗敬业、工匠精神和良好的职业道德品质。在专业实践中，学生可以巩固已掌握的专业知识，不断学习新知识、新工艺、新技术、新方法，提高生产实践中发现问题并创造性解决问题的能力，强化诚实、守信、合法的劳动意识，培养科学精神，提高劳动创新意识及能力。

案例分析

2022年度“大国工匠”胡双钱，是中国商飞上海飞机制造有限公司高级技师、数控机加车间钳工组组长，曾获全国劳动模范、全国“五一劳动奖章”、上海市质量金奖等。1980年，胡双钱毕业于上海飞机制造厂技校，进入当时的上海飞机制造厂，成为一名飞机零件制造工人。核准、划线、锯掉多余的部分，拿起气动钻头依线、点导孔，握着锉刀将零件的锐边倒圆、去毛刺、打光……这样的动作，他整整重复了30年。胡双钱说：“每个零件都关系着乘客的生命安全，确保质量是我最大的职责。”他把技术与质量作为工作的重中之重，不管是多么简单的加工，他都会在干活前认真核校图纸，操作时小心谨慎，加工完多次检查，“慢一点、稳一点、精一点、准一点”。凭借多年积累的丰富经验和对质量的执着追求，胡双钱在ARJ21新支线飞机零件制造中大胆进行工艺技术攻关创新。

解析：

1. 技校属于职业教育吗？
2. 胡双钱先进事迹从哪些方面体现职业精神、工匠精神？
3. 对胡双钱多年的工作经历有哪些深刻感悟？

任务实施

（一）制订实施方案

高职劳动教育认知：根据任务需要进行人员分组，6～8人/组；制订实施方案，具体方案见图1-2。

（二）准备材料用具

期刊、图书、笔、本、计算机等。

（三）具体实施步骤

1. 资料学习

在教师的指导下，学习职业教育、高职劳动教育的内涵，高职劳动教育的价值、类型与内容、途径。

2. 组织调查

（1）调查准备　通过图书、期刊、网络查询等途径，了解我国、本省和当地高职劳动教育的

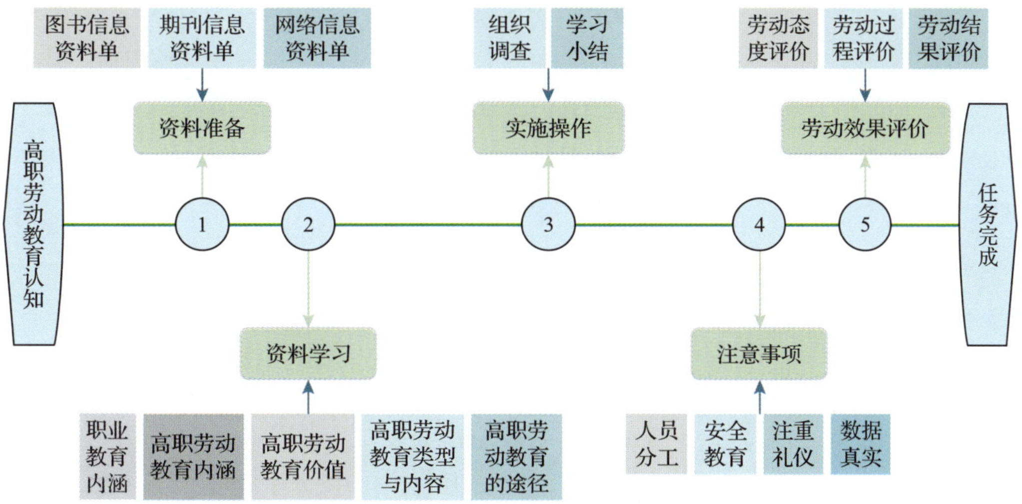

图 1-2 高职劳动教育认知实施方案

基本情况。

(2) 制订方案　以小组为单位制订调查方案，包括时间、地点、调查对象和内容等，并进行调查表格的设计。

(3) 开展调查　在查阅资料的基础上，按照制订的调查方案，通过走访当地教育管理部门、教职员工、学生等，了解当地高职劳动教育的类型、内容、目的等。

(4) 调查总结　根据调查结果，每人撰写 1 份不少于 600 字的调查总结，在教师的组织下与同学们交流学习。

3. **学习小结**

(1) 学习收获　每人写 1 份学习收获。

(2) 小组讨论　用集体的智慧完成 1 份较好的学习收获。

(3) 典型发言　每组选 1 个代表进行典型发言，在全班讲解小组的学习方法、学习收获；组员补充收获的内容。

(4) 小组评价　教师组织全班同学讨论、评价各小组的学习情况，实现全班同学共享学习资源和收获体会，巩固所学的知识内容。

(四) 注意事项

(1) 人员分工　实施前进行人员分工。

(2) 安全教育　开展交通安全、人身安全、财物安全和网络安全等教育。

(3) 注重礼仪　注重与人沟通交流的礼貌、礼节。

(4) 数据真实　确保调查内容基础数据的真实有效性。

(五) 劳动效果评价

劳动效果评价分为劳动态度评价、劳动过程评价、劳动结果评价。采用百分制，劳动态度评价占 30%，劳动过程评价占 40%，劳动结果评价占 30%。劳动态度评价表、劳动过程评价表和劳动结果评价表分别见表 1-4～表 1-6。

表 1-4　劳动态度评价表

劳动项目：　　评价对象：　　评价人：　　评价日期：

评价项目	分值	学生自评	组内学生互评	教师评价	总评
活动动机	20				
调研次数	30				
责任意识	30				
大局意识	10				
心得体会	10				

表 1-5　劳动过程评价表

劳动项目：　　评价对象：　　评价人：　　评价日期：

评价项目	分值	学生自评	组内学生互评	教师评价	总评
服从安排	20				
团队意识	20				
沟通能力	20				
行为表现	40				

表 1-6　劳动结果评价表

劳动项目：　　评价对象：　　评价人：　　评价日期：

评价项目	分值	学生自评	组内学生互评	教师评价	总评
信息查询	20				
深度访谈	20				
案例分析	20				
调查总结	40				

总结反思

任务三 劳动教育理论基础

任务描述

劳动教育是通过劳动有目的地对学生进行教育，是提升学生劳动素养、促进学生全面发展的教育活动。劳动教育主要的理论基础有哪些呢？这些理论基础对劳动教育起着怎样的作用呢？本任务我们就来了解劳动教育的理论基础，理解这些理论基础的作用，学会灵活运用劳动教育理论基础，提升高职劳动教育的效果。

知识准备

劳动教育作为一种教育途径，具有教育性、实践性、社会性。因此，劳动教育离不开哲学、教育学、行为学、经济学、心理学等理论基础。充分理解理论基础知识，才能有效地进行劳动教育，实现劳动教育的目的。

一、劳动教育的哲学基础

随着新时代中国特色社会主义建设步伐的加快，处于社会转型期的中国正在进行全方位的伟大变革，经济与政治体制改革不断深入，利益格局不断调整，社会意识日益多元化。我们应该辩证地看到，此时期既是快速发展的重要机遇期，又是健康发展的重要挑战期，相应地，也是人们思想观念的深刻变化期。高职院校为这场变革输送着大量的劳动者、参与者，这些劳动者、参与者的劳动技能水平、思想意识水平也一定会影响这场变革。由此可见，在高职院校开展全面的劳动教育极其必要。全面的劳动教育需要科学化、系统化的哲学理论作支撑，否则容易产生片面化、形式化等诸多偏差。实践证明，马克思主义哲学是目前最科学化、系统化的哲学理论。马克思主义是人类历史上的伟大创造。在人类思想史上，就科学性、真理性、影响力、传播面而言，没有一种思想理论能达到马克思主义的高度，也没有一种学说能像马克思主义那样对世界产生如此巨大的影响。因此，高职劳动教育的开展必须以马克思主义哲学为理论基础。

马克思主义哲学有着西方哲学及社会政治学说渊源，它包含费尔巴哈的唯物主义、黑格尔的辩证法以及空想社会主义学说的合理要素。马克思主义中国化就是把马克思主义基本原理同中国具体实际相结合，同中华优秀传统文化相结合。

（一）中国传统哲学的劳动教育观

中国的哲学家自古以来就强调知行合一，重视行动力。可以说，中国传统思想学说有着强烈的重视实践的倾向。

1. 古代的劳动教育观

灿烂的华夏文明史也是炎黄子孙不朽的劳作奋斗史，勤劳的中华民族热爱劳动、重视劳动。《诗经》中有许多关于劳动的描绘和论述，表达的基本观点如下：

（1）劳动是美而快乐的 《诗经》中不乏反映劳动人民劳作场景和心情的作品，“参差荇菜，左右流之……左右采之……左右芼之”描绘的就是一位少女在水中采荇菜时轻盈苗条的美丽画面。

(2)不劳而获是可耻的 《诗经·国风·魏风》中的《伐檀》和《硕鼠》都对不劳而获发出了诘问和批判。“不稼不穑,胡取禾三百廛兮?不狩不猎,胡瞻尔庭有县貆兮?彼君子兮,不素餐兮!”“硕鼠硕鼠,无食我黍!三岁贯女,莫我肯顾。”在劳动人民心中,不劳而获是不道德的。“逝将去女”也表达了老百姓要改变这种局面的决心。

2. 近代的劳动教育观

近代著名的思想家魏源是我国“睁眼看世界”的第一人,他明确提出先行后知,主张在劳动中获得知识,强调亲身实践在认识中的重要作用。他认为:“披五岳之图,以为知山,不如樵夫之一足;谈沧溟之广,以为知海,不如估客之一瞥;疏八珍之谱,以为知味,不如庖丁之一啜。”他指出,仅仅靠间接经验无法达到认识世界的目的,只有通过亲身实践才能学习到西方真正的技术,才能达到“师夷长技以制夷”的目的。

孙中山也赞同先行后知的理念,肯定行是知的基础,肯定人的知识来源于实践经验。他在《建国方略》中指出:“故人类之进化,以不知而行者为必要之门径也。夫习练也,试验也,探索也,冒险也,之四事者,乃文明之动机也。”这就阐明了“行”是推动国富民强、人类文明进步的动力,申明了劳动的重要性。孙中山同时提出了“行易知难”的观点,认为教育与劳动结合是极其必要的,认为“凡造作事物者,必先求知而后乃敢从事于行”。科学的理论可以保证行动的成功。孙中山的论断体现了知与行的辩证统一,丰富了旧哲学体系中的劳动观。

蔡元培提倡“五育并举”和发展“完全人格”。“完全人格”可以理解为人的自由全面的发展,而人的发展离不开“五育并举”。“五育”中的实利主义教育受到美国实用主义哲学家约翰·杜威“教育即生活”的深刻影响。他在《对于新教育之意见》中主张:“以人民生计为普通教育之中坚。其主张最力者,至以普通学术,悉寓于树艺、烹饪、裁缝及金、木、土工之中。”此思想对于发展落后的社会经济具有重要意义。

(二)西方的劳动教育理论

1. 英国的劳动教育理论

从空想社会主义思想家的劳动教育理念到英国政府倡导的劳动教育实践,都具有人本教育的色彩。英国的教育思想家一贯倡导在教育中注重受教育者生活技能的获得。这些思想为马克思、恩格斯的劳动教育学说提供了极有价值的参考。

英国著名的空想社会主义思想家托马斯·莫尔在《乌托邦》中第一次表述教育要与生产劳动相结合的问题,认为人人都该参加劳动,共同分享劳动果实并接受平等的教育。乌托邦主义主张实行义务劳动制度,认为生产劳动和教育科研是生活中最重要的事情。莫尔认为,只有教育才能将劳苦大众及其子女解放出来,提倡儿童要从小接受劳动教育。19 世纪初,英国的欧文和法国的圣西门、傅立叶一起把空想社会主义理论推向高峰,并把教育与生产劳动相结合的理论推向实践。欧文的教育与生产劳动相结合的思想深刻影响了英国人本教育理念的发展。

英国颁布的《1988 年教育改革法》加速完善了有关学生劳动观念、实践能力以及全面发展等的内容。21 世纪的英国更加注重学生学习能力和生活技能的培养,倡导学以致用,倡导教育与劳动实践相结合。2003 年,英国政府颁布名为《每个孩子都重要:为孩子而改变》的绿皮书,进一步强调加强学生的自立能力和劳动观念,潜移默化地发展学生的综合技能。

2. 德国的劳动教育理论

德国一向重视劳动教育。早期的教育理论家关注劳动教育对人的成长的影响;20 世纪中后期，德国的劳动教育政策更加偏向劳动教育要为经济社会的发展服务。

德国的劳动教育有着良好的历史传统并积累了丰富的实践经验，在全世界享有盛誉。早在 19 世纪初，德国的新人文教育家就提出教育要实现“人格自由发展”。20 世纪初，教育改革家又倡议用“劳作学校”代替“书本学校”，主张通过劳动教育实现劳动技能培训和道德教育的同步进行。1920 年，德国政府把劳动明确为重要的教学原则。二战后的德国受苏联劳动教育的影响开始推行以“综合技术教育”为中心的劳动教育。20 世纪中后期，随着全球化竞争的加剧，市场对劳动者素质提出了更高的要求，德国的“双元制”受到极大的挑战，德国政府积极实施“普职融合”的教育政策，开设“普职融合”课程，开创“普职融合”项目，以满足市场需求。随着工业 4.0 的推进，德国的劳动教育也进入了数字化时代，教育目标倾向于培养学生现实的工作与生活能力。

3. 美国的劳动教育理论

杜威的实用主义哲学在美国社会有着广泛的影响。美国的劳动教育普遍体现出对人和社会的兼顾，从早期的“进步主义教育”到后来的“生计教育”，都是兼顾人的成长和社会稳定发展的教育模式。

美国的劳动教育始于 19 世纪末期，南北战争结束、和平年代到来，工业革命正在兴起，以杜威为代表的实用主义哲学家开始在美国推行进步主义教育。杜威认为，学生仅从听课和读书中获得的知识是不牢靠的，主张学生要“做中学”，在活动中逐步养成品德、获得知识、增长经验。这些进步主义教育理念蕴涵了教育与生产劳动相结合的思想。到了 20 世纪 70 年代，美国就业市场疲软，学校毕业生无法自主谋生，时任美国教育总署署长詹姆斯·艾伦提出“生计教育”观念。艾伦的继任者西德尼·马兰继续推广“生计教育”计划，主张教育要与生产劳动相结合，教育要使每个学生都能得到一个既自我满足又有利于社会的工作，以实现人人满足、社会安宁。

（三）马克思主义哲学关于劳动教育的理论

1. 马克思主义哲学关于劳动的论述

劳动是马克思主义哲学范畴中的核心基础性概念，不同时期的马克思主义者也先后对其开展了大量的研究和各种维度的论述。他们普遍认为，劳动是人的本质，是一切社会关系的总和。

劳动创造了人本身。在《劳动在从猿到人转变过程中的作用》一文中，恩格斯认为从猿到人的进化是通过劳动实现的。劳动促进了人类语言和技能的形成，促使大脑的发展，劳动创造了人本身。

劳动创造一切财富。马克思主义哲学认为，劳动是一切财富的源泉。人类通过劳动创造了赖以生存发展的物质财富，同时劳动也改造着精神世界，满足人类的主观精神需求。在劳动过程中，劳动创造了以人与人之间关系为基础的人类社会。

2. 马克思主义哲学关于劳动教育理论的现实意义

马克思主义哲学关于劳动本质以及教育与生产劳动相结合的劳动教育理论揭示了现代社会与现代教育的普遍规律，对劳动教育有着重要的现实指导意义。

（1）教育与生产劳动相结合的理论　教育与生产劳动相结合是指教育过程与生产劳动过程的有机结合。从广义上说，这种结合本就是一种自然的结合，因为生产劳动过程本身就是一种教育过程。人类在劳动过程中自然地同步实现了自我教育，在群体性劳动中也会自然地同步实现教育者与被教育者的肢体或语言上的互动。从狭义上说，这种结合是指学校教育与生产劳动相结合。17 世纪的英国经济学家贝勒斯就曾提出教育应与体力劳动相结合的主张；空想社会主义重要代表人物欧文也曾阐述教育要与生产劳动相结合的思想；马克思和恩格斯在深刻剖析现代社会化生产方式的基础上，明确指出教育要与生产劳动相结合。

马克思认为，工人阶级在取得属于自己的政权后，应该让理论和实践相结合的劳动技能教育在学校中取得主导地位。他又指出，应让儿童参加一些力所能及的生产劳动并同时开展智育、体育与综合技术教育，如此既可以提高生产，又可以培养儿童的全面发展，这才是理想化的教育。

恩格斯也十分认可欧文提出的教育与生产劳动相结合的思想，认为教育要考虑到不让孩子们受折磨，要考虑到体育、德育和集体主义教育；认为教学不能仅在教室内进行，要让孩子们在广阔的野外天地里亲近自然、充分休息，而劳动本身就是教育的一部分。

马克思和恩格斯在《共产党宣言》中对资本主义教育进行了彻底的批判，指明了未来社会教育的基本方向，提出“把教育同物质生产结合起来”。这是马克思主义哲学对教育与生产劳动相结合思想的首次系统论述。

(2) 教育与生产劳动相结合理论在苏联的实践　十月革命胜利后，苏联成为世界上第一个举起社会主义红色旗帜的国家，以列宁、斯大林为代表的苏联共产党人在长期的革命与建设实践中积累了丰富的经验与方法，形成了包括劳动教育思想在内的相对完善的社会主义革命与建设思想理论体系，并深刻影响着包括中国在内的整个社会主义阵营。

苏联著名的教育家苏霍姆林斯基十分重视劳动教育的重要作用，他提出：“一个人的和谐全面发展、富有教养、精神丰富、道德纯洁等所有这一切，只有当他不仅在智育、德育、美育和体育素养上，而且在劳动素养、劳动创造素养上提升至较高阶段时，才能实现。”他还认为，劳动教育是劳动和教育的内在统一，是劳动和教育联结的桥梁，对德智体美各方面的教育都有强大的促进作用，可促进学生的全面个性化发展。

列宁把马克思、恩格斯的劳动教育思想贯彻到社会主义革命和建设之中，并根据苏联的实际进一步丰富和发展了这一理论。列宁认为，革命和建设的成功离不开全面发展的共产主义建设者，现代社会主义教育的目标就是培养全面发展的建设人才。他强调在大工业条件下，生产、科技与教育相结合是社会的本质特征，教育只有与生产劳动相结合，才能满足现代科技所应达到的要求；生产劳动只有与教育相结合，才能使社会生产随现代科技水平的提高而提高。他强调要重视综合技术教育，使普遍生产劳动和普遍教育相结合，实现人类普遍和全面的发展，达到理想社会。

在列宁劳动教育思想的指引下，苏联的劳动教育呈现出灵活多样的组织形式，既有教学计划内的劳动教育课程，又有勤工俭学、义务劳动、支农、支教等多种劳动方式。对大学毕业生“双元化”的考评模式也很好地保证了劳动教育的重要地位。

(3) 教育与生产劳动相结合理论在中国的丰富与发展　李大钊在中国传播了马克思列宁主义，也传播了马克思列宁主义的劳动教育观，他毫不吝啬对劳动及劳动者的赞美。他指出：“劳动为一切物质的富源，一切物品，都是劳动的结果。”他喊出“劳动神圣”的口号，认为劳动能带来美和快乐，劳动者能在劳动中展示人生之美。他鼓励知识青年要到工厂和农村去，要与工农群众相结合，呼吁设立夜校、劳动补习学校等劳工教育机构。李大钊积极组织中国学生赴法勤工俭学，这也是教育与劳动相结合的有效尝试。赴法勤工俭学培养了一大批优秀的共产主义战士，周恩来、邓小平、陈毅、聂荣臻、蔡和森等就是其中的优秀代表。

毛泽东同志也是赴法勤工俭学活动的重要组织者。他从湖南第一师范学院毕业后，就在长沙组织了工读同学会，会员半耕半读，积极实践教育与生产劳动相结合；而后创办的湖南自修大学更是强调学员要脑力和体力均衡发展，要重视劳动。早在第二次国内革命战争时期，毛泽东同志就明确阐述了苏维埃政府的根本教育方针“在于以共产主义的精神来教育广大的劳苦民众，在于使文化教育为革命战争与阶级斗争服务，在于使教育与劳动联系起来，在于使广大中国民众都成为享受文明幸福的人”。抗日战争爆发后，他再次重申教育要与生产劳动相结合，把奉行此原则的延安青年视为全国青年的榜样。新中国成立后，他又多次强调教育要与生产劳动相结合，要求有土地的学校要设立学校农场，没有土地的学校要到附近的生产合作社参加劳动。

党的十一届三中全会以来，中国的马克思主义者继续丰富与发展教育与生产劳动相结合的理论。邓小平同志认为，经济和科技的迅速发展对教育提出了更高的要求，要在教育与生产劳动相结合的内容上、方法上不断有新的发展，要求整个教育事业要适应国民经济的发展。江泽民同志强调要坚持教育与社会实践相结合，以提高国民素质为根本宗旨，以培养学生的创新精神和实践能力为重点，努力造就全面发展的社会主义事业建设者和接班人。胡锦涛同志号召全面实施素质教育，营造“劳动光荣”的社会氛围。

习近平总书记一向重视劳动和劳动者，他认为劳动是十分重要的，正是勤劳智慧的中华民族不断地劳动创造，我们才有了辉煌的文明和今天的巨大成就，劳动是一切成功的必经之路。他指出，必须牢固树立劳动最光荣、劳动最崇高、劳动最伟大、劳动最美丽的观念，让全体人民进一步焕发劳动热情、释放创造潜能，通过劳动创造更加美好的生活。习近平总书记还提出，要教育孩子们从小热爱劳动、热爱创造，通过劳动和创造播种希望、收获果实，也通过劳动和创造磨炼意志、提高自己。在 2018 年 9 月 10 日的全国教育大会上，习近平总书记又明确指出，要在学生中弘扬劳动精神，教育引导学生崇尚劳动、尊重劳动，懂得劳动最光荣、劳动最崇高、劳动最伟大、劳动最美丽的道理，长大后能够辛勤劳动、诚实劳动、创造性劳动。在 2020 年 11 月 24 日的全国劳动模范和先进工作者表彰大会上，习近平总书记再次要求，要开展以劳动创造幸福为主题的宣传教育，把劳动教育纳入人才培养全过程，贯通大中小学各学段和家庭、学校、社会各方面，教育引导青少年树立以辛勤劳动为荣、以好逸恶劳为耻的劳动观，培养一代又一代热爱劳动、勤于劳动、善于劳动的高素质劳动者。习近平总书记的重要论述为加强新时代劳动教育、培养德智体美劳全面发展的时代新人点亮了灯塔，也是中国的马克思主义者赋予教育与生产劳动相结合理论的最新内涵。

二、劳动教育的教育学基础

劳动教育广泛存在于人类生活中，是人类最为基本的教育活动，与人类的生存、发展息息相关。

党的教育方针是促进教育事业发展的重要思想保障，在教育实践中起着指导性的作用。2019 年习近平总书记在学校思想政治理论课教师座谈会上强调，新时代贯彻党的教育方针，要坚持马克思主义指导地位，贯彻新时代中国特色社会主义思想，坚持社会主义办学方向，落实立德树人的根本任务，坚持教育为人民服务、为中国共产党治国理政服务、为巩固和发展中国特色社会主义制度服务、为改革开放和社会主义现代化建设服务，扎根中国大地办教育，同生产劳动和社会实践相结合，加快推进教育现代化、建设教育强国、办好人民满意的教育，努力培养担当民族复兴大任的时代新人，培养德智体美劳全面发展的社会主义建设者和接班人。总书记的重要讲话明确提出了新时代我国社会主义教育事业的总方向和根本方针，为办好新时代中国特色社会主义教育指明了方向，提供了根本遵循。

劳动教育是构建德智体美劳全面发展教育体系的组成部分，被纳入人才培养的全过程，成为全面素质教育的重要内容。教育部印发的《大中小学劳动教育指导纲要（试行）》为各阶段学校的劳动教育提供了细化的实施要求与专业的实施指导。因此，劳动教育作为教育的一个重要环节，必然是以教育学理论为基础，从而更好地在高职院校贯彻落实我国的教育方针与《大中小学劳动教育指导纲要（试行）》的要求，以利于培养德智体美劳全面发展的新时代高级专业技术型人才。

（一）中国传统劳动教育思想

中国教育有着悠久的历史，在古代涌现出许多著名的教育思想家。他们的教育思想博大精深，蕴含着对生活、劳动、为人等多个方面的理解，成为中国传统教育的重要组成部分，影响着我国职业教育的发展。

1. 儒家的劳动教育思想

儒家教育思想在中国传统教育思想中占有主导地位，相对于其他学派的思想，在教育中具有更深刻的影响。儒家教育思想的代表人物是孔子、孟子。孟子的教育思想是在孔子的教育思想的基础上形成的。儒家教育思想主要体现在知行合一、以劳修身等方面。

孔子在教育上注重知行合一，《论语》的第一句便是“学而时习之”，其中“习”就是“实习”“演习”。孔子倡导学习知识要时刻进行实践，注重脑力劳动与体力劳动相结合。《礼记》中记载的“习射”“习礼乐”，更是体现了学以致用的思想。《论语·为政》中的“学而不思则罔，思而不学则殆”强调了学习和行动相结合，即理论与实践相结合的教育原则。孔子本身也是如此教学的，司马迁在《史记·孔子世家》中写道：“孔子去曹适宋，与弟子习礼大树下。”由此可以想象出，孔子与弟子们在大树下演习社交礼仪的情景。

儒家主张以劳修身，体现为业精于勤、劳而修德的劳动教育思想。《论语·颜渊》中子张问政，子曰：“居之无倦，行之以忠。”孔子明确指出身居官位应具有恪尽职守、爱岗敬业的精神。做到“居之无倦”中“无倦”的关键是勤劳，勤劳才能成就事业。在《左传·宣公十二年》中有“民生在勤，勤则不匮”，意为人民的生计在于勤劳，只要勤劳就不会缺少衣食。

儒家也十分推崇勤俭，勤俭是劳动者的美德。《左传·庄公二十四年》有“俭，德之共也；侈，恶之大也”，赞美节俭是受人尊敬的美德，是高尚人的品德；奢侈浪费是不可原谅的恶习，是恶习中的大恶。孔子自身也很注重勤俭品德的养成，主张“君子食无求饱，居无求安，敏于事而慎于言”。勤俭节约、珍惜劳动成果，是我国优良的传统，也是劳动教育的目的所在。

2. 墨家的劳动教育思想

墨家教育思想的代表人物墨翟，其教育思想主要体现在科技创新与思维能力的培养上。不同于儒家教育思想，墨家教育思想认识到教育对生产力发展的促进作用，这也是墨家教育思想的特色所在。科学技术教育包括生产和军事的科学技术知识与实用技术教育，对职业教育的技术应用与创新有重要的指导意义，也对高职劳动教育有启发意义。

墨家教育思想强调环境和教育的作用。“素丝说”是以素丝和染丝作为比喻，来说明人性在环境与教育下的形成和改变。人性生来不过如同待染的素丝，用什么颜色的染缸，就会被染成什么颜色，即环境与教育对人性形成具有强大的作用。劳动教育的环境对教育成效同样具有一定的影响。

3. 道家的劳动教育思想

道家教育思想的代表人物是老子与庄子。道家的“道”是自然本身及其法则，道家主张一切顺其自然。劳动教育可吸收道家顺应学生的自然个性、以学生为主的教育思想，按照学生个体差异挖掘学生的自身潜力，并顺势进行劳动教育，使其各尽其才，成就最好的自己。过多的干涉与框定反而失去了劳动教育的意义。

教育尊重生命的成长规律——道法自然。老子曰：“人法地，地法天，天法道，道法自然。”老子认为，凡事都应该顺应自然，不可刻意追求。如果将这种观点运用在教育上，就是说教育应当尊重学生的成长规律，顺应学生的本性。劳动教育必须遵循学生的发育、成长规律，切不可揠苗助长。在学生不同的发育时期，对其进行相应的劳动教育，不仅能锻炼学生的劳动能力，还能促进学生的身心发育。

教育功效不限于一时——无为而无不为。“无为”并非无所作为，而是不妄为、不乱为，是顺应客观发展规律地去作为，从而实现有所为。“无为”也是处世、做事的一种态度。“无为”不是消极等待、毫无作为，而是一种“为而不争”、低调做事、不求功利的态度。如看似读一些无用的书、做一些与学习无关的事、参加一些体力劳动等，其实都是在为超越自己作准备，为全面发展自己作准备。这种教育思想对现代职业教育具有深远的影响。

（二）中国近代职业教育思想

中国近代职业教育阶段是指从1840年鸦片战争到1949年新中国成立，这个时期的职业教育思想是随着我国半封建半殖民地社会政治、经济的发展而产生的，并在职业教育的不断实践中得以发展，是我国近代教育体系的重要组成部分。

19世纪60年代，洋务派开办了洋务学堂；中日甲午战争后，中国掀起了实业救国热潮，提倡学习西方和日本的实业教育，并于1904年正式确立了实业教育制度。之后的晚清时期及民国初期都是以“实利主义”或“尚实”为教育的宗旨。20世纪初期，张謇因其所举办实业教育体系的完整和实业教育学校实践的成功，成为当时实业教育思想的代表人物。

民国时期，随着民族资本主义的发展，实业教育思想难以满足资本主义发展对工商业实用人才的需求，以黄炎培为代表的教育家们大力提倡实用主义教育思想，宣传美国式的职业教育制度。蔡元培、陆费逵、顾树森等著名人物主张建立新的实用职业教育制度。1913年8月，教育部公布了《实业学校令》，规定实业学校以教授农工商业必需之知识和技能为目的。实业学校分甲、乙2种：甲种施以完全的普通实业教育，修业年限为预科1年、本科3年；乙种施以简易的普通实业教育，修业年限为3年。高等实业学堂改称“专门学校”，艺徒学堂改称“乙种工业学校”。1922年“壬戌学制”确立。“壬戌学制”要求职业教育紧密联系中国经济和生产发展、人民生计。

1918年11月，陶行知在《教育与职业》杂志上发表了《生利主义之职业教育》一文，全面论述了职业教育的宗旨。“生利”是指产生利益、创造财富。它包括生产有利之物，如生产粮食；还包括产生有利之事，如医生救死扶伤、教师传道授业解惑。从这种解释来看，职业教育是指所有培养从事社会生产、直接创造物质财富的教育，其教育的目的是培养能够创造物质或精神财富和有社会价值的人。

总的来看，我国近代职业教育思想是“实业”“实用”主义思想，职业教育的目的是发展生产、富国强兵、为各行各业培养生产人才。我国近代职业教育思想对当时的职业院校劳动教育提供了理论指导依据。

(三)中国现代职业教育思想

中国现代职业教育阶段是指从1949年新中国成立至今。随着我国社会政治、经济、文化的发展以及职业教育的不断进步,职业教育思想在不断调整、完善,这对中国建设发展具有重要意义。

1. 半工半读教育思想

新中国成立初期,百废待兴,各行各业都需要大量有文化的劳动者、建设者,尤其是专业技术人才。为了提高国民文化水平,培育大批技术人员,以满足社会主义经济建设的需要,党中央在20世纪50年代末提出了“两种教育制度”,大力发展半工(农)半读职业技术学校和业余学校,其理论基础是“教育与生产劳动相结合”的方针,目标是培养“又红又专”“能文能武”的新型劳动者。半工(农)半读职业教育思想是新中国重要的教育思想,其突出特点是教育与生产劳动相结合,重视受教育者政治素质的培养,重视体力劳动与脑力劳动的结合。

2. 产教融合思想

2014年5月2日,国务院印发《关于加快发展现代职业教育的决定》(以下简称《决定》),全面部署加快发展现代职业教育。《决定》明确了今后一个时期加快发展现代职业教育的指导思想、基本原则、目标任务和政策措施,提出:“到2020年,形成适应发展需求、产教深度融合、中职高职衔接、职业教育与普通教育相互沟通,体现终身教育理念,具有中国特色、世界水平的现代职业教育体系。”《决定》指出,要以邓小平理论、“三个代表”重要思想、科学发展观为指导,坚持以立德树人为根本,以服务发展为宗旨,以促进就业为导向,加快现代职业教育体系建设,深化产教融合、校企合作,培养数以亿计的高素质劳动者和技术技能人才。

《决定》是职业教育的办学指导思想,也是研究现代职业教育思想的总方针和纲领。现代职业教育思想是职业院校劳动教育的理论基础,对劳动教育具有现实指导意义。

总之,我国职业教育经过古代、近代、现代3个阶段的发展,形成了具有中国特色的职业教育思想和理论,为我国职业院校劳动教育的开展奠定了理论基础,推动了我国职业教育的发展。

(四)国外职业教育思想

1. 实用主义教育思想

美国的约翰·杜威是实用主义教育思想的代表人物、著名的教育思想家。杜威批判传统的学校教育,反对传统的灌输和机械训练的教育方法,主张从生活实践中学习。他提出了“教育即生活,学校即社会”的教育本质观点,认为教育就是儿童生活的过程,儿童应在生活中学习,从实践中学习,不断成长发展,这体现了“做中学,学中做”的教育原则。同时,教育也是一种社会生活过程,学校可被视为一种小型的社会。学校呈现给学生的是一种现实社会生活,这种社会生活可以简化为雏形的状态,让学生去体验社会生活的全部内涵,并且做到校内学习与校外实践有机地结合,突出开放式教育,使校内、校外互相影响,培育学生的社会适应能力、创造能力。

杜威的实用主义教育思想还注重个人的品德和心理教育。杜威认为,学校是传播社会团体重视的价值与目标的核心机构,学校教育必须结合学生的兴趣、需求、经验和能力进行。因此,在教学实施过程中,从课程设计与教材选用到教学环境设计,都应充分发挥学生的自主性,注重学生个性的培养，重视个人价值及其实现。

1896年，杜威创立了一所实验中学并担任校长，在该校进行他的教育理论实践。杜威的实用主义教育思想对20世纪的中国教育界、思想界产生了一定影响，培育了胡适、陶行知、张伯苓、冯友兰等中国学者。

2. “双元制”职业教育理念

“双元制”职业教育理念是来源于德国的一种职业培训模式，是指参加培训的人员既要在职业院校学习，又要接受企业等校外实训基地的专业培训；不仅学习与职业有关的专业知识，还需要掌握职业技能。高校和企业（实训基地）这2个学习场所，就是所谓的“双元”。在“双元制”职业教育模式下，学生毕业时可以同时拿到大学毕业证书和职业培训结业证书。

“双元制”教学模式采用工学结合、校企双方深度合作、学做交替进行、理论与实践结合的模式。“双元制”教学的本质是实践技能培训，使学生掌握职业能力。它不仅注重学生基本从业能力、社会能力的培养，还强调学生综合职业能力和职业素养的培养。它使学生具有一种跨职业的能力，更重要的是使学生具备较强的社会适应性和市场竞争力，对学生的未来及社会的发展起着重要的作用。

德国的“双元制”职业教育理念被许多国家的职业教育借鉴。这种职业教育理念也促进了我国职业教育校企合作、产教深度融合方式的发展与实施。

3. 终身教育思想

20世纪60年代，日本引进终身教育思想，进而提出向终身学习体系过渡的教育改革。日本教育学家森隆夫的终身教育思想较有代表性。森隆夫认为，教育不应随着学校学习的结束而终止，教育应是终身学习，并形成一种教育制度；教育的内容也不应局限于专业或职业知识内容，而应包括德育、体育以及现代发展中的新知识等内容；教育的方式不仅包括学校教育，还包括社会教育和家庭教育；应利用社会各个领域的教育体制和学习机会，明确各领域的学习角色转换，以达到终身学习的社会化。

终身教育思想最为明显的特点是适应科技的快速发展和社会的不断进步。日本的终身教育由政府、民间、学术界等共同推进，建立以社会学习为目标的终身学习体制，提高全民终身学习的意识与国民素质。该体制对日本的社会政治、经济、文化等发展起到重要作用。

终身教育思想让人们不断在工作、生活中进行实践学习，提高国民的综合素养。

三、劳动教育的行为学基础

教育家叶圣陶先生认为，教育就是培养习惯。高职劳动教育的本质就是让学生养成积极参与劳动的行为习惯，所以劳动教育与行为学有着密不可分的关系。

（一）劳动行为的内涵与特征

1. 劳动行为的内涵

（1）行为　在《现代汉语词典》（第7版）中解释为“受思想支配而表现出来的活动”。这种由内而外的活动具有自发性、原因性、目的性、持久性和可塑性的特征。

（2）劳动行为　是指人类为了创造生存和发展所需的物质和精神财富所表现出来的举止行动。劳动行为是劳动的表现形式，包括脑力劳动行为和体力劳动行为。

2. 劳动行为的特征

根据劳动行为的定义和行为的特征，劳动行为除了具有上述提到的行为特征以外，还具有明确性、创造性和可变性。

(1) 明确性　人类要生存，就会产生不同的生理需要。生理需要产生动机，动机促使人们做出与需要相适应的行为，这是人类生存的本能。劳动行为是人类为了满足自己生存和发展的需要而产生的行为。在劳动过程中，无论达到目的需要多长时间，无论劳动行为作出怎样的调整，劳动行为的指向都非常明确，因此劳动行为具有明确性。

(2) 创造性　劳动行为会产生物质或者精神财富，是一个从“无”到“有”的过程。而且随着人类在不同阶段目的和需求的改变，劳动行为产生的结果也是不同的。但是无论目的、需求如何变化，劳动行为的结果都是一定的物质或者精神财富，因此劳动行为具有创造性。

(3) 可变性　劳动行为受劳动目的支配，并受人的主观和客观因素的双重制约。为了达到目的，在劳动过程中，劳动行为可能根据主客观条件的变化而不断作出调整。

(二) 劳动行为改变的理论模式

劳动教育首先要搞清楚学生参与劳动的心理需要是什么，这种需要会产生什么动机，想要达到什么目的，这又将如何影响学生的行为。劳动行为改变的理论模式对于劳动教育有着很强的指导意义。劳动行为改变的理论模式大体有 3 种：劳动信念模式、行为分阶段转变理论模型和知信行模式。

1. 劳动信念模式

人类社会之所以进步，文明之所以产生和发展，都是劳动的结果。劳动不仅创造了财富，也创造了人本身；劳动是人类生存、延续的基础，也是社会发展和文明进步的源泉。“劳动创造美好生活”已经成为亘古不变的信念。正是由于这样的信念，中华民族自古以来就崇尚劳动。几千年的中华文明史，也正是中华儿女用“崇尚劳动、热爱劳动、辛勤劳动、诚实劳动”的劳动精神谱写的劳动史和奋斗史。

(1) 个体的劳动信念　劳动信念就是人如何看待劳动，怎样认识劳动的意义和价值，怎样认识不劳而获、崇尚暴富、贪图享乐等错误思想的危害，怎样认识勤奋劳动、美好生活与梦想之间的关系等。

学生能够接受、认同劳动教育所传递的信息，树立正确的劳动观念，形成“劳动最光荣、劳动最崇高、劳动最伟大、劳动最美丽”的信念，从而产生劳动行为，需要具备下面几个条件。

①意识到不劳而获是一种羞耻，并进一步认识到问题的严重性，由此摒弃懒惰的习惯和坐享其成的行为，自己动手参与劳动。

②对积极参加劳动的好处和不参加劳动的后果进行预测，特别是认识到劳动行为可能带来的好处，学生就会自觉采取行动；如果人们对采取的行动可能遇到的困难有足够的认识，那么他们的行为就会更加持久。

③对参与劳动或改变懒惰的能力的自信，就是一个人对自己的行为能力有正确的评价和判断，相信自己一定能通过努力克服障碍，完成某种行动，实现预期目标。

(2) 行为的线索或意向　是指学生能否产生劳动行为的促进因素，包括从小在家庭中劳动意识的培养、学校劳动教育课程的开展、社会舆论导向、身边劳动模范的表率作用及劳模精神的影响、不劳动对个人和社会发展的不良影响等。

(3) 行为的制约因素　从人口学方面看，包括年龄、性别、民族、籍贯等；从社会学方面看，包括个性、社会阶层及他人的影响等；从知识结构方面看，包括关于劳动的知识、技术、劳动经验等。

劳动信念模式在促进学生产生劳动行为，改变不想、不会、不爱劳动等行为的实践中遵循以下逻辑：行为是可以改变的；行为受思想支配，同时也受客观环境的制约。因此，让学生正确理解劳动是人类发展和社会进步的根本力量，认识劳动创造人，劳动创造价值、创造财富、创造美好生活的道理，尊重劳动，尊重普通劳动者，牢固树立“劳动最光荣、劳动最崇高、劳动最伟大、劳动最美丽”的思想信念；从家庭、学校、社会角度创设“劳动光荣、懒惰可耻”的氛围，激发学生的劳动需要和动机，进而引发学生的劳动行为，最后使学生养成劳动习惯。

2. 行为分阶段转变理论模型

行为分阶段转变理论模型是行为改变的一种策略和方法，最早是由美国心理学教授普罗察斯卡于 20 世纪 80 年代初提出。由于它整合了若干行为干预模型的基本原则和方法，故又称为“分阶段转变交叉理论模型”。实践证明，这一理论具有良好的应用效果，在国际学术界得到普遍认可，因而成为国际上应用十分广泛的行为改变理论模型之一。

行为分阶段转变理论模型的理论依据是社会心理学，其着眼于行为改变的过程及对象的需要；人的行为改变不是一次性的事件，而是一个复杂的、渐进的、连续的过程。行为改变过程可分为 5 个阶段。

(1) 无意向阶段　指人们根本没有打算近期改变行为的意向。这里的“近期”通常以 6 个月为标准。

(2) 意向阶段　指人们在某种程度想到过改变行为，但不在近期。

(3) 准备行动阶段　指人们形成坚定的想法要在近期改变行为，并进行一些最初的尝试。

(4) 行动阶段　指人们已经实践新的行为。

(5) 巩固阶段　指新的行为已坚持了最低限度的期限。处于这一阶段的人们保持已经改变了的行为状态，而减少诱惑和增加信心有利于保持这一状态。如果人们经不住诱惑或者没有足够的信心和毅力，他们就可能返回到原来的行为状态。

3. 知信行模式

知信行模式是最常见的、应用比较广泛的一种改变人类劳动相关行为的模式，它将人类行为改变分为获取知识、产生信念及形成行为 3 个连续过程，即知识→信念→行为。知（知识和学习）是基础，信（信念和态度）是动力，行（促进劳动行为）是目标。

以高职学生参加校园地面井盖美化这项劳动为例。首先，教师可以通过多种方法和途径，把校园井盖美化需要的知识，如颜料的调制、色彩的搭配、图案的选择、与校园文化风格的协调等讲给学生，让学生掌握知识，形成完成这一劳动任务的基本能力；其次，分析这项劳动的意义和价值，分享其他学校美化井盖的成功案例，让学生相信通过自己的劳动，校园将会变得更加美丽，自己学习生活的环境将会变得更有魅力，从而产生“美化校园，人人有责”“校园魅力，我必出力”的信念；最后，在信念的支配下，学生拿起画笔描绘井盖，同时建立起美化校园其他劳动行为习惯的模式，如维护绘制的井盖图案，绘制并维护校园文化墙，设计、制作、维护个性化的板报，设计、书写、维护校园文化标语等。但是，这个过程不是一蹴而就的，其中的关键步骤是信念的确立和态度的转变。坚定的信念促使态度的转变，态度的转变促使行为的转变。在教育过程中，教师必须注意运用不同的方法，为高职学生确立劳动信念、转变劳动态度创造有利的环境和条件。

知信行模式在高职院校的实施要遵循循序渐进的原则，根据高职学生的素质和存在的问题，为他们设置基本目标、中层目标、发展目标，从简到繁，从易到难，促使高职学生逐步坚持下去,进而达到比较满意的效果。

习近平总书记指出:"人世间的一切幸福都需要靠辛勤的劳动来创造。"不管人们的梦想有多大、憧憬有多美,光想是没有用的,必须付诸行动,其表现形式就是有目的、自觉的劳动行为。劳动不仅可以帮助人们实现梦想、创造美好生活,还是人生最大的财富。

四、劳动教育的经济学基础

劳动是财富的源泉,也是幸福的源泉。财富即物质与资本,具有直接经济属性。幸福则是一种精神喜悦和心理满足,但也离不开经济基础。脱离劳动,财富与幸福都将成为无源之水、无本之木。高职院校开展劳动教育,可以使学生体悟劳动价值理论,感知以劳动力为主要内容的劳动教育经济理论,深化对劳动教育社会经济价值的认识。

(一)劳动价值理论

关于劳动价值理论,经济学家多有论述。从现有资料看,该理论的提出者最早可以追溯到 17 世纪英国著名古典政治经济学家威廉·配第。他于 1662 年撰写完成了《关于税收与捐献的论文》(即《赋税论》),其劳动价值理论的基本观点是商品价值取决于劳动,商品价格取决于生产该商品所耗费的劳动量,"劳动是财富之父,土地是财富之母"等。他认为创造价值的是具体劳动,但并没有认识到创造价值的是抽象劳动,没有把商品的价值与使用价值明确区分开来。

18 世纪英国著名经济学家亚当·斯密在 1776 年发表了《国民财富的性质和原因的研究》(即《国富论》)。他在论述劳动价值理论时指出,只有劳动才是价值的普遍尺度和正确尺度,只有劳动才能在一切时代一切地方比较各种商品的价值,并进一步提出了商品的使用价值和交换价值的概念。但是,他忽略了社会劳动在商品中的价值存在。

19 世纪中期,马克思在《资本论》中提出了自己的劳动价值观点,我们称其为"马克思劳动价值理论"。该理论吸收了威廉·配第等的劳动价值理论的科学成分,揭示了生产商品的劳动的具体劳动和抽象劳动二重属性。具体劳动是生产目的、劳动对象、所用工具、操作方法、生产结果各不相同的劳动,生产的是商品的使用价值,体现的是商品本身的功能。抽象劳动是无差别的一般人类劳动,生产的是商品的价值,体现为商品的市场价格。

马克思劳动价值理论的先进性在于揭露了资本家残酷剥削工人剩余价值的丑恶秘密,科学论证了资本主义必然灭亡和社会主义必然胜利的客观规律。在资本主义制度下,工人创造的超过劳动力价值的大量剩余价值被资本家无偿占有,工人的工资却仅仅是劳动力本身的价值,工人只能靠出卖劳动力维系生存。这种人剥削人的不可调和的阶级矛盾必然会终结资本主义。

马克思劳动价值理论博大精深,它深刻阐释了抽象劳动创造价值、社会必要劳动时间决定价值量、价值增殖过程原理等重要内容和原理。该理论在新时代背景下对于指导高职学生在劳动教育中成长成才、创新创业能力的培养和合法劳动意识的养成,均具有重要意义。

(二)劳动教育经济理论

劳动创造财富的秘密在于劳动者所蕴含的劳动力。按照经济学观点,劳动力是蕴藏在劳动者体内的劳动能力,其素质状况与生产效能、创利水平具有密切的正相关性。劳动教育的过程也是劳动力培养的过程,基于此,形成了劳动力素质养成、劳动力市场配置等劳动教育经济理论。

1. 劳动力素质养成理论

劳动力的素质高低不但决定劳动者的个体生存、生活及发展质量，也是整个社会经济发展质量的关键性因素，甚至是决定性因素。所谓劳动力素质养成理论，又称劳动力质量提升理论，是指劳动者在长期的学习、生活和劳动过程中养成良好身体素质、智能素质、思想素质的理论依据和价值要求。

2. 劳动力市场配置理论

所谓劳动力市场配置理论，是指在市场经济条件下，劳动力资源配置的要素组成和配置规律。在市场经济中，劳动力属于一种特殊资源，其特殊性在于它是活的、能动的、具有社会性的资源，并且唯一属于劳动者所有。市场经济条件下，包括劳动力资源在内的资源配置方式主要是市场配置。劳动力资源市场配置形成劳动力市场，又称人力资源市场，其配置要素主要包括以下几个方面。

(1) 主体要素　一般包括劳动力供给者、劳动力需求者以及供需组织服务者。劳动力供给者为劳动者，劳动力需求者为用人单位、组织或者个人，劳动力供需组织服务者为劳动力市场服务组织。

(2) 价格要素　即劳动力价格，一般表现为工资或者劳动报酬。在市场经济条件下，劳动力价格一般会受到供需数量、劳动力质量、经济发展状况、国家法律政策等因素影响。

(3) 基础要素　即劳动力市场存在和运行的硬件和软件的总和。硬件包括劳动力市场运行的场所、设备、资金、服务机构等；软件包括维持和保障劳动力市场运行发展的思想观念、信息资源、专业队伍、制度建设等。《中华人民共和国就业促进法》《人力资源市场暂行条例》等为劳动力市场软硬件环境建设提供了制度保障，各级政府也已经逐渐加强了劳动力市场标准化建设。

(4) 保障要素　劳动力资源不同于一般市场资源，它属于劳动者所有且往往是劳动者赖以生存的资源，关系到人权保障与社会稳定。政府是劳动力市场的保障责任主体，确保劳动力市场规范有序，为劳动者提供风险和生活保障。

（三）高职劳动教育的社会经济价值

1. 提升劳动力市场供给质量

劳动力市场是我国社会主义市场经济体系的重要组成部分。从市场主体要素看，该市场主要包括供需双方。供方是劳动力供给者，即劳动者；需方是劳动力需求单位，即用人单位。《中共中央关于制定国民经济和社会发展第十四个五年规划和二〇三五年远景目标的建议》强调，“十四五”时期经济社会发展要以深化供给侧结构性改革为主线。深化供给侧结构性改革就是要着力提高供给体系的质量和效率，增强我国经济持续增长动力。对于劳动力市场改革而言，就是要深化劳动力供给侧结构性改革，优化劳动力供给结构，提高劳动力供给质量。提高劳动力供给质量包括多种因素，其中根本性因素是劳动力的身体素质、智能素质和思想素质。

当前，高职院校全面开展的劳动教育，除了生活劳动教育和公益劳动教育之外，重点是结合专业特点，开展专业劳动教育和创新创业劳动教育，重视新知识、新技术、新工艺、新方法的运用，增强职业荣誉感和责任感，提高职业劳动技能水平和创造性解决问题的能力。这些劳动教育的全面开展，将会有效培养学生热爱劳动、尊敬劳动的“劳动光荣”理念，踏实肯干、坚守持久的“工匠精神”以及良好的身体素质、抗压意志和专业技术技能水平，从而提高劳动力市场的劳动力供给质量。因此，高职劳动教育是提高劳动力供给质量的基础性战略举措，从宏观和长远看，会有效推动我国劳动力市场供给侧结构性改革质量的全面提升。

2. 增强大学生就业创业竞争力

据媒体报道，“十三五”以来，全国高校毕业生累计达 4 088 万人，初次就业率连续多年保持在 77% 以上。教育部、人力资源社会保障部在 2024 届全国普通高校毕业生就业创业工作网络视频会议上指出，2024 届高校毕业生总规模预计达 1 179 万人，面临的就业形势严峻复杂。

对于绝大多数大学生而言，毕业后就找到“体面”而又“高薪”的工作，需要具备正确的劳动价值观和良好的就业适应性与就业竞争力。高职院校全面贯彻落实中共中央、国务院以及教育部关于劳动教育的要求，培树大学生正确的就业创业观和持续发展观，培养大学生较强的就业创业适应性与就业竞争力。就业实质是法定年龄劳动者获取工资报酬的一种劳动。创业是一个捕获机会创造新产品、服务或实现其潜在价值的自我谋业的过程。劳动价值观往往直接影响甚至决定大学生的就业创业观。要通过劳动教育，树立大学生“劳动无贵贱”“劳动创造美好生活”的正确劳动价值观，形成“三百六十行，行行出状元”的正确职业思想观念，从而确立“行行可建功、处处能立业、基层是起点、成长有过程、梦想靠奋斗、劳动最光荣”的科学就业创业观和持续发展观。高职劳动教育不同于中小学劳动教育，除了要开展一般性的生活劳动外，还要大量和较长时间开展具有一定专业技术技能性的公益劳动、实训实践劳动和创新创业活动，提高学生自身专业技术技能水平，增强学生对专业的职业认同感、责任感和荣誉感，锻炼学生的职业适应能力和缩短学生步入社会的职业适应期，从而全面地提高学生就业与创业的竞争力。

3. 促进社会科技经济发展

高职院校人才培养的着力点主要有 2 个：①技术技能培养；②劳动文化熏陶。这些培养和熏陶均离不开劳动教育。从技术技能培养看，高职劳动教育更多的是融入专业课程教学和校企合作顶岗实习，以发挥专业教学和实习实训劳动协同育人的作用。如许多高职院校成立的专业工作室、大师工作室、创新创业团队、校企共建实习实训基地等，都是重要的专业劳动教育载体、场所和渠道。从劳动文化熏陶看，高职劳动教育是对大学生劳动精神、创新精神、工匠精神与劳模精神的素质培养。如高职院校思政教学过程中积极融入劳动文化教育，鼓励和指导学生积极参加创新创业大赛，实现以赛育人创新意识、工匠精神的素养培育，广泛开展劳动模范、技术技能大师典型事迹宣讲，培养大学生的劳模精神与劳动精神。

目前，我国社会科技经济发展已经取得了举世瞩目的成就。从 500 m 口径球面射电望远镜、“蛟龙”号载人潜水器等一批重大尖端科技成果问世，到超级计算、5G 技术、数字经济等关系国计民生的重大科技经济的发展，再到中国农村脱贫攻坚向乡村全面振兴的战略转移，均体现了“劳动创造价值”的真理，推动了“中国制造”向“中国创造”“中国智造”的转变，促进了我国社会经济的变革。实践证明，社会科技经济的发展除了制度性保障外，根本在于科学技术研发人才和技术技能人才的培养；而从需求数量看，技术技能人才要远远大于科学技术研发人才。培养高层次技术技能人才是高职院校的历史使命，而高职劳动教育正是这一使命践行的重要战略举措。因此，高职院校深入开展劳动教育对于我国社会科技经济发展具有重要意义。

五、劳动教育的心理学基础

（一）高职学生的劳动心理

1. 劳动心理学

劳动心理学是以普通心理学、社会心理学、管理心理学等研究成果为理论基础，结合劳动者劳动实践过程，围绕劳动者的需要、动机、行为，研究劳动者的心理反应、心理活动及心理规律，将心理学成果和理论应用于劳动实践的科学。

高职劳动心理学主要研究在劳动或工作中高职学生的个体心理素质、群体心理现象、心理保健，高职学生与其他劳动者和劳动环境发生联系过程中的心理活动规律，讨论劳动管理中如何运用心理学知识，谋划职业发展，展现良好劳动品质，激发劳动创新思维，做好劳动安全防护，进而促进学生的劳动积极心理。

2. 高职学生劳动心理健康的要求

新时代高职学生劳动心理健康标准是衡量高职学生劳动心理健康的尺度。明确高职学生劳动心理健康的标准，不仅可以为高职学生提供一个分析衡量自身劳动心理健康状况的尺度，还可以使他们明确自身劳动心理健康努力的方向，同时也有利于高职院校教师更好地分析学生劳动心理健康状况，引导学生克服不健康的劳动心理和劳动行为。参照国内外学者的研究以及劳动心理健康教育实践，我国高职学生的劳动心理健康要求有以下 2 个方面。

(1) 正确认识，悦纳劳动　劳动心理健康，能把劳动看作人生的第一需要，明白“生活即劳动”的道理，自觉接受劳动，并通过劳动创造自己希望的未来，从而增加自尊心和自信心。

(2) 意识清醒，注意安全　劳动心理健康的高职学生充满青春活力，勤学好问、乐观进取、反应敏捷、喜欢探索，并把安全作为有效劳动的首要要求；相反，如果学生遇事优柔寡断、喜怒无常，不但事业难以发展，还可能导致安全事故频发，造成不可估量的损失。

3. 劳动教育的心理学意义

(1) 树立新时代的劳动观，培育正确的劳动心理　习近平总书记关于劳动的系列重要论述，在继承和发展马克思主义劳动思想的基础上，基于时代的历史维度与实践的发展向度，回应了新时代中国特色社会主义发展面临的新使命和新课题，形成了“实干兴邦”的劳动实践观、“民族复兴”的劳动发展观、“崇尚劳动”的劳动价值观、“热爱劳动”的劳动教育观，构筑起以劳动支撑中国特色社会主义伟大事业的实践路径。在劳动认知上，要让学生充分认识到劳动的重要性和劳动范畴的复杂性、广泛性，尊重各种各样的劳动和劳动者；在劳动价值观上，要让学生将“劳动最光荣、劳动最崇高、劳动最伟大、劳动最美丽”的观念内化于心，外化于行；在劳动知识与技能上，要让学生掌握系统全面的劳动科学、劳动技能，要把劳动科学当作一门必修课来学习、掌握。

(2) 开拓劳动心理新境界，满足学生创新的心理需求　高职院校把劳动心理教育纳入立德树人的重要内容，让学生实施自我服务劳动、班级与校园劳动、家庭劳动、公益劳动等多种形式的劳动教育，督促学生养成日常劳动习惯，教会学生学会珍惜自己的劳动成果，体会劳动的无穷乐趣，激发学生的劳动热情，鼓励学生进行创新性劳动，满足学生创新的心理需求。

（二）劳动心理学理论基础

1. 弗洛伊德的精神分析理论

精神分析理论是奥地利心理学家西格蒙德·弗洛伊德在长期治疗癔症与神经症病人的过程中形成的一系列关于心理功能、心理发展及异常心理的理论。经典的精神分析理论内容包括潜意识理论、人格结构理论、心理发展阶段理论、焦虑及自我防护机制理论、释梦理论，其中和劳动教育相关的主要是人格结构理论和心理发展阶段理论。

弗洛伊德将人格结构分为本我、自我和超我。三者关系协调，人格则表现出健康状况；三者关系冲突，人就会产生心理问题或心理疾病。

弗洛伊德的精神分析理论认为，人类的心理发展是由2种本能的内驱力推动的。在本能内驱力的推动下，人在各个发展阶段将经历不同的心理冲突并形成相应的心理结构及特征。如果心理发展停留在某个阶段或由于遇到挫折从高级阶段倒退到低级阶段，就可能造成心理和行为的异常。高职学生处于青春时期，身体的快速发育和思维发展的相对滞后在心理上表现为剧烈的“动荡”，矛盾性和两极分化严重，既有强烈的自我意识，又特别在意别人的评价；既要特立独行，又想获得帮助；情感体验既丰富多彩，又波动大、易冲动。在接受新生事物方面，高职学生既善于利用网络技术等现代手段主动迎接新技术革命，又容易在电子游戏里迷失自我；在就业方面，他们既有豪情万丈的自信，又容易在失败面前一蹶不振。

2. 班杜拉的社会学习理论

社会学习理论是美国心理学家阿尔伯特·班杜拉提出的，该理论重视榜样的作用，强调个人对行为的自我调节，主张建立较高的自信心。该理论主要研究学习和自我调节在引发人的行为中的作用，主张要在自然的社会情境中探讨个人的认知、行为与环境因素三者及其交互作用对人类行为的影响。班杜拉在对行为习得过程的叙述中提出了人类的观察学习模式，这与我们常说的“身教胜于言教”的原则是相通的。班杜拉的社会学习理论对于劳动教育具有积极影响，尤其是对开发学生劳动的潜在能力、激发学生的劳动动机和情感、促进学生积极的自我意识发展具有不可低估的作用。这些理论研究对于提高劳动教育质量具有一定的启发意义。

学校和教师应该为学生搭建劳动教育平台，对劳动心理教育实施素养化、课程化、体系化建设，使之成为弘扬新时代劳动精神、实现学校全面育人的载体；重构劳动心理教育课程体系，实现从培养、激发、调动学生多种感官运动到提升学生劳动心理素养的目标。在培养目标、专业设置、课程体系、教学过程等方面作好衔接，培养学生大国工匠精神。要通过引企入校、前店后厂、现代学徒制等多种方式，不断丰富校企合作内涵，搭建学生劳动心理教育的有效平台。

3. 马斯洛的人本主义心理学

人本主义心理学是20世纪五六十年代兴起于美国的一种心理学思潮，代表人物是亚伯拉罕·马斯洛和卡尔·罗杰斯。他们研究的主题是人的本性及其与社会生活的关系，强调人的尊严和价值，主张心理学要研究对个人和社会进步富有意义的问题。在方法论上，他们反对以动物实验结果推论人的行为，主张对人格发展进行整体分析和个案研究。马斯洛的自我实现的需要层次理论对现阶段开展高职劳动教育具有指导意义。

在心理学上，人的需要层次中生理需要是第一层次，是满足生存所必需的基本生理需要，如对食物、水、睡眠的需要。这个层次的指导意义在于培养高职学生通过劳动教育，获得基本的生存本领，从而实现人格独立。

安全需要是第二层次，主要在于构建安全和可预测的生活环境，免除生理和心理的焦虑。这个层次的指导意义是培养高职学生的全面发展，让学生在劳动过程中逐步获得成就感，有能力给自己提供一份生活保障。

自我实现的需要层次理论的指导意义是通过劳动教育，让学生树立人生的远大理想，并挖掘自身潜能，积极参与到社会大生产和创新创造劳动中来，用自己的智慧和社会的进步，实现个人理想，体现人生价值。

4. 积极心理学

积极心理学从积极角度研究幸福，倡导心理学的积极取向，研究人类的积极心理品质，关注人类的健康幸福与和谐发展。它一改传统心理学的悲观人性观，旨在帮助人们形成良好的心理品质和行为模式。积极心理学主张个体的意识和经验既在环境中体现，又在很大程度上受到环境的影响。这给开展高职劳动教育提供了有益的启示。通过劳动教育，构建和谐奋进的劳动集体，让劳动观念强、信念坚定的学生起示范带头作用；通过劳动合作和分享劳动成果等形式，带动和提高其他学生的劳动参与度，不断增强劳动示范和榜样效应，稳步推进劳动者的集体荣誉感和团结精神，这是高职劳动教育的目标和意义。

（三）劳动心理改变的理念模式

1. 德育教育模式

德育是各种教育目标的价值取向和最终归宿，是整个教育的灵魂。职业院校的德育在人才培养体系中起主导作用。高职院校的德育既要符合国家对大学生思想道德教育的总体要求，又要突显其职业性，即在培养学生理想信念的同时，注重将与本专业相关的职业意识、职业道德、职业态度和职业理想教育作为德育的重要内容，培育“崇尚劳动、爱岗敬业、勇于担当、善于创新、乐于奉献”的职业精神。

高职劳动教育要结合德育，有针对性地将劳动教育内容渗透在德育之中，以形成高职德育特色。例如，择业观教育是高职德育的重要内容。以往的教育通常是从培养学生的职业意识入手，逐步让学生学会如何选择职业和岗位。但是，在具体德育实践中，这种教育的效果并不明显，大多数学生不能正确理解和把握即将选择或者从事的职业与自己的未来发展有什么关系，因而很难形成正确的择业观。其实，择业观教育主要是让学生准确把握个人价值的实现；劳动教育是让学生懂得劳动不仅是付出辛勤的汗水和劳作，还是一种乐趣和精神上的需要。以劳动教育内容丰富择业观，让学生正确理解职业劳动与价值实现的关系，从而培养学生为社会福利而劳动的道德意愿。

2. 劳动课程教育模式

课堂是培养学生劳动意识、劳动习惯和劳动技能的重要阵地。劳动教育不能仅仅停留在劳动教育本身的课堂中，还应该贯穿于思政课程和专业课程中，这样就能构建 3 类课程体系，完善劳动培养的维度。高职劳动教育在课程开发和设置上，应该将专业课程教学、思政教育同劳动教育相互渗透、融合，并开发更为适用的教学模式和考核方法，从劳动意识、劳动行为和劳动习惯等多个方面着重培养学生“劳动最光荣”的责任感和使命感。

3. 理论与实践相结合教育模式

劳动是大学生道德品质养成的重要渠道和有效路径，劳动实践可以检验真理，坚定学生的理想信念；创新性的劳动实践还可以激发学生的劳动热情，培育崇高的道德情操。劳动教育是实践性很强的教育活动，劳动观念、劳动习惯以及劳动能力，都要在劳动实践中才能真正得到培养。因此，要践行理论与实践相结合的教育模式，促使学生的行为心理职业化。

4. 创造性劳动教育模式

高职倡导技术技能培养中的劳动教育，其实就是要将创造性劳动融入技术技能教育中，以综合性劳动实践来优化实践教学环节，促进技术技能教育与实践能力培养的统一。苏霍姆林斯基认为，创造性劳动是“充满丰富智力活动”的劳动，是以新技术取代传统劳动程式的劳动，是手脑并用、体力与智慧并用的劳动。创造性劳动思想是苏霍姆林斯基劳动教育理论的核心，也是其劳动教育理念的精髓所在。创造性劳动教育实践活动可以满足学生发育期的好奇、求新求异和张扬个性的心理需求，让学生在创造性劳动中体味劳动的愉悦和巩固所学的专业技术，开拓劳动心理新境界。

案例分析

美国福特公司中的"福特"是一个人的名字。福特大学毕业后,去一家汽车公司应聘,同去应聘的还有几个学历比他高的人,他自感应聘无望,但是来了总要试一试。他一走进董事长办公室,就发现门口的地上有一张纸,他弯腰捡了起来,发现是一张带有污渍的纸,便顺手把它扔进了废纸篓里。然后他才走到董事长的办公桌前,说:"我是来应聘的福特。"董事长说:"很好,很好!福特先生,你已被我们录用了。"福特惊讶地说:"董事长,我觉得前几位都比我好,你怎么把我录用了呢?"董事长说:"福特先生,前面3位的确学历比你高,而且仪表堂堂,但是他们的眼睛只能看见大事,而看不见小事。你的眼睛能看见小事,我认为能看见小事的人,将来自然能看到大事。而一个只能看见大事的人,他会忽略很多小事,他是不会成功的。所以,我才录用了你。"福特就这样进了这个公司。后来福特把这个公司改为"福特公司"并扬名天下,也使美国的汽车产业在世界独占鳌头。古希腊哲学家亚里士多德曾经说过:"我们每一个人都是由自己一再重复的行为所铸造的。因而优秀不是一种行为,而是一种习惯。"

解析:

1. 劳动行为的重复能形成一种习惯吗?

2. 亚里士多德曾说:"我们每一个人都是由自己一再重复的行为所铸造的。因而优秀不是一种行为,而是一种习惯。"后一句话的深刻意思是什么?

任务实施

(一)制订实施方案

高职劳动教育理论基础理解:根据任务需要进行人员分组,6~8人/组;制订实施方案,具体方案见图1-3。

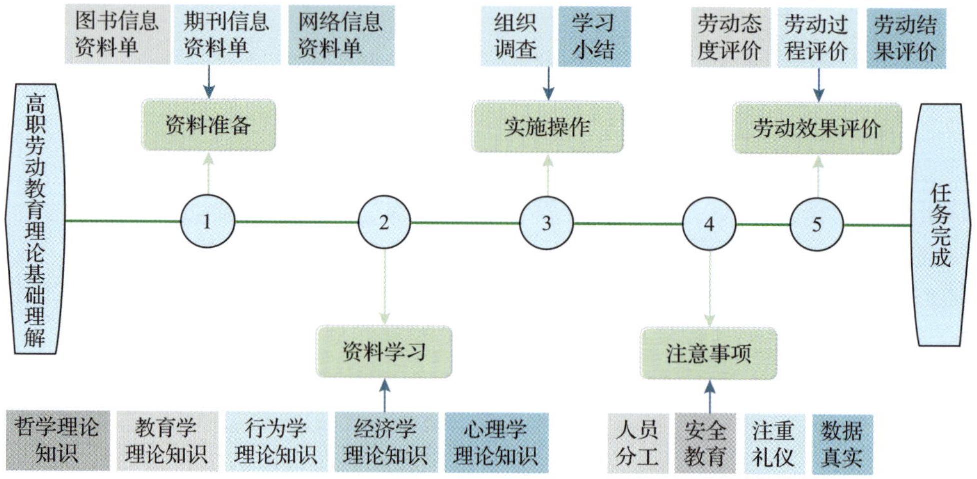

图1-3　高职劳动教育理论基础理解实施方案

(二)准备材料用具

期刊、图书、笔、本、计算机等。

(三)具体实施步骤

1. 资料学习

在教师的指导下,学习有关劳动教育的哲学、教育学、行为学、经济学、心理学理论知识。

2. 组织调查

(1)调查准备　通过图书、期刊、网络查询等途径,了解国内、国外、本省和当地高职劳动教育的基本情况。

(2)制订方案　以小组为单位制订调查方案,包括时间、地点、调查对象和内容等,并进行调查表格的设计。

(3)开展调查　在查阅资料的基础上,按照制订的调查方案,通过走访当地教育管理部门、教职员工、学生等,了解当地高职劳动教育的理论依据及应用途径等。

(4)调查总结　根据调查结果,每人撰写1份不少于600字的调查总结,并在教师的组织下与同学们交流学习。

3. 学习小结

(1)学习收获　每人写1份学习收获。

(2)小组讨论　用集体的智慧完成1份较好的学习收获。

(3)典型发言　每组选1个代表进行典型发言,在全班讲解小组的学习方法、学习收获;组员补充收获的内容。

(4)小组评价　教师组织全班同学讨论、评价各小组的学习情况,实现全班同学共享学习资源和收获体会,巩固所学的知识内容。

(四)注意事项

(1)人员分工　实施前进行人员分工。

(2)安全教育　开展交通安全、人身安全、财物安全和网络安全等教育。

(3)注重礼仪　注重与人沟通交流的礼貌、礼节。

(4)数据真实　确保调查内容基础数据的真实有效性。

(五)劳动效果评价

劳动效果评价分为劳动态度评价、劳动过程评价、劳动结果评价。采用百分制,劳动态度评价占30%,劳动过程评价占40%,劳动结果评价占30%。劳动态度评价表、劳动过程评价表和劳动结果评价表分别见表1-7～表1-9。

表1-7　劳动态度评价表

劳动项目:　　　　评价对象:　　　　评价人:　　　　评价日期:

评价项目	分值	学生自评	组内学生互评	教师评价	总评
活动动机	20				
调研次数	30				
责任意识	30				
大局意识	10				
心得体会	10				

表 1-8　劳动过程评价表

劳动项目：　　评价对象：　　评价人：　　评价日期：

评价项目	分值	学生自评	组内学生互评	教师评价	总评
服从安排	20				
团队意识	20				
沟通能力	20				
行为表现	40				

表 1-9　劳动结果评价表

劳动项目：　　评价对象：　　评价人：　　评价日期：

评价项目	分值	学生自评	组内学生互评	教师评价	总评
信息查询	20				
深度访谈	20				
案例分析	20				
调查总结	40				

总结反思

项目二　生活劳动实践

知识目标

1. 了解生活劳动教育的内涵；
2. 理解生活劳动教育的内容、要求和价值；
3. 掌握衣物清洗、晾晒与收纳和被褥整理的知识与方法；
4. 掌握饺子制作、蛋糕制作的知识与方法。

能力目标

1. 能正确使用生活劳动中的各种工具；
2. 具备整理内务和自理自立的能力；
3. 能够制作基本的食品。

思政目标

1. 培养生活自理自立能力；
2. 培育家庭责任感、幸福感；
3. 培养爱劳动、讲卫生的习惯。

任务一　生活劳动教育认知

任务描述

2020年，中共中央、国务院在《关于全面加强新时代大中小学劳动教育的意见》中强调，学生参加家务劳动和掌握生活技能的情况要按年度记入学生综合素质档案。由于长期以来招收学生的生源类型、层次特点、知识水平不同等原因，我国大部分高职院校的学生管理工作仍采用以约束为主的“保姆式”管理模式，对学生的劳动教育不到位，劳动育人功能缺失。本任务我们来了解生活劳动教育的内涵，理解生活劳动教育的内容与要求，感悟生活劳动教育的价值。

知识准备

一、生活劳动教育概述

(一)生活概述

1. 生活的内涵

生活是人或生物为了生存和发展而进行的各种活动。目前,对于生活的含义可以从以下几方面理解。

①在老百姓眼中,生活就是“不当家不知柴米贵”。很多文人墨客以此为诗,描写老百姓的生活,比较有代表性的是元代的《当家诗》:“教你当家不当家,及至当家乱如麻。早起开门七件事,柴米油盐酱醋茶。”由此将老百姓的生活通过七件日常生活必需品表现得淋漓尽致。

②马克思在《关于费尔巴哈的提纲》中,以实践的观点概括了生活的概念,将生活理解为处于一定社会关系下感性的人的对象性实践活动。

马克思生活范畴包含的内容非常丰富,如物质的生活、精神的生活、日常的生活、非日常的生活、国家层面的生活、个体层面的生活等。

③陶行知对关于“什么是生活”给出了简明扼要的定义——“劳动即生活”,揭示了生活的基本内涵。

借鉴以上观点,生活的内涵可以从以下几个方面理解。

①劳动既是生活的基础,又是生活的本质。生活是通过“开门七件事”这些感性的人的对象性劳动体现出来的,生活的载体是劳动。劳动是生活的本质,没有劳动,生活会变成“空中楼阁”,不复存在。

②人的生活是包含自我意识的人的对象化活动。根据马克思《1844年经济学哲学手稿》中关于生活的论述,可以发现,人的生活是包含自我意识的人的对象化活动,实践是人们丰富现实生活、改造现实生活、塑造理想生活的唯一途径。有目的的活动会影响或改变生活质量,想要什么样的生活,就可以朝着这个方向去努力,把自己培养成具备某种能力的人。比如对于个体来说,为了达到某种生活预期而主动、有意识地培养一些好的劳动习惯、劳动素养等。简单地说,生活就是人的实践主观能动性。

③生活是一个包容和开放的概念。生活不仅包括人类已经产生的一切真实可感的现实活动及过程,还包括人们对于未来的预期和结果;生活既是人们现实存在状态的展现,又是对存在意义和价值的追寻。在这些内容丰富、层次不同的各类生活中,作为个体或群体社会的人,应以包容和开放的心态来理解生活的内涵。

2. 美好生活的内涵

美好生活是什么呢? 可以从“两个全面”来概括:一个是人的全面发展,另一个是社会的全面进步。这“两个全面”是与时俱进的相对概念,其中最关键的因素是作为个体的人有意识地促进自己的全面发展,一方面要有意识地培养创造美好生活的能力;另一方面还要有意识地培养健康的劳动价值观和体验美好生活的能力。

陶行知说:“人有两件宝,双手和大脑。一切靠劳动,生活才美好。”人类个体在养成良好的生活习惯、端正的生活态度的基础上才能更好地体验和创造美好生活。

总的来看，生活的本质是劳动，人的生活是包含自我意识的人的对象化活动，生活范畴包含内容丰富、层次不同的各类生活，生活是一个包容和开放的概念。加强人的全面发展和社会的全面进步，才能共同创造和体验美好生活。

（二）生活劳动的内涵

中共中央、国务院《关于全面加强新时代大中小学劳动教育的意见》中强调，根据教育目标，针对不同学段、类型学生特点，以日常生活劳动、生产劳动和服务性劳动为主要内容开展劳动教育。其中的“日常生活劳动”是相对于“生产劳动”和“服务性劳动”而言的概念。

生活劳动是以个人的家庭、天然的共同体或集体（比如学校、工作场所）等直接环境为基本场所而进行的一种无报酬劳动。生活劳动是可以直接满足生活需求的劳动，是在具备生活条件的基础上对生活条件进行改造并直接服务于人的劳动，比如洗衣、做饭、打扫卫生等。

（三）生活劳动教育的内涵

生活劳动教育就是使受教育者在生活劳动中树立正确的劳动观点和态度，养成良好的劳动习惯。比如在家庭层面，通过制作食物、美化家庭环境等家务劳动，可以培养自理自立能力，养成良好的劳动习惯；在学校层面，通过整理内务等生活劳动来强化劳动意识，提升劳动素养；在社会层面，将劳动教育与节日结合起来开展活动，通过绿化环境、修理器具等活动来锻炼动手能力，增强环保意识。

二、生活劳动教育的内容与要求

（一）生活劳动教育的内容

1. 卫生整理

卫生整理主要是培养良好的生活习惯和卫生习惯，作好个人的卫生清洁，保持干净、整洁的生活和学习环境。

（1）个人卫生　主要是指注意个人卫生，养成良好的个人卫生习惯，如洗脸、刷牙、洗脚、洗澡、洗衣等。

（2）环境卫生　主要是指生活环境卫生的打扫，保持良好的生活环境，如整理被褥、打扫房间、收纳衣物、整理厨房等。

2. 生活技能

生活技能劳动教育是指在具备自理性生活劳动能力的基础上，掌握一些改造生活资料或生活条件的技能性操作技术，比如制作美食、熨衣、缝钉衣扣、快速叠放衣服等日常家务劳动，洗衣机等常用电器的使用与维修，网络的检测与维护，急救与安全保护等。

3. 生活品质

生活品质劳动教育是比生活技能劳动教育更进一步的劳动教育，是创造幸福生活的劳动过程。比如切白菜时用鱼鳞刀工，烘焙蛋糕时进行造型设计等，都是在掌握一定劳动技能的基础上创造美的劳动，属于生活品质劳动教育。

随着现代科技的发展，人们的生活方式也在改变，生活劳动教育的内容也会因时代的发展而不断丰富。

（二）生活劳动教育的要求

（1）关注日常生活教育　需要根据学生的时间和能力，制订合理的生活劳动计划，确保劳动任务不因过于繁重而流于形式，让学生在完成任务的过程中具有成就感，形成良好的生活习惯。

(2)给予鼓励和肯定　当学生完成生活劳动时，教师要及时给予鼓励和肯定，以激发学生的积极性和自信心，让他们更加愿意参与到生活劳动中。

(3)教授劳动技能　高职院校的学生大都具备掌握一定生活劳动技能的能力。教师应教授学生一些基本的劳动技能，如衣物收纳、美食制作、微机装调等。这些技能有助于学生更好地适应未来的生活。

三、生活劳动教育的价值

1. 养成良好的生活习惯

学生在劳动中获得成就感，会在大脑中建立一个刺激与反应的联结。如果这一联结反复出现，就会形成固定的条件反射，也就是习惯。良好的生活习惯与健康息息相关。

良好的生活习惯需要训练才能形成，一般认为，一个习惯的养成需要 21 d。良好的生活习惯可以迁移到学习和未来的工作中。孔子说："少成若天性，习惯如自然。"也就是说，一个人养成的好习惯，就像天性一样稳定，而将来取得的成功都和这些好习惯密不可分。

良好生活习惯的养成，需要家庭、学校、社会协同努力。学校可以充分发挥家长的力量，引导家长培养学生良好的生活习惯。学校可以通过生活劳动教育层层深入地引导学生做到：自己的事情自己做，不给他人添麻烦；在做好自己事情的基础上，力所能及地帮助他人；在做好自己事情与帮助他人的基础上，在更大范围思考为社会作力所能及的贡献。此外，学校和社会也需要创设良好的舆论氛围，为学生生活习惯的养成提供良好的舆论环境。

2. 提高自理自立能力

自理自立能力包含 2 个层面的能力——生活自理能力和生活自立能力。

生活自理能力是指人类个体照料自己生活的自我服务性能力，人人都应具备生活自理能力。生活自理能力不仅是人类个体生活的需要，还在人类的其他方面有着重要的作用。生活自立能力是指一种着重发挥主观能动性克服一切困难、独立自主、自强不息的奋斗精神，是一种独立自主地发现问题、解决问题的能力。它不仅包括生活方面自己承担或料理、不依赖别人的能力，还包括工作能力、社交能力、自我驾驭能力以及适应环境的能力等。

我国高职院校面临的现实是在培养学生自立能力之前首先要培养学生的自理能力，而这些能力都需要从学生生活劳动教育做起。

3. 树立自强的岗位责任意识

岗位责任意识就是立足岗位职责，做好分内应该做的事情，承担应当承担的责任，履行应当履行的义务，完成应当完成的使命，并在承担义务的过程中激发自己的全部能量。

生活劳动是每个人应尽的义务，是一个家庭、集体和社会和谐的源泉。加强生活劳动教育不仅是一个人、一个小家的事，还关乎社会这个大集体的和谐发展。有研究显示，有家务劳动固定分工和计划的家庭，学生参与家务劳动的意愿显著高于没有相应计划的家庭。校园班级里势必有维持各种学习生活环境而开展的班务岗位劳动项目，如以宿舍为单位整理内务、擦玻璃、扫地等，这些岗位分工可以让学生形成岗位责任意识。

案例分析

1938年，哈佛大学有学者针对456名少年进行了长达20年的追踪调查，结果得出：做家务的孩子，将来更有出息。爱做家务和不爱做家务的孩子，成年之后的就业率为15∶1，犯罪率为1∶10。爱做家务的孩子，离婚率低，心理疾病患病率也低。这项调查结果证实了家务劳动与孩子成长有极其密切的关系。相比那些爱做家务的孩子，不做家务的孩子在步入社会之后，生活适应能力往往会更差，易产生性格孤僻等问题。研究人员解释，家庭就是职场的雏形，一个孩子从小参与到家务中就能明白，个人努力可以促进集体变得更好，这样的孩子以后就更具有团队协作能力，也更独立。

解析：

1. 生活劳动教育的内容有哪些？
2. 哈佛大学学者的调查结果，说明生活劳动教育具有哪些价值？

任务实施

（一）制订实施方案

生活劳动教育认知：根据任务需要进行人员分组，6～8人/组；制订实施方案，具体方案见图2-1。

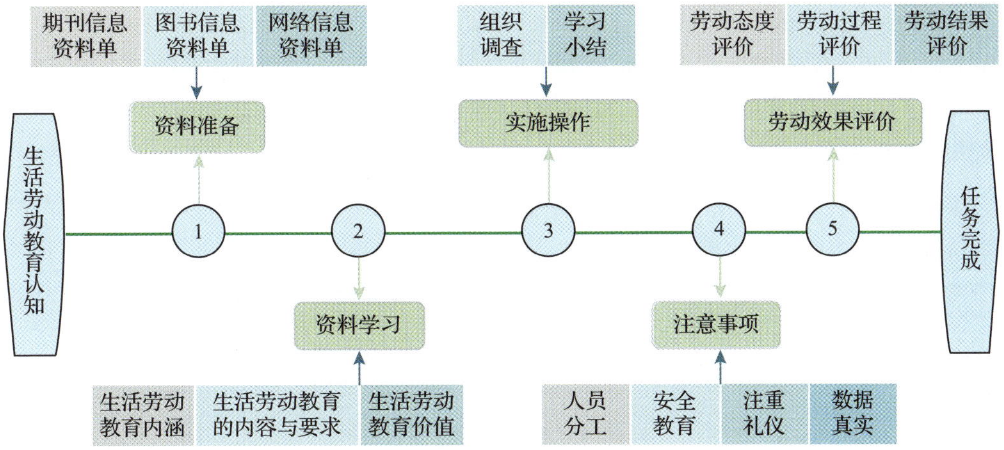

图2-1　生活劳动教育认知实施方案

（二）准备材料用具

图书、期刊、笔、本、计算机等。

（三）具体实施步骤

1. 资料学习

在教师的指导下，学习生活劳动教育的内涵、内容、要求和价值。

2. 组织调查

（1）调查准备　通过图书、期刊、网络查询等途径，了解我国、本省和当地生活劳动教育的基本情况。

(2)制订方案　以小组为单位制订调查方案,包括时间、地点、调查对象和内容等,并进行调查表格的设计。

(3)开展调查　在查阅资料的基础上,按照制订的调查方案,通过走访当地教育管理部门、教职员工、学生等,了解当地学校生活劳动教育的类型、目的等。

(4)调查总结　根据调查结果每人撰写1份不少于600字的调查总结,在教师的组织下与同学们交流学习。

3. 学习小结

(1)学习收获　每人写1份学习收获。

(2)小组讨论　用集体的智慧完成1份较好的学习收获。

(3)典型发言　每组选1个代表进行典型发言,在全班讲解小组的学习方法、学习收获;组员补充收获的内容。

(4)小组评价　教师组织全班同学讨论、评价各小组的学习情况,实现全班同学共享学习资源和收获体会,巩固所学的知识内容。

(四)注意事项

(1)人员分工　实施前进行人员分工。

(2)安全教育　开展交通安全、人身安全、财物安全和网络安全等教育。

(3)注重礼仪　注重与人沟通交流的礼貌、礼节。

(4)数据真实　确保调查内容基础数据的真实有效性。

(五)劳动效果评价

劳动效果评价分为劳动态度评价、劳动过程评价、劳动结果评价。采用百分制,劳动态度评价占30%,劳动过程评价占40%,劳动结果评价占30%。劳动态度评价表、劳动过程评价表和劳动结果评价表分别见表2-1～表2-3。

表2-1　劳动态度评价表

劳动项目:　　　　评价对象:　　　　评价人:　　　　评价日期:

评价项目	分值	学生自评	组内学生互评	教师评价	总评
活动动机	20				
调研次数	30				
责任意识	30				
大局意识	10				
心得体会	10				

表2-2　劳动过程评价表

劳动项目:　　　　评价对象:　　　　评价人:　　　　评价日期:

评价项目	分值	学生自评	组内学生互评	教师评价	总评
服从安排	20				
团队意识	20				

续表 2-2

评价项目	分值	学生自评	组内学生互评	教师评价	总评
沟通能力	20				
行为表现	40				

表 2-3　劳动结果评价表

劳动项目：　　　　评价对象：　　　　评价人：　　　　评价日期：

评价项目	分值	学生自评	组内学生互评	教师评价	总评
信息查询	20				
深度访谈	20				
案例分析	20				
调查总结	40				

总结反思

任务二　内务整理

内务整理是最为常见的生活劳动，家庭、学校、社会都有内务劳动，它是一个人自理自立能力的体现，也是劳动习惯养成的重要载体。高职院校学生在校期间正是形成自理自立能力的重要时期，所以内务整理是校园生活劳动教育的重要内容。本任务分为 2 个子任务：衣物清洗、晾晒与收纳和被褥整理。

技能一　衣物清洗、晾晒与收纳

任务描述

众所周知，穿衣是人类在日常生活中仅次于吃饭的第二大需求。学生们要做到每天穿戴平整洁净的衣服、鞋袜或其他服饰等，清洗、晾晒与收纳衣物自然也就成为内务整理中最主要的劳动之一。通过本任务的学习实践，学习和掌握衣物清洗、晾晒与收纳的相关知识、方法和技能，养成勤于劳动和讲究卫生的良好生活习惯。这对学生们未来独立生活、走向社会有着非常重要的意义。

知识准备

衣物是生活的必需品，随着社会的发展、人们生活水平的提高，衣物种类越来越多。不同质地、类型、用途的衣物的清洗、晾晒及收纳，已成为生活劳动的重要内容。

一、衣物清洗、晾晒与收纳概述

（一）衣物的类型

（1）按照款式分　西装、棉服、马甲、皮衣、毛衣、衬衫、T恤、夹克、卫衣、风衣、冲锋衣、POLO衫等。

（2）按照面料与工艺分　中式服装、西式服装、刺绣服装、呢绒服装、丝绸服装、棉布服装、毛皮服装、针织服装、羽绒服装等。

（3）按照用途分　内衣和外衣2大类。外衣由于穿着场所不同而用途各异，品种类别很多。外衣可分为社交服装、日常服装、职业服装、运动服装、室内服装、舞台服装等。

（4）按照穿着组合分　整件装、套装、外套、背心、裙装、裤装等。

（二）衣物清洗、晾晒与收纳的方法

1. 衣物清洗

依据洗涤设备，衣物的清洗方法分为机洗、手洗或手洗＋机洗。由于现在家庭清洗衣物主要采用机洗，学生们应了解洗衣机的主要结构和原理。一般来说，洗衣机是用来清洗衣服或其他纺织品的机器设备，它主要是利用机械力、洗涤剂和水的相互作用使污垢与衣物纤维分离。学生们还需要学习一些有助于洗净衣物的知识。例如，闻到衣物因沾染汗液滋生细菌而带有的酸臭味时，要知道在洗衣机料盒中除了加入适量的洗涤剂外，还应加入适量的芳香型除菌液，这样洗净的衣服不仅无异味，还会散发出淡淡的清香，穿着也更感舒适；而在干燥的冬天，最好在洗衣机料盒中添加衣物柔顺剂，这样不仅能理顺洗涤液打乱的衣物纤维，还能防止静电。学会手洗衣物，不宜在洗衣机里洗真丝衣服、羊绒衫和手帕等，用手轻柔搓洗，然后再用清水洗净。另外，对于衣物上的油渍、污渍，经常穿的运动鞋等，也会用肥皂等（最好加上些许除菌液）刷洗，然后用清水洗净，最后再放入洗衣机中甩干，这就是手洗＋机洗。

依据洗涤剂，衣物的清洗方法分为干洗和水洗。干洗是指用有机化学洗涤剂对衣物上的污渍进行洗涤，洗涤过程中衣物与水不直接接触。一般适合干洗的有毛呢、羊毛、皮毛一体等衣物和西装。水洗是指用水清洗衣物等。

2. 衣物晾晒

晾是指把东西放在通风或阴凉的地方使其干燥。晒是指把东西放在太阳光下使其干燥。衣物晾晒就是把衣物放在通风、阴凉处或阳光下使其干燥。针对不同的衣物，需要选择不同的晾晒方法，如纯毛衣物、易掉色衣物等选择通风阴凉处，内衣需要阳光暴晒杀菌。

3. 衣物收纳

衣物收纳指的是对衣物进行分类、整理、归纳，使其有序，易于查找、使用和维护。这个过程涉及空间规划能力、与家庭成员的沟通、衣物的分类、各种收纳工具的使用和良好习惯的形成。

衣物收纳不仅是简单的叠衣服，使房间看起来更加整洁干净，它还可以最大限度地保持衣物的版型、色泽和质感，从而延长使用寿命，在省钱的同时，提高我们的生活品质。另外，收纳

也是一种脑力劳动，涉及思维方式和空间规划的系统性。

二、衣物清洗、晾晒与收纳的内容与要求

（一）衣物清洗、晾晒与收纳的内容

1. 衣物清洗

（1）衣物的分类　在进行衣物清洗时，首先要按照颜色将衣物进行分类。白色衣物通常需要与其他颜色的衣物分开清洗，避免染色。深色衣物包括黑色衣物、深蓝色衣物、棕色衣物等，这些衣物通常需要与浅色衣物分开清洗，避免浅色衣物被染色。易褪色衣物也需要与其他衣物分开清洗，避免染色和串色。

（2）洗涤剂的选择　选择洗涤剂时需要考虑以下几个因素。

衣物材质：不同材质的衣物需要使用不同种类的洗涤剂。例如，棉质衣物可使用普通的洗涤剂，而丝绸等质地较脆弱的衣物则需要使用专门的洗涤剂。

洗涤效果：对于污渍较明显或较脏的衣物，可以选择具有强洗涤能力的洗涤剂；而对于婴儿或者敏感肌肤的人的衣物，则需要选择温和型的洗涤剂。

洗衣机类型：不同品牌、型号的洗衣机所需的洗涤剂也不同，按照洗衣机说明书选择洗涤剂。

洗衣量：不同洗涤剂的使用量不同，需要根据洗涤衣物的数量来确定使用量。

（3）洗衣方法的确定　水洗包括手洗和机洗。手洗适用于丝绸衣物、棉麻衣物等。手洗衣物可以减少衣物的磨损和缩水，但比较费时、费力。机洗是使用洗衣机进行洗涤的方式，适用于比较大的衣物、厚重的衣物、牛仔裤等。机洗可以节省时间和劳动力，但需要注意洗衣机的使用方法和衣物的分类。干洗是使用干洗机进行洗涤的方式，适用于比较特殊的衣物，如羊毛衣物等。干洗可以深层清洁衣物，并减少衣物的缩水和变形。

2. 衣物晾晒

水洗的衣物经过脱水后需要晾晒，晾晒能起到使衣物干燥、平整的作用。

不同衣物的晾晒方式不同。毛呢、丝绸、尼龙等材质的衣物，经过阳光直射后会褪色发黄，不仅影响美观，还缩短使用寿命。对于易褪色的衣物，可以把衣物从里面翻过来晾晒，从而减轻衣物的褪色情况。毛衣或羊毛衫之类的衣物经过甩干后，最好平铺到网子或帘子上，当干得差不多时再挂在衣架上，放在阴凉干燥处自然风干。

3. 衣物收纳

（1）衣物分类　首先按照季节将衣物进行分类，将当季的、常用的衣物放在最方便拿取的衣橱内，这样可以增加日常使用的方便度；然后再将衣物根据颜色和类型进行分类，相同颜色、相同类型的衣物放在一起。特别注意先分类型再分颜色，这样显得整齐美观。

（2）选择工具　可以选择一些多功能衣架放置多件衣物，比如专门放裤子的衣架，可以用来收纳裤子。能挂起来的衣物就不要叠起来，这样不仅能够防止衣物褶皱，还能节省空间；将衣橱中的空间都利用起来，要学会利用衣橱的垂直空间；小物品如内衣、袜子等放置在收纳盒里，便于替换。

（3）折叠收纳　过季的衣物可以折叠收纳起来，确保衣物占用的空间最小化，同时也能保持衣物的整洁；或者将衣物存放到储物箱或真空袋中，放置在衣橱上方或不经常使用的地方，这样可以确保衣橱中只有当季需要的衣物，同时也可以为新衣物腾出空间。

（二）衣物清洗、晾晒与收纳的要求

(1) 衣物要及时清洗、晾晒与收纳　微生物学家查尔斯·格巴博士指出，内衣穿 1 d，上面就会留有约 0.1 g 的排泄物，大约相当于 1 亿个大肠杆菌。条件允许的话，最好每天换内衣。T 恤、贴身运动服、袜子、丝绸衣物在每次穿着后，都要及时清洗。衣物清洗、晾晒后也要及时进行收纳整理，才能将衣橱变得井井有条。

(2) 内衣与外衣分开清洗、收纳　内衣与外衣要分开清洗、收纳，因为通常外衣会滋生更多的细菌，若混合清洗细菌会附着在内衣上。

(3) 注意洗涤剂的选择和清洗流程　不同洗涤剂清洗的功效不同，需注意选择适宜的洗涤剂，按照使用说明正确清洗衣物。

三、衣物清洗、晾晒与收纳的劳动教育价值

(1) 提高生活能力，提升生活品质　培养学生形成“自己的事情自己做”的意识，提高个人自理能力，提升学生的生活素养。衣物清洗、晾晒与收纳是一项琐碎而又重复的任务，但却蕴含着一种细致入微和坚持不懈的精神。衣物清洗、晾晒与收纳，可以使学生认识到它是一种生活品质提高的方式，培养学生细致的品质。

(2) 培养劳动自觉，养成良好劳动习惯　衣物清洗、晾晒与收纳最重要的一点是养成良好的劳动习惯。只有将它当作一种习惯去坚持，才能真正地将其融入生活，从最初的勉强到后来的习以为常。衣物清洗、晾晒与收纳不仅能够改善生活质量，还能够让生活更加有序和有规律，使学生形成自觉劳动的良好习惯。

(3) 有利于减压，放松身心　衣物清洗、晾晒与收纳也是一种缓解压力的方法。在劳动过程中，学生们可以享受一个人的安逸时光，从日常生活的繁忙中得到一丝宁静。与此同时，学生们也能够放松心情，缓解内心的焦虑和压力，重新找回内心的平静。

任务实施

（一）制订实施方案

衣橱衣物整理：根据任务需要进行人员分组，3～5 人 / 组；制订实施方案，具体方案见图 2-2。

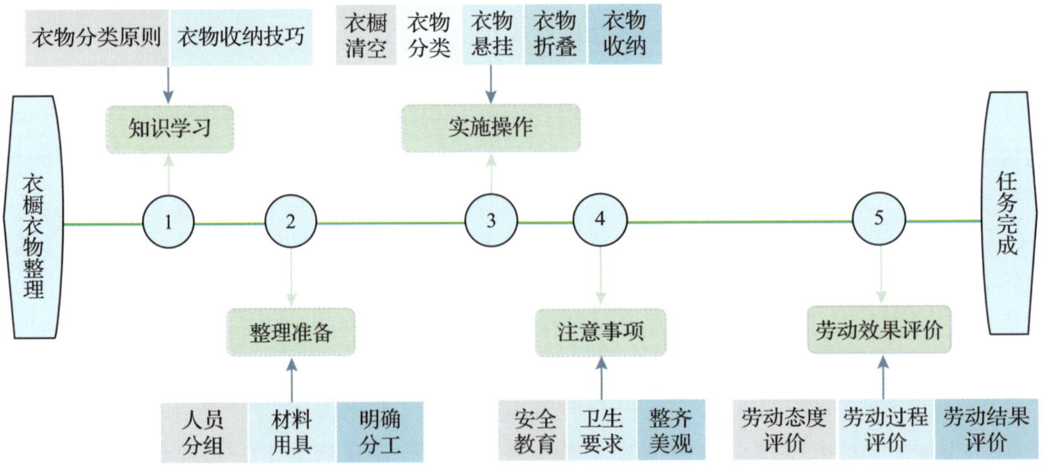

图 2-2　衣橱衣物整理实施方案

(二)准备材料用具

四季衣物、衣橱、衣撑、收纳箱、不干胶标签贴纸、签字笔、垫巾等。

(三)具体实施步骤

(1)衣橱清空　将要进行收纳的衣橱清空,清空时请注意保持衣物的整洁,为以防万一,在衣物下方使用垫巾。

(2)衣物分类　依据季节、用途、穿着组合将衣物进行分类。首先,按照季节将衣物分为冬季、夏季及春秋季3类;其次,按照用途将衣物分为内衣、外衣;最后,再按照穿着组合将外衣分为套装、外套、裤装、裙装等。

(3)衣物悬挂　当季的衣物先分男女款,然后依次按长短、类型、颜色分类,由深色到浅色或由浅色到深色排列后放入衣撑,悬挂进衣橱。经常穿的衣物应放到方便好拿的位置。

(4)衣物折叠　过季的衣物和不适合悬挂的衣物需要进行折叠处理,练习口袋式折叠法、卷衣折叠法、直立折叠法等。图2-3为衬衣和T恤的折叠方法。

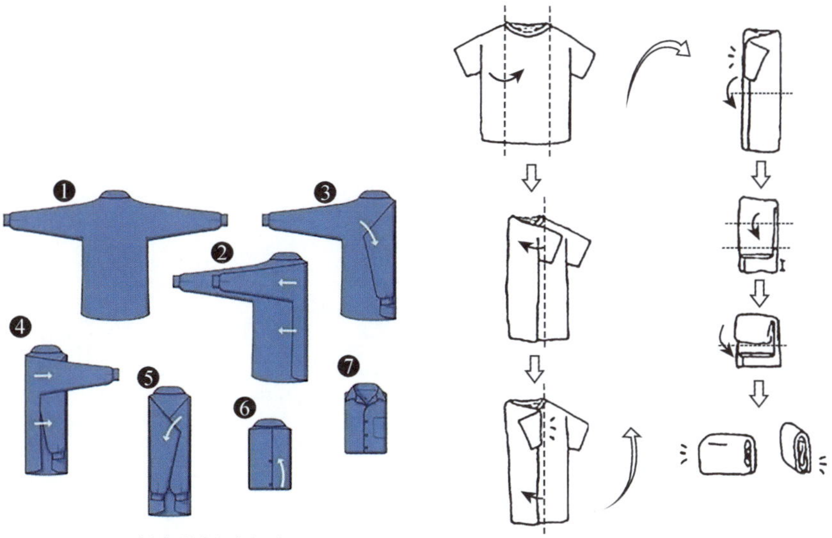

(a)衬衣的折叠方法　(b)T恤的折叠方法

图2-3　衬衣和T恤的折叠方法

(5)衣物收纳　经过折叠的衣物放入收纳箱收纳,用签字笔在不干胶标签贴纸上注明收纳箱内的衣物类型。

(四)注意事项

(1)安全教育　劳动前进行安全教育,了解劳动过程,学会工具的正确使用方法,禁止在劳动过程中手拿劳动工具追跑、打闹。

(2)卫生要求　收纳过程中衣物不得污损。

(3)整齐美观　收纳区域划分明确,空间分配合理,衣物悬挂、折叠整齐美观,符合陈列美学。

(五)劳动效果评价

劳动效果评价分为劳动态度评价、劳动过程评价、劳动结果评价。采用百分制,劳动态度评价占30%,劳动过程评价占40%,劳动结果评价占30%。劳动态度评价表、劳动过程评价表和劳动结果评价表分别见表 2-4～表 2-6。

表 2-4　劳动态度评价表

劳动项目：　　评价对象：　　评价人：　　评价日期：

评价项目	分值	学生自评	组内学生互评	教师评价	总评
劳动目的	20				
劳动次数	30				
责任意识	30				
大局意识	10				
心得体会	10				

表 2-5　劳动过程评价表

劳动项目：　　评价对象：　　评价人：　　评价日期：

评价项目	分值	学生自评	组内学生互评	教师评价	总评
服从安排	20				
团队精神	20				
劳动情绪	20				
劳动行为	40				

表 2-6　劳动结果评价表

劳动项目：　　评价对象：　　评价人：　　评价日期：

评价项目	分值	学生自评	组内学生互评	教师评价	总评
衣橱清空	10				
衣物分类	20				
衣物悬挂	20				
衣物折叠	30				
衣物收纳	20				

总结反思

技能二　被褥整理

任务描述

被褥整理是学生养成良好生活习惯的第1步，它是培养学生责任心和自我管理能力的有效途径。被褥整理不仅是日常生活的必需，更是一种对生活环境负责的态度和品质的体现。

知识准备

整洁美观的床铺使人的心情变得愉悦舒适，它不仅提高了生活品质，还反映出一个人的生活态度和修养，体现了人们对生活的尊重和对自己的要求。每天整理被褥，不仅有利于保持被褥的清洁，还可以培养良好的生活习惯。每天整理被褥，从细节做起，让我们形成良好的生活规律，打造更加美好的生活。

一、被褥整理概述

1. 被褥的类型

（1）按材质分　棉花被褥、羽绒被褥、羊毛被褥、纤维被褥等。

（2）按规格分　1.0 m×1.2 m、1.5 m×2.0 m、1.8 m×2.0 m 等多种规格被褥。

（3）按使用者分　婴儿被褥、儿童被褥、单人被褥、双人被褥等。

2. 被褥整理的内涵

被褥整理是指将被褥铺平、折叠或收纳起来，使被褥有形、整洁、有序。被褥经过整理，可以使房间整洁美观，确保睡眠舒适，提高睡眠质量，同时也有利于培养学生爱整洁、有条理的良好劳动习惯和生活习惯，培养学生的生活自理能力和家庭责任感。

二、被褥整理的内容与要求

1. 被褥整理的内容

（1）清理床铺　把床上的杂物拿走，被子、床单和枕头等物品也移开，然后打扫床铺卫生，在床上铺放褥子。

（2）套上床套　用床套的4个角包起褥子的4个角，压在褥子和床垫的底下，确保床套四周都在床垫下压紧——可能需要稍微提起床垫才能把床上的床套铺抹平整，使其没有折叠或褶皱。

（3）铺上床单　拿起床单，抖开铺在床套上。床单宽的一边应该放在床头，边缘要和床套对齐。如果床单是有图案的，要把有图案的一面朝下（目的是当把床头的床单反折过来的时候可以看到图案），确保床单平铺整齐，在床的两边都垂下相同的长度。

（4）铺放被子　等床单平整地铺好以后，就可以在上面放被子。确保把被子平整地铺在床上，并在床的每边垂下相同的长度。被子的顶部应该离床头6 cm。拿起床头上床单的边缘，平整地反折回来，盖在被子靠近床头的部分。检查一下是否可以看到床单反面的图案。

(5)摆放枕头　拿起枕头,在放到床上之前把它们好好抖一下。抖枕头的时候,抓住枕头的两边,往中间挤压再松开,最后将枕头套抚平。将每个枕头整齐地放在床头,用以填补反折回来的床单与床头之间的空间。

2. 被褥整理的要求

(1)注意被褥的清洁　被褥通常直接与身体接触,如果不经常清洁,容易滋生细菌和寄生虫,影响健康,因此需要定期更换被套和床单,使被褥保持清洁。

(2)保持被褥平整　用扫床的刷子将床单扫平,使其更加整齐。

(3)床上忌有杂物　床上只能放置被子、枕头,不要放置其他任何杂物(包括衣物)。

(4)床下要扫、拖干净　床下可以存放箱子,但要排列整齐;不能堆放杂物、垃圾,要扫、拖干净。

三、被褥整理的劳动教育价值

被褥整理是生活劳动的一项重要内容,除了可以保持床铺整洁外,还可以提高学生的劳动能力和动手能力。

(1)培育有条不紊的习惯　在整理被褥的过程中,按照先后顺序,一步步地进行,时刻保持有条不紊。操作中,动作要轻、稳,以免尘土飞扬。这样不仅有助于提高效率,还可以让被褥整理得更加规范、整洁。

(2)培养耐心细致的素养　被褥整理并不是一项简单的任务,需要耐心细致的操作。尤其在整理床单和被罩时,要一面拉拽一面仔细地检查床单和被罩是否平整,并且时刻注意避免褶皱。通过单调的动作,不断调整床单和床套的位置,直至完美,这培养了学生耐心细致的品质。

(3)锻炼身体和提高协调能力　整理被褥并不是一个轻松的任务,需要不断弯腰、拉拽被子和床单。在处理床单和被罩时,需要频繁地侧身和伸展手臂。这样的动作可以锻炼身体的力量和灵活性。同时,整理被褥时需要左、右手的配合,这使动作更加流畅、协调。这样的活动,不仅可以让学生的身体得到锻炼,还可以提高学生的协调能力。

(4)提升幸福感　整齐舒适的床铺会给学生带来一种愉悦的感觉,同时也会提升生活质量。每天早上多花几分钟整理床铺,会使卧室看起来更整洁,提升学生的幸福感。

任务实施

(一)制订实施方案

叠军被:根据任务需要进行人员分组,1～2 人 / 组;制订实施方案,具体方案见图 2-4。

(二)准备材料用具

被子、床铺等。

(三)具体实施步骤

(1)平展被子　将被子抖开、铺平,四边拉直,并将褶皱抹平。

(2)竖叠被子　叠被子首要掌握的是比例问题,要想叠成“豆腐块”,必须计算好比例,这样叠出来的形状才会标准。最有效的方式就是找中心,将被子叠成 3 叠,每叠的宽度约是被子宽度的 1/3。先将一侧的 1/3 折至中间上方,把对折线掏平,不要有褶皱;然后将另 1/3 折于最上方,把对折线掏平。要计算好第 1 层盖过被子中心线的距离,这个距离由被子的厚度决定。每

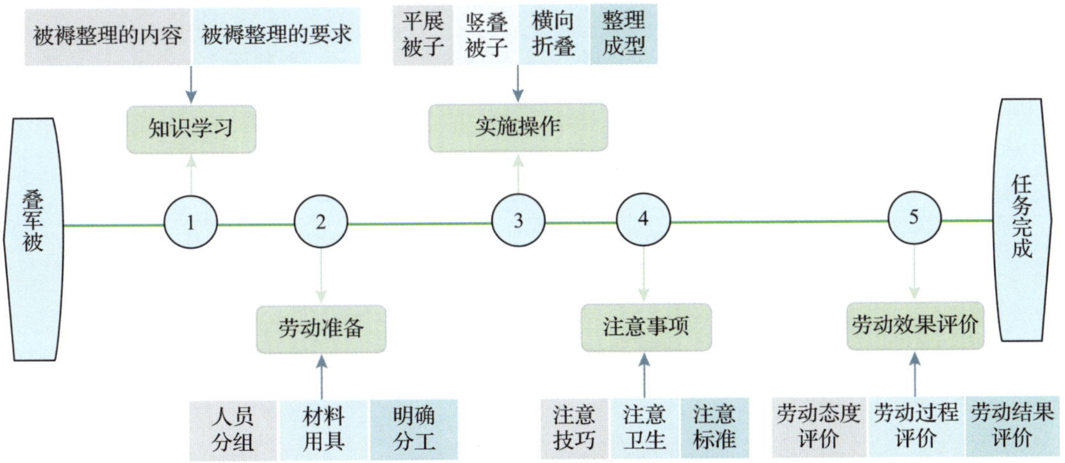

图 2-4　叠军被实施方案

叠好一层就要压平棉絮，使被子服帖，而且棱角也要不断被压实才会挺括、立体。

(3) 横向折叠　将被子两端向中间折叠，方法一样是找准中心线。将 1 只手放在中心线上，卷起被子一端，在离中心线 1 掌的位置叠好，整理好被子的边角，压实被子的折叠部位。被子两端留有同样的距离，保证卷过来的 2 条线一样长，而且每次折叠都要压平棉絮，这样被子才会平实、均匀。将被子上下左右拉平、扯直，直至没有褶皱为止。

(4) 整理成型　将 2 只手掌并拢朝下，手指抓住被子中心线以下的整个厚度，向上翻，手心对立，将被子中心地带垒起来，并以中心线的两端边缘为线，划出凹槽，为被子能立起来打下基础；然后将被子两端叠在一起，拉好被子中间的 2 条线，这样军被就基本成型了。为了达到“上下平齐，严丝合缝”的效果，还要进行更加深入细致的抠角、捏线，每一步都能体现出细节和完美。

(四) 注意事项

(1) 注意技巧　注意折叠尺寸的掌握和技巧的运用。

(2) 注意卫生　被子整理过程中小心谨慎，不要把被子污损。

(3) 注意标准　标准的军被要靠“三分叠，七分理”。在叠成型的被子的基础上理出棱角，这样才会更像方正的“豆腐块”。用手指尖提拉、手掌压、手指刮，以理出笔挺的棱角。一床军被标准还不够，一床床军被整齐统一才能体现出集体的魅力。

(五) 劳动效果评价

劳动效果评价分为劳动态度评价、劳动过程评价、劳动结果评价。采用百分制，劳动态度评价占 30%，劳动过程评价占 40%，劳动结果评价占 30%。劳动态度评价表、劳动过程评价表和劳动结果评价表分别见表 2-7～表 2-9。

表 2-7　劳动态度评价表

劳动项目：　　　　评价对象：　　　　评价人：　　　　评价日期：

评价项目	分值	学生自评	组内学生互评	教师评价	总评
劳动目的	20				
劳动次数	30				

续表 2-7

评价项目	分值	学生自评	组内学生互评	教师评价	总评
责任意识	30				
大局意识	10				
心得体会	10				

表 2-8 劳动过程评价表

劳动项目： 评价对象： 评价人： 评价日期：

评价项目	分值	学生自评	组内学生互评	教师评价	总评
服从安排	20				
团队精神	20				
劳动情绪	20				
劳动行为	40				

表 2-9 劳动结果评价表

劳动项目： 评价对象： 评价人： 评价日期：

评价项目	分值	学生自评	组内学生互评	教师评价	总评
军被整洁	10				
军被外形	40				
被面平整	10				
线条突出	20				
棱角分明	20				

总结反思

任务三 美食制作

中国有句俗语："民以食为天。"由此可见，美食制作在老百姓的心里是非常重要的。喜欢美食制作的人，往往都热爱生活，把平淡如水的日子，通过一菜一饭的制作，过成烟火里的诗，生活充满热情、幸福感。学会做饭，不仅会让学生提高动手能力，而且还能让学生了解美食制作的过程，体会食物的来之不易。美食制作任务较多，本任务分为 2 个子任务：饺子制作和蛋糕制作。

技能一　饺子制作

任务描述

饺子是中国人喜欢的传统特色食品，是每年春节必吃的年节食品。在中国许多北方地区，冬至也有吃饺子的习惯，俗语有"冬至不端饺子碗，冻掉耳朵没人管"的说法；中国南方地区也有饺子这一食品。"好吃不过饺子"这句俗语体现了饺子在我国民众心中的地位。饺子的制作过程较为复杂。本任务让我们了解饺子的种类和制作过程，掌握其基本的制作技能，感悟美食的来之不易。

知识准备

饺子，作为中国传统的美食之一，自古以来就深受人们的喜爱。它不仅外形小巧玲珑，味道鲜美，更寓意着团圆和美好。"饺子"与"交子"谐音，有"更岁交子"之义。饺子是中国贺岁美食和团圆美食，也是节日或待客必不可少的佳肴。饺子种类繁多，制作方式多样。

一、饺子制作概述

（一）饺子的历史及类型

1. 饺子的历史

自宋代开始，有了冬至吃饺子的习俗；自明朝以来，有了正月初一吃饺子的习俗。从文物角度来看，饺子源于中国，有 2 600 多年历史。1981 年 5 月，在重庆市忠县三国时期的古墓中，出土了陶庖厨俑，表现了这样的场景：古代厨师正在厨案边劳作，厨案上摆放了食料，中心位置摆着捏好的饺子，且是花边饺子。而在文献上，饺子也可追溯到先秦。儒家经典之一《礼记》中的"稻米二，肉一，合以为饵，煎之"，似为煎饺。

2. 饺子的类型

饺子按烹饪方法可分为煮饺、蒸饺、煎饺、炸饺、烤饺等；按馅料可分为海鲜饺子、素馅饺子、肉馅饺子等，还可以细分为鲅鱼馅饺子、韭菜鸡蛋馅饺子、白菜猪肉馅饺子、羊肉大葱馅饺子、三鲜馅饺子等。

（二）饺子制作的概念

饺子制作也称包饺子，是指用各种适宜的原材料做成饺子皮、饺子馅，用饺子皮包住饺子馅，做成半圆形的饺子。饺子的特点是皮薄馅大、味道鲜美、形状独特，并且营养丰富，符合营养学"平衡膳食"的要求。饺子皮是用面粉做的，属于主食，它含有糖类、维生素等，是人体热量的主要来源。饺子馅为蔬菜和肉类，这种搭配非常合理。肉中富含优质蛋白质，蔬菜中则有维生素、纤维素、微量元素等。有研究表明，肉在胃肠内消化需 4～5 h，而如果只吃肉不吃菜，其营养吸收率为 70%；加上蔬菜后不仅味道好，营养吸收率也可提高到 80% 左右。此外，肉属酸性食物，蔬菜属碱性食物，肉菜搭配更有利于酸碱平衡。尤其是近些年来，饺子馅的品种越来越多，海鲜、鸡蛋、鱼类、豆类、水果等均可入馅，使饺子的营养更加丰富。

二、饺子制作的过程与要求

1. 饺子制作的过程

(1)和面　包饺子一般使用高筋面粉或特精粉。将适量面粉中加入少许水,一般的比例为500 g面粉使用250 mL水。如果在冬季,和面时可以加温开水,夏季则可用凉水。为防止煮饺子时饺子皮破损,可以在水里放些许盐;如果想饺子皮口感劲道,可以在面粉里放一个鸡蛋。水要慢慢倒入盆中,用筷子不停搅动,感觉没有干面粉、都成面疙瘩的时候,就可以下手揉面了。揉面要用力,直至揉到面的表面很光滑。面光、盆光、手光是和面的最佳境界。厨师和面(图2-5)讲究"软面饺子硬面面",也就是说,包饺子的面要和得软一些,做面条的面要和得硬一些。

图2-5　和面

(2)剁菜　选择你喜欢的蔬菜,切成细段,然后剁碎。注意颗粒不要太大,一般长短、宽窄不超过1/4 cm。对于出水的蔬菜可以用纱布把水挤干,然后用香油腌渍一会儿。做饺子馅的肉需用刀剁碎,使肉成为芽状待用。

(3)调馅　肉馅里放盐、味精、姜末、酱油、料酒、香油、水(高汤或花椒水)和五香粉等。沿一个方向搅拌,将所有的东西都融合在一起。把切碎腌渍好的蔬菜放入肉馅中搅拌、调匀,饺子馅就做好了。这时注意,盐一定是在调肉馅时放好,如果放蔬菜后再放盐,饺子馅容易出水。

(4)擀饺子皮　取出醒发好的面团,揉成长条状,用刀切成小段。用手将面搓成扁平状,拿擀面杖擀饺子皮的时候,注意要中间厚、边缘薄,见图2-6。中间厚是为了防止饺子漏馅,边缘薄则是为了饺子吃起来口感好。

图2-6　擀饺子皮

(5) 包饺子 将饺子馅放入饺子皮中央，如果技术不熟练的话，不要放太多饺子馅。先捏中间，再捏两边，然后由中间向两边将饺子皮边缘挤一下，这样饺子下锅煮时就不会漏汤了。包饺子的具体方法见图 2-7。

图 2-7 包饺子的具体方法

(6) 煮饺子 烧一锅开水，等水沸腾时将饺子放入，并及时搅动(顺时针)，防止饺子在水中粘在一起。把大火改成小火，加锅盖煮，等饺子浮在水面上时搅拌，加凉水后盖上锅盖再煮，往复 3 次。捞出 1 个饺子，用手指轻轻按压，饺子皮塌陷后迅速弹起，说明饺子煮熟了。煮饺子的方法见图 2-8。

图 2-8 煮饺子的方法

2. 饺子制作的要求

(1) 面粉要求 包饺子最好使用高筋面粉，高筋面粉蛋白质含量高，擀出的饺子皮薄而劲道，耐煮不易破。如没有高筋面粉，可以在和面的时候加一个鸡蛋进去，鸡蛋是含蛋白质最丰富的食物，可以增加面粉中蛋白质的含量。这样做出的饺子，煮出来爽滑筋道、不易破皮。同时，鸡蛋中的蛋白质是动物性蛋白质，与面粉的植物性蛋白质混合，能让面粉的营养大幅度提升。另外，鸡蛋中丰富的维生素和矿物质也能为饺子皮的营养大大加分。

(2) 面团醒发 面团揉好后，加盖醒发 0.5 h，让面团充分起筋。也可以在和面的时候加盐，目的是收敛面筋，让做出来的饺子皮更加劲道。

(3) 肉馅搅拌　肉馅在搅拌过程中应该沿同一方向搅拌，这样有利于提升馅料的黏合度。

(4) 煮饺子时间　包好的饺子应该放在沸水中煮熟，一般来说，水沸后继续煮 10～15 min 即可。当然，这也需要分别对待，如素馅饺子好熟，所需时间较短；肉馅饺子熟得慢，所需时间较长。在煮饺子的过程中，应该注意火候和水量的控制。

三、饺子制作的劳动教育价值

(1) 培养团队合作意识　饺子制作需要团队成员的协调配合，大家相互合作、相互帮助才能制作出令人满意的饺子。

(2) 培养热爱生活、珍惜劳动成果的品质　劳动不仅让学生学会了付出，还让学生体会到收获的喜悦。学生更加珍惜食物，珍惜劳动所带来的快乐；更加热爱生活，充满对生活的敬意和感恩。

(3) 传承与弘扬传统文化与技艺　饺子不仅是人们喜爱的美味佳肴，还是中国优秀饮食文化的重要代表。无论时代如何变迁，这一传统美食都是联结亲情、友情的纽带，将会被继续传承下去，为更多的人带来欢乐。

任务实施

(一) 制订实施方案

饺子制作：根据任务需要进行人员分组，4～6 人 / 组；制订实施方案，具体方案见图 2-9。

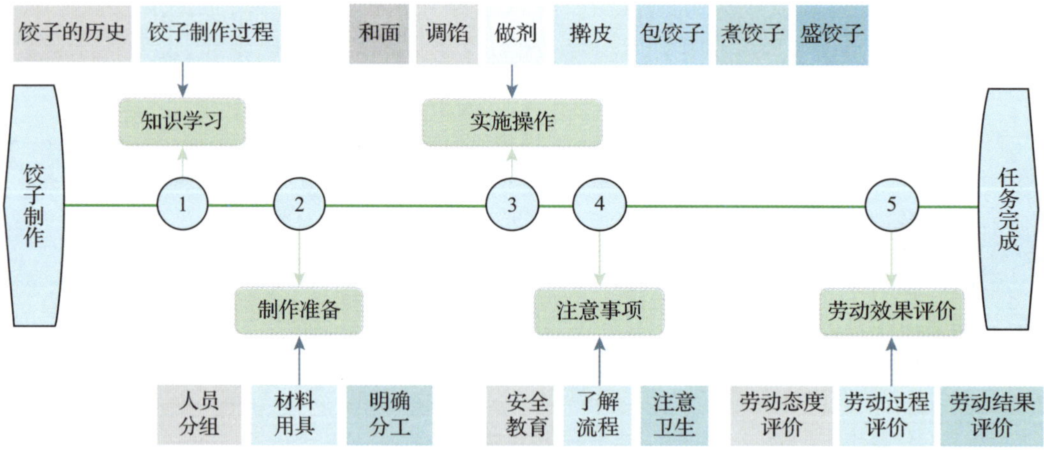

图 2-9　饺子制作实施方案

(二) 准备材料用具

(1) 材料　面粉、水、韭菜（或其他菜）、肉、盐、花椒、酱油、鸡精、醋、香油、葱、姜等。

(2) 工具　盆、刀、擀面杖、筷子、电磁炉、锅、漏勺（或笊篱）、盘子等。

(三) 具体实施步骤

(1) 和面　取面粉适量，向面粉中加入少许水，用筷子将其搅成絮状，然后用手将面揉成面团，静置醒发 30 min。

（2）调馅　利用醒发面团的时间，将新鲜的肉剁成肉馅，向其中加入葱、姜、鸡精、酱油，然后顺一个方向搅拌均匀；期间少量多次地把花椒水倒入肉馅内，使其与肉馅充分混合。把韭菜切成丁，放入香油腌渍一会儿；将腌渍好的韭菜放进调好的肉馅中，搅拌均匀，做成饺子馅。

（3）做剂　将面团揉成粗细均匀的长条，然后用刀将其切成剂子，在每一个剂子上裹上面粉。

（4）擀饺子皮　用擀面杖将剂子擀成厚薄均匀的饺子皮，最好是擀1个饺子皮包1个饺子，这样可以避免饺子皮粘在一起。

（5）包饺子　放适量的饺子馅在饺子皮上，将饺子皮对折合拢，用2只手一起按压饺子皮的末端，饺子就做好了。

（6）煮饺子　锅里盛水烧开，放入包好的饺子，沿锅边搅动。

（7）盛饺子　用笊篱或漏勺把饺子捞出、盛盘，饺子制作完成。

（四）注意事项

（1）安全教育　课前进行安全教育，注意安全用电、用刀具，避免发生烫伤、划伤等安全事故。

（2）了解流程　饺子制作前先了解基本流程，在实验实训教师指导下安全使用刀具、电磁炉等，要佩戴手套，避免烫伤。

（3）注意卫生　着重强调劳动过程中的卫生要求，注意食品卫生安全隐患，如注意原材料是否合格，对工具及擦拭工具的抹布进行消毒处理，口罩与头套要正确佩戴等。

（五）劳动效果评价

劳动效果评价分为劳动态度评价、劳动过程评价、劳动结果评价。采用百分制，劳动态度评价占30%，劳动过程评价占40%，劳动结果评价占30%。劳动态度评价表、劳动过程评价表和劳动结果评价表分别见表2-10～表2-12。

表2-10　劳动态度评价表

劳动项目：　　评价对象：　　评价人：　　评价日期：

评价项目	分值	学生自评	组内学生互评	教师评价	总评
劳动目的	20				
劳动次数	30				
责任意识	30				
大局意识	10				
心得体会	10				

表2-11　劳动过程评价表

劳动项目：　　评价对象：　　评价人：　　评价日期：

评价项目	分值	学生自评	组内学生互评	教师评价	总评
服从安排	20				
团队精神	20				
劳动情绪	20				
劳动行为	40				

表 2-12　劳动结果评价表

劳动项目：　　评价对象：　　评价人：　　评价日期：

评价项目	分值	学生自评	组内学生互评	教师评价	总评
操作安全	10				
食品卫生	10				
操作技能	30				
形状大小	20				
味道口感	30				

总结反思

技能二　蛋糕制作

任务描述

随着生活水平的提高，烘焙糕点类食品已经走上了我们的餐桌，“会做、会品”已经是日常生活的一个重要组成部分。人们制作蛋糕，不仅是为了满足生活的需要，还反映了他们对家庭的热爱和对生活品位的追求。通过蛋糕制作任务，学生可以了解蛋糕制作的方法，理解蛋糕制作的劳动教育价值，体会美食制作的幸福感。

知识准备

一、蛋糕制作概述

1. 蛋糕的类型

蛋糕是传统且最具代表性的西点，是以鸡蛋、白糖、小麦粉为主要原料，经搅打充气，辅以疏松剂，调制成发松的面糊，放入模盘，经烘烤后制成的一种组织松软的糕状食品。新出炉的蛋糕质地柔软、富有弹性、组织细腻多孔、软似海绵、易消化，是一种营养丰富的食品。蛋糕主要有以下 4 种类型。

（1）海绵蛋糕　将鸡蛋内打进空气，然后经过烘焙使空气受热膨胀而使蛋糕变大。

（2）戚风蛋糕　是英文 Chiffon Cake 的音译名词，Chiffon 的中文释义为“如绸缎一般柔软”。戚风蛋糕有着绵密细致的口感，膨胀后的体积是一般蛋糕的 2 倍，水分高、组织蓬松、味道清雅。戚风蛋糕是应用最广泛的基础蛋糕之一，比如它是奶油蛋糕、裱花蛋糕等的基本蛋糕体，也是慕斯蛋糕的蛋糕层，还可以在制作提拉米苏的时候代替意大利手指饼干。

(3)布丁蛋糕 是由黄油、鸡蛋、白糖、牛奶及各种辅料,通过冷藏或烘烤而成的一种欧式风格蛋糕。

(4)慕斯蛋糕 利用明胶凝结成乳酪和鲜奶油而成,不需要烘烤就可以吃。

2. 蛋糕制作的内涵

蛋糕制作就是将制作好的蛋糕面糊浇注进烤模送入烤炉后,烤炉的热作用改变了蛋糕面糊的理化性质,使原来可流动的黏稠状乳化液转变成具有固定组织结构的固相凝胶体。蛋糕内部组织形成多孔洞的瓤状结构,使蛋糕松软而有一定的弹性;而面糊外表皮层在高温烘烤下,因糖类发生焦糖化反应,颜色逐渐加深,形成悦目的黄褐色泽,散发出蛋糕特有的香味。

二、蛋糕制作的过程与要求

1. 蛋糕制作的过程

(1)原料称重 根据蛋糕的风味、大小称取原料,原料一般包括面粉、甜味剂、鸡蛋、乳化剂、起酥油、香精、发酵剂等。

(2)蛋清、蛋黄打发 首先准备 2 个无油、无水的盆,将准备好的鸡蛋的蛋黄、蛋清分离,分别打入盆中。在蛋清中加入适量的白糖,用打蛋器将蛋清打发,慢慢地蛋清颜色越来越浅,质地越来越浓稠,当蛋清呈现干性发泡的状态时打发完成;再将蛋黄打发好。一般的蛋糕蛋黄、蛋清不分开打发,戚风蛋糕则需要蛋黄、蛋清分开打发。

(3)蛋黄糊制作 将准备好的低筋面粉分 3 次筛入打发好的蛋黄中,记住是低筋面粉,因为低筋面粉做出来的蛋糕口感细腻、不粗糙。低筋面粉要分 3 次筛入,每筛入 1 次就用硅胶板上下翻拌均匀,直到没有颗粒为止。另外,在这时把烤箱预热,烤箱上下火温度设置为 180 ℃。

(4)混合蛋黄、蛋清糊 盛 1/3 蛋清糊到蛋黄糊中,用硅胶板轻轻翻拌均匀后,把蛋黄糊全部倒入蛋清糊中,用同样的手法翻拌,直至完全混合。

(5)倒入模具 蛋糕模具内刷一层油,将制作好的混合蛋糕糊装进蛋糕模具中,将模具振几下,让蛋糕糊看起来更加平整,也能振出里面的空气。

(6)烤制 将装好的蛋糕糊放进烤箱中,烤箱 180 ℃ 上下火烤制 15 min 即可。

2. 蛋糕制作的要求

(1)材料的选择 原料的好坏直接影响蛋糕的品质,因此要使用好的原料。了解各种原料的性质和它们在蛋糕内的功能。灵活应用每种原料的特性,产品的品质才可控制自如。

(2)原料配方 各种原料的用量因蛋糕性质不同而不同,需遵照一定的使用比例,不可因强调其中一种特性,而打破原料之间的平衡,最终破坏蛋糕的品质。

(3)搅拌方法 蛋糕糊搅拌有 2 个最大的作用:①将配方中各种原料搅拌均匀,使每一种原料都能均匀地分布在蛋糕糊的每一部分;②借助不同速度的搅拌,在蛋糕糊中打入适量的空气,使烤出的蛋糕具有膨大和细腻的组织。

(4)烘烤要求 每种蛋糕因性质不同,烘焙所需的温度和时间也不同。火力太大或太小都会影响蛋糕表面的颜色和内部的组织。

(5)冷却 有些蛋糕出炉后会因温度骤然的变化而收缩,因此在出炉时应注意冷却处理,以避免蛋糕过度收缩。

三、蛋糕制作的劳动教育价值

(1)培育安全生产意识　通过纪律教育、制度宣讲,规范学生劳动流程和安全意识,增强学生对烤箱、电动打蛋器的安全使用意识,切实提高学生的红线意识和底线思维,形成尊重制度、敬畏生命、严谨求实的烘焙食品安全制作理念。

(2)培养团队合作能力　团队合作能力是学生适应未来工作场景的重要素养。蛋糕制作具有很强的操作性,而且制作步骤较多。因此,该技能适合以小组为单位开展教学和实践。教师在引导学生构建劳动团队、围绕共同任务分工的合作过程中,培养学生合作的劳动素质。

(3)培树创新创业精神　激发学生的劳动热情,增强学生的动手能力,提高学生在生产实践中发现问题和创造性解决问题的能力,在动手实践的过程中创造有价值的物化劳动成果,为今后创业奠定基础。

任务实施

(一)制订实施方案

戚风蛋糕制作:根据任务需要进行人员分组,5～8 人 / 组;制订实施方案,具体方案见图 2-10。

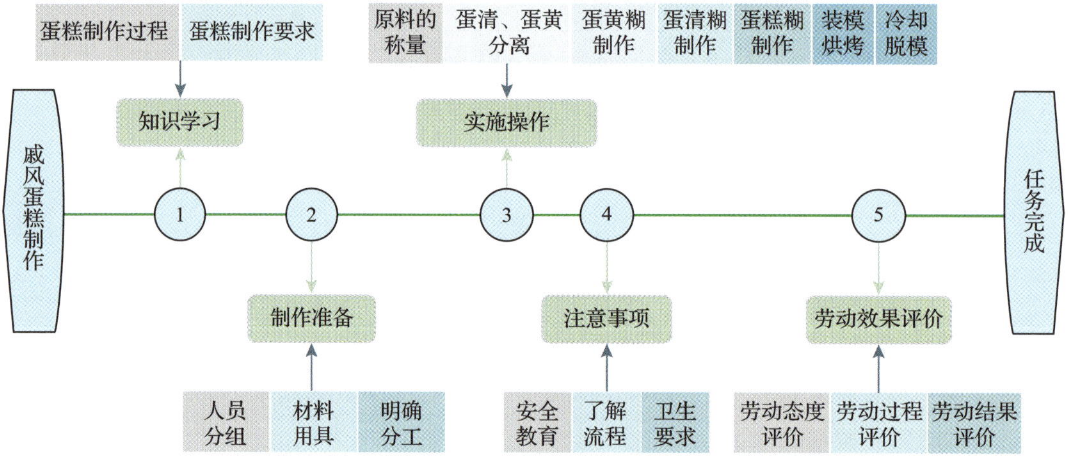

图 2-10　戚风蛋糕制作实施方案

(二)准备材料用具

(1)材料　鸡蛋、低筋面粉、白糖、调和油、柠檬汁、牛奶等。

(2)工具　不锈钢盆、电子秤、搅拌棒、电动打蛋器、面粉筛、橡皮刮刀、6 寸蛋糕模具、烤箱、手套等。

(三)具体实施步骤

(1)原料的称量　低筋面粉 50 g、鸡蛋 3 个、白糖 38 g、调和油 30 g、牛奶 30 g、柠檬汁 1.1 g。

(2)蛋清、蛋黄分离　将蛋清和蛋黄分离,注意盛放蛋清的不锈钢盆一定要保证无油、无水。

(3)蛋黄糊制作　首先,将事先分离好的蛋黄放入蛋黄盆中,倒入 38 g 调和油和 30 g 牛奶(水也可以),并搅拌均匀;然后,将称好的低筋面粉筛入蛋黄中,再用橡皮刮刀轻轻地翻拌均匀。翻拌时注意不要有面疙瘩，不要画圈搅拌，以免面粉起筋，影响蛋糕的口感。

(4)蛋清糊制作 先将称好的白糖平均分成3份放好，然后用电动打蛋器1挡转速搅打蛋盆中的蛋清，同时加入事先称好的柠檬汁，并分3次加入白糖。分次加入白糖有利于打发后蛋清的稳定性，不易消泡。分次加入白糖的时机要注意观看视频和听老师解说。

(5)蛋糕糊制作 先将打发的蛋清糊盛1/3至蛋黄糊中，采用翻拌的手法(从下往上翻拌)将它们混合均匀；然后再把混合好的蛋黄糊全部倒入蛋清盆中，用同样的手法翻拌均匀(注意不要消泡)，直到蛋黄糊、蛋清糊充分混合为止。

(6)装模烘烤 蛋糕糊调制好后应迅速入模，蛋糕糊入模量为模具体积的2/3～3/4。蛋糕糊入模完成后立即放入烤箱中烘烤，温度160～165 ℃烤制25 min，或180 ℃烤制15 min。

(7)冷却脱模 蛋糕烤至表面金黄色时关掉烤箱，出炉，倒扣放凉、脱模。

(四)注意事项

(1)安全教育 课前进行安全教育，注意安全用电、用刀具，避免发生烫伤、划伤等安全事故。

(2)了解流程 蛋糕制作前先了解基本流程，在实验实训教师指导下安全使用烤箱；蛋糕入烤箱时要佩戴手套，避免烫伤。

(3)卫生要求 着重强调劳动过程中的卫生要求，注意食品卫生安全隐患，如注意原材料是否合格，对工具及擦拭工具的抹布进行消毒处理，确保口罩与头套戴法正确等。

(五)劳动效果评价

劳动效果评价分为劳动态度评价、劳动过程评价、劳动结果评价。采用百分制，劳动态度评价占30%，劳动过程评价占40%，劳动结果评价占30%。劳动态度评价表、劳动过程评价表和劳动结果评价表分别见表2-13～表2-15。

表2-13 劳动态度评价表

劳动项目： 评价对象： 评价人： 评价日期：

评价项目	分值	学生自评	组内学生互评	教师评价	总评
劳动目的	20				
劳动次数	30				
责任意识	30				
大局意识	10				
心得体会	10				

表2-14 劳动过程评价表

劳动项目： 评价对象： 评价人： 评价日期：

评价项目	分值	学生自评	组内学生互评	教师评价	总评
服从安排	20				
团队精神	20				
劳动情绪	20				
劳动行为	40				

表 2-15　劳动结果评价表

劳动项目：　　　　评价对象：　　　　评价人：　　　　评价日期：

评价项目	分值	学生自评	组内学生互评	教师评价	总评
操作安全	10				
食品卫生	10				
操作技能	40				
感官评价	20				
味道口感	20				

总结反思

任务四　电器装调

随着科技的不断进步和生活水平的提高，电器使用率日益提高。电器的发展与使用为人们的生活、工作提供了舒适和便利的环境条件，改变了人们的生活、工作方式和习惯，让人们更加注重效率和便利性。电器装调成为工作与生活中的一项基本技能。本任务分为 2 个子任务：微机装调和电视机装调。

技能一　微机装调

任务描述

微机装调为生活劳动中的基本操作技能。微机装调要求学生掌握最基本的理论知识和实操技能，了解微机的硬件组成、软件应用，掌握微机装调的内容与技能，具备对软、硬件系统故障的综合分析能力和实际解决能力，理解此项劳动教育的价值。

知识准备

微机已成为日常生活中不可或缺的电子产品，它在搜索信息资料、编辑文档、存储资料、听音乐、看电影、玩游戏、上网、看新闻、收发电子邮件等方面为人们提供了极大的便利。微机与我们的生活息息相关，学会微机最基本的装配与调试，正在逐渐成为人们必备的一项生活技能。

一、微机概述

（一）微机的概念

微机是微型计算机的简称。微机是指由大规模集成电路组成的、体积较小的电子计算机。它以微处理器为基础，配以内存储器、输入输出接口电路和相应的辅助电路而构成。微机具备人脑的某些功能，因此也被称为微电脑。微机具有价格低廉、体积小巧、易于携带、灵活性强等特点。

（二）微机系统的组成

微机系统是由硬件系统和软件系统组成。微机硬件系统由中央处理器、存储器、输入设备、输出设备、显示器、电源等部分组成。其中，中央处理器是微机的核心部件，负责执行数据运算及控制微机的各个部件协调工作；存储器用来存储程序和数据，是微机的记忆部件；输入设备和输出设备则分别用于向微机输入信息和将信息输出。此外，显示器是用来显示微机运行过程和结果的输出设备，电源提供微机运行所需的电源。软件系统由系统软件和应用软件组成。微机系统通过这些部件的协同工作，实现了基本功能，包括计算、数据存储、输入输出操作等。因此，微机系统的构成是实现微机功能的基础。

（三）微机装调的概念

微机装调是指对微机进行硬件和软件装配和调试的过程。在微机装调过程中，需要将各种硬件设备（如主板、中央处理器、显卡、内部存储器等）和软件系统（如操作系统、驱动程序、应用软件等）进行组合和配置，以确保微机的正常运行。

（四）微机硬件的组成

1. 主板

主板又叫主机板、系统板或母板，是微机最基本、最重要的部件之一。

2. 中央处理器

中央处理器（Central Processing Unit，CPU）作为微机系统的运算和控制核心，是信息处理、程序运行的最终执行单元。CPU 自产生以来，在逻辑结构、运行效率以及功能外延上取得了巨大发展。

3. 内部存储器

内部存储器又称主存储器或内存储器，用于暂时存放 CPU 的运算数据和与硬盘等外部存储器交换的数据。在微机工作过程中，CPU 会把需要运算的数据调到内部存储器中进行运算，当运算完成后再将结果传输到各个部件执行。

4. 外部存储器

外部存储器是指除微机内部存储器及 CPU 以外的存储器，此类存储器一般在断电后仍然能保存数据。常见的外部存储器有硬盘、U 盘、光盘等。

5. 显卡与显示器

（1）显卡　全称显示接口卡，又称显示适配器，是微机最基本、最重要的配件之一。显卡作为微机主机里的一个重要组成部分，是微机进行数字信号和模拟信号转换的设备，承担输出显示图形的任务。

（2）显示器　通常称为监视器，属于微机的输入输出设备，是一种将一定的电子文件通过特定的传输设备显示到屏幕上，再反射到人眼的显示设备。

6. **声卡与音箱**

(1)声卡　是微机上的一种电子芯片,又称声音处理器,主要功能是将微机内部产生的数字信号转换为模拟信号输出,或将模拟信号转换为数字信号输入,以实现声音的录制、播放和处理。它可以处理各种格式的音频信号,包括 MP3、WAV、FLAC 等。

(2)音箱　是一种外部设备,用于提高微机或其他设备的音量和音质。一般而言,音箱是由低音域、中音域和高音域等多个小音箱组成的,可根据不同的音乐类型和环境进行调整。

7. **鼠标与键盘**

鼠标和键盘是微机的 2 个最基本的外接输入设备,在微机的日常操作中起着不可缺少的作用。鼠标是微机常用的一种外接输入设备,也是微机显示系统横、纵坐标定位的指示器,因形似老鼠而得名。键盘是指用于操控微机设备运行的一种指令和数据输入装置,也指经过系统安排操控机器或设备的一组功能键。

二、微机装调的内容与要求

1. **微机装调的内容**

(1)安装硬件　根据不同品牌机箱的设计要求,将各个硬件部件按照顺序安装到机箱中。安装时需要仔细检查每个部件的接口是否匹配,并确保所有部件都固定在位。

(2)连接电源　将电源线连接到微机的电源接口,并确保电源线的连接牢固。

(3)安装操作系统　为微机安装操作系统,如 Windows、Linux 等。安装时需要根据操作系统的安装指南进行操作。

(4)安装驱动程序　为微机的各种硬件设备安装相应的驱动程序,以确保硬件设备能够正常工作。

(5)配置网络　根据需要为微机配置网络连接,包括 IP 地址、子网掩码、网关等。

(6)安装应用软件　根据需要为微机安装各种应用软件,如办公软件、图像处理软件等。

(7)测试系统　完成微机的安装和配置后,需要进行全面的测试,以确保微机的各个部件都能正常工作。

以上是微机装调的内容,具体操作可能会因微机的型号和配置而有所不同。建议在进行微机装调前,仔细阅读相关指南或咨询专业人员,以确保操作正确和安全。

2. **微机装调的要求**

(1)了解微机系统　在进行微机装调之前,需要了解微机系统的基本构成和工作原理,包括各种硬件设备的特点、用途和连接方式等。此外,还需要了解微机系统的整体布局和设计,以便更好地进行安装和配置。

(2)保证环境安全　在进行微机装调时,需要保证工作环境的安全,如防尘、防静电等。微机系统中的电子元件和电路板较为精密,容易受到尘埃和静电的损害,因此需要采取相应的防护措施。

(3)严格遵守操作规程　在进行微机装调时,需要严格遵守操作规程,如先关电源再插拔设备,避免带电作业等。这些操作规程可以保证操作者的人身安全和微机系统的稳定运行。

(4)保证连接正确　在进行微机装调时,需要保证各种硬件设备的正确连接,如电源线、数据线等。错误的连接方式可能导致设备无法正常工作或者对微机系统造成损害。

(5)注意散热　微机系统中的某些硬件在工作中会产生热量，如果热量不能及时散发出去，可能导致系统过热而出现故障。因此，在进行微机装调时，需要注意散热问题，如保证散热风扇正常工作和保持机箱的良好通风等。

(6)作好备份　在进行微机装调时，需要做好数据备份工作，以避免数据丢失。同时，对于一些重要的软件和驱动程序也需要备份，以备不时之需。

三、微机装调的劳动教育价值

(1)提高解决生活问题的能力　在微机装调过程中，学生可以亲自动手操作，独立思考、分析问题并寻找解决方案，从而培养他们解决问题的能力。

(2)培育独立生活意识　通过微机装调劳动，学生可以自主解决生活中的一些常见难题，从而提高独立生活能力。

(3)培育团队协作的精神　微机装调往往需要多人协作完成，学生在劳动中可以学会与他人合作，既完成微机装调的任务，同时又在劳动过程中感受到合作的愉悦，从而认识到合作的重要性。

任务实施

(一)制订实施方案

微机装调：根据任务需要进行人员分组，6～8 人 / 组；制订实施方案，具体方案见图 2-11。

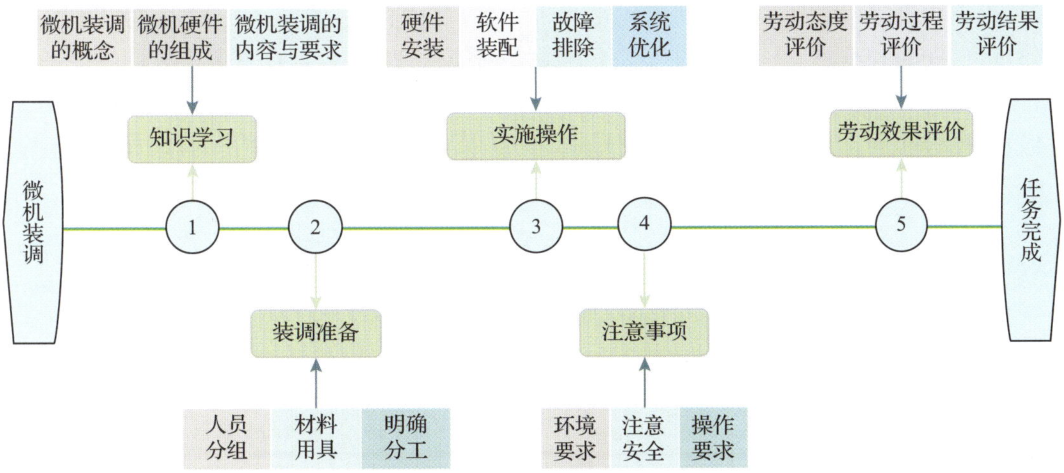

图 2-11　微机装调实施方案

(二)准备材料用具

微机、光盘或 U 盘(具备启动功能)、螺丝刀、网钳、网线、测线仪等。

(三)具体实施步骤

1. 硬件安装

(1)检查主机　打开微机主机箱，检查内部结构，了解各个硬件的安装位置。

(2)安装 CPU　将 CPU 安装到主板上，确保 CPU 与主板的接口正确对接，并确保卡扣固定正确。

(3)安装 CPU 风扇　CPU 风扇供散热器和机箱使用,起到降温的效果。

(4)安装内存条　确保内存条与主板的接口插接稳固。

(5)安装主板　将主板放入主机箱中,并用固定螺丝拧紧。

(6)安装显卡　确保显卡与主板接口牢固,且外部接口位置准确。

(7)安装其他硬件　安装硬盘和光驱等其他硬件设备。

(8)安装主机箱盖板　确保所有硬件设备的连接线和插头插接牢固,并将主机箱盖板盖好。

(9)连接电源　将电源线连接到主板上,并将电源插头插入插座中。

2. 软件装配

(1)启动微机　插入操作系统安装光盘或具有启动功能的 U 盘。

(2)使用分区软件　对硬盘进行合理分区。

(3)系统配置　根据安装向导的提示进行操作系统的安装与配置。

(4)安装驱动程序　为确保各个硬件设备正常工作,安装驱动程序。

(5)安装防病毒软件　安装防病毒软件和其他安全软件,以确保微机安全。

(6)网络连接　设置网络连接和其他参数,以满足用户需求。

(7)测试调查　测试微机性能和稳定性,并进行必要的优化和调整。

(8)安装应用软件　根据需求安装相应的应用软件,以满足日常使用。

3. 故障排除

(1)机箱和外部设备　检查机箱和外部设备的连接线是否连接正确。

(2)机箱内部硬件设备　检查机箱内部硬件设备(如内存条、显卡等)是否正常工作。

(3)软件安装和配置　检查软件安装和配置是否正确,以及是否存在兼容性问题。

(4)故障排查和修复　使用系统自带的故障诊断工具进行故障排查和修复。

(5)寻求帮助和支持　如果无法解决问题,可以寻求专业技术人员的帮助和支持。

4. 系统优化

(1)精简程序　禁用不必要的启动项和服务,以提高系统的启动速度和运行效率。

(2)清理内存　清理不必要的程序和文件,释放硬盘空间,提高系统的运行速度。

(3)系统维护　对操作系统进行常规的维护和清理,以保持系统的清洁和稳定。

(四)注意事项

(1)环境要求　确保工作环境整洁,避免灰尘和纤维影响硬件性能。

(2)注意安全　操作时遵循禁止带电作业和防静电的原则,避免对人身和硬件造成伤害;连接线时要牢固,避免线松动导致故障。

(3)操作要求　仔细阅读硬件说明书,确保正确安装各类硬件。

(五)劳动效果评价

劳动效果评价分为劳动态度评价、劳动过程评价、劳动结果评价。采用百分制,劳动态度评价占 30%,劳动过程评价占 40%,劳动结果评价占 30%。劳动态度评价表、劳动过程评价表和劳动结果评价表分别见表 2-16～表 2-18。

表 2-16 劳动态度评价表

劳动项目： 评价对象： 评价人： 评价日期：

评价项目	分值	学生自评	组内学生互评	教师评价	总评
劳动目的	20				
劳动次数	30				
责任意识	30				
大局意识	10				
心得体会	10				

表 2-17 劳动过程评价表

劳动项目： 评价对象： 评价人： 评价日期：

评价项目	分值	学生自评	组内学生互评	教师评价	总评
服从安排	20				
团队精神	20				
劳动情绪	20				
劳动行为	40				

表 2-18 劳动结果评价表

劳动项目： 评价对象： 评价人： 评价日期：

评价项目	分值	学生自评	组内学生互评	教师评价	总评
硬件安装	10				
软件安装	10				
故障诊断与排除	40				
系统优化与升级	20				
操作规范	20				

总结反思

技能二　电视机装调

任务描述

电视机是现代家庭不可或缺的家电之一，它为人们提供了丰富的娱乐和信息资源。正确的安装和调试是确保电视机正常运行的关键步骤。通过安装与调试，掌握家用电视机装调的基本技能，为轻松享受高质量的视听体验创造条件。

知识准备

在现代家庭中，电视机不仅是接收电视节目的工具，还是家庭娱乐、信息获取的重要途径。因此，正确的安装与调试对于获得最佳的观看体验至关重要。合适的安装位置、科学的调试设置，都可以显著提升观看舒适度，让家庭成员更加享受电视时光。

一、电视机装调的内容与要求

1. 电视机装调的内容

以壁挂式电视机为例，电视机装调的具体内容包括确定安装位置、安装支架、固定电视机、连接电源、调试电视机、安装音响系统、调试音响系统等，以确保画面的清晰度和观看舒适度。

(1) 确定安装位置　首先需要确定电视机的安装位置，考虑到观看效果和安全性，一般选择离地面高度适中、视线舒适的位置；要避免阳光直射或者强烈的背光照射到电视机屏幕上，以免影响视觉效果。安装方式一般分为壁挂式和台式 2 种。

(2) 安装支架　根据电视机的尺寸和重量，选择合适的支架进行安装。支架的安装需要钻孔，根据墙体材质选择合适的钻头和螺丝刀。

(3) 固定电视机　将电视机安装在支架上，并根据支架的设计和说明书进行固定。注意电视机的安装位置和水平度，以免影响观看效果。

(4) 连接电源　将电视机的电源线插入电源插座，并接通电源。如果电视机支持多种输入信号，则根据需要选择合适的输入接口。

(5) 调试电视机　打开电视机，根据电视机的说明书进行设置和调试，包括调整图像亮度、对比度、色度等参数，以及设置语言、信号源等选项。

(6) 安装音响系统　如果想要更好的音效体验，可以安装音响系统。音响系统的安装应根据具体情况进行，一般需要连接音频输入设备和电源线。

(7) 调试音响系统　音响系统安装完成后，需要进行音效调试。根据音响系统的说明书，调整音量、音效等参数，以达到最佳的音效效果。

2. 电视机装调的要求

(1) 注意安全　主要是注意电源及电钻的使用安全。

(2) 固定件要固定牢靠　电视机有自身的重量，加上显示屏属于易碎品，一定要固定牢靠。

(3) 搬运时要轻拿轻放　搬运整台电视机时应准备铺垫物，轻拿轻放，防止划伤显示屏。

(4) 严格按说明书操作　调试电视机时，要阅读说明书，以防损伤电视机。

二、电视机装调的劳动教育价值

(1) 培养对家庭生活的热爱　正确的安装与调试电视机是提升观看效果、获得最佳观影效果的关键。不当的安装可能会导致图像失真、音质不佳等问题。电视机的充分准备、精心安装、细致调试以及日常维护保养，能够为家人创造一个完美的视听环境，使家庭生活更加温馨、有趣，促使学生更加热爱家庭。

(2) 培养生活审美情趣　电视机在客厅装修中占据重要地位，正确的调试能优化画质、提升音质，为家人带来更佳的观看体验，为家居环境增添美感。

(3) 培养家电基本维护能力　电视机是许多家用电器的代表，它是集声、光、电学于一体的综合知识产物。通过对电视机装调相关理论与实践知识的学习，学生可以培养观察能力和动手能力，大力提高对电视机的维护水平。

任务实施

(一) 制订实施方案

电视机装调：根据任务需要进行人员分组，6～8 人 / 组；制订实施方案，具体方案见图 2-12。

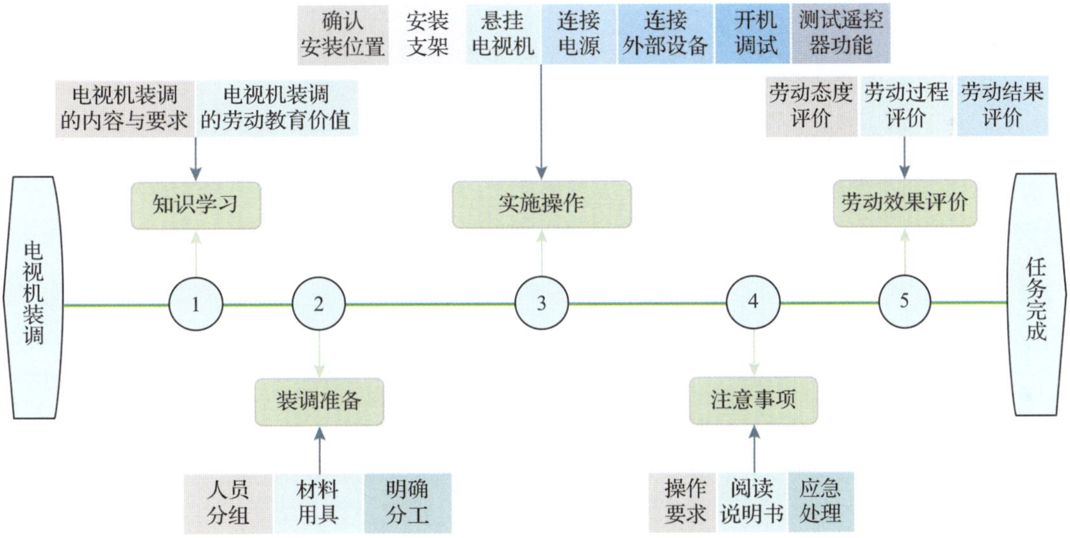

图 2-12　电视机装调实施方案

(二) 准备材料用具

螺丝刀、扳手、电钻等。

(三) 具体实施步骤

1. 确认安装位置

装修时预留出电视机的安装位置，选择一个稳固、平坦的表面，确保电视机放置在离电源插座近且通风良好的位置。安装电视机时，一般保持电视机中心点与观看者的视线平齐，电视机中心点距离地面 1.2～1.5 m。

2. **安装支架**

打开电视机包装，取出支架，根据电视机说明书的指示，确定安装位置。使用电钻或螺丝刀将支架安装在墙壁上，并确保支架安装牢固。

3. **悬挂电视机**

确定好电视机悬挂的位置后，取出电视机的横梁，并将横梁临时固定在墙面上；对准4个螺丝并在墙面上作孔位标记，依照孔位标记在墙面上打孔，然后移开横梁。将横梁的螺丝孔对准墙面上的4个孔，然后将横梁固定在墙面上。将已经安装好支架的电视机挂在墙面的横梁上。

4. **连接电源**

将电视机的电源线插入电源插座，并确保插头连接牢固。

5. **连接外部设备**

根据电视机的接口类型，使用合适的连接线将外部设备（如有线电视机顶盒、DVD播放器、游戏机等）与电视机连接起来。通常情况下，需要使用高清晰度多媒体接口（HDMI）、音频和视频接口（AV）或视频图像阵列接口（VGA）等进行连接，注意输入输出接口正确。

6. **开机调试**

插入电视机的电源线后，按下电源按钮打开电视机。根据电视机的设置向导，进行基本设置，如选择语言、地区、信号源等。

（1）检查信号接收　根据电视机的信号源设置，尝试切换不同的信号源，确保电视机能够正常接收信号并显示画面。

（2）调整画面和声音设置　根据个人喜好和观看环境，调整电视机的亮度、对比度、音量等，以获得最佳的观看体验。

7. **测试遥控器功能**

测试遥控器的各项功能，如频道切换、音量调节、菜单设置等，确保遥控器能够正常操作电视机。

（四）注意事项

（1）操作要求　电视机的电源线和其他连接线都应保证牢固无误，以避免电流泄漏和信号不稳定。

（2）阅读说明书　在使用电视机之前，应阅读电视机的使用说明书，了解更多专业知识。

（3）应急处理　如果电视机出现故障或异常情况，应立即停止使用，联系专业维修人员进行维修。

（五）劳动效果评价

劳动效果评价分为劳动态度评价、劳动过程评价、劳动结果评价。采用百分制，劳动态度评价占30%，劳动过程评价占40%，劳动结果评价占30%。劳动态度评价表、劳动过程评价表和劳动结果评价表分别见表2-19～表2-21。

表2-19　劳动态度评价表

劳动项目：　　评价对象：　　评价人：　　评价日期：

评价项目	分值	学生自评	组内学生互评	教师评价	总评
劳动目的	20				
劳动次数	30				

续表 2-19

评价项目	分值	学生自评	组内学生互评	教师评价	总评
责任意识	30				
大局意识	10				
心得体会	10				

表 2-20　劳动过程评价表

劳动项目：　评价对象：　评价人：　评价日期：

评价项目	分值	学生自评	组内学生互评	教师评价	总评
服从安排	20				
团队精神	20				
劳动情绪	20				
劳动行为	40				

表 2-21　劳动结果评价表

劳动项目：　评价对象：　评价人：　评价日期：

评价项目	分值	学生自评	组内学生互评	教师评价	总评
确认安装位置	10				
安装支架	10				
固定电视机	40				
连接与调试电视机	20				
安装与调试音响系统	20				

总结反思

项目三　校园劳动实践

知识目标

1. 理解校园劳动教育的内涵；
2. 掌握校园劳动教育的内容与要求；
3. 理解校园劳动教育的价值；
4. 了解高职院校校园的特点；
5. 掌握校园净化、美化和绿化劳动教育实践的基本知识与技能。

能力目标

1. 能够识别校园劳动教育的内容，理解校园劳动教育的要求；
2. 具有基本的校园劳动实践能力；
3. 具有专项协作的团队合作能力。

思政目标

1. 培养关爱校园、爱护校园环境、校园是我家的思想意识；
2. 培养热爱生态环境、讲究环境卫生的好习惯；
3. 培育爱校、治校的主人翁精神。

任务一　校园劳动教育认知

任务描述

校园劳动是我们学习、生活内容的重要组成部分，它能够给大家带来哪些改变呢？本任务我们就来了解校园劳动教育的内涵、内容、要求和价值，认识高职院校校园的特点。

知识准备

校园劳动的历史可以追溯到古代的书院时期，从那时起，学生们除了学习文化知识外，还需要参与劳动，如打扫书院、种植花木等。这种传统一直延续至今，成为培育学生勤劳品质、培养学生主人翁意识、增强学生实践能力的重要方式。在现代社会，随着教育理念的更新，校园劳动也逐渐被重视,并成为学校教育的重要组成部分。

一、校园劳动教育概述

(一)校园的内涵与特点

1. 校园的内涵

"校园"在《现代汉语词典》(第7版)中泛指学校范围内的地面。校园一般是指学校可使用的范围,包括教学活动、课余运动、学生和某些与学校相关人员日常生活的区域。

校园不仅是传授知识的地方,还是一个完善和提高高职学生综合素质的地方。校园的教育理念、培养模式以及校园文化等直接影响学生的个体发展与完善程度。

2. 校园的特点

校园具有以下特点:

(1)互动性　校园是教师与学生共同创造的,教师之间、学生之间、教师与学生之间相互影响、相互学习。

(2)渗透性　校园渗透在教师、学生、其他员工的观念、言行和举止之中,渗透在他们的教学、科研、读书、做事的态度和情感之中。

(3)传承性　校风、教风、学风、学术传统、思维方式的形成,是由几代人自觉或不自觉地缔造的,而且代代相传,相沿成习。

(二)校园劳动的内涵

校园劳动是指学生在校园里依照一定的规则、方法和纪律,利用自己所学的理论知识,对校园进行净化、绿化、文化建设,也指学生在专业实践时进行的劳动。

(三)校园劳动教育的内涵

顾名思义,校园劳动教育就是利用校园劳动对学生进行教育,引导学生树立正确的劳动观念,充分认识劳动价值,学会尊重劳动成果,养成良好的劳动习惯,积累一定的劳动技能,以建立健全学生的社会公德和社会责任感,督促学生成为合格的社会主义事业建设者和接班人。

二、校园劳动教育的内容与要求

(一)校园劳动教育的内容

校园是学生学习和生活的主要场所,校园环境如何直接关系到每一个高职学生在校学习和生活的心情甚至健康。一个洁净、美观、绿意盎然的校园无疑会使每个学生心旷神怡、健康成长;反之,则会产生不利影响。建设文明校园是每个高职学生不应回避的,也是每个高职学生的必修课。校园劳动是劳动教育的重要内容。

(1)净化校园环境　校园学习场所和生活场所的净化,包括打扫卫生,清洗、整理物品,垃圾的捡拾、分类及清运等。

(2)美化校园环境　主要包括校园橱窗的装饰,建筑物的粉饰,路面、井盖的修饰,以及校园植物挂牌的文化宣传等。

(3)绿化校园环境　主要包括花草、树木的种植,绿植的栽培、养护,草坪、绿篱的修剪与造型等活动。

(二)校园劳动教育的要求

(1)注意劳动安全　高职学生在规则意识、身体状况以及心理发育程度方面都有着极大的差异,对劳动过程中突发事件的处理能力也存在显著差异。在参与校园劳动教育的过程中,学生应注意劳动安全,以免造成自身或同学的人身伤害。

(2)遵守劳动纪律　劳动纪律是指人们在共同劳动的过程中,为取得行动一致、保证生产(或工作)过程实现所必须遵守的行为准则。它是人们从事社会劳动的必要条件。在任何生产方式下,只要进行共同劳动,就必须有劳动纪律;否则,集体生产便无法进行。

(3)要有团队合作精神　团队合作精神是大局意识、协作精神和服务精神的集中体现。它不仅包含与人沟通、交流的能力,还特别强调与人合作的能力。团队合作精神的最高境界是全体成员向心力、凝聚力的统一。

三、校园劳动教育的价值

1. 培育热爱公益性劳动的思想观念

通俗地讲,公益就是“为人民服务不求回报”。公益活动是公民参与精神的象征。公益精神是一种社会责任感,是基于利他前提之下的社会事务参与意识,归根结底是一种奉献精神。社会提倡“多劳多得,不劳不得”,但并不是所有的劳动付出都要求得到物质或金钱的回报。一个文明、健康的社会形态需要公益精神,它可以促进社会的和谐发展和繁荣稳定。校园劳动完全是公益活动,通过认真劳动,学生看到校园因自己的努力而变得更加美丽,得到老师的肯定和同学的认可,心里自然会产生一种因奉献而带来的快乐感。苏联著名的教育家苏霍姆林斯基说:“对人来说,最大的欢乐、最大的幸福是把自己的精神力量奉献给他人。”由校园劳动产生的快乐心理体验能让学生充分体会到公益的意义和价值,提高学生的社会服务意识和责任意识。

2. 养成维护良好校园环境的行为习惯

在校园劳动过程中,学生亲自动手,让教室、实验室、宿舍等不同地点都变得洁净、美丽,亲眼见证自己劳动的价值,在老师和同学的肯定和赞许中得到幸福感,感受整洁优美的环境带来的舒适感,在长期的坚持中养成主动维护良好校园环境的行为习惯。学生还可以通过自己在扫、擦、装、运过程中付出的辛苦,懂得尊重校园保洁工人和城市环卫工人的劳动成果,改变以往随地吐痰、随手扔垃圾等的不文明行为,培养主动进行垃圾分类、保持环境整洁的意识和行为习惯。学生在步入社会后也能自觉地维护周围环境的整洁,这对于学生综合素养的提高具有重要意义。

3. 培养参与校园绿化、美化的能力

党的十八大以来,国家加强了生态文明建设,努力实现人与自然的和谐共生。2005 年,习近平总书记在任职浙江省委书记时就提出“绿水青山就是金山银山”的科学论断,时至今日这种观念已经深入人心。要让学生主动参与到绿化、美化环境的活动中来,帮助学生树立绿化、美化环境的意识,校园劳动当然是最直接、最有效的途径之一。当学生看到自己栽植的绿植长得郁郁葱葱、种植的花卉姹紫嫣红、校园变得富有魅力时,他们的成就感和生活的幸福感在无形中会被激发,由此形成强烈的主人翁意识,将“校园绿化,人人有责”的观念深入内心。在一次次的校园劳动中,学生逐渐形成校园绿化、美化的能力,越发热爱校园、热爱生活,对绿植的养护变得更加自觉,增强集体观念和社会责任感。

四、高职院校校园的特点

1. 校园设施的开放性

很多高职院校校园不设围墙;即使有围墙或大门,除非遇到特殊情况,高职院校校园一般都是开放的。这种开放不仅是指校园对外开放,还包括校园各种教学设施对学生开放,甚至对社会开放。比如在高职院校或者其他大学校园的教室里,经常可以看到社会人士埋头苦读的身影;高职院校利用校园的专业实训设施承接社会上的各种技能培训等,也是大学社会功能的重要体现方式之一。学生可随时进入实践训练场所进行专业操作练习,这对于操作技能的培养和提高大有裨益。

2. 专业实践的生产实训性

高职教育承担着为社会经济的发展输送高级技能型人才和应用型人才的重要任务,因此更加注重应用技术实践操作能力的培养,这就使得高职院校的实践训练场所更加丰富和多元。高职院校的校园里蕴藏着丰富而优质的劳动教育资源,不仅给劳动教育提供丰富的物质条件——场所、设施,还给高职劳动教育提供了最具影响力的因素——具备优秀实操能力、直接参与专业实训实习、对职业劳动有直接体验和经验的教师。因此,高职院校校园专业实践的生产实训性也就更加突出,开展劳动教育具有很大的先天优势。

3. 校园文化突出的职业性

高职院校教育目标的制订、教学设施的配置、课程设置、实习实训等方面的教学活动都围绕职业技术教育来进行。《国家职业教育改革实施方案》明确指出“要进一步发挥好学历证书作用,夯实学生可持续发展基础,鼓励职业院校学生在获得学历证书的同时,积极取得多类职业技能等级证书,拓展就业创业本领,缓解结构性就业矛盾。”“院校内培训可面向社会人群,院校外培训也可面向在校学生。”“落实职业院校实施学历教育与培训并举的法定职责,按照育训结合、长短结合、内外结合的要求,面向在校学生和全体社会成员开展职业培训。”高职院校校园要逐步推行1+X证书制度——“学历证书+若干职业技能等级证书”制度,职业院校实践性教学课时原则上要占总课时一半以上,推动建设具有辐射引领作用的高水平专业化产教融合实训基地。这些改革措施的实施,使高职院校校园的文化氛围具有突出的职业性。

案例分析

某高职院校在校园内开展了“绿色校园建设”劳动教育活动。学生们在教师的指导下,参与校园绿化及宣传等活动。通过参与植物种植、修剪、识别、挂牌等劳动活动,学生们不仅学习了植物栽培养护的知识与技术,还培养了爱校园、爱植物的意识,懂得植物文化并弘扬植物传统文化,为打造美丽校园贡献了自己的力量。

解析:

1. 学生参加“绿色校园建设”劳动教育活动的内容有哪些?
2. “绿色校园建设”劳动活动的教育价值是什么?
3. 校园劳动教育活动还有哪些?

任务实施

(一)制订实施方案

校园劳动教育认知:根据任务需要进行人员分组,6~8 人 / 组;制订实施方案,具体方案见图 3-1。

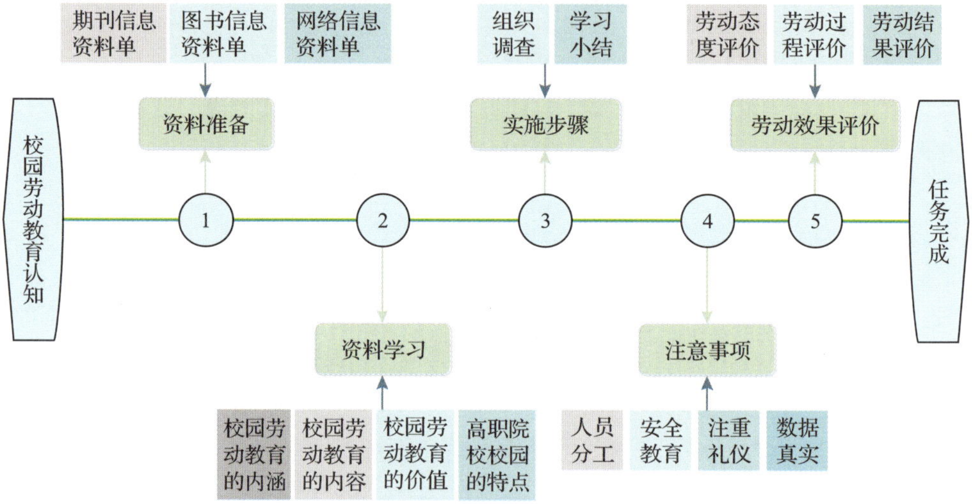

图 3-1 校园劳动教育认知实施方案

(二)准备材料用具

期刊、图书、笔、本、计算机等。

(三)具体实施步骤

1. 资料学习

在教师的指导下,学习校园劳动教育的内涵、内容、价值和高职院校校园的特点。

2. 组织调查

(1)调查准备　通过图书、期刊、网络查询等途径,了解我国、本省和当地校园劳动教育的基本情况。

(2)制订方案　以小组为单位制订调查方案,包括时间、地点、调查对象和内容等,并进行调查表格的设计。

(3)开展调查　在查阅资料的基础上,按照制订的调查方案,通过走访本校的管理部门、教职员工、学生等,了解本校劳动教育的内容、价值。

(4)调查总结　根据调查结果每人撰写 1 份不少于 600 字的调查总结,并在教师的组织下与同学们交流学习。

3. 学习小结

(1)学习收获　每人写 1 份学习收获。

(2)小组讨论　用集体的智慧完成 1 份较好的学习收获。

(3)典型发言　每组选 1 个代表进行典型发言,在全班讲解小组的学习方法、学习收获;组员补充收获的内容。

(4)小组评价　教师组织全班同学讨论、评价各小组的学习情况,实现全班同学共享学习资源和收获体会，巩固所学的知识内容。

（四）注意事项

（1）人员分工　实施前进行人员分工。

（2）安全教育　开展交通安全、人身安全、财物安全和网络安全等教育。

（3）注重礼仪　注重与人沟通交流的礼貌、礼节。

（4）数据真实　确保调查内容基础数据的真实有效性。

（五）劳动效果评价

劳动效果评价分为劳动态度评价、劳动过程评价、劳动结果评价。采用百分制，劳动态度评价占 30%，劳动过程评价占 40%，劳动结果评价占 30%。劳动态度评价表、劳动过程评价表和劳动结果评价表分别见表 3-1～表 3-3。

表 3-1　劳动态度评价表

劳动项目：　　评价对象：　　评价人：　　评价日期：

评价项目	分值	学生自评	组内学生互评	教师评价	总评
活动动机	20				
调研次数	30				
责任意识	30				
大局意识	10				
心得体会	10				

表 3-2　劳动过程评价表

劳动项目：　　评价对象：　　评价人：　　评价日期：

评价项目	分值	学生自评	组内学生互评	教师评价	总评
服从安排	20				
团队意识	20				
沟通能力	20				
行为表现	40				

表 3-3　劳动结果评价表

劳动项目：　　评价对象：　　评价人：　　评价日期：

评价项目	分值	学生自评	组内学生互评	教师评价	总评
信息查询	20				
深度访谈	20				
案例分析	30				
调查总结	30				

总结反思

任务二　校园净化劳动教育实践

环境卫生是校园文明建设最基本的条件，作为求知的场所，保持卫生清洁、环境整洁才会营造出舒心惬意的学习氛围。一个洁净、文明、健康、和谐的校园，整体上反映出全校师生的文明与环境卫生素质。校园净化劳动包括教室、办公室、餐厅、会议室、实验室、图书阅览室等的卫生打扫及整洁保持。校园净化劳动内容众多，本任务分为2个子任务：教室卫生打扫和校园垃圾分类、清运。

技能一　教室卫生打扫

任务描述

教室是学生学习的主要场所，卫生良好的教室能够为学生提供更加舒适、健康的学习环境，从而提高学生的学习效率，有利于学生心智的成长。通过本任务我们可了解教室卫生打扫劳动实践活动的内容，明确各种劳动工具的使用方法及注意事项，掌握教室卫生打扫的基本技能，培育爱护学习环境的意识。

知识准备

教室卫生关系到师生的身体健康，“脏乱差”的教室里灰尘与细菌都会滋生，易导致师生呼吸系统疾病和皮肤过敏；另外脏乱的环境也影响学习效果，分散学生的注意力，使学生思绪难以集中，并很难保持高度的学习热情。总之，保持教室环境整洁，不仅有利于师生身心健康，还是提高教学效果的重要保障。

一、教室卫生打扫概述

（一）教室卫生的内涵

教室卫生是指教室的门窗、地面、墙面、黑板以及桌椅等的清洁程度，它是学校管理中不可忽视的重要环节。

教室卫生需要通过各种措施管理和维护。保持教室环境整洁清爽，不仅能保障师生身体健康，还能营造舒适的学习氛围。教室也是校园卫生检查的主要场所之一。

（二）教室卫生打扫的内涵与作用

1. 教室卫生打扫的内涵

打扫，指用扫帚、刷子、抹布等，对环境、物品进行清扫或清除。教室卫生打扫就是对教室进行大扫除，清理垃圾、杂物、尘土、污渍以及进行桌椅的摆放等，使教室变得干净整洁。

2. 教室卫生的作用

（1）创造良好的学习环境　干净整洁的教室可以提供一个良好的学习氛围，有利于学生集中注意力，提高学习效率。

（2）保障学生健康　清洁卫生的教室可以减少细菌的滋生，降低疾病传染的风险，保障学生的健康。

（3）塑造良好的生活习惯　通过参与教室卫生的打扫，学生可以养成良好的卫生习惯，提高个人素质和责任感。

（4）增强团队合作意识　打扫教室是一个团队合作的过程，它可以促进学生之间的合作，提高学生的沟通能力。

（5）培养环保意识　教室卫生的打扫可以让学生意识到环境保护的重要性，从小培养爱护环境的意识，促进生态的可持续发展。

总的来说，教室卫生打扫的作用不仅有助于保持教室清洁，更重要的是通过这样的活动，还可以培养学生的责任感、合作精神和环保意识，促进他们的全面发展。

二、教室卫生打扫的内容与要求

（一）教室卫生打扫的内容

1. 工具的准备和使用

（1）基本内容　在开始打扫之前，需要准备一些必要的工具和材料，包括扫帚、拖把、垃圾袋、抹布、消毒液等。同时，还要确保有足够的时间和人员来执行打扫工作。在辅导员的指导下，各班建立卫生值日小组，根据教室卫生打扫的需要合理搭配男女生比例，确保教室卫生清洁工作的人事相宜。卫生打扫常用工具的用途和使用方法如下。

①抹布：一般用于清洁桌椅、书柜等。根据清洁用途的不同，抹布应制成不同的尺寸，并选用不同的颜色。使用抹布时一定要折起来以提高工作效率。

②扫帚与簸箕：有长柄、短柄之分。长柄扫帚主要用于大面积的清扫，短柄扫帚用于小面积的清扫。

③拖把：有圆头形与扁平形之分，一般用于平滑地面的清洁。

④拖把车：由清洁桶挤水器和车架组合而成，挤水器用于压去拖把上多余的水分。

⑤刮水器：有人称刮水器为玻璃刮，它也有清洁墙面、地面的作用。刮水器通常用于去除平滑物体表面的水分而不留水痕。根据工作要求可选用长度不同的刮头和手柄，使用刮水器刮水时应按从上到下、从左到右的顺序进行。

⑥清洁刷：根据不同的用途清洁刷可分为脸盆刷、窗沟刷及地毯刷等。不同用途的清洁刷应分别使用，以挂放为佳。

⑦铲刀：由刀柄、刀片 2 部分组成，用于铲除地面、墙面难以擦除的污渍。

（2）注意事项　在使用上述工具进行打扫时，注意保护自身安全，小心割伤或擦伤。另外，在工具使用完毕后应妥善存放，避免潮湿和灰尘，保持工具的清洁和干燥。

2. **清理垃圾和杂物**

(1)基本内容　清理教室内的垃圾和杂物,包括废纸、灰尘、杂物等。使用扫帚将地面上的垃圾扫入簸箕再倒入垃圾桶内;对于一些难以清理的污渍或杂物,可以使用抹布或专业的清洁剂进行处理。不要使用过于潮湿的抹布擦拭电器设备,以免发生触电危险。

(2)注意事项　在清理过程中,要注意安全,避免使用过激的清洁方式,以免造成意外伤害。同时,也要保持教室的通风,以免产生不必要的异味,危害健康。清理完毕后,要进行检查确认,确保教室已经清理干净。

3. **擦拭桌椅和窗户**

(1)基本内容　将教室内的桌椅和窗户擦拭干净。可以使用湿抹布或专门的清洁剂来擦拭桌椅表面,注意不要损坏桌椅。清洁窗户时,需要先将窗户打开,用湿布擦拭窗户表面,然后用干抹布将其擦干,确保窗户明亮无尘。

(2)注意事项　登高擦窗户时要注意安全,以免造成意外摔伤。同时,也要避免使用刺激性强的清洁剂,以免腐蚀物品并产生异味,危害身体健康。擦拭完毕后,要将工具清洗干净并晾干,以便下次使用。对于一些难以清理的污渍或痕迹,可以使用专业的清洁剂进行处理。

4. **拖地和整理讲台**

(1)基本内容　地面是教室最容易脏的部分之一,也是教室卫生打扫的主要部分。拖地前应先清扫地面,去除灰尘和杂物,然后使用拖把将地面拖洗干净。注意拖洗时用力要均匀,以免地面留下水痕;拖洗后,可以使用干抹布将地面擦干,并用湿抹布擦拭讲桌。整理讲台是将讲台上的物品整理归类,将不常用的物品放在柜子或抽屉里,保持讲台整洁。

(2)注意事项　在拖地和整理讲台时,要注意地面水迹,以免滑倒摔伤;同时,也要保持教室的通风。清理完毕后,要进行检查确认,确保地面和讲台已经清理干净。

5. **消毒处理**

(1)基本内容　在完成基本的清洁工作之后,可以使用消毒液对教室内的桌椅、地面、讲台等进行消毒,以确保卫生安全。消毒主要包括3个方面的内容。

①空气消毒:可以采用开窗通风、空气消毒器或者紫外线消毒灯等方式进行消毒。在呼吸道传染病流行期间,可以使用空气消毒器或者紫外线消毒灯进行消毒,每天进行2～3次,每次消毒30 min;也可以采用移动式紫外线消毒灯对不能开窗通风的教室进行消毒,每次照射时间30 min;消毒时教室内不能有人。

②物品消毒:对于教室内的物品,如桌椅、文具用品、窗户和门把手等,每天用清水擦拭1～2次,并保持清洁,必要时可以选用复方季铵盐消毒剂、含氯消毒剂等进行擦拭或冲洗消毒。在传染病流行期间,应适当增加消毒剂的浓度及消毒频率。

③地面和墙面消毒:使用含氯消毒剂进行教室墙面和地面的擦拭或冲洗消毒。在传染病流行期间,可用有效溴或有效氯消毒剂、过氧乙酸消毒剂、酸性氧化电位水等对地面和墙面进行擦拭或冲洗消毒。

(2)注意事项　在消毒过程中,避免消毒剂飞溅到眼睛及皮肤上;要注意按照说明书上的比例对消毒剂进行稀释,避免消毒剂浓度过高对健康造成影响;也要保持教室的通风,以免产生不必要的异味,危害健康。

(二)教室卫生打扫的要求

(1)黑板　不能有乱涂乱画现象;板面及边框要及时擦净。

(2)讲台　干净,物品摆放整齐。

(3)地面　干净整洁,无纸屑、水渍等。

(4)桌椅　桌面、椅背、椅脚干净,摆放整齐;抽屉洁净,无垃圾、杂物。

(5)门窗　干净。

(6)照明设备及电风扇　电灯、电风扇的开关盒等物品,做到无灰尘。

(7)卫生角　清洁工具摆放整齐;纸屑等垃圾都放在簸箕或纸篓中;每天要倒净垃圾桶中的垃圾。

(8)走廊　无纸屑、灰尘,墙上无污迹。

三、教室卫生打扫的劳动教育价值

(1)培养集体归属感　教室卫生打扫不仅有利于学生生活习惯的培养,还有利于学生班级集体意识和价值观的建立。当每个学生都参与其中,共同努力打扫教室卫生时,他们会感受到团结合作的力量,增强学生之间的凝聚力和友谊。

(2)感悟“一屋不扫,何以扫天下”的道理　教室卫生打扫不仅是为了维护环境的整洁,还是教育学生从小事做起,培养他们的责任感和团队意识,让他们明白只有从自己做起,才能真正影响到身边的人和事物,最终才能影响到整个社会。

(3)培育爱护环境卫生的品质　在教室卫生打扫的过程中,学生会感受到愉悦,也会意识到保持环境卫生是每个人的责任,明白只有每个人都积极参与到环境卫生的维护中,才能创造一个更美好的生活和学习环境。通过这样的实践,学生可以养成爱护环境的良好习惯,并深刻理解保护环境的重要性。

任务实施

(一)制订实施方案

教室卫生打扫:根据任务需要进行人员分组,6～10 人 / 组;制订实施方案,具体方案见图 3-2。

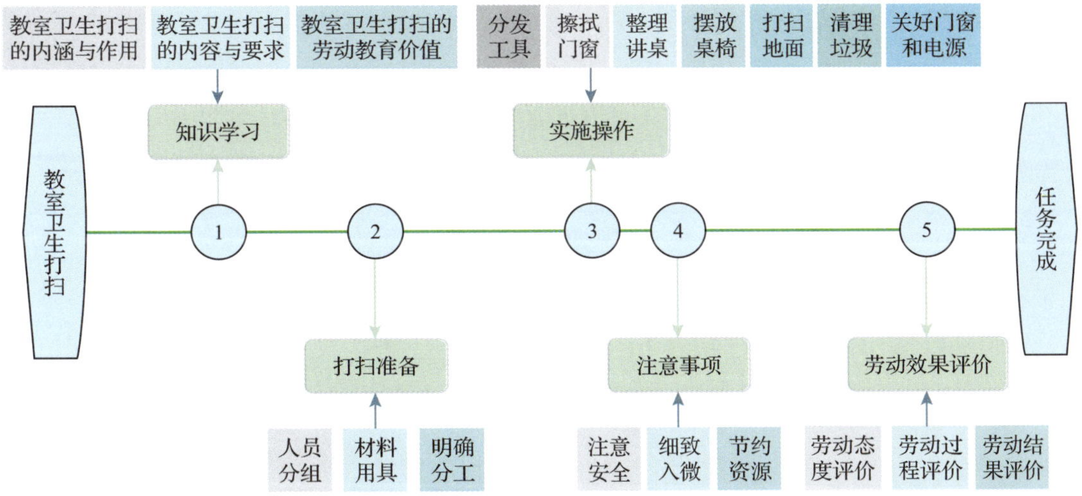

图 3-2　教室卫生打扫实施方案

(二)准备材料用具

扫帚、簸箕、拖把、抹布、水盆、清洗剂、报纸、板擦等。

(三)具体实施步骤

(1)分发工具　在开始劳动前,给每组学生安排具体劳动,包括擦拭门窗、玻璃,整理讲桌、课桌,打扫地板、走廊和防护栏等,并分发劳动工具。

(2)擦拭门窗　用湿抹布擦拭门框,包括防盗门的铁框和顶部;擦玻璃,尤其是擦靠近教学楼外围的窗户时,要注意安全。

(3)整理讲桌　用湿抹布擦拭讲桌,然后整理讲桌上的物品,确保讲桌桌面干净整洁,无粉尘和杂物;讲桌下方也应同样清理。

(4)摆放桌椅　将桌面上的灰尘擦拭干净,清理桌匣内的杂物;桌面只放置必要的学习用品。将凳子轻轻放于桌面上,前后桌对齐。

(5)打扫地面　先清理地面上的垃圾与杂物,然后用湿拖把拖地,确保地上无污迹。

(6)清理垃圾　把教室或外面垃圾桶内的垃圾按要求倒掉,尤其是教室内的垃圾,最好不过夜。

(7)关好门窗和电源　放学后应关好本班门窗,切断电源,消除安全隐患。

(四)注意事项

(1)注意安全　在打扫过程中,始终确保安全。

(2)细致入微　注意清理教室的每一个角落,不留卫生死角。

(3)节约资源　在打扫过程中,注意节约使用清洁用品和水资源。

(五)劳动效果评价

劳动效果评价分为劳动态度评价、劳动过程评价、劳动结果评价。采用百分制,劳动态度评价占30%,劳动过程评价占40%,劳动结果评价占30%。劳动态度评价表、劳动过程评价表和劳动结果评价表分别见表3-4～表3-6。

表3-4　劳动态度评价表

劳动项目:　　　评价对象:　　　评价人:　　　评价日期:

评价项目	分值	学生自评	组内学生互评	教师评价	总评
劳动目的	20				
劳动次数	30				
责任意识	30				
大局意识	10				
心得体会	10				

表3-5　劳动过程评价表

劳动项目:　　　评价对象:　　　评价人:　　　评价日期:

评价项目	分值	学生自评	组内学生互评	教师评价	总评
服从安排	20				
团队精神	20				
劳动情绪	20				
劳动行为	40				

表 3-6　劳动结果评价表

劳动项目：　　　　评价对象：　　　　评价人：　　　　评价日期：

评价项目	分值	学生自评	组内学生互评	教师评价	总评
工具的使用	10				
门窗的打扫	30				
地面的打扫	20				
桌椅的整理	20				
垃圾的清理	20				

总结反思

技能二　校园垃圾分类、清运

任务描述

随着我国社会经济的快速发展、城市化进程的加快以及人民生活水平的提高，各种垃圾的产生量也在逐年增加。校园内的垃圾产生量日益增多。垃圾的清理和处理是每个校园都需要面对的问题，而垃圾分类是减少垃圾、变废为宝的有效措施。本任务让学生了解垃圾分类与清运的内容和要求，掌握垃圾分类的标准，学会垃圾清运的技能，培养环境保护的意识和节约资源的品质。

知识准备

校园是人口相对密集的地方，校园内的师生学习、工作、生活所产生的垃圾也比较多。科学合理地进行垃圾分类与清运，有利于保持良好的校园环境卫生，为学生提供学习、生活的洁净空间。

一、校园垃圾分类、清运概述

(一)校园垃圾分类的内涵与作用

1. 校园垃圾分类的内涵

垃圾分类一般是指按一定规定或标准将垃圾分成不同的类型，再按类型进行投放、收集、运输和处理等，从而将垃圾转变成公共资源的一系列活动的总称。垃圾分类是一项重要的环保行动，旨在减少垃圾的数量并促进资源的有效利用。校园垃圾分类是将校园内的垃圾按一定规定或标准分成不同的垃圾类型,以利于垃圾的收集、清运及处理等。

2. **校园垃圾分类的作用**

校园垃圾分类的作用有以下几个方面。

(1)减少占地　将垃圾进行分类,去掉可回收、不易降解的物质,可减少50%以上的垃圾数量。

(2)减少环境污染　废弃电池含有重金属汞等有毒物质,会对人类产生严重的威胁;废塑料进入土壤会导致农作物减产和水资源污染。因此,回收利用部分垃圾可以降低环境污染的风险。

(3)节约资源,提高经济效益　垃圾分类可以提高垃圾资源利用率,节约资源,创造更高的经济价值。

(二)校园垃圾清运的内涵

1. **清运**

清运的意思为清理并运输,垃圾清运是指垃圾的收集和运输。清运各种垃圾,如社区生活垃圾、建筑垃圾等,同时对公司、工厂、商场、酒店、建筑工地、学校、娱乐场所、培训中心等场所进行垃圾清运。

2. **校园垃圾清运**

校园垃圾清运指学校垃圾的清理和运输,其目的是维持校园环境的整洁。将垃圾快速有效地进行清运,旨在提高校园环境的整洁度和舒适度,减少环境污染,提高学习效率和生活质量。

二、校园垃圾分类、清运的内容与要求

(一)校园垃圾分类、清运的内容

1. **校园垃圾分类的内容**

校园垃圾分为可回收垃圾、厨余垃圾、有害垃圾和其他垃圾4类。

(1)可回收垃圾　主要包括废纸、塑料、玻璃、金属制品、布料5类。

①废纸:主要包括废弃报纸、期刊、图书、包装纸、办公用纸、广告纸、纸盒等。但是要注意,纸巾和卫生间废纸由于水溶性太强而不可回收。

②塑料:主要包括塑料泡沫、塑料包装(注意:快递包装袋是其他垃圾)、一次性塑料餐盒餐具、硬塑料、塑料牙刷、塑料杯子、矿泉水瓶等。

③玻璃:主要包括各种玻璃瓶、玻璃碎片等。注意:镜子是其他垃圾。

④金属制品:主要包括易拉罐、罐头盒等。

⑤布料:主要包括废弃衣服、桌布、洗脸巾、书包、鞋等。

(2)厨余垃圾　包括剩菜剩饭、骨头、菜根菜叶、果皮等食品类废弃物,经生物技术就地处理堆肥,每吨可生产300 kg有机肥料。

(3)有害垃圾　含有对人体健康有害的重金属、有毒物质以及对环境造成现实危害或者潜在危害的废弃物。有害垃圾包括废电池、废荧光灯管、废灯泡、废含汞温度计、废油漆桶、过期药品及其容器、过期化妆品、过期实验用品等。这些垃圾一般进行单独回收或填埋处理。

(4)其他垃圾　包括除上述几类垃圾之外的砖瓦陶瓷、渣土、卫生间废纸、纸巾等难以回收的废弃物。采取卫生填埋可有效减少其他垃圾对地下水、地表水、土壤及空气的污染。

2. **校园垃圾清运的内容**

(1)收集设备 投放易于清理保养、密闭防臭的垃圾桶,并定期清理消毒,确保收集设备的卫生与可用性。

(2)车辆装备 可以借助垃圾运输车、电动清运车等进行垃圾的收集和运输,确保校园各区域垃圾的及时清运。可根据垃圾产生量和收运频率合理配置车辆数量。

(3)定时清运 根据学校规模和师生人数,制订清运计划,包括清运的频率、路线及清运人员的数量。设立固定的垃圾清运时间,按计划定期清运各类垃圾,防止垃圾堆积。将垃圾运到垃圾中转站或垃圾处理厂。

(二)校园垃圾分类、清运的要求

1. **容器分类标注**

在校园内进行垃圾分类,需要设置分类垃圾桶或分类收集容器,并在容器上标注可投放垃圾的种类和注意事项。

2. **加强宣传**

学校要提高师生的环保意识和垃圾分类意识,鼓励他们积极参与垃圾分类活动。

3. **知识储备与能力**

知识储备是指学生应具备一定的环保知识和垃圾分类知识,了解不同垃圾的分类标准和处理方式。

能力是指学生应具备一定的动手能力和实践能力,能够正确分类垃圾并将其投放到相应的垃圾桶或处理设备中,同时还包括团队合作能力、宣传能力、创新能力等。

4. **责任意识**

学生应具备高度的责任意识,认真对待垃圾分类和清运工作,不随意丢弃垃圾,积极参与环保活动。

5. **注意安全**

(1)防止受伤 在投放垃圾时要小心操作,避免刺伤或割伤手指,特别是在投放玻璃、金属等有尖锐边角的垃圾时更要小心。

(2)防止火灾 分类垃圾桶中的纸张、塑料、其他易燃材料等易引发火灾,要采取防止火灾的措施。

(3)注意卫生 在垃圾分类过程中要注意个人卫生,避免双手频繁接触垃圾而造成污染;及时清洗双手,防止细菌的感染。

三、校园垃圾分类、清运的劳动教育价值

(1)提高环保意识 通过垃圾分类、清运,学生可以认识到垃圾分类及环境保护的重要性,还会对垃圾分类处理工作给予认可与支持,提高环境保护意识。

(2)树立资源再利用的思想 在校园垃圾分类过程中,学生的积极参与使其熟知哪些垃圾是可回收利用的;通过垃圾分类,学生可树立节约资源、资源再利用的思想。

(3)培育爱护地球家园的精神 培育爱护地球家园的精神对于环境保护和可持续发展至关重要。学会垃圾分类和清运技能可以培育学生热爱地球、保护环境的意识和行动,有利于促进其健康成长和良好生活习惯的养成,有利于创造宜居的学习、生活环境氛围,提升学生的学习效果,共同建设一个更加美好的地球家园。愿我们每个人都能成为地球环境的守护者,传承和

弘扬爱护地球家园的精神。

任务实施

(一)制订实施方案

校园垃圾分类:根据任务需要进行人员分组,5~8 人/组;制订实施方案,具体方案见图 3-3。

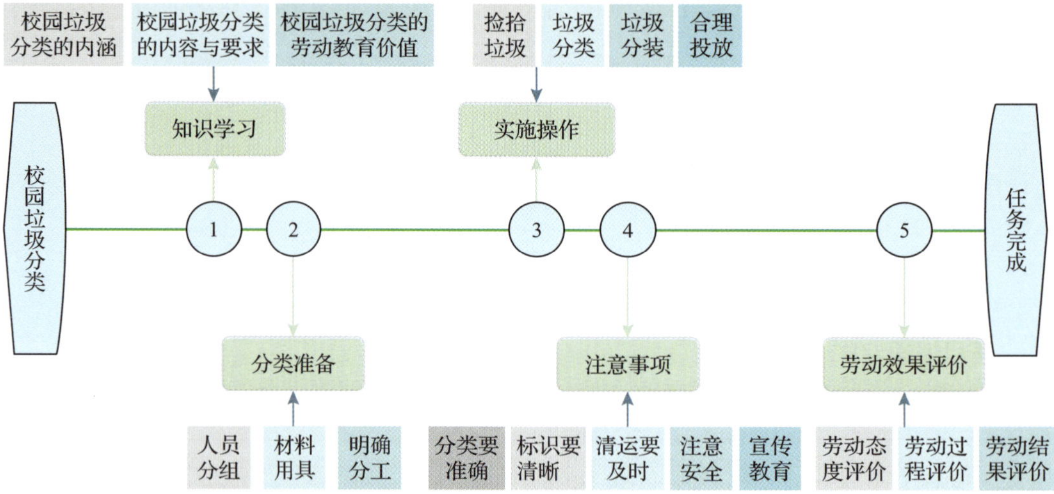

图 3-3 校园垃圾分类实施方案

(二)准备材料用具

手套、绳子、塑料袋、垃圾拾物夹等。

(三)具体实施步骤

(1)捡拾垃圾 根据分工要求,戴好手套,拿上塑料袋和垃圾拾物夹,在规定的区域里捡拾垃圾,确保任务区域内的垃圾被捡拾干净。

(2)垃圾分类 将垃圾分为可回收垃圾、厨余垃圾、有害垃圾和其他垃圾。

(3)垃圾分装 将分类好的垃圾放入准备好的不同颜色或标识的塑料袋中。

(4)合理投放 将可回收垃圾进行分类、清洗、压实后,投放到指定的回收处,以便后期的资源回收再利用;将其他类型的垃圾进行分类后,运往当地垃圾中转站。

(四)注意事项

(1)分类要准确 学生应严格按照垃圾分类的标准投放垃圾,不可混淆各类垃圾,以确保垃圾得到正确的处理。

(2)标识要清晰 垃圾桶或垃圾箱上的标识应清晰易懂,明确标注各类垃圾的名称和投放方式,以便学生能够正确理解并投放垃圾。

(3)清运要及时 垃圾清运人员应定时清运校园内的垃圾,避免垃圾堆积和产生异味,影响校园环境。

(4)注意安全 对于可回收垃圾、厨余垃圾、有害垃圾等,应采取科学合理的处理方式,如回收利用、焚烧处理、填埋处理等,以减少对环境的污染;对于易燃、易爆垃圾,应特别注意安全,避免将火源带入垃圾箱内,以防止火灾和爆炸事故的发生;在垃圾清运和处理过程中,应采取必要的措施，防止垃圾对环境造成二次污染。

(5)宣传教育　应加强宣传教育，提高学生的环保意识和垃圾分类意识，鼓励大家积极参与垃圾分类和清运工作。

(五)劳动效果评价

劳动效果评价分为劳动态度评价、劳动过程评价、劳动结果评价。采用百分制，劳动态度评价占30%，劳动过程评价占40%，劳动结果评价占30%。劳动态度评价表、劳动过程评价表和劳动结果评价表分别见表3-7～表3-9。

表3-7　劳动态度评价表

劳动项目：　　评价对象：　　评价人：　　评价日期：

评价项目	分值	学生自评	组内学生互评	教师评价	总评
劳动目的	20				
劳动次数	30				
责任意识	30				
大局意识	10				
心得体会	10				

表3-8　劳动过程评价表

劳动项目：　　评价对象：　　评价人：　　评价日期：

评价项目	分值	学生自评	组内学生互评	教师评价	总评
服从安排	20				
团队精神	20				
劳动情绪	20				
劳动行为	40				

表3-9　劳动结果评价表

劳动项目：　　评价对象：　　评价人：　　评价日期：

评价项目	分值	学生自评	组内学生互评	教师评价	总评
思想意识	20				
收集整理	20				
干净整洁	10				
垃圾分类	30				
安全意识	20				

总结反思

任务三　校园美化劳动教育实践

校园美化旨在通过美化校园开展文化育人，提高专业教育质量，培养师生热爱校园、关心校园、美化校园的良好情意。具体来说，校园美化就是通过营造优美的校园环境，使学生们在校园中感受到美的熏陶和启迪，培养审美意识、审美能力和创造美的能力。优秀的校园文化可以激发学生的积极情感，提高他们的学习效率和创造力；同时，良好的校园环境也可以培养学生的文化意识和责任感，增强他们的集体归属感和凝聚力。本任务分为2个子任务：校园橱窗装饰和给校园植物挂“身份证”。

技能一　校园橱窗装饰

任务描述

目前，无论是企业、行政机关还是学校，都有一个共同特点，即用橱窗宣传自身，称为橱窗文化。校园橱窗呈现的是一所学校的精神风貌和文化品位，彰显的是一所学校的办学特色和个性魅力。制作精美、内容丰富的校园橱窗，能使学生开阔视野、调节身心，成为他们了解世界、励志人生、陶冶情操、弘扬正气、释放才情的精神园地。俗话说，眼睛是心灵的窗户，校园橱窗就是学校的眼睛，可由此窥见其办学理念。

知识准备

橱窗装饰是校园文化建设的重要组成部分，它不仅展示了学校的特色和风貌，还能激发师生的归属感和自豪感。它具有传播信息、引导舆论、营造文化氛围的功能，成为校园亮丽的风景。

一、橱窗装饰概述

（一）橱窗的类型

橱窗一般用于布置、陈列、展示物品或文化，展示的物品主要包括商品、艺术品、文物等。橱窗可以弘扬文化、传递信息、美化环境。

近年来，新技术、新工艺、新材料的不断涌现，为橱窗展示提供了更加丰富的手段；由于信息化社会给人们的生活方式、审美观念、流行趋势带来的变化，橱窗也发生了急剧变化。以静止和单方面传递为中心的橱窗已不再是主流，取而代之的是更具人性化，强调感情传递和交融互动，运用新工艺、新材料，富有感情色彩和强烈的视觉冲击力，概念化、艺术化、个性化的橱窗。橱窗的主要类型如下：

（1）按位置的分布划分　户外橱窗、室内橱窗。

（2）按装修的形式划分　通透式橱窗、半通透式橱窗、封闭式橱窗。

（3）按橱窗的面积划分　落地式橱窗、上墙式橱窗。

(二)橱窗装饰的目的

为了使主题更突出,需对橱窗进行美化、装饰,即通过颜色、图案、布局等手段,达到引人关注、阅读、观赏的目的。

(三)校园橱窗装饰的内涵与特点

1. 校园橱窗装饰的内涵

校园橱窗装饰是指在学校内部和外部的空间中,通过布置、陈列、展示等方式,将各种元素进行艺术性的组合,以达到美化校园环境、传递文化信息的目的。它是一种具有审美和教育双重功能的空间艺术设计形式。

2. 校园橱窗装饰的特点

(1) 教育性　校园橱窗装饰作为校园文化的载体,必须符合教育目的,传递积极向上的价值观和文化信息。它能够潜移默化地影响师生的思想观念和行为习惯,培养他们的审美情趣和文化素养。

(2) 艺术性　校园橱窗装饰通过运用色彩、造型、材料等艺术手段,创造出具有美感的视觉形象,使师生在欣赏过程中感受到美的愉悦。同时,它也是艺术家和设计师展示创意和技艺的平台。

(3) 互动性　优秀的校园橱窗装饰应该能够引发师生的共鸣和互动。它不仅要展示学校的历史和文化,还要关注师生的生活和情感,反映他们的声音和诉求,这有助于增强师生对校园文化的认同感和归属感。

(4) 动态性　校园橱窗装饰的内容和形式应该随着时代的发展而不断更新。它既要展示校园的传统和特色,又要与时俱进,反映社会的变化和时代的进步,这有助于保持校园文化的活力和吸引力。

(5) 多元性　校园橱窗装饰应该尊重和展现校园文化的多元性。它既要展示主流文化,又要关注非主流文化,鼓励师生表达不同的声音和观点,这有助于培养师生的批判性思维和创新精神。

二、校园橱窗装饰的内容与要求

1. 校园橱窗装饰的内容

校园橱窗装饰是一种展示学校文化、教育理念和美化校园环境的重要方式。校园橱窗装饰包括以下内容。

(1) 目的与主题　要明确橱窗装饰的目的和主题。它是为了展示校园的特色和亮点,还是为了营造特定的文化氛围,或者是为了传递特定的教育理念?明确目的和主题有助于更有针对性地进行橱窗装饰。

(2) 内容与形式　内容是橱窗装饰的核心,包括图片、文字、实物等。选择恰当的内容和形式能够使橱窗更具吸引力和教育意义。要确保内容的新鲜度和更新频率,同时注意形式的多样性和美观度。

(3) 布局与排列　合理的布局和排列能够使橱窗更具层次感和视觉冲击力。要根据橱窗的大小、形状和位置,精心设计布局和排列方式,突出重点和亮点,使师生能够快速捕捉到重要信息。

(4) 色彩与灯光　色彩和灯光是橱窗装饰的重要元素,能够营造出不同的氛围。要选择适合校园文化和教育理念的色彩,合理运用灯光,营造出舒适、自然、和谐的视觉效果。

(5)材料与工艺　材料和工艺也是橱窗装饰的重要因素。选择合适的材料和工艺能够使橱窗更具质感和耐久性,选择时要考虑材料的美观度、安全性、环保性以及工艺的可行性和经济性因素。

(6)人性化设计　橱窗装饰要考虑到师生的需求和习惯,体现人性化的设计理念。例如,设置便于师生观看的高度,提供足够的照明,以及采用易于理解的展示方式等。

(7)文化传承与创新　橱窗装饰要传承校园的文化底蕴和精神内涵,同时也要注重创新和发展。要通过橱窗展示校园的特色和亮点,同时也要与时俱进,引入新的元素和形式,使橱窗更具活力和吸引力。

综上所述,需要融合多个因素才能打造出既美观又实用的校园橱窗,为校园文化建设增色添彩。

2. 校园橱窗装饰的要求

(1)突出主题　校园橱窗装饰要突出主题,与校园的整体形象和氛围相协调。例如,橱窗的内容可以围绕学校的特色、校史、荣誉等方面进行设计,以展示学校的核心价值观和文化底蕴。

(2)内容更新　校园橱窗的内容要定期更新,避免过于陈旧或重复。根据校园的发展和重要事件,及时调整和更新橱窗内的展品,保持新鲜感和吸引力。

(3)形式多样　校园橱窗装饰可以采用多种形式,如图片、文字、实物等。通过多样化的展示方式,橱窗内容更加生动、形象,吸引师生的注意力。

(4)突出重点　在橱窗装饰中,要突出重点和亮点,使师生能够迅速捕捉到重要信息。对于重要的展品或事件,可以通过放大字体、增加图片或使用醒目的颜色等方式来突出展示。

(5)保持整洁　校园橱窗要保持整洁、干净,避免出现杂乱无章的情况。及时清理和整理橱窗内的物品,确保展示效果良好。

(6)尊重师生意见　在进行校园橱窗装饰时,要尊重师生的意见和建议。可以组织师生进行讨论,了解他们的需求和期望,以便更好地为师生服务。

(7)考虑安全性　在选择和摆放展品时,要考虑到安全性。对于可能存在安全隐患的物品或摆放方式,要进行安全评估和调整,确保不会对师生造成伤害。

(8)与时代同步　校园橱窗装饰要跟上时代的发展和变化,不断更新内容和形式。同时,也要关注社会热点和事件,适时引入与时代相关的元素,使橱窗内容更具现实意义和影响力。

综上所述,校园橱窗装饰是一项需要细心考虑和精心设计的工程。只有综合考虑以上几点要求,才能打造出具有特色、美观、实用的校园橱窗,为校园文化建设增色添彩。

三、校园橱窗装饰的劳动教育价值

(1)提升审美素养　校园橱窗文化是社会文化的一种体现,它通过一定的文化载体以及环境氛围,使人们受到教育和熏陶。学生能感受到这种特定文化对其心理、思想、行为的影响,从而实现精神、心灵及性格的美化与净化,激发对艺术的兴趣和热爱,提升审美素养和文化修养,在审美领域视野更加开阔,发展个人兴趣和特长。

(2)培育创作意识　导向功能是指校园橱窗文化可以通过自身各种文化要素集中、一致的作用,引导学生主动接受一定的价值观和行为准则,使他们向着社会所期望的方向发展。在橱窗文化的引导下,学生可以培养创造力和创新精神,激发想象力和创意潜能,促进在各个领域的积极探索和实践。

(3)根植校园文化自信　优秀的橱窗文化成为校园文化的重要展示窗口，传递学校的文化自信和价值观，激发学生对校园的归属感和认同感，促进校园文化的传承和发展。

任务实施

(一)制订实施方案

校园橱窗装饰：根据任务需要进行人员分组，5～8 人 / 组；制订实施方案，具体方案见图 3-4。

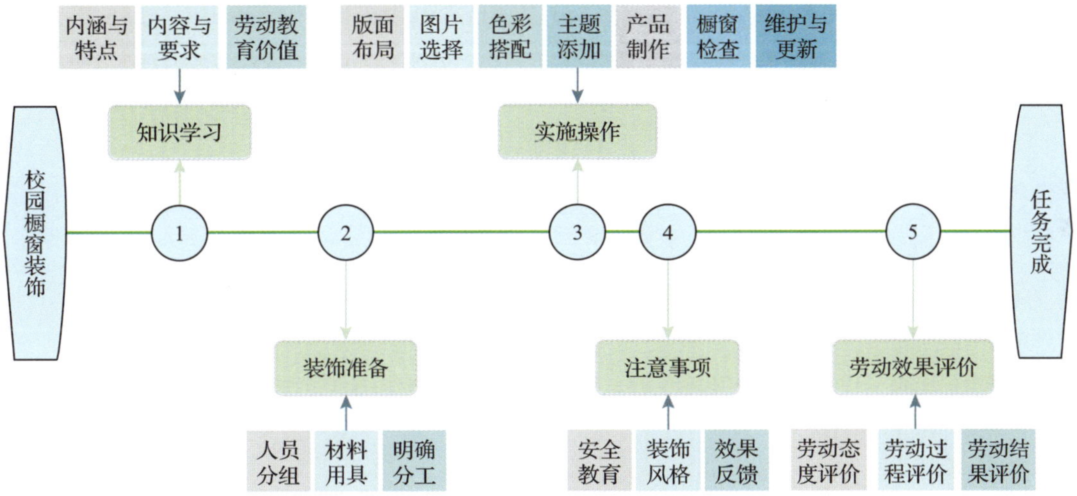

图 3-4　校园橱窗装饰实施方案

(二)准备材料用具

计算机、尺子、装饰材料等。

(三)具体实施步骤

(1)版面布局　设定橱窗的规格为 1.2 m × 1.6 m，初步对橱窗进行版面的布局。

(2)图片选择　按照主题设计图案，要注重选择的图片的冲击力。要求橱窗版面设计以图片为中心，一方面因为它承载了传递信息的功能；另一方面是因为色彩丰富、鲜艳的图片很容易成为版面的视觉中心，形成很强的视觉冲击力。在版面的编排过程中要充分利用图片对文字内容诠释力强的作用，注意图片内容和大小的搭配、位置的摆放；透过图片的交叉、并置、重处理，引起视觉效果的改变，增强易读性、吸引力、冲击力，增强内容的真实性和震撼性。

(3)色彩搭配　图片选择后还要注意颜色，要对整个版面的颜色进行安排，使其与主题保持协调。

(4)主题添加　围绕“弘扬工匠精神”这一主题，根据设计图案准备所需的装饰材料、道具和工具。确保所有材料的质量和安全性，避免使用劣质或不安全的材料。

(5)产品制作　整体打印或手绘橱窗版面。按照设计图案，逐步摆放和安装装饰元素和道具，注意细节和整体效果的协调，确保装饰效果达到预期。

(6)橱窗检查　完成装饰后，对橱窗进行全面检查，确保没有遗漏或错误。根据需要，调整装饰元素的位置和摆放方式，以达到最佳效果。

(7)维护与更新　定期检查橱窗装饰的完好程度，及时修复或更换损坏的装饰元素。

(四)注意事项

(1)安全教育　注意安全操作，避免发生意外。

(2)装饰风格　确保装饰风格与校园的整体形象相符。

(3)效果反馈　与学校相关部门保持沟通，及时反馈装饰效果和意见，以便进行改进和优化。

(五)劳动效果评价

劳动效果评价分为劳动态度评价、劳动过程评价、劳动结果评价。采用百分制，劳动态度评价占30%，劳动过程评价占40%，劳动结果评价占30%。劳动态度评价表、劳动过程评价表和劳动结果评价表分别见表3-10～表3-12。

表3-10　劳动态度评价表

劳动项目：　评价对象：　评价人：　评价日期：

评价项目	分值	学生自评	组内学生互评	教师评价	总评
劳动目的	20				
劳动次数	30				
责任意识	30				
大局意识	10				
心得体会	10				

表3-11　劳动过程评价表

劳动项目：　评价对象：　评价人：　评价日期：

评价项目	分值	学生自评	组内学生互评	教师评价	总评
服从安排	20				
团队精神	20				
劳动情绪	20				
劳动行为	40				

表3-12　劳动结果评价表

劳动项目：　评价对象：　评价人：　评价日期：

评价项目	分值	学生自评	组内学生互评	教师评价	总评
思想意识	20				
版面美化	20				
干净整洁	10				
版面内容	30				
安全意识	20				

总结反思

技能二　给校园植物挂“身份证”

任务描述

校园的植物种类非常丰富，有草本，有木本，有灌木，有乔木，基本实现了三季有花、四季有绿。那么，这些校园植物你们都认识吗？知道它们的名字和用途吗？现在我们就开启给校园植物挂“身份证”这一劳动项目，一起学习校园植物种类调查、植物“身份证”信息收集、植物“身份证”文案撰写、设计制作植物“身份证”和实地悬挂等几项基本技能。

知识准备

校园景观设计越来越受到重视，其中植物的选择是关键，它不仅可以为校园增色，还可作为劳动教育的优质资源。给植物挂“身份证”之前，学生需要学习植物的基本分类及特征，了解植物的生长习性、实用价值和人文内涵等。给植物挂“身份证”成为一个角度新颖、形式别致的劳动项目。

一、植物“身份证”内涵

植物“身份证”是一种植物区别于其他植物的科学依据，具有唯一性。它包括植物的名称，科、属、种，起源和发展，分布和生长习性，外形特征，识别方法，植物的实用价值以及与该植物相关的植物文化等。

二、给校园植物挂“身份证”的步骤

1. 校园植物识别

高校校园面积较大，植物种类较多，即使是园林专业的学生也不一定能准确认识校园所有的植物。因此，需要把学生进行分组，将校园划分为不同的区域，每组聘请一位植物学专业技术人员进行指导，识别校园植物的种类，调查分布情况；或者联系校园景观设计部门，直接复印校园植物景观分布图。要求不同种类校园植物的识别和分布区域准确。

2. 确定“身份证”内容

植物“身份证”分为线下、线上 2 种版本。线下版本主要内容为植物名称、科属、分布、实用价值等；线上版本通过扫描二维码阅读，内容可增加植物的生长习性、识别方法、植物文化

(文化寓意、诗词、成语、传说、典故、谚语、歇后语、音乐、戏曲、影视等)。植物"身份证"要求基本内容全面,植物文化选择恰当,具有潜在的教育意义。

3. 撰写"身份证"文案

撰写"身份证"文案是指把确定的资料撰写为植物"身份证"上的文案或线上扫码呈现的文案,要求语言通俗易懂、简练精确。

4. 生成二维码

将撰写好的植物"身份证"文案生成二维码,要求二维码清晰,扫码后文案可直接呈现且快速、准确。

5. 设计印刷"身份证"

设计植物"身份证"的尺寸、形状、背景色彩及图案等,联系厂家印刷。要求成品大小合适,色彩协调,款式新颖,形状独特,字迹、图案清晰。

6. 实地悬挂

把制作好的植物"身份证"挂在相关植物的植株上。要求考虑到人的平均身高,悬挂高度合适,适于观看阅读。

三、给校园植物挂"身份证"的劳动教育价值

给校园植物挂"身份证"这项劳动教育的意义重大,教育价值丰富。

(1)生态教育的渗透　校园植物在校园景观建设当中发挥着重要作用,它们不仅可以美化校园环境,还可以改善校园空气质量和生态环境。开展给校园植物挂"身份证"这一劳动项目,可以让学生了解植物相关知识,进一步认识植物不仅为人类提供必备的生存条件,还引导和改变人类的精神价值和生活方式;了解植物在人类物质生活和精神生活中的作用,认识植物在人类生存和生活中有着不可或缺的地位;深刻理解生态保护对于国家和社会的意义,增强生态保护意识,最后落实到在行动上自觉履行保护生态环境的责任,积极参与生态文明建设。

(2)团队意识的培养　给校园植物挂"身份证"需要多个步骤才能完成。从校园植物调查统计到植物身份信息搜集,从植物"身份证"文案撰写到审核、校对,从植物"身份证"设计到实地悬挂,每一个步骤都需要小组合作才能完成。小组的合作默契程度高,工作效率就高,进度就快。劳动任务的进展速度、质量水平反映了学生的团队意识与合作精神。

(3)传统文化的传承与弘扬　中华民族千百年来创造了灿烂的文化,植物文化是其中一颗璀璨的明珠。在植物相关的诗词、成语、传说、典故当中,先辈善于从植物当中感悟生命智慧,长于以植比德,在植物身上寄托自己的思想、情感,赋予植物品格。学生在查找、整理资料和撰写文案的过程中,一直反复咀嚼、消化、吸收这些优秀的精神食粮,思想和心灵受到潜移默化的影响,在不知不觉中传承和弘扬传统文化。

任务实施

(一)制订实施方案

给校园植物挂"身份证":根据任务需要进行人员分组,6~8 人 / 组;制订实施方案,具体方案见图 3-5。

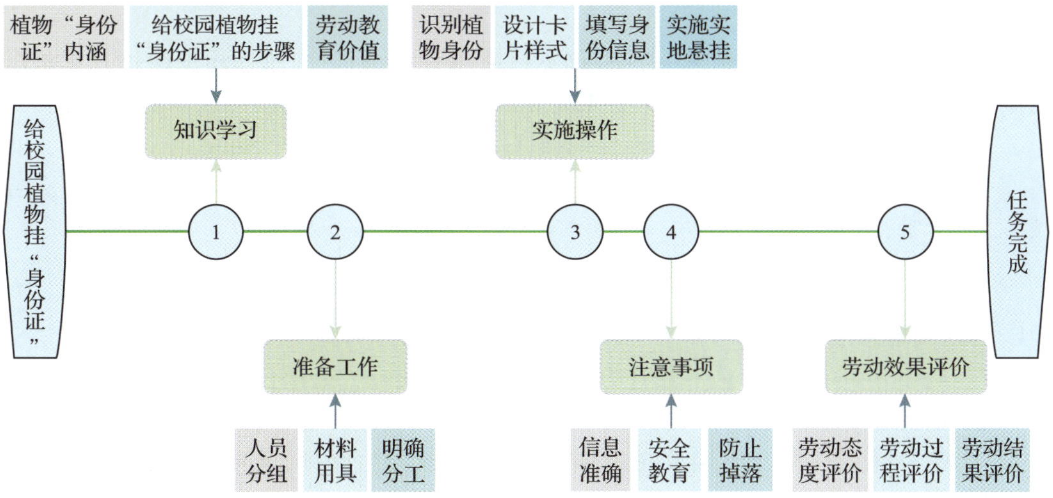

图 3-5　给校园植物挂“身份证”实施方案

（二）准备材料工具

计算机、手机、剪刀、铅笔、直尺、彩色卡纸、梯子、钳子、铁丝或铁环等。

（三）具体实施步骤

1. 识别植物身份

各组通过掌上识别王、AI 识别王、形色、花伴侣、拍照识别植物、识花君等 App，对植物的花、果或叶子进行拍照，上传到相应的 App 进行识别，同时搜集植物身份信息，内容包括植物的名称（学名、俗名或别名），科、属、种，起源和分布，实用价值，文化内涵等。

2. 设计卡片样式

组员协商选择卡纸颜色，设计植物“身份证”卡片形状，一般为矩形、圆形、椭圆形、云朵形等；在彩色卡纸上画好图样及植物身份信息的填写位置，用剪刀剪好。

3. 填写身份信息

撰写植物“身份证”信息，并填入卡片。可采用的植物“身份证”卡片（以西府海棠为例）案例如下。

植物名称：西府海棠

拉丁学名：*Malus* × *micromalus* Makino

俗名：海红、子母海棠、小果海棠

科属：蔷薇科苹果属

特征：小乔木，株高为 2.5～5.0 m，树枝直立性较强，树皮呈紫红色或暗褐色，皮孔较稀疏；叶片呈椭圆形或长椭圆形；花期 4—5 月，伞形总状花序，生在小枝的顶端；花瓣接近圆形或长椭圆形，粉红色；果期 8—9 月，果实红色，接近球形。

习性：西府海棠喜光、耐寒、耐旱，但不耐高湿和高温；适宜酸性或微酸性且肥沃深厚的土壤；适宜的海拔高度为 100～2 400 m。

植物文化：西府海棠是我国的传统名花之一，被称为“花中神仙”“花贵妃”“花尊贵”，素有“国艳”的美誉，在皇家园林中常与玉兰、牡丹、桂花配植，寓意“满堂富贵”“玉堂富贵”等。

4. 实施实地悬挂

根据植物的不同，选择合适的悬挂方法，比如高大的乔木，选择合适的高度将“身份证”挂在树干上；树形比较松散的灌木，选择朝路一侧、高低和粗细合适的树枝悬挂“身份证”；低矮的草本，可将“身份证”结合支架放在近路位置，既方便师生阅读，又可避免踩踏植物。悬挂“身份证”时组员注意分工与配合。

（四）注意事项

（1）信息准确　准确识别植物，填写信息准确、规范，让更多的人识“植”知“植”，宣传正确的植物文化。

（2）安全教育　剪裁卡片注意安全；实地悬挂之前学会工具的正确使用方法；悬挂过程中注意扶梯保护，禁止打闹、玩笑，防止摔倒、摔伤。

（3）防止掉落　如悬挂在树干上的植物“身份证”，要注意采取相应的加固措施防止掉落；低矮草本植物的“身份证”的支架要牢固，防止风大被刮跑等。

（五）劳动效果评价

劳动效果评价分为劳动态度评价、劳动过程评价、劳动结果评价。采用百分制，劳动态度评价占 30%，劳动过程评价占 40%，劳动结果评价占 30%。劳动态度评价表、劳动过程评价表和劳动结果评价表分别见表 3-13～表 3-15。

表 3-13　劳动态度评价表

劳动项目：　　　　评价对象：　　　　评价人：　　　　评价日期：

评价项目	分值	学生自评	组内学生互评	教师评价	总评
劳动目的	20				
劳动次数	30				
责任意识	30				
大局意识	10				
心得体会	10				

表 3-14　劳动过程评价表

劳动项目：　　　　评价对象：　　　　评价人：　　　　评价日期：

评价项目	分值	学生自评	组内学生互评	教师评价	总评
服从安排	20				
团队精神	20				

续表 3-14

评价项目	分值	学生自评	组内学生互评	教师评价	总评
劳动情绪	20				
劳动行为	40				

表 3-15　劳动结果评价表

劳动项目：　　　　　评价对象：　　　　　评价人：　　　　　评价日期：

评价项目	分值	学生自评	组内学生互评	教师评价	总评
识别植物身份	30				
设计卡片样式	20				
填写身份信息	20				
实施实地悬挂	20				
劳动安全意识	10				

总结反思

任务四　校园绿化劳动教育实践

校园是学生学习和生活的主要场所，它的自然环境对于学生的成长和学习十分重要。校园绿化不仅能够美化环境、净化空气，为学生提供健康的学习环境，还能够增加校园的观赏性和吸引力，提高学校的知名度。校园中可让学生参与的绿化劳动任务较多，本任务分为 2 个子任务：花卉种植和绿篱修剪。

技能一　花卉种植

任务描述

校园的环境直接影响着我们的学习、生活质量，校园中的花草需要种植与养护，让我们共同营造美好的学习生活环境。本任务我们来理解花卉种植的内涵、内容、要求与价值，明确花卉种植的用具及注意事项，掌握花卉种植的基本技能。

知识准备

校园作为一个重要的学习场所，它的自然环境对于学生的成长和学习十分重要。校园花卉不仅能够美化环境、净化空气，为学生提供健康的学习环境，而且还能够增加校园的观赏性和吸引力，提高学校的知名度。

一、花卉种植概述

（一）花卉的内涵与类型

1. 花卉的内涵

（1）花卉　花、卉2字连用，出现得较晚。南北朝《梁书·何点传》中记载："园中有卞忠贞冢，点植花卉于冢侧。"这是花、卉2字连用的较早记述。花卉广义指具有观赏价值的植物，包括木本和草本植物；狭义指具有观赏价值的草本植物。

（2）植物学定义　花是被子植物繁衍后代的有性繁殖器官。典型的花，由花瓣、花萼、花托、花蕊组成。

有些学者认为裸子植物的孢子叶球也是"花"，而多数人则认为被子植物才有花，所以被子植物也称为有花植物。

（3）园林花卉　是指适用于园林和环境绿化、美化的有观赏价值的植物，包括草本植物、木本地被植物、花灌木、开花乔木以及盆景等，如凤仙、菊、梅、桃、月季、山茶等。

2. 花卉的类型

花卉的类型极多，范围广泛，不仅包括有花植物，还包括苔藓和蕨类植物。花卉的栽培和应用方式也多种多样。因此，花卉有多种分类方法。

（1）根据花卉的生活史　分为一年生花卉、二年生花卉和多年生花卉。

①一年生花卉：在1个生长季内完成生活史的植物，即从播种到开花、结实、死亡均在1个生长季内完成，一般春季播种，夏、秋季生长、开花结实、死亡。因此，一年生花卉又称春播花卉，如凤仙花、鸡冠花、百日草、半支莲、万寿菊等。

②二年生花卉：在2个生长季内完成生活史的花卉，当年只生长营养器官，越年后开花、结实、死亡。这类花卉一般秋季播种，第2年春季开花。因此，二年生花卉常被称为秋播花卉，如五彩石竹、紫罗兰、羽衣甘蓝、瓜叶菊等。

③多年生花卉：个体寿命超过2年，能多次开花、结实。根据地下部分形态变化，多年生花卉又可分2类：宿根花卉，即地下部分形态正常，不发生变态的花卉，如芍药、玉簪、萱草等；球根花卉，即地下部分变态肥大的花卉，如水仙、郁金香、唐菖蒲、美人蕉、马蹄莲、大丽花等。

（2）根据花卉的形态　分为草木花卉和木本花卉。

①草本花卉：多年生草本花卉和一、二年生草本花卉。

②木本花卉：乔木、灌木、竹类等。

（3）根据花卉的用途　分为切花类、盆花类和地栽类。

①切花类：可供剪切做离体装饰用的观赏植物，用于制作花束、花篮、花圈等。

②盆花类：以盆栽形式装饰室内及庭院的盆花，如木瓜海棠、扶桑、文竹、一品红、金橘等。

③地栽类：直接栽于露地、美化与装饰环境的各类观赏花卉，包括花坛花卉、庭院花卉、棚架植物、护坡植物、地被植物、水景植物等。

（二）花卉种植的内涵

（1）种植　是指把植物的种子埋在土壤里，或把植物的茎、根、枝、幼苗等栽种于土壤里，使它们生长成为健壮的植株。

（2）花卉种植　是指将花卉的种子或茎、根、枝、幼苗等栽种于土壤里，进行花卉的栽培生产。

（三）花卉种植的意义

（1）经济效益　花卉产业是一项新兴产业，有极大的发展潜力，可带来巨大的经济效益。花卉产品主要是鲜切花（60%）、盆花（30%）、观叶植物（10%）。花卉产品的市场需求量大，竞争也激烈。花卉质量要求严格，需要观赏期长且全年均衡生产供应。

（2）绿化、美化　随着社会的发展和人们生活质量的提高，用花卉美化环境、装点生活已成为一种时尚。花卉种植不仅可以为生活环境增加美感，还可以提升人们的幸福感。花卉不仅可以装点花坛、花园或室内空间，创造出美丽的景观和温馨的氛围，还可以为人们带来愉悦和放松的感受。

（3）环境效益　花卉具有改善环境的功能，对促进身心健康多有裨益，如调节温度、湿度和遮阴，吸收二氧化碳和各种有害气体；增加氧气、吸附尘埃、净化空气，使空气清新宜人；此外，绿色花卉可以消除视觉疲劳，具有一定的保护视力的作用。因此，花卉种植可有效提高空气质量、改善环境，为人们提供更加健康和宜居的环境。

二、花卉种植的内容与要求

1. 花卉种植的内容

常规的花卉种植内容包括品种选择、土壤准备、整地做畦、种植方式确定、种植材料处理、种植覆土。

（1）品种选择　根据气候、土壤条件以及种植目的确定适宜的花卉种类。同一类花卉的品种也比较多，一般选择抗逆性较强、栽培技术简易、观赏价值高和经济效益高的品种。

（2）土壤准备　根据需要种植花卉的品种，选择适宜的土质，施足基肥。基肥以有机肥为主，配施无机肥。一般撒施或开沟施入优质腐熟有机肥，每亩地施肥 2 000～2 500 kg，以使土壤疏松肥沃；种植前浇透底墒水，播种时保持土壤相对含水量在 75%。

（3）整地做畦　深耕整地，一般深耕 25～30 cm，耙平土壤；按种植方式、种植密度、环境条件等，进行田间做畦。较小的畦宽度为 1.5 m，较大的畦宽度可为 4～5 m。

（4）种植方式确定　根据种植材料的不同，种植方式可分为种子催芽直播、块茎块根种植、扦插种植、压条种植、苗木移栽等类型；根据种植方法的不同，种植方式可分为撒播、条播、点播、穴播等类型。应根据花卉种植品种确定合适的种植方式。

（5）种植材料处理　精选种植材料，清除霉变、破碎、混杂及有病虫害的种子（块根、块茎、苗木等）；选取饱满、大小均匀、健壮的种子（块根、块茎、苗木等），进行晾晒、浸种、种子包衣或药剂拌种处理。

（6）种植覆土　根据种植密度确定株行距，根据品种要求确定种植深度。调整好机具后先进行试播，检查播种深度和播种均匀性，检查行距、株（穴）距、覆土、镇压是否符合农艺要求，然后正式进行播种、覆土、镇压。

2. 花卉种植的要求

（1）轮作　多数花卉不宜连作。连续种植 2～3 年的土地，由于土壤营养元素的失衡和病虫害的滋生，影响花卉的正常生长，最好不再进行花卉种植。

(2) 土质　不同花卉对种植土壤的要求不同，一般要求土壤既保水又透气，盐度不能太高。pH 的范围因花卉品种的不同而不同。

(3) 播期　花卉的种植季节与花卉的类型、当地的气温有关，一般一年生花卉多在春季 3—4 月种植，二年生花卉多在秋季 9—10 月种植。

三、花卉种植的劳动教育价值

(1) 培育保护环境意识　绿色植物具有防风固沙、加速降尘、保持水土、涵养水源、调节气候、增加降水、吸收毒素、杀灭病菌、美化生活等作用。花卉通过吸收有害物质和净化空气，对人们的生活环境起到了重要的保护作用。花卉在进行光合作用时能吸收二氧化碳、释放氧气，净化空气，吸收噪声、尘土；花卉还能够改善局部小气候，植物叶片的蒸腾作用可增加空气湿度，并通过吸热降低空气温度，有效地调节和改善局部小气候。

(2) 培养审美创美能力　植物界中许多植物具有较高的观赏价值，特别是园林花卉，它们是绿化美化环境的最佳材料。五颜六色的花卉以其优美的姿态、丰富的色彩增添了城市的景色，具有良好的美化环境的作用；它们还可以提升生活质量，提高人们的审美水平和创美能力。

(3) 提高农业种植技能　花卉种植本身就是一门科学，人们通过它可以丰富科学知识，提高科技水平。各种花卉都有其独特的形态和生物学特性，因此，在种植时需要进行生长温度、湿度、水质、土壤、肥料、光照等条件的选择，并在花卉生长的不同时期进行科学的田间管理。花卉种植具有很强的实践性和技术性，它使学生的农业种植技能得到不断提高。

任务实施

(一) 制订实施方案

郁金香种球种植：根据任务需要进行人员分组，6～8 人 / 组；制订实施方案，具体方案见图 3-6。

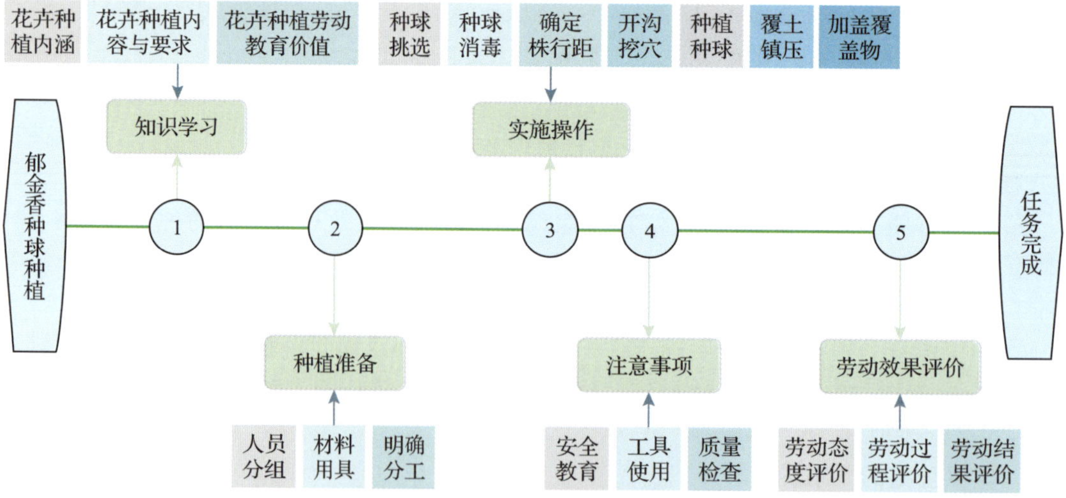

图 3-6　郁金香种球种植实施方案

（二）准备材料用具

郁金香种球、开沟器、铁锨、尺子、手套、平耙、谷草等。

（三）具体实施步骤

（1）种球挑选　将领取到的郁金香种球进行挑选，把有病菌的、霉变的、破损的、较小的种球剔除掉；尽量选均匀、饱满、个大的种球，以确保出苗率。

（2）种球消毒　种球栽种前应进行消毒处理，可用高锰酸钾溶液或福尔马林溶液浸泡 30 min，晾干后种植。

（3）确定株行距　株行距一般为鳞茎横径的 2～3 倍，生产性种植可以控制在 12 cm × 12 cm 或 13 cm × 12 cm。用尺子量定株行距。

（4）开沟挖穴　按照量好的株行距，进行开沟、挖穴。开沟、挖穴的深度为 10～12 cm。

（5）种植种球　按照间隔 12 cm 的距离进行穴播，每穴播种 1 粒种球。播种时土壤应保持湿润，如果土壤墒情不足，需要先往穴中点些水，等水浸下去再播种。

（6）覆土镇压　播种后要及时覆土，覆土时要使球根保持直立，覆土厚度为 5～6 cm；边播种边覆土，用脚沿顺行的方向进行镇压。

（7）加盖覆盖物　为更好地使土地保墒、提高出苗率，最好加盖谷草等覆盖物。

（四）注意事项

（1）安全教育　劳动前进行安全教育，禁止在劳动过程中手拿工具追跑、打闹。

（2）工具使用　了解劳动过程，学会工具的正确使用方法。

（3）质量检查　播种后要及时检查是否漏播、漏盖；播种完平整土地后，避免在地块上踩踏、玩耍。

（五）劳动效果评价

劳动效果评价分为劳动态度评价、劳动过程评价、劳动结果评价。采用百分制，劳动态度评价占 30%，劳动过程评价占 40%，劳动结果评价占 30%。劳动态度评价表、劳动过程评价表和劳动结果评价表分别见表 3-16～表 3-18。

表 3-16　劳动态度评价表

劳动项目：　　评价对象：　　评价人：　　评价日期：

评价项目	分值	学生自评	组内学生互评	教师评价	总评
劳动目的	20				
劳动次数	30				
责任意识	30				
大局意识	10				
心得体会	10				

表 3-17　劳动过程评价表

劳动项目：　　评价对象：　　评价人：　　评价日期：

评价项目	分值	学生自评	组内学生互评	教师评价	总评
服从安排	20				
团队精神	20				

续表 3-17

评价项目	分值	学生自评	组内学生互评	教师评价	总评
劳动情绪	20				
劳动行为	40				

表 3-18 劳动结果评价表

劳动项目：　评价对象：　评价人：　评价日期：

评价项目	分值	学生自评	组内学生互评	教师评价	总评
整地做畦	20				
种球消毒	10				
确定株行距	20				
播深	20				
出苗率	30				

总结反思

技能二 绿篱修剪

任务描述

我们学习了花卉种植的劳动技能，但要想做好校园绿化，植物种植仅仅是个开始，更重要的是校园植物养护。在植物养护中，修剪是一项重要内容。校园的绿篱需要定期进行修剪，才能保持整齐、美观和健康。本次劳动任务就让我们一起学习绿篱修剪的内容、要求和基本技术，手动绿篱剪的使用方法和注意事项等知识，掌握校园绿篱修剪的基本技能。

知识准备

绿篱的应用历史悠久，3 000 年前我国劳动人民就已经开始利用植物来做篱笆，如先秦《诗经·齐风·东方未明》中记载的“折柳樊圃”，当时的绿篱只是用来保护庄稼或者作为院落的围墙，属于“以篱代墙”，很少修剪，因此可称作自然式绿篱。到了 17 世纪，在欧洲规则式的园林中出现了用一些常绿植物精心修剪而成的绿篱。修剪整齐的各种几何造型的树篱一直是西方园林中的重要景观，并逐渐成为西方园林的重要特征。随着时间的推移，各种自然式、半自然式和规则式的绿篱被广泛应用于园林中。目前在我国乃至国外各地的园林中，几乎随处可见各式各样的绿篱。绿篱也是校园景观设计中常见的绿化方式,起到划分校园区域,充当景观背景,装饰、美化校园环境,防尘、隔音等作用。绿篱形状是否平整、规则、美观,不仅对校园景观有着重要的影响,还对学校的形象有着重要的影响。

一、绿篱修剪概述

(一)绿篱的内涵及类型

1. 绿篱的内涵

绿篱就是绿色的篱笆,它是指由常绿灌木或小乔木,按照一定规则,以近距离的株行距,单行或多行进行密植的种植形式。

2. 绿篱的类型

(1)按高度分　高绿篱、中绿篱和矮绿篱。高绿篱的高度为 1.2～1.6 m,多用于绿地的防护、视线屏障、空间分隔或用作其他景物的背景。中绿篱是指高度为 0.5～1.2 m 的绿篱,一般用于种植区的维护,有很好的防护作用。矮绿篱是指高度为 0.5 m 以下的绿篱,多用作花境镶边或花坛、草坪的图案花纹。

(2)按景观效果分　花篱、果篱、落叶篱、常绿绿篱、蔓篱、刺篱和编篱等。

(3)按功能分　隔音篱、防尘篱和装饰篱等。

(二)绿篱修剪的类型

绿篱修剪是一种对绿篱生长进行控制和塑形的技术,主要是通过对绿篱枝冠的修剪,形成规则的形状和清晰的轮廓。它是园林景观建设中常用的一种方法,旨在创造绿篱独特的观赏价值,同时维护绿篱的健康成长。

根据修剪形状,绿篱修剪分为直线绿篱的修剪和特定形状绿篱的修剪。

(1)直线绿篱的修剪　如对矩形、长条形绿篱的修剪。

(2)特定形状绿篱的修剪　如对球形、半球形、波浪形、椭圆形、蘑菇形、扇形绿篱的修剪。

(三)绿篱修剪的时机与方法

1. 绿篱修剪的时机

对于大多数阔叶树种绿篱,在春、夏、秋季都可根据需要随时进行修剪,但要保证绿篱在冬季到来之前完成伤口愈合。一般可在绿篱新长出的枝叶达到 4～6 cm 时进行修剪。

2. 绿篱修剪的方法

第 1 种方法是轻微修剪,要求顺着枝条的生长方向进行修剪。第 2 种方法为重型修剪,要求在修剪主枝之前先修剪辅枝,辅枝修剪完毕之后再修剪主枝;先修剪较远的枝条,再修剪较近的枝条,保持枝条的整洁和均匀。

二、绿篱修剪的内容与要求

(一)工具选择

1. 内容

机动绿篱修剪机以汽油或柴油为动力,带动刀片切割或转动,优点是工作效率较高,安全可靠;缺点是造价较高,对操作技术有较高的要求。作为普适性劳动教育项目的绿篱修剪,一般选用手动绿篱剪,也叫大平剪,适用于低处修剪小嫩枝叶;对于生长粗壮、位置较高的枝条,则需要使用手锯、高枝剪等工具。

2. 要求

绿篱修剪工具的各部件要安装牢固、咬合严密。

(二)控制高宽

1. 内容

控制高宽主要指对直线绿篱的修剪。校园景观设计之初,对各处绿篱的高度和宽度都有不同的考量。随着绿篱的生长,高度和宽度就会超过原有设计值,对校园整体景观产生影响。因此,每隔一段时间都要对绿篱进行一定的修剪,以维持原有形状。

2. 要求

①劳动时确定的修剪高度要略低于原始高度,宽度要略窄于原始宽度,这样可以促进新的枝条生长,使绿篱更加繁密;注意绿篱高度与周围景观的设计相匹配,以实现协调、美观的效果。

②根据确定的高度和宽度,将拉直的绳线作为参照,修剪时刀口紧贴绿篱表面,以保证剪出的绿篱顶部和侧面平整,高度和宽度一致。

③避免漏剪或少剪,同时注意旺长部分的修剪以及弱长凹陷部分的适当修剪,使绿篱高度、宽度一致。

(三)美化整形

1. 内容

美化整形主要针对特定形状绿篱的修剪。绿篱生长过程中,各部分生长的速度不一,特别是受植物顶端优势的影响,绿篱顶部的生长速度相对较快,容易导致绿篱原有形状的改变,不仅绿篱本身的美观遭到破坏,校园景观的协调性还会受到严重影响。为使绿篱经常保持原有设计的形状和美感,按照原有设计对其形状进行修剪,顶部多剪、底部少剪,新生枝叶保留的长度要一致,以保持规则形态。

2. 要求

注意按照“少量多次、边剪边看”的原则,即每次剪掉的枝叶少一些,通过多次修剪,慢慢修剪成绿篱应有的形状。切忌急躁,以免因剪除部分过多而无法恢复绿篱应有的形状。

(四)维护健康

1. 内容

绿篱修剪不仅是为了保持绿篱形状美观,还有一个重要的目的是维护绿篱的健康生长。对于枯枝败叶和被病虫侵害的枝叶要及时剪除,以减少病虫害的发生。

2. 要求

枯枝败叶和被病虫侵害的枝叶要剪除干净,并及时清理,以保持绿篱底部干净、美观,防止病虫继续侵害绿篱。

三、绿篱修剪的劳动教育价值

(1)培树脚踏实地的工作作风　在学习过程中,只有不骄躁、不浮夸、脚踏实地地练习,才能真正掌握绿篱修剪技能。绿篱修剪这个劳动项目生动体现了这一规律:学生将培训学到的修剪知识背得再熟也没有多少实际意义,必须脚踏实地、耐心细致地修剪,才能高质量地完成任务;如果少一剪,绿篱形状就可能达不到要求,也可能完不成任务。

(2)培育吃苦耐劳的精神品质　绿篱修剪这一劳动项目的突出特点是需要付出的体力较

多。随着劳动的进行，学生逐渐适应绿篱修剪的劳动强度，不仅取得强身健体的效果，还能培育吃苦耐劳的品质。

(3) 培养认真细致的工作态度　绿篱修剪看似简单，但是实际操作起来，就会发现很多问题，比如修剪的绿篱顶部和侧面不平整；在修剪过程中，不是这边高出一点，就是那边宽出一点。修剪特殊形状的绿篱时，必须认真细致，高度、宽度定得准，眼睛看得准，剪刀下得准，才能达到想要的效果。

任务实施

(一) 制订实施方案

绿篱修剪：根据任务需要进行人员分组，6 人 / 组；制订实施方案，具体方案见图 3-7。

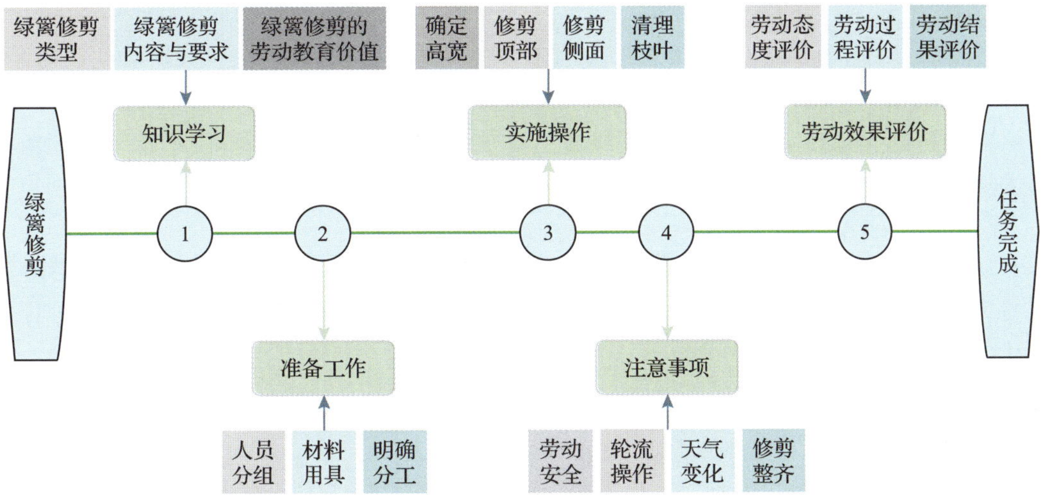

图 3-7　绿篱修剪实施方案

(二) 准备材料用具

5 m 以上加长绳线、盒尺、绿篱剪、劳保手套、铁锨、扫帚、推车等。

(三) 具体实施步骤

(1) 确定高宽　根据校园景观设计要求确定绿篱的高度和宽度；在绿篱两侧拉绳线作为参考，注意绳线不要紧贴绿篱，以免修剪时将绳线剪断。

(2) 修剪顶部　修剪顶部时双手紧握绿篱剪，用力要均衡，绿篱剪平行于地面。修剪时把绿篱划分为小段，避免漏剪或少剪。持剪的学生将绿篱剪刀口紧贴绿篱面，逐段修剪；对于弱长凹陷部分也要进行适当修剪，以促进绿篱长势的恢复。

(3) 修剪侧面　绿篱的宽度通过修剪绿篱的侧面确定。修剪绿篱侧面时，双手不在同一个平面，因此不易修剪整齐。要在学生能适应绿篱剪的质量并较好地掌握刀口角度时，开始修剪绿篱侧面，一般由上向下修剪。

(4) 清理枝叶　将剪下的枝叶及时清扫到一起，装车并拉至指定地点。及时清理剪下的枝叶的原因如下：①为了保持绿篱周围的整洁和美观；②其中可能有被病虫害侵袭的枝叶，如不及时拉走，还会对正在生长的健康枝叶造成危害；③如果绿篱下有草坪，如不及时拉走剪下的枝叶，会影响草坪的采光、通风，导致草坪过热、枯死。

(四)注意事项

1. 劳动安全

(1)注意工具检查　检查绿篱剪、铁锹、推车等工具各部件的安装是否牢固，绿篱剪咬合是否严密等，及时消除各种工具的安全隐患。

(2)做好劳动保护工作　因绿篱剪有一定的质量，修剪时间长了，手部容易摩擦起泡，因此要佩戴劳保手套。

(3)强调劳动纪律　严格按照使用方法正确使用绿篱剪、铁锹；禁止手持工具打闹、嬉戏，以防扎伤；注意行人，防止误伤。

2. 轮流操作

确保每个学生都能完整地参与劳动的每一个环节，掌握劳动技能。

3. 天气变化

修剪时应避开中午、雨天、强风和雾天等不良天气条件，以防损伤绿篱或影响修剪质量。

4. 修剪整齐

保证绿篱的边缘整齐，这样可以让绿篱更具美感，并为绿篱中的花卉、小草等植物留下足够的生长空间。

(五)劳动效果评价

劳动效果评价分为劳动态度评价、劳动过程评价、劳动结果评价。采用百分制，劳动态度评价占 30%，劳动过程评价占 40%，劳动结果评价占 30%。劳动态度评价表、劳动过程评价表和劳动结果评价表分别见表 3-19～表 3-21。

表 3-19　劳动态度评价表

劳动项目：　　　　评价对象：　　　　评价人：　　　　评价日期：

评价项目	分值	学生自评	组内学生互评	教师评价	总评
劳动目的	20				
劳动次数	30				
责任意识	30				
大局意识	10				
心得体会	10				

表 3-20　劳动过程评价表

劳动项目：　　　　评价对象：　　　　评价人：　　　　评价日期：

评价项目	分值	学生自评	组内学生互评	教师评价	总评
服从安排	20				
团队精神	20				
劳动情绪	20				
劳动行为	40				

表 3-21　劳动结果评价表

劳动项目：　　评价对象：　　评价人：　　评价日期：

评价项目	分值	学生自评	组内学生互评	教师评价	总评
高宽一致	20				
修剪平整	30				
清理枝叶	10				
修剪彻底	20				
工具使用	20				

总结反思

项目四　生产劳动实践

知识目标

1. 了解生产劳动与生产劳动教育的内涵；
2. 掌握生产劳动教育的内容；
3. 理解生产劳动教育的价值；
4. 掌握生产劳动实践活动的基本知识。

能力目标

1. 能识别生产劳动教育的特点；
2. 能阐述生产劳动教育的内容和价值；
3. 具备参加生产劳动实践的能力；
4. 具有与其他学生协作劳动的团队合作能力。

思政目标

1. 培育正确的劳动价值观；
2. 培养热爱劳动、崇尚劳动的品质；
3. 培育吃苦耐劳的精神。

任务一　生产劳动教育认知

任务描述

依据劳动的自然形态把劳动分为生产劳动与非生产劳动。什么是生产劳动和生产劳动教育呢？本任务我们就来学习和掌握生产劳动的内涵，生产劳动教育的内涵、内容和价值，厘清生产劳动教育的特点。

知识准备

生产劳动教育是指通过生产劳动（社会生产劳动、服务性生产劳动等），有目的、有计划地进行育人的教育方式。随着人们对生产劳动教育重视程度的提高，掌握生产劳动技能也悄然成为一种时尚。生产劳动教育实践可分为农业、工业和服务业3大类。

一、生产劳动教育概述

(一)生产劳动的内涵

生产劳动包含2层含义:①指以创造财富和价值为目的的活动,如工业、农业、交通运输业、建筑业等的劳动;②和非生产劳动相对应,只创造使用价值的劳动。如教师、医生、演员等的劳动,不创造物质财富,属于非生产劳动。生产劳动是创造物质财富的劳动,属于唯物史观的基本范畴,是劳动价值论的分析基础。

(二)生产劳动教育的内涵与特点

1. 生产劳动教育的内涵

生产劳动教育是指通过生产劳动(社会生产劳动、服务性生产劳动等),有目的、有计划地进行育人的教育方式。

2. 生产劳动教育的特点

(1)实践性　劳动教育属于一种实践教育活动,生产劳动教育更突出了它的实践性。学生亲身参加劳动实践,进行实际操作,是生产劳动教育的主要形式和基本方法。目前,大学生实践能力差和缺乏必需的专业技能成为毕业生就业压力大的主要原因。要加强大学生自身素质培养、转变其就业观念,就要加强大学生的社会实践锻炼。职业教育更侧重于实践技能和实际工作能力的培养。

(2)技能性　劳动的技术知识需要劳动实践加以检验,并反作用于学校教育。参加生产劳动可以使学生进一步掌握从事服务性劳动的基础知识和基本技能,学会使用简单的工具,具有生活自理能力和一定的动手能力;学会一些现代工农业生产的基础知识,掌握某些生活和生产用具的使用、保养、维修的基本技能;了解科学管理知识,逐步形成正确的职业观并掌握一定的职业技能。

(3)创造性　新时代的生产劳动教育在价值取向上由“中国制造”向“中国创造”转型。高职院校的生产劳动兼具时代特点和区域优势。在劳动过程中,学生可以开拓课堂知识的应用,创新发展基础技能,充分发挥潜能,提高创造性劳动能力。

二、生产劳动教育的内容

1. 农业生产劳动教育

农业生产劳动教育的内容包括农业生产的各个环节,如深耕整地、播种、中耕除草、追肥浇水、病虫害防治、化学防控、适期收获等。

2. 工业生产劳动教育

工业生产劳动教育的内容一般包括工厂里各种产品的加工与制作,涵盖重工业和轻工业。一般学校学生参加的工业生产劳动内容多是轻工业生产劳动,不但专业性要求高,而且生产安全性要求较高,如食品加工、木材加工等。

3. 服务业生产劳动教育

服务业生产劳动教育的内容包括餐饮服务、接待服务、美容美发服务、私人定制服务等。

三、生产劳动教育的价值

高职院校进行生产劳动教育之所以必要,是因为教育与生产劳动相结合是马克思列宁主义教育思想的一个重要原理，也是高职院校进行全面素质教育、培育高素质专业技术人才的重要途径。

(1)继承劳动光荣的优良传统　崇尚劳动、劳动光荣一直是中华民族的传统美德。从“教育要与生产劳动相结合”到“德智体美劳全面发展”，劳动教育不仅是全面发展教育的重要组成部分，还是培养社会主义建设者和接班人的具体路径。继承和发扬这些优良的传统，不仅对个人的进步和人生的完美有重要的作用，还为国家和民族的兴旺发达提供根本保障。

(2)培育幸福自强的劳动观　恢复劳动教育，首先是要让学生懂得幸福的生活建立于辛勤劳动之上。当教育回归到生产劳动实践，如烹饪、缝纫、家用电器维修、农作物种植与培管、小制作、小发明等，学生的成长也就与生活紧密地联系起来。他们的创造力被激活，生命力被唤醒，这有利于培育学生幸福自强的劳动观。在这种良性的激发下，学校教育朝着“教育即生活”“社会即学校”“教、学、做合一”的美好方向发展。

(3)培养团结互助的团队精神　通过集体互助劳动，增强学生的团队观念和互助意识。人以及人的活动都离不开社会，具有社会性，生产劳动更是如此。生产劳动具有集体性、团体性特点，需要学生沟通、协作、团结，才能完成任务。生产劳动教育可以帮助学生积极投入生活，走出封闭的空间，培养集体观念和意志。

(4)提高创造性生产能力　生产劳动教育主要体现的是劳动的实际操作性，目的是锻炼学生的生产劳动能力。在生产劳动过程中，学生遇到实际问题，寻求解决途径；或者学生为提高生产劳动效率，改善劳动环境而探索新的方法，提高了创造性生产能力。

案例分析

石家庄现代农业学校思政课教师与班主任根据专业特点，结合“蔬菜生产”专业课，设计劳动教育案例；通过农业生产劳动教育，促进学生全面发展；在春季学期利用课余时间组织学生参加蔬菜生产劳动，在劳动中捕捉细微的事物，渗透德育思想，让学生在劳动中强身心、健体魄、长智慧。

1. 以芽苗菜播种为媒介，帮助学生树立远大理想

早春时节在实验室播种芽苗菜，是给学生心理营养的最好时机。一粒种子的力量，足以让学生惊讶。教师要指出播种是对未来的一种憧憬，一种展望；引导学生关注自我成长，生活中处处都有播种的痕迹；鼓励学生说出自己的理想，适时激励学生为实现理想去完善自我。

2. 以芽苗菜的日常管理为契机，培养学生的责任心

芽苗菜播种后需要每天喷水呵护、捡出盘内坏的豆子和细心观察；需要及时发现问题，及时处理问题；需要学生有耐心和责任心。遵循期末成绩多劳多得、不劳不得的积分原则，实施劳动加分考核办法，调动学生积极性，鼓励学生自主劳动、自主成长。

3. 学生劳动成果展示，增强学生的自信心和价值感

芽苗菜播种后15～20 d就可以收获。学生短时间就可看到自己的劳动成果，并获得自我满足感和价值感。劳动成果展示是激发学生劳动兴趣，增强学生自信心的好办法，同时培养了学生的职业兴趣和生活本领。

4. 通过蔬菜嫁接技能的打磨，培养学生吃苦耐劳的精神

蔬菜嫁接就是给植物做手术，操作过程必须聚精会神。嫁接的每一个细节、每一秒钟都至关重要，它要求手指灵活，掌握净、稳、准、快 4 个要点。为使嫁接苗成活，同时为蔬菜嫁接技能比赛作准备，学生需要一棵棵、一次次地反复练习，这种反复练习是毅力、专注力的磨炼，是对卓越的追求，更是一种工匠精神的体现。

解析：

1. 生产劳动教育的价值是什么？
2. 石家庄现代农业学校实施的生产劳动教育对你有哪些启发？
3. 农业生产劳动教育有哪些特点？

任务实施

（一）制订实施方案

生产劳动教育认知：根据任务需要进行人员分组，6～8 人 / 组；制订实施方案，具体方案见图 4-1。

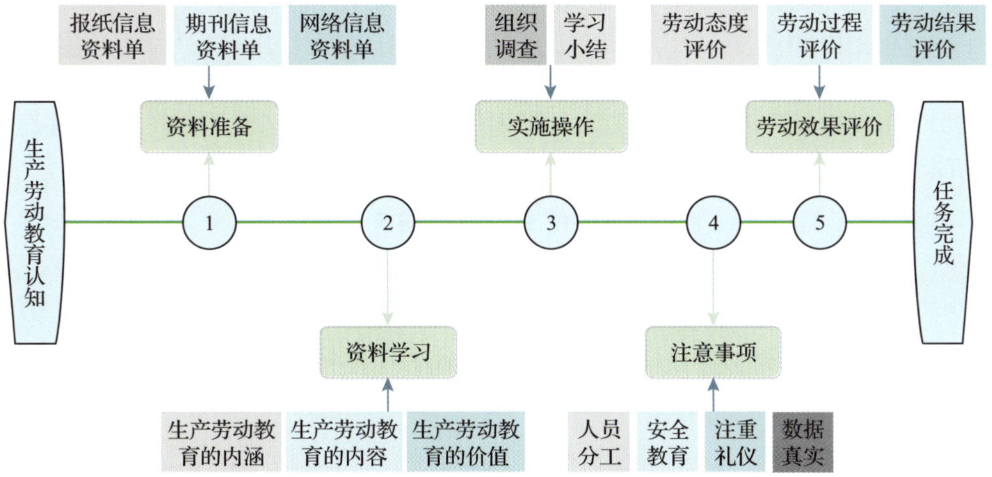

图 4-1　生产劳动教育认知实施方案

（二）准备材料用具

报纸、期刊、计算机等。

（三）具体实施步骤

1. 资料学习

在教师指导下，学习生产劳动教育的内涵、内容、价值。

2. 组织调查

（1）调查准备　通过期刊、报纸、网络查询等途径，了解我国、本省和当地学校生产劳动教育的基本情况。

(2)制订方案　以小组为单位制订调查方案,包括调查时间、地点、对象和内容等,并进行调查表格的设计。

(3)开展调查　在查阅资料的基础上,按照制订的调查方案,通过走访当地教育管理部门、教职员工、学生等,了解当地学校生产劳动教育的开展情况。

(4)调查总结　根据调查情况每人撰写1份不少于600字的调查总结,并在教师的组织下与同学们交流学习。

3. 学习小结

(1)学习收获　每人写1份学习收获。

(2)小组讨论　用集体的智慧完成1份较好的学习收获。

(3)典型发言　每组选1个代表进行典型发言,在全班讲解小组的学习方法、学习收获;组员补充收获的内容。

(4)小组评价　教师组织全班同学讨论、评价各小组的学习情况,实现全班同学共享学习资源和收获体会,巩固所学的知识内容。

(四)注意事项

(1)人员分工　实施前进行人员分工。

(2)安全教育　开展交通安全、人身安全、财物安全和网络安全等教育。

(3)注重礼仪　注重与人沟通交流的礼貌、礼节。

(4)数据真实　确保调查内容基础数据的真实有效性。

(五)劳动效果评价

劳动效果评价分为劳动态度评价、劳动过程评价和劳动结果评价。采用百分制,劳动态度评价占30%,劳动过程评价占40%,劳动结果评价占30%。劳动态度评价表、劳动过程评价表和劳动结果评价表分别见表4-1～表4-3。

表4-1　劳动态度评价表

劳动项目:　　　　评价对象:　　　　评价人:　　　　评价日期:

评价项目	分值	学生自评	组内学生互评	教师评价	总评
活动动机	20				
调查次数	30				
责任意识	30				
大局意识	10				
心得体会	10				

表4-2　劳动过程评价表

劳动项目:　　　　评价对象:　　　　评价人:　　　　评价日期:

评价项目	分值	学生自评	组内学生互评	教师评价	总评
服从安排	20				
团队意识	20				
沟通能力	20				
行为表现	40				

表 4-3　劳动结果评价表

劳动项目：　　评价对象：　　评价人：　　评价日期：

评价项目	分值	学生自评	组内学生互评	教师评价	总评
信息查询	20				
深度访谈	20				
案例分析	30				
调查总结	30				

总结反思

任务二　农业生产劳动教育实践

农业生产指种植农作物的生产活动，其特点是具有明显的地域性、季节性和周期性。农业生产劳动要做到因地制宜、因时制宜、不违农时。农业生产劳动包括粮、棉、油、麻、丝、茶、糖、菜、烟、果等农作物的生产，种类很多。本任务分为 2 个子任务：蔬菜种植和田间管理。

技能一　蔬菜种植

任务描述

蔬菜是人们生活的必需品，市场需求量很大。随着人们生活质量的提高，许多人都有蔬菜种植需求，这就需要我们掌握必要的蔬菜种植技术。本任务给大家介绍蔬菜、蔬菜分类及蔬菜的种植技术。

知识准备

随着时代的进步和发展，自己种植蔬菜已经成为一种健康的生活方式。蔬菜种植，不仅可以锻炼身体，培养动手能力，还可以有效控制农药的使用，生产出绿色无害的蔬菜。蔬菜种植的过程和收获后的成就感能让人们获得精神上的满足。

一、蔬菜种植概述

(一)蔬菜的内涵与类型

1. 蔬菜的内涵

蔬菜是指可以做菜或被烹饪成食品的一类植物或菌类。蔬菜可提供人体所必需的多种维生素和矿物质,是人们日常饮食中必不可少的食物之一。据统计,人体必需的维生素 C 的 90%、维生素 A 的 60% 来自蔬菜。此外,蔬菜中含有多种多样的、对健康有益的植物化学物质。

2. 蔬菜的类型

蔬菜常见的分类方法有按植物学分类、按食用器官分类和按农业生物学分类。

(1)按植物学分类　我国普遍栽培的蔬菜大约有 20 多个科,但常见的蔬菜主要集中在 8 大科。

①十字花科:包括萝卜、白菜、芥菜等。

②伞形科:包括芹菜、胡萝卜、芫荽等。

③茄科:包括番茄、茄子、辣椒等。

④葫芦科:包括黄瓜、丝瓜、南瓜、冬瓜等。

⑤豆科:包括菜豆、豇豆、豌豆、蚕豆等。

⑥百合科:包括韭菜、大葱、洋葱、大蒜等。

⑦菊科:包括散叶莴苣、莴笋、茼蒿等。

⑧藜科:包括菠菜、甜菜等。

(2)按食用器官分类　分为根菜类、叶菜类、花菜类和果菜类。

①根菜类:以肥大的根部为产品的蔬菜,包括萝卜、胡萝卜、牛蒡、根芥菜等。

②叶菜类:以鲜嫩叶片及叶柄为产品的蔬菜,包括菠菜、茼蒿、莴苣、大白菜、芹菜、甘蓝、茴香、韭菜等。

③花菜类:以花器或肥嫩的花枝为产品的蔬菜,如金针菜、花椰菜、芥蓝等。

④果菜类:以果实及种子为产品的蔬菜,如黄瓜、冬瓜、番茄、辣椒、茄子、蚕豆等。

(3)按农业生物学分类　可分为绿叶菜类、瓜类、白菜类、茄果类、葱蒜类、薯芋类、豆类、直根类、水生菜类、多年生菜类、食用菌类及其他类。

(二)蔬菜种植的内涵与方式

1. 蔬菜种植的内涵

种植即植物栽培,包括各种农作物、林木、果树、花草、药用植物和观赏植物等的栽培。农作物有粮食作物、经济作物、蔬菜作物、绿肥作物、饲料作物、牧草等。蔬菜种植是对蔬菜作物的栽培。

2. 蔬菜种植的方式

蔬菜种植方式分为平地种植、做畦种植和起垄种植 3 种。

(1)平地种植　适合生长期短和密植的蔬菜,如香菜、茼蒿、小葱等,撒播和条播均可。

(2)做畦种植　做成 1 m 宽或其他尺寸的田畦,目的是管理方便,有利于排水。田畦适合种植叶类、豆类、瓜类等大部分蔬菜。

(3)起垄种植 主要针对一些耐旱怕涝的蔬菜和根系容易腐烂的蔬菜,如番茄、辣椒、豆角等。起垄的好处:①防涝;②有利于根系发育;③增加根部透气性,有利于提高产量。

二、蔬菜种植的内容

(1)选用良种 选用抗病、抗旱、抗逆性强,适合当地栽培的优良品种。

(2)土壤消毒 可选用 50% 多菌灵或 50% 辛硫磷等药剂,对土壤进行消毒。

(3)整地播种 深耕整地,施足基肥,浇足底墒水,耙细整平。选择晴天播种,播种方法采用撒播、点播。

(4)苗期管理 从播种到出苗,注意保温、保湿,促进出苗。喜温蔬菜如黄瓜、番茄等的苗床适宜温度为 25～30 ℃;喜凉蔬菜如结球甘蓝的苗床温度以 20～25 ℃ 为宜。

(5)保花保果 为防止番茄、黄瓜、香瓜、茄子落花落果,要合理使用防落素喷花,上午 7—9 点进行为宜。

(6)整枝绑蔓疏果 番茄、香瓜、黄瓜等要及时进行整枝与绑蔓,摘除老叶与病叶,摘除畸形果并进行疏果,通过提高着果率和果实商品性来提高产量。

(7)合理施肥 根据蔬菜长势,进行根外追肥,喷施磷酸二氢钾或其他叶面肥。

(8)病虫害防治 防治细菌性角斑病,喷施农用链霉素 4 000 倍液或 50%DT 500 倍液;防治瓜类霜霉病,喷施 64% 杀毒矾 400 倍液;防治灰霉病,喷施 65% 抗霉威 1 500 倍液;防治白粉虱,喷施 2.5% 联苯菊酯乳油 3 000 倍液。

(9)适时采收 当蔬菜达到采收标准时,适时采收、提早上市,以提高经济效益。

三、蔬菜种植的劳动教育价值

(1)培养吃苦耐劳精神 孟子曰:“故天将降大任于是人也,必先苦其心志,劳其筋骨,饿其体肤,空乏其身,行拂乱其所为,所以动心忍性,曾益其所不能。”蔬菜种植环境多在室外,风吹日晒,学生要正视困难,经受大自然的考验。蔬菜种植是具有挑战性的实践活动,能给学生带来多种多样的体验,使学生在集体的影响下磨砺意志、学会坚强。

(2)培育持之以恒品质 蔬菜种植的各个环节环环相扣,完成一个环节才能进入下一个环节,任何环节都不能逾越,否则就会前功尽弃。蔬菜种植需要一定的时间,而等待过程可以培养学生的耐性,培育持之以恒的品质。

(3)形成感恩自然情怀 没有阳光、空气等,动植物就不能生长,人类也无法生存。春种秋收是农业给人类的最好馈赠。在蔬菜种植过程中,学生感受田园的美好,体会人与动植物和环境的关系,思考如何实现社会、经济和环境共赢,进而形成对大自然的深厚感情。

(4)加深对农业生产劳动认识 通过体验农业生产劳动,如整地做畦、施肥浇水、收割装运等,学生对农业生产劳动过程有了进一步的认知,能感悟食物的来之不易。

任务实施

(一)制订实施方案

芹菜育苗:根据任务需要进行人员分组,6～8 人 / 组;制订实施方案,具体方案见图 4-2。

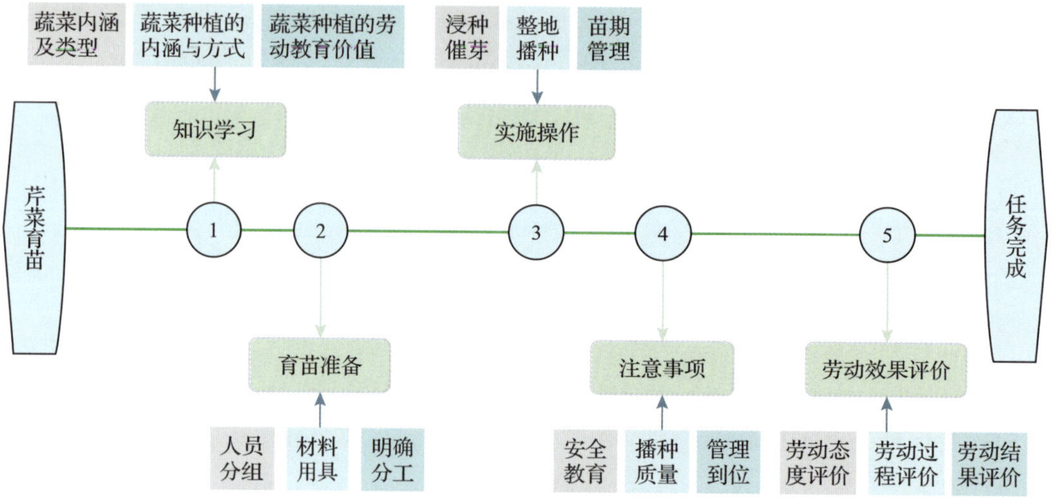

图 4-2　芹菜育苗实施方案

(二)准备材料用具

芹菜种子(20 g/ 组)、湿毛巾、保鲜袋、铁锹、平耙等。

(三)具体实施步骤

1. 浸种催芽

(1)浸种　芹菜种子细小,种皮较厚,需通过催芽提高发芽率。催芽前每个小组先将 20 g 种子放于 50～55 ℃温水中浸种,并不断搅拌;20 min 后取出,放于冷水中继续浸种;16～24 h 后,去除浮在水面上的空壳、瘪粒,用清水冲洗,把种子取出,沥净水分,进行催芽。

(2)催芽　芹菜种子需要在 4～20 ℃进行催芽,每日清洗翻动种子 1～2 次。具体做法:将种子用湿毛巾包好或者装入保鲜袋内,置于冰箱冷藏室中,每天用清水冲洗 1～2 次,以保证种子湿润;7～12 d 后种子开始发芽,待有 70% 以上的种子萌发后即可播种。

2. 整地播种

(1)土壤准备　选择地势高燥、土层深厚、肥沃、疏松、保水保肥力强、排灌方便的沙壤土。播种前要深翻土壤,施足底肥,整平整细。每个小组按宽 1 m、长 2 m 的尺寸做畦。

(2)播种　包括播种期、播种量、播种方式 3 方面。

①播种期:秋芹菜播种期为 6—7 月上中旬(苗龄 50～60 d);冬芹菜播种期为 8—10 月(苗龄 50～60 d)。

②播种量:约为 10 g/m^2。

③播种方式:采用撒播方式。播种时,先将苗床土整平,浇透底墒水;待水下渗后撒播种子,再用细土覆盖种子,覆土厚 0.2～0.5 cm。

3. 苗期管理

(1)肥水管理　在育苗期间要特别注意水分的掌握,一般以小水勤浇为原则,保持土壤湿润,防止徒长、干旱、干枯死苗;育苗期间要勤除草;幼苗前期一般不追肥,发现芹菜秧苗生长弱或齐苗后可追施叶面肥料,如 0.3% 磷酸二氢钾和 0.2% 尿素混合肥,以促进秧苗生长。

(2)病虫害防治　播种后(未出苗前)可使用化学除草剂,一般每亩使用 50% 扑草净可湿性粉剂 100～150 g,兑水 60～70 kg,均匀喷洒畦面,除草效果较好。齐苗后,为防止猝倒病的发生，可每隔 7 d 喷施 70% 甲基托布津可湿性粉剂 800～1 000 倍的溶液；连续喷 3 次，可有效地防止死苗、烧苗现象。

（四）注意事项

（1）安全教育　劳动前开展安全教育，科学使用劳动工具；劳动过程中注意农药使用安全。

（2）播种质量　播种后要及时检查是否漏播、漏盖。播种平整土地后，避免踩踏、游戏。

（3）管理到位　根据苗情，注意苗期肥水以及病虫害管理要科学到位。

（五）劳动效果评价

劳动效果评价分为劳动态度评价、劳动过程评价、劳动结果评价。采用百分制，劳动态度评价占 30%，劳动过程评价占 40%，劳动结果评价占 30%。劳动态度评价表、劳动过程评价表和劳动结果评价表分别见表 4-4～表 4-6。

表 4-4　劳动态度评价表

劳动项目：　评价对象：　评价人：　评价日期：

评价项目	分值	学生自评	组内学生互评	教师评价	总评
劳动目的	20				
劳动次数	30				
责任意识	30				
大局意识	10				
心得体会	10				

表 4-5　劳动过程评价表

劳动项目：　评价对象：　评价人：　评价日期：

评价项目	分值	学生自评	组内学生互评	教师评价	总评
服从安排	20				
团队精神	20				
劳动情绪	20				
劳动行为	40				

表 4-6　劳动结果评价表

劳动项目：　评价对象：　评价人：　评价日期：

评价项目	分值	学生自评	组内学生互评	教师评价	总评
浸种催芽	20				
整地	10				
播种	20				
苗期管理	20				
病虫害防治	30				

总结反思

技能二　田间管理

任务描述

田间管理是农业生产中非常重要的环节，俗话说：“三分种，七分管。”田间管理涉及从播种到收获的整个过程中对作物进行的各种管理措施。田间管理的内容非常丰富，包括深耕整地、灌溉和排水、病虫害防治、收获等多个方面。本任务将学习田间管理的内涵、内容及劳动教育价值。

知识准备

田间管理是农业生产中非常重要的环节。田间管理的质量直接影响农作物的产量和品质。田间管理时效性强，不同作物对田间管理有不同的要求。

一、田间管理的内涵

田间管理是指大田生产中，作物从播种到收获的整个栽培过程所进行的各种管理。田间管理是为作物的生长发育创造良好条件的劳动过程。田间管理必须根据各地自然条件和作物生长发育规律的不同，采取有针对性的管理措施，才能起到事半功倍的效果。

二、田间管理的内容

（一）深耕和整地

1. 深耕

深耕是指在播种之前，把田地深层的土壤翻上来，浅层的土壤覆下去，起到调节土壤养分的作用。一般深耕深度在25～30 cm。深耕是土壤耕作中最基本、最重要的措施，对土壤环境的影响很大。深耕可以疏松土壤，加厚耕层，改善土壤营养条件和水分、空气、热量状况，提高土壤的有效肥力，建立良好的土壤构造，提高作物产量。因此，深耕是田间管理非常重要的内容。

2. 整地

整地是指作物播种或移栽前进行的一系列土壤耕作措施的总称。整地的主要作业包括浅耕灭茬、翻耕、深松耕、耙地、耢地、镇压、平地、耖田、起垄、做畦等。整地的目的是创造良好的土壤耕层构造和表面状态，协调水分、养分、空气、热量等因素，提高土壤肥力，为作物播种、生长和田间管理提供良好条件。

(二)中耕和除草

1. 中耕

中耕是对土壤进行浅层翻倒,以疏松表层土壤。中耕一般结合除草,在降雨或灌溉后以及土壤板结时进行,可以使用手锄、中耕犁、齿耙或其他中耕器具。

2. 除草

杂草是影响作物生长的因素之一。杂草会与作物争夺水分、养分,还会传播病虫害。因此,除草也是田间管理的重要环节。除草可以人工进行,也可以使用除草剂。使用除草剂时,需要选择好除草剂的种类,并掌握好施用时间和剂量,以避免对作物造成伤害。

人工中耕除草目标明确、操作方便、除草效果好,不但可以除掉行间杂草,而且可以除掉株间的杂草;但方法比较落后,工作效率低。机械中耕除草工作效率高,但灵活性不高,一般在机械化程度比较高的农场采用。

(三)合理追肥

1. 追肥的内涵

追肥是指在作物生长过程中施用肥料。追肥的作用主要是满足作物某个时期对养分的大量需要,或者补充基肥的不足。追肥的特点是比较灵活,要根据作物生长的不同时期所表现出来的元素缺乏症,对症追肥。氮钾肥料是最常见的化肥品种,它可以提高作物产量,增强抗逆性。

2. 肥料的种类

肥料种类比较多,根据作物不同的生长时期来分,有育苗肥、分蘖肥、拔节肥、孕穗肥、粒肥等。

3. 追肥的方法

(1)撒施　将肥料均匀撒布于土壤中。撒施可以深施,也可以表施(浅施)。深施需在撒肥后用犁翻入土壤下层,表施只用平耙耙过即可。撒施适用于密植的作物和施肥量较大的情况。它的优点是简便,土壤各部位都有养分被作物吸收;缺点是肥料利用率不高,用量大。

(2)条施和穴施　将肥料施在播种沟和播种穴里,或施在移栽行和穴里。当肥料用量少、作物间距大时适合条施和穴施,优点是养分容易被作物吸收利用,肥料利用率较高;肥料与土壤接触面小,营养元素被固定的程度低,有效时间比撒施长。

(3)喷施　即根外施肥,用喷撒机械(喷雾器)将肥液喷施在农作物的茎叶上,作物通过茎叶吸收肥料的养分。

(四)灌溉和排水

灌溉和排水是保持土壤适宜水分的必要措施。当土壤干旱时,需要进行灌溉以补充水分;在雨季发生洪涝时,则需要及时排水,以避免土壤过度积水导致作物受淹而减产。有效的灌溉和排水管理可以减少水资源的浪费,并保持良好的土壤结构。

为了节约用水,减少使用大水漫灌,提倡喷灌与滴灌。滴灌是一种比较先进的灌溉方法,是一项节肥省水的灌溉技术。它可以根据作物的不同生长期和不同季节做到科学供水,既可减少水肥流失,又可优化土壤环境。

(五)病虫害防治

病虫害是影响作物生长的重要因素之一,病虫害防治也是田间管理的重要环节。病虫害防治时,需要采取综合防治措施,包括选择抗病品种、提高作物抗病性、化学防治和生物防治相结合等，以确保作物的健康生长。

(六)整枝打杈

整枝打杈是在作物的生长过程中，通过修剪和整理枝条，使其形成良好的枝丫结构，以便促进作物生长和果实发育。整枝打杈主要用于茄果类、瓜类和豆类蔬菜。整枝打杈的主要内容包括去除徒长枝蔓、适当间疏幼嫩枝蔓、回缩或疏删老弱枝蔓等。不同作物有不同的整枝打杈的方法。

(七)适时收获

适时收获不但可以增加产量，还能将作物口感提升至最佳。可以说，适时收获是对作物整个生长周期的最好回报，也是对辛苦一年的农民的最好回报。

三、田间管理的劳动教育价值

(1)增强农耕认知　田间管理的内容是我国古代先民对自然规律总结和认知的产物，它包含了丰富的农业知识和生态观念，对培养学生对自然的认知和热爱有着重要的意义。通过参加田间管理，学生可以了解植物的生长规律、土壤的作用，培养对自然的敬畏和热爱之情。

(2)培养责任感与传承意识　田间管理注重农业劳动的责任感和使命感，传承“天、地、人和谐”的生态观念。通过田间管理，学生可以培养责任意识和团队合作精神，理解劳动的意义和价值，树立正确的劳动观。

(3)弘扬吃苦耐劳精神　通过田间管理，学生可以进一步理解生态平衡、季节循环等理念，弘扬中华民族勤劳朴实的劳动精神，激发对劳动的热爱，培养劳动意识和劳动习惯，提高劳动素养和劳动技能。

任务实施

(一)制订实施方案

田间追肥：根据任务需要进行人员分组，6～8 人 / 组；制订实施方案，具体方案见图 4-3。

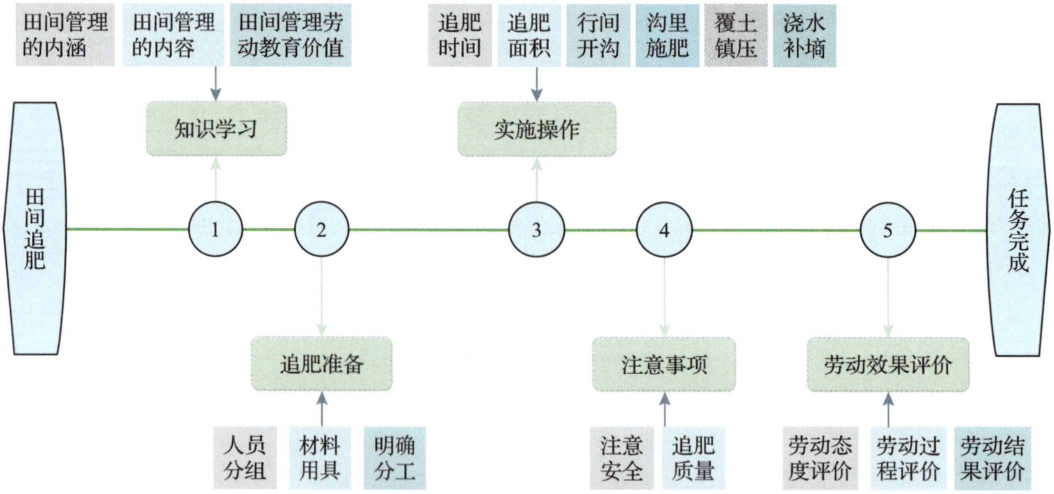

图 4-3　田间追肥实施方案

（二）准备材料用具

盒尺、复合肥、开沟器、盆、铁锹等。

（三）实施步骤

（1）追肥时间　农作物追肥时间为开花孕穗期前 10 d 左右。

（2）追肥面积　畦宽 4.5 m，长 15 m，面积为 67.5 m^2，施用复合肥 2.5 kg。

（3）行间开沟　用开沟器在作物行间、作物根系的附近开沟，沟深 10～12 cm，沟的宽度、深度要一致。

（4）沟里施肥　将复合肥放入盆中，戴手套将肥料均匀撒入沟中，防止撒在沟外。

（5）覆土镇压　施肥结束后，用铁锹将施肥沟填平，并用铁锹镇压或双脚踩压覆土。

（6）浇水补墒　如果土壤墒情不足，需要浇水补墒，提高肥效。一般采用漫灌方式，畦内积水 5 cm 的水量即可。

（四）注意事项

（1）注意安全　工具使用规范，切忌在田间拿着工具打闹，以免发生意外。

（2）追肥质量　注意施肥均匀，防止漏施肥、多施肥，并注意土墒适宜。

（五）劳动效果评价

劳动效果评价分为劳动态度评价、劳动过程评价、劳动结果评价。采用百分制，劳动态度评价占 30%，劳动过程评价占 40%，劳动结果评价占 30%。劳动态度评价表、劳动过程评价表和劳动结果评价表分别见表 4-7～表 4-9。

表 4-7　劳动态度评价表

劳动项目：　　　　评价对象：　　　　评价人：　　　　评价日期：

评价项目	分值	学生自评	组内学生互评	教师评价	总评
劳动目的	20				
劳动次数	30				
责任意识	30				
大局意识	10				
心得体会	10				

表 4-8　劳动过程评价表

劳动项目：　　　　评价对象：　　　　评价人：　　　　评价日期：

评价项目	分值	学生自评	组内学生互评	教师评价	总评
服从安排	20				
团队精神	20				
劳动情绪	20				
劳动行为	40				

表 4-9　劳动结果评价表

劳动项目：　　　　评价对象：　　　　评价人：　　　　评价日期：

评价项目	分值	学生自评	组内学生互评	教师评价	总评
追肥时间	20				
行间开沟	20				
沟里施肥	30				
覆土镇压	10				
浇水补墒	20				

总结反思

任务三　工业生产劳动教育实践

工业生产主要在工厂里进行。工业生产的正常进行，除受到人员、动力、厂房设备等基本条件的制约之外，还受到技术、资金、管理等因素的制约。学生参与工业生产一般是由学校组织到实习单位参观和体验，形成对实习单位和相关岗位的初步认识，然后在专业人员指导下，参与部分实际生产活动。本任务分为 2 个子任务：木工技术和果脯制作。

技能一　木工技术

任务描述

木工是以木材为基本制作材料，按照锯、刨、凿、组装、黏接等工序进行造型的一种工艺。木材质地坚固、富有弹性、易于加工，且木制品经久耐用，在生产和生活中得到广泛应用。本任务通过对木工技术的学习，了解木材的种类、木工技术的基本知识，理解木工技术传承所包含的精神、文化和智慧，掌握制作简单木凳的基本技能。

知识准备

木材在人类生活中发挥着不可替代的作用。木制建筑、木制家具及其他木制用品比比皆是，给人们生活带来了巨大的便利。木材具有取材方便、容易加工的特性。学会基本的木工技术，不仅可以锻炼动手动脑能力，还可以增加生活情趣，传承人类的智慧和文明。

一、木工技术概述

1. 木工的内涵

木工是一种古老而重要的工艺，通过使用木材、木工制品和木工工具来创建各种物品和结构。木工的应用范围非常广泛，家具制作、装修、建筑、雕刻艺术等领域都有应用。

木工侧重于技术的运用和实践。木工不仅要掌握各种木工工具的使用方法，还要熟悉木材的性质和加工技术，最终根据客户的需求制作出符合要求的产品。

2. 木工技术的类型

木工技术是指在制造家具零件、门窗框架或其他木工制品过程中需要掌握的技能，涉及开料、选料、开榫做卯以及组装等。常见的木工技术有以下几种。

(1) 木工切割技术　包括手工切割、机械切割等。

(2) 木工锯齿技术　包括手工锯齿、机械锯齿等。

(3) 木工拼接技术　包括榫接、拼接等。

(4) 木工雕刻技术　包括手工雕刻、机械雕刻等。

(5) 木工抛光技术　包括手工抛光、机械抛光等。

3. 木材

木材泛指用于工民建筑的木制材料，主要取自树木的树干部分。木材因取材和加工容易，自古以来就是一种主要的建筑材料。经初步加工后具有一定形状的木材称为木料。

木材具有绿色环保、可再生、可降解、施工简易、工期短等优点，是建筑业和制造业的基础性材料。

常用木材可以分为软杂类、硬杂类和人工合成类。

(1) 软杂类　有红松、白松、杨木等。这类木材木质疏松、纹理顺直、不易膨缩、变形较小，比较容易加工。

(2) 硬杂类　有榆木、水曲柳、桦木等。这类木材木质坚硬，膨缩与翘裂较显著，易变形。硬杂类木材不易加工，但木纹清晰美观。

(3) 人工合成类　有经过人工合成的 3 层板、多层板、中密度板、刨花板等板材。

4. 常用工具

(1) 木工桌　是一种非常重要的工具。桌面应该平整，要足够坚固且经得起敲击；桌子整体要足够稳固，保证不会摇晃。传统的木工桌通常配有台钳（即虎钳）。台钳可以把木板抵在木工桌的边缘，它对很多木工操作（如标记、切割各种接合部件或者手工刨削木材边缘）来说都不可或缺。

(2) 锯子　用于切割木材和木制品，有手锯和电锯等类型。手锯适合入门者使用，价格便宜且易于携带。

(3) 锤子　用于敲打木工钉或调整木块位置，常见的有木用锤和榔头等，选择时需要根据木工需求购买。

(4) 刨子　常用于抛光或修平木块表面，有手动刨和电动刨等类型。手动刨适合细致加工，电动刨适合处理大块木材。

(5) 凿子　基础的凿子有重磅凿和扁凿。重磅凿用于凿眼开孔，扁凿用于修榫卯。

(6) 木锉　塑形的手工利器，用于锉削构件的孔眼、棱角、凹槽或修整不规则表面。

(7)手电钻　可正转、反转并调节转速，用于金属材料、木材、塑料等的钻孔，也可作螺丝起子使用。

(8)曲线锯　配合台钻使用，可以锯出各种镂空图案，对于在较大的板材上锯出曲线非常方便。

(9)砂磨机　打磨工具，通过旋转振动携带砂纸进行打磨，有手持式和台式 2 种类型。

此外，根据木工的不同需求和加工阶段，还可以使用纹理刨、球形锯、组合锯、电锯、砂光机、榫接机、木工雕刻刀等工具。

二、木工技术的内容与工序

(一)木工技术的内容

1. 选材与审图

选择木材是开始制作木工制品的关键步骤。要掌握各种木材的性质和特点，根据施工目的正确选择木材。选择质量好、纹理优美的干燥木材，防止制作出来的木工制品收缩或变形；同时，要根据正反面和两端的形状选择木材，以确保可加工的材料充足。

审图是指对平面图、立面图和剖面图的仔细审核和理解，以更好地理解设计要求，制订施工计划，确保能够完成符合设计要求的高质量木工作品。

2. 测量与切割

测量是制作木工制品的另一个重要步骤。通过使用铅笔、标尺和其他测量工具进行正确测量，确保每一块木材都满足预期的尺寸要求。要选取精准、易读取、能锁定尺寸的测量工具，以确保所测量的部位准确无误。

切割是利用锯割、刨削、凿榫孔等基本加工技巧，把木材进行初加工，制作成符合预期形状和尺寸的部件。切割工具包括锯和斧头等手工工具以及电锯等电动工具。

3. 组装和黏接

组装和黏接的目的是将多个部件组成一个整体。木工需要掌握各种木材的组合和连接技巧，包括胶合、框架、榫卯等。要根据设计要求对木材进行组装和黏接，检查和调整组装好的木材，处理可能存在的问题或缺陷，确保安装和装配的精度和准确性。

(二)木工技术的工序

木工技术的工序主要包括以下几个步骤。

(1)图纸设计　首先需要画设计图和列出材料单。根据拟制作物品的形状和尺寸画出图纸，列出材料单，以确保材料的选择数量和尺寸的准确性。

(2)施工准备　包括对施工现场的清理、材料的验收、木工台的搭建等，为正式施工作准备。

(3)木材处理　选择好材料后，进行开料，去除材料中的白边和虫洞，确保木材的纹理方向与加工工艺相匹配。

(4)部件制作　制作各部分的组件时，尺寸要严格依照图纸结构，特别注意各部件之间的缝隙和色差。

(5)组装与修整　将各部件按照图纸组装起来，并对其进行细节上的检查，修补表层板材的平滑度、尖角、露角等。

(6)涂漆与检查　对表面进行油漆修饰，用木器漆涂刷表层以防腐、防火。

(7)木工验收　木工完工退场前，进行施工的全面验收，严格按照设计图纸及木工施工规范进行。

三、木工技术的劳动教育价值

(1)传承木艺技术　通过木工技术的学习,学生可以传承和弘扬中华优秀木艺文化,博采中外现代木艺技术,体会木工技术中所包含的不辞辛苦和精益求精的工匠精神。

(2)提高审美水平　木工工艺的设计需要考虑人类的审美需求和功能需求,作品的比例、形状、线条等元素都需要经过精心地设计和计算,以使作品既符合视觉美感,又能实现实用价值。通过木工技术的学习,学生可以提高创新创造和审美水平。

(3)培养劳动技能　通过木工技术的学习,学生可以锻炼劳动智慧,提升动手能力和技能水平,全面发展各项素质,成为当今社会需要的高技能、高素质人才。

任务实施

(一)制订实施方案

木凳制作:利用加工好的凳面、凳腿和横枨组装1个长方形榫卯木凳(俗称四脚八叉板凳)。根据任务需要进行人员分组,3～4人/组;制订实施方案,具体方案见图4-4。

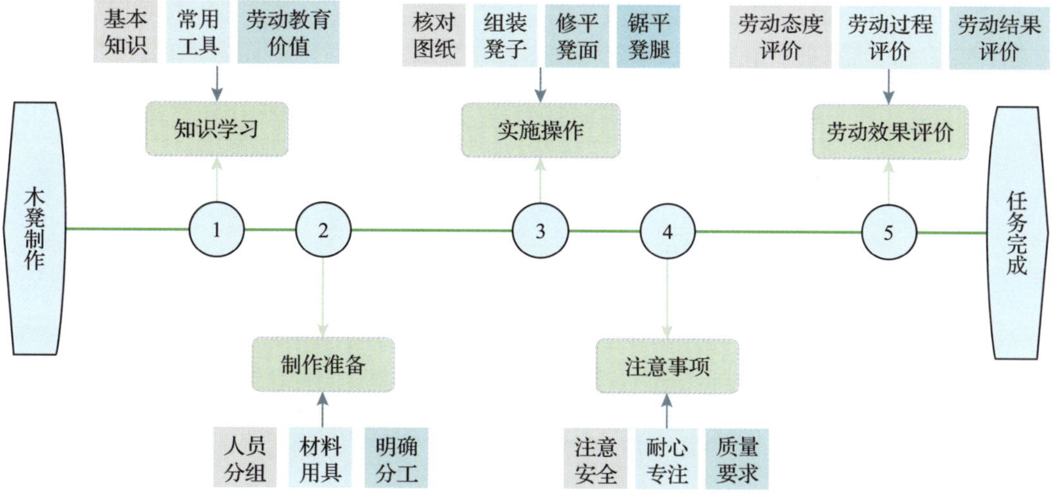

图4-4　木凳制作实施方案

(二)准备材料用具

1. 物料列表

木料准备见表4-10。

表4-10　木料准备

部件	木料	尺寸(长×宽×高)/mm	余量(长×宽×高)/mm	数量/个
凳面	松木	280×170×20	20×10×2	1
凳腿	松木	30×28×280	10×5×2	2
横枨	松木	28×26×250	10×5×2	1

注:物料中部件的榫眼和榫头已经加工完成。

2. **设备工具**

手锯、刨子、锤子、木锉、砂纸等。

(三)具体实施步骤

1. **核对图纸**

仔细研究施工图纸,理解设计师的设计意图和具体要求。仔细核对图纸上的尺寸和细节,包括各个部件的准确尺寸、位置、连接方式等,这有助于确保施工过程中的精度和一致性。如果发现待组装部件中有不符合图纸(图 4-5)要求的地方,需要及时调整。

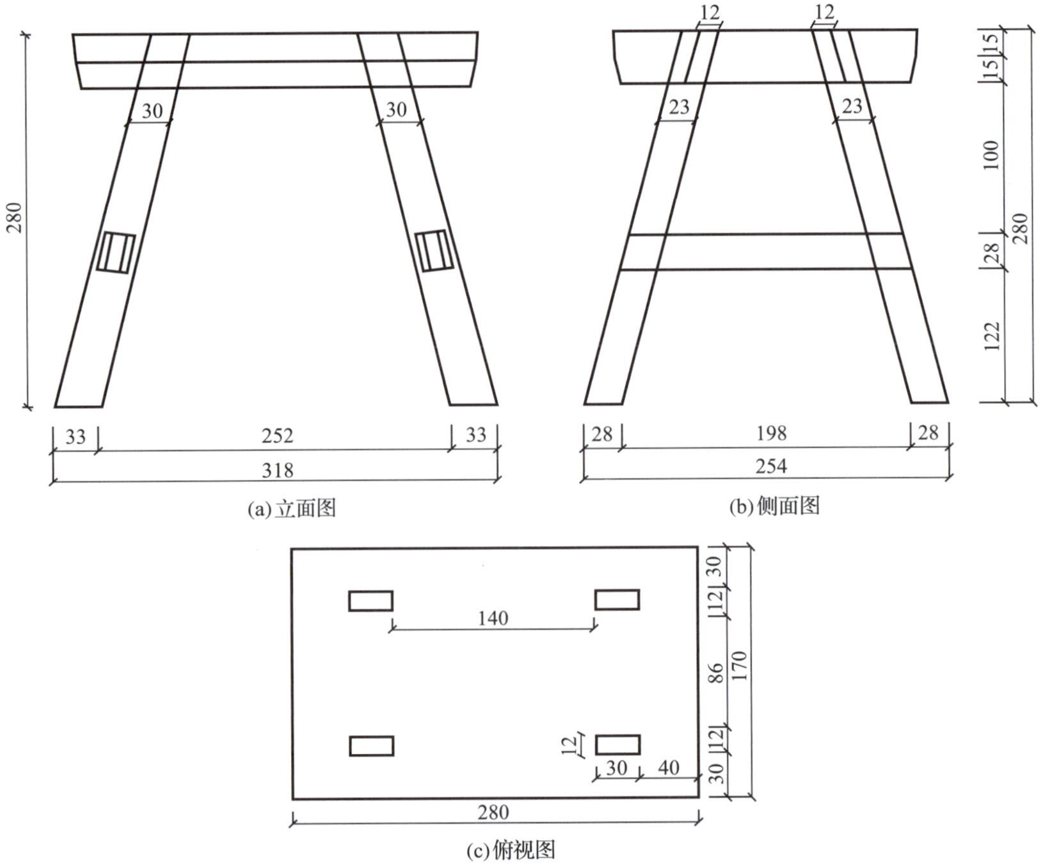

图 4-5 长方形榫卯木凳尺寸

注:图中尺寸标注单位均为 mm。

2. **组装凳子**

组装的时候注意先把凳腿和横枨单独装起来,然后再把凳腿安装到凳面上。安装的时候看准斜度,榫肩在外,和卯的斜度对应起来再安装,一边敲一边看,不要太用力以避免凳腿损坏。组装流程按如下步骤进行。

(1)组装凳腿 将凳腿和横枨连接到位,见图 4-6。

(2)组装凳面 敲打凳腿的时候凳面可垫 2 根木条,以避免损伤凳面,见图 4-7。

3. **修平凳面**

先用手锯锯掉榫头突出部分(图 4-8),然后用手工刨子修平凳面;把凳腿锯平,斜度和画法跟榫头画法完全一致。根据需要，可以进行必要的修饰，如打磨和上漆。

图 4-6　组装凳腿

图 4-7　组装凳面

图 4-8　锯平凳面榫头

4. 锯平凳腿

用手锯锯掉凳腿的多余部分(图 4-9)，调整凳子高度，保证稳定性和舒适性。在锯凳腿之前，需要先确定锯割的位置和长度，可以使用尺子进行测量和标记。同时，需要注意保持锯割的直线和平稳，避免锯偏或锯伤凳腿。

锯完凳腿后，需要检查锯口是否平整、光滑，如果有毛刺或不平整的地方，可以使用木锉或砂纸进行修整。最后，需要将凳子放在平稳的地面上试坐，以确保锯割后的凳子高度和使用舒适度符合要求。成品木凳见图 4-10。

图 4-9　锯平凳腿

图 4-10　成品木凳

(四)注意事项

(1)注意安全　在使用工具和材料时要注意安全，遵守操作规程。

(2)耐心专注　在制作过程中要细心、有耐心，保持专注力。遇到问题时要善于思考并寻求解决方法，不要轻易放弃。

(3)质量要求　所有部件均要进行基础打磨，不得出现毛刺。合理的误差一定存在，不作扣分。尺寸盈余为略大，不可略小。

(五)劳动效果评价

劳动效果评价分为劳动态度评价、劳动过程评价、劳动结果评价。采用百分制，劳动态度评价占 30%，劳动过程评价占 40%，劳动结果评价占 30%。劳动态度评价表、劳动过程评价表和劳动结果评价表分别见表 4-11～表 4-13。

表 4-11　劳动态度评价表

劳动项目：　　　　评价对象：　　　　评价人：　　　　评价日期：

评价项目	分值	学生自评	组内学生互评	教师评价	总评
劳动目的	20				
劳动次数	30				
责任意识	30				
大局意识	10				
心得体会	10				

表 4-12　劳动过程评价表

劳动项目：　　　　评价对象：　　　　评价人：　　　　评价日期：

评价项目	分值	学生自评	组内学生互评	教师评价	总评
服从安排	20				
团队精神	20				
劳动情绪	20				
劳动行为	40				

表 4-13　劳动结果评价表

劳动项目：　　　　评价对象：　　　　评价人：　　　　评价日期：

评价项目	分值	学生自评	组内学生互评	教师评价	总评
安全防护	10				
核对图纸	20				
组装凳子	20				
修平凳面	20				
锯平凳腿	30				

总结反思

技能二　果脯制作

任务描述

在生活中，新鲜的果品较易腐烂变质，为了延长保存期限，通常会选用盐渍或者糖渍的方法对其进行处理。果脯就是运用糖渍的方法制作的。本任务我们就开展果脯制作劳动活动，理解果脯制作的内容、要求与价值，明确果脯制作的具体实施步骤及注意事项，掌握果脯制作的基本技能。

知识准备

果脯是我国的一种传统加工食物，传说最早是在明朝御膳房产生的，后来传入民间，距今已有300多年历史。果脯制作是我国一项传统食品制作工艺，其制作过程彰显了果脯文化和传统食品制作技艺的魅力。

一、果脯的类型

果脯是以果品等为主要原料，添加(或不添加)食品添加剂和其他辅料，经糖、蜂蜜或食盐腌制(或不腌制)而制成的食品。除了作为小吃或零食直接食用外，果脯也可以放于蛋糕、饼干等点心上作为点缀。果脯可以按不同的分类方法进行分类。

1. 按产品形态分类

(1) 透明糖衣果脯　果品经糖渍并干燥后，制品表面包被一层透明似蜜的糖质薄膜，呈半透明状。

(2) 不透明糖衣果脯　果品糖渍并经干燥后，制品表面再包被一层糖衣，呈不透明状。

2. 按原料分类

按照原料不同，果脯可分为苹果脯、酸角脯、杏脯、梨脯、桃脯等。

3. 按糖分含量分类

根据糖分含量划分，果脯可分为低糖果脯和高糖果脯。低糖果脯含糖量为40%～50%，高糖果脯含糖量一般在60%以上。

二、果脯制作的概念

果脯制作是用新鲜果品作为原料，以糖为主要添加剂，经过浸泡、蒸煮、糖渍、烘干等工艺处理，将果品加工成为果脯的一种工艺。

三、果脯制作的内容与要求

1. 果脯制作的内容

果脯制作包括去皮、去核，糖浆煮制，糖浆浸渍，干燥、包装等工序。果脯外观特点是鲜亮透明，表面干燥，稍有黏性，含水量较低。

(1) 去皮、去核　先把果品清洗干净，用水果刀沿着果肉的底部把果肉和外皮分离，用挖掘刀沿着果品中心深入将核铲除。

(2) 糖浆煮制　取1杯水倒入平底锅内，加热至沸腾。取1杯糖加入沸腾的水中，搅动糖水混合物，直至糖完全溶解，再用慢火煨至液体黏稠。

(3) 糖浆浸渍　将处理好的果品放入煮制好的糖浆中，确保所有果品都能充分浸泡；盖上盖子，放置在阴凉通风处，进行浸泡。

(4) 干燥、包装　将经过糖浆浸渍的果品在通风处进行干燥处理，并将经过干燥处理的果品进行密封包装。

2. 果脯制作的要求

(1) 原料分级　对加工的果品原料按要求进行成熟度和大小分级，确保原料的一致性，有利于加工的观感。

(2)含糖量　正常果脯成品的一般含糖量为17%～19%,总含糖量为68%～72%,其中还原糖含量为43%,占总含糖量的60%以上。果脯不出现“返砂”和“返糖”现象,此时产品的质量最佳。

(3)糖液的配制　糖液配制是果脯制作的关键技术。在糖液煮制的过程中,应加入一定量的有机酸,调整糖液pH为2.0～2.5,有利于控制糖液中还原糖的比例。

(4)烘干要求　一般烘干温度控制在60～70 ℃;烘干时间根据果品的种类及大小而确定,一般为4～8 h。

四、果脯制作的劳动教育价值

(1)体悟劳动艰辛,培养团队合作能力　果脯制作涉及的工艺较多,过程较为复杂,学生在实践过程中可以体会到劳动的艰辛。师生互动、小组配合,有利于培养学生集体主义观念和团队协作精神。

(2)培养规范操作,提高实践技能　果脯制作包含去皮、去核,糖浆煮制,糖浆浸渍,干燥、包装等多个操作步骤。学生在实践操作过程中可以提升实践操作能力,为就业打下基础。果脯制作的每个步骤都有其操作规范。在操作过程中,学生按规范实施制作工艺,增强了安全意识。

(3)感悟中华食品文化,体会传统技艺魅力　学生在果脯制作过程中可以感受果脯文化和传统食品制作技艺的魅力,传承和弘扬中华民族优秀传统文化。

任务实施

(一)制订实施方案

葡萄果脯制作:根据任务需要进行人员分组,6～8人/组;制订实施方案,具体方案见图4-11。

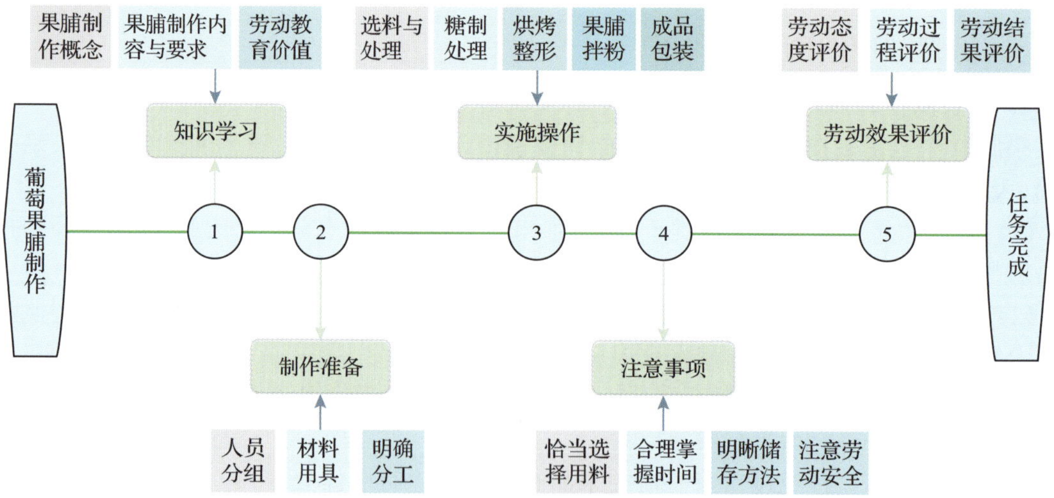

图4-11　葡萄果脯制作实施方案

(二)准备材料用具

新鲜葡萄、剪刀、锅、台秤、量杯、烤箱、容器、白糖、塑料袋等。

（三）具体实施步骤

果脯制作的工艺流程：原料→选择→剪穗→淋洗→摘粒→分选→热烫→糖制→烘烤→回软拌粉→分级→包装→成品。

1. 选料与处理

（1）选料　要求葡萄成熟度较高，可在九成熟到足熟之间。最好选用色淡的品种。

（2）清洗消毒　将腐烂粒摘除后，用剪刀把果穗剪成小穗。用流动水冲洗 2～3 min，再用 0.05% 的高锰酸钾溶液浸泡 3～5 min，最后用清水漂洗 2～3 次，洗至水不带红色为止。

（3）摘粒分选　摘粒时注意不要摘破，同时进行挑选，剔除伤烂、病虫害果粒及过生、过小的未成熟果粒。

（4）热烫　将选好的葡萄果粒用沸水热烫 1～2 min，然后立即放入冷水中冷却。

2. 糖制处理

（1）糖渍　每 50 kg 葡萄加入白糖 25～35 kg，一层果一层糖地腌渍，最后要用糖把果盖住。糖渍 24 h 后，把糖液滤出，锅中加入 10 kg 白糖煮沸溶化，然后倒入果实中，继续糖渍 24 h。

（2）糖浸　将糖渍葡萄的糖液滤出，倒入锅中加热；加入白糖 10 kg，待白糖溶化后煮沸并停止加热进行自然降温；将葡萄倒入锅中，浸泡 4～6 h，然后捞出；再向糖液中加入白糖 10 kg，煮沸溶化，并加入适量柠檬酸，保持糖液中含有适量的还原糖；将倒入上述糖浸的葡萄连同糖液一起移入缸中浸泡 24～48 h。浸糖葡萄变得饱满透明即可。

3. 烘烤整形

（1）温度设定　第 1 次烘烤时，将葡萄轻轻捞出，沥净糖液后放入盘中摊平；将葡萄送入烘房，在 60～65 ℃ 的温度下烘烤 6～8 h，待葡萄中的含水量降至 26%～34% 时，取出烤盘，适当回潮整形后进行第 2 次烘烤。第 2 次烘烤的温度控制在 55～60 ℃，烘烤 4～6 h，待含水量降至 18%、产品不黏手时即可出烘房。

（2）通风排湿　烘烤中要注意通风排湿。通风排湿的方法和时间可根据烘房内相对湿度的高低和外界风力的大小来决定。当烘房内相对湿度高于 70% 时就应进行通风排湿，可将进气窗或排湿筒打开。一般通风排湿 3～4 次，每次时间以 15 min 为宜。通风排湿时，如无仪表指示，也可凭经验进行。

（3）倒盘整形　葡萄果脯的烘烤要注意调换烘盘位置，翻动盘内果实。倒盘一般在第 1 次烘烤结束时进行，结合倒盘，可适当地用手将果实搓成圆形或扁圆形。

4. 果脯拌粉

回软拌粉是将烘烤好的产品放于室内，回潮 0.5～1 d，剔除发黑及破碎的果脯，将合格品进行拌粉。制粉是将葡萄糖和柠檬酸分别研成细末，按 40 : 1 的比例混合均匀，把回潮的葡萄果脯在粉中滚过，风干 0.5 d 即可进行包装。因葡萄品种不同，果实酸度不一，可根据个人的口味调整粉中柠檬酸的量。

5. 成品包装

用带有商标的无毒塑料袋做 100 g、200 g、250 g 等不同定量的包装，密封后置于阴凉干燥处贮存。

（四）注意事项

（1）恰当选择用料　制作果脯需要选择合适的水果和糖浆，合理切割水果。

(2)合理掌握时间　每个制作阶段都有其相应的时间要求。在操作过程中要掌握适当的制作时间和烘烤温度。

(3)明晰储存方法　当果脯制作完成后,要将成品进行密封保存。

(4)注意劳动安全　注意操作过程中切勿被道具划伤,切勿被高温烫伤。

(五)劳动效果评价

劳动效果评价分为劳动态度评价、劳动过程评价、劳动结果评价。采用百分制,劳动态度评价占 30%,劳动过程评价占 40%,劳动结果评价占 30%。劳动态度评价表、劳动过程评价表和劳动结果评价表分别见表 4-14～表 4-16。

表 4-14　劳动态度评价表

劳动项目:　　　　评价对象:　　　　评价人:　　　　评价日期:

评价项目	分值	学生自评	组内学生互评	教师评价	总评
劳动目的	20				
劳动次数	30				
责任意识	30				
大局意识	10				
心得体会	10				

表 4-15　劳动过程评价表

劳动项目:　　　　评价对象:　　　　评价人:　　　　评价日期:

评价项目	分值	学生自评	组内学生互评	教师评价	总评
服从安排	20				
团队精神	20				
劳动情绪	20				
劳动行为	40				

表 4-16　劳动结果评价表

劳动项目:　　　　评价对象:　　　　评价人:　　　　评价日期:

评价项目	分值	学生自评	组内学生互评	教师评价	总评
操作规范	30				
色泽与形态	20				
含糖与口味	10				
食用口感	20				
卫生指标	20				

总结反思

任务四　服务业生产劳动教育实践

服务业生产劳动是指在从事服务生产和经营活动过程中,劳动者运用特定的设备和工具,直接满足消费者对服务产品需要的劳动。服务业生产劳动的特点是劳动者以其创造的效用直接满足消费者的需要。本任务分为 2 个子任务:美发服务和成衣缝制。

技能一　美发服务

任务描述

随着社会经济的发展,人们对生活品质的要求越来越高,流行、时尚的美发已成为现代人的追求。本任务给大家介绍美发服务的内涵、特点、内容、要求和劳动教育价值。

知识准备

美发是技术和艺术相结合的一种职业,需要从业者掌握最基本的知识和技术。美发师不仅要了解流行时尚元素,还要懂得顾客的风格定位,才能设计出具有时代感且让顾客满意的优美发型。美发师不是光把技术做好就行,综合能力还要强。要想成为出色的美发师,从业者必须具备艺术家的灵感、商人的头脑和手艺人的勤奋。

一、美发服务概述

1. 美发服务的内涵

美发服务是指发廊、理发店的美发师为人们提供的理发、发型设计、烫发等服务,起到清洁整齐、美化外形的作用。美发服务不仅能让顾客直接体验无微不至的服务,还能体现出美发师的水平。大部分顾客会通过美发师的服务来判断美发师的素质、服务质量和技术水准等。

2. 美发服务的特点

(1) 规范性　美发服务的流程包括接待、洗发、剪发、染发、烫发、护发、售后服务等。每一项流程都从服务语言、服务态度、服务行为 3 个方面制定规范,使客人感受到美发服务的规范性、专业性,从而增加顾客的信任感。

（2）美观性　指美发后的美感。每个人的审美眼光和对美的认知不同，在发型表达时也会不一样。美发师对顾客的条件进行判别，包括五官、脸型、头型、体型比例，然后确定修剪方法、卷度、颜色与造型等。

（3）服务性　美发服务的整个过程要体现服务性。美发师应处处替顾客着想，让顾客在进店、消费、离店的整个过程中感受到优质服务，尤其要在细小之处体现以客为尊的态度。例如，为客人存取衣物、在顾客休息区放置杂志、为烫发客人看书提供小垫枕等，让客人感到备受尊重。

二、美发服务的内容与要求

1. 美发服务的内容

（1）洗头　目的在于使头发清洁，冲净头屑和污垢，并为梳理、造型作准备。

（2）剪发　根据顾客的要求对头发长短进行修剪，以满足适当的发型要求，是美发的基础。

（3）刮脸　又称修面，属于男性理发的一道工序。修面是指为男士修整面部胡须及角质层，同时起到让顾客休息的作用。一般先用热毛巾热敷脸部，将皮肤毛孔打开，按摩后涂上剃须膏；静待 1～2 min，用剃须刀把脸上的胡须和汗毛刮掉。

（4）吹风　通过吹风把洗净的头发吹干，并制作各种发型，起定型作用。

（5）烫发　有电烫、化学烫、蒸气烫等。其作用是使头发产生质的变化，达到卷曲或拉直的目的，以增加美感。

（6）染发　美发师通过涂染色剂、着色、冲洗等工序，使顾客头发改变色彩，以满足不同人群的需求。

（7）假发　是根据发型要求人工制作而成的发制品。原料有真发，也有人造发；颜色有黑色、黄色、棕色、灰色等；形式有假头套、发帘、假发圈等。假发的作用是为了美发，给人以美的感觉。

2. 美发服务的要求

（1）美发师专业能力　作为合格的美发师，要掌握洗、剪、吹、烫、染、造型等每一项技术。顾客衡量一个美发师技术的好坏多会以其剪发水平为标准，而所有的发型都离不开修剪这个环节，这就需要美发师先要通过剪发的基础关，才能创造出千变万化的发型。

烫发技术是美发师的另一项重要技术，美发师要了解烫发的原理。染发对专业知识要求最高，从色彩的基础，到色彩的搭配，直到最后立体效果，无不体现美发师的专业水平。造型需要美发师有较高的审美标准和整体组合的协调能力，是美发的关键所在。

（2）美发师服务素养　服务好是美发服务的关键。优质的服务可以拉近彼此的距离，让顾客产生亲切感，这样顾客才愿意接受美发师的服务，美发师才有机会展示技术。服务需要发自内心，需要真诚付出，让别人真正感到你是在真诚服务，而不是敷衍了事。通过专业学习、反复练习、长期应用和总结，美发师才能形成自身的语言习惯和魅力。

（3）美发师审美能力　审美能力的提升是一个不断追求、学习和实践的过程，包括观察和分析、实践和反思、交流和合作等。美发师需要具有一定的审美能力。美发师应该多看优秀的发型作品，包括时尚杂志、明星造型、客户案例等，分析其特点，并思考如何将这些元素应用到自己的工作中。艺术素养是提升审美能力的重要基础，美发师可以学习绘画、摄影、音乐等艺术形式，培养自己的艺术素养，提高对美的敏感度和鉴赏力。

三、美发服务的劳动教育价值

(1) 提高审美水平　随着社会的进步和发展，人们越来越注重自身的外貌和形象。美发服务可以让人们更加时尚和美丽，帮助人们改善自身的外貌和形象，提高自信心和自尊心，在社交场合更加自信和得体，满足人们的精神追求，从而提高生活品质。

(2) 创造就业机会　美发行业是一个非常庞大的服务行业，不仅有美发师、美甲师等专业人员，还有销售人员、管理人员等其他人员。美发行业也是一个劳动力密集的行业，它可以为人们提供就业与创业的机会。

(3) 提供定制化服务　美发行业在为人们提供美发、造型等服务的同时，也可以为一些特殊需求的群体提供定制化服务，如婴幼儿、老年人等，帮助他们保持健康的心态和良好的形象。

任务实施

(一) 制订实施方案

烫发染发技术：根据任务需要进行人员分组，6～8 人 / 组；制订实施方案，具体方案见图 4-12。

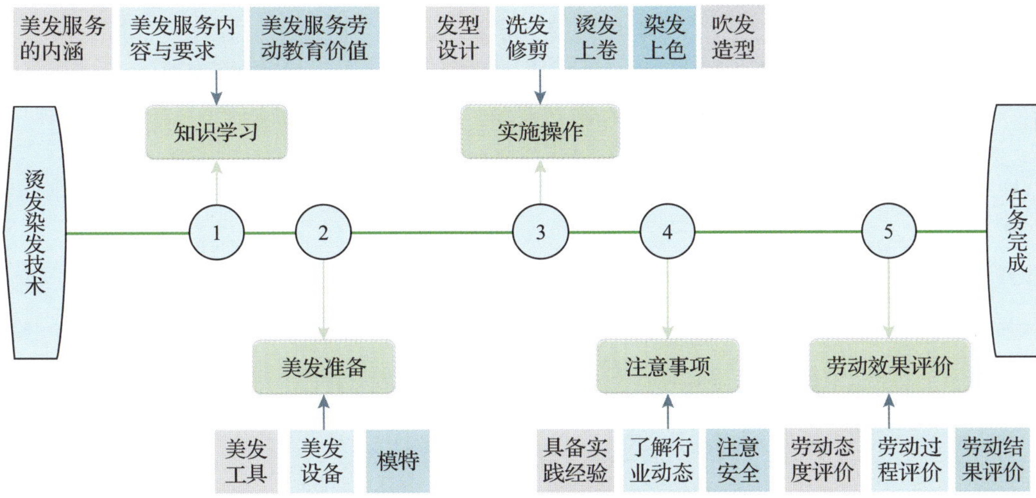

图 4-12　烫发染发技术实施方案

(二) 准备材料用具

剪刀、吹风机、卷发杠、模特、发型图片、染发膏等。

(三) 具体实施步骤

(1) 发型设计　根据模特头发的长度、分区、角度、色彩，结合模特的服装、拟定的职业、摆放的环境等设计其发型。

(2) 洗发修剪　先洗发，然后对头发进行修剪，把头发修剪得整齐或有层次感。

(3) 烫发上卷　选择冷烫或热烫技术来完成。首先选取适宜的卷发杠，在修剪好的头发上上卷发杠；上完卷发杠后涂抹烫发液，带上烫发帽加热（热烫）或静等 30 min 左右；再上定型剂，保持 20 min 左右；轻轻打开其中一个卷发杠观察上卷效果，效果可以了，就可拆掉卷发杠清洗头发;最后吹干头发。

(4)染发上色　根据染色的要求,选择适宜的染发膏。为防止过敏,先做皮试,在确定不过敏后,开始染发。带好染发手套,在干头发上分层、均匀地涂抹染发膏;涂抹完后需要用手充分抓揉或用梳子梳匀,使染发膏与头发充分接触;带上染发帽静等 30 min 左右;最后用洗发膏洗净即可。

(5)吹发造型　是美发的最后一个步骤,即吹干头发,整理发型或用定型剂固定发型。

(四)注意事项

(1)具备实践经验　安排学生到美发店或美发沙龙进行实习,积累实际操作经验。

(2)了解行业动态　引导学生利用互联网等资源,研究和学习更多的美发知识和技术。组织学生参观美发行业相关展览或活动,了解行业最新发展动态。

(3)注意安全　在使用剪刀、剃须刀、吹风机等美发工具时,一定注意安全;电源及插座要防止漏电;在使用染发膏、定型剂时,要防止过敏及环境污染;实践过程中切忌打闹。

(五)劳动效果评价

劳动效果评价分为劳动态度评价、劳动过程评价、劳动结果评价。采用百分制,劳动态度评价占 30%,劳动过程评价占 40%,劳动结果评价占 30%。劳动态度评价表、劳动过程评价表和劳动结果评价表分别见表 4-17～表 4-19。

表 4-17　劳动态度评价表

劳动项目:　　　　评价对象:　　　　评价人:　　　　评价日期:

评价项目	分值	学生自评	组内学生互评	教师评价	总评
劳动目的	20				
劳动次数	30				
责任意识	30				
大局意识	10				
心得体会	10				

表 4-18　劳动过程评价表

劳动项目:　　　　评价对象:　　　　评价人:　　　　评价日期:

评价项目	分值	学生自评	组内学生互评	教师评价	总评
服从安排	20				
团队精神	20				
劳动情绪	20				
劳动行为	40				

表 4-19　劳动结果评价表

劳动项目：　　　评价对象：　　　评价人：　　　评价日期：

评价项目	分值	学生自评	组内学生互评	教师评价	总评
发型设计	20				
洗发修剪	20				
烫发上卷	20				
染发上色	20				
吹发造型	20				

总结反思

技能二　成衣缝制

任务描述

衣服是人们生活中必备的生活物品，起到遮掩身体、保暖和装饰的作用。通过成衣缝制，学生可以缝制自己喜欢的衣服，彰显自己穿着打扮的个性。本任务给大家介绍成衣缝制技术，让学生了解成衣缝制的基本知识，理解成衣缝制的劳动教育价值，掌握成衣缝制的基本技能，体会服装的魅力。

知识准备

随着社会的进步、科技的发展，衣服除保有遮体和御寒功能外，更多的是个人形象的标志，并反映一定的科技水平和社会文化内涵。成衣工业已经进入它的黄金时代。成衣缝制更多的是通过个人定制方式来实现人们的个性化追求。

一、成衣缝制的内涵

(1) 成衣　指按一定规格、号型标准批量生产的成品衣服，是相对于量体裁衣式的定做和自制的衣服而出现的一个概念。成衣作为工业产品，符合批量生产的经济原则。它的生产机械化、产品规模系列化、质量标准化、包装统一化，并附有品牌、面料成分、号型、洗涤保养说明等标识。成衣属于手工产品，通过私人定制进行半机械化生产，为个体服务。

(2)缝制　即缝纫制作,是将剪开(切开)或破损的衣物缝合在一起,实现它应有的功能(不仅有使用功能,还有装饰功能)。缝制是一个涉及多种技巧和步骤的过程,具体内容取决于想要制作的物品类型。

(3)成衣缝制　按照一定规格来缝纫制作成品衣服,以满足人们的不同追求和需求。随着社会的发展,私人定制越来越成为时尚。根据个人喜好、体型及风格需求,从颜色、款式、材质和剪裁上,进行个性化设计,量身定制出完美的服装。

二、成衣缝制的内容与要求

1. 成衣缝制的内容

(1)款式设计　是构成服装设计的 3 大要素(款式、色彩、面料)之一。进行款式设计时,首先要着重于服装的整体效果,即服装款式外形确定后,再进行服装局部造型和细节变化。款式设计是服装外轮廓与内分割的完整设计,也是服装设计的重要环节和构成服装款式美的基础。

(2)布料选择　选择保温性能好、弹性好、强度大、透气性能好的面料。按衣服款式选择不同面料。常见的面料有棉、雪纺、涤纶、绵纶、腈纶等。

(3)量体剪裁　服装的制作开始于剪裁。剪裁师根据设计图纸将纺织品剪裁成所需的形状和大小。

(4)缝合缀扣　在剪裁后,缝纫机被用来将不同部分的布料缝合在一起。常见的缝合方法包括直线缝合、锁边缝合和弧线缝合等。某些细节需要进行手工缝合,如褶皱、镂空和装饰性绣花等。手工缝合技术在高级定制和特殊设计中尤为重要。

(5)熨烫定型　在制作过程中,服装经常需要整理和熨烫,以确保布料平整、整洁,这有助于使服装拥有更好的外观。

(6)试衣调整　做好的衣服要进行试穿,如果不太合身,再进行调整。

2. 成衣缝制的要求

(1)个性化　成衣缝制的衣服是根据个人喜好、体型及风格需求而量身定制的。成衣的颜色、款式、材质和剪裁,都能根据个人要求调整,进行个性化设计,以满足个人追求与需求。

(2)时尚性　成衣缝制的衣服有着更高的时尚度和跟随潮流的能力,能保持更高的时尚性。

(3)时效性　成衣缝制的衣服需要时间来测量、设计、剪裁和加工制作。整个过程可能需要数星期或更长的时间,相较于购买现成服装来说,花费的时间较多。

(4)品质高　成衣缝制的衣服通常会使用高品质的面料和材料,并由专业的服装设计师进行制作,工艺更为精细,服装更加耐用。每一个环节都经过仔细的品质把控,确保衣服的质量和使用寿命。

三、成衣缝制的劳动教育价值

衣服的价值远远不止于实用性和功能性,它还有传承历史、丰富文化、体现科技发展等多种价值。

(1)感悟传统文化与技艺精髓　衣服是人类文明发展的产物。它既是历史的见证,又是文化的载体,有着悠久的历史和深厚的文化底蕴。

(2)培育传承与创新精神　成衣缝制会沿用古代许多好的做法，在实际操作时古为今用、与时俱进，实现传承与创新，如制作工艺的更新、材料的多样、款式的优化等。

(3)培养审美创美的能力　穿衣搭配是人们表达个性和社会交流的重要方式。衣服的样式、颜色、品牌和设计都与个人的品位、文化素养和生活态度密不可分。成衣缝制可以培养学生审美创美的能力。穿着合适、搭配得当的衣服是体现个性和增强自信的一种表现。同时，衣服还是社交场合的重要标志，不同场合需要穿着不同的服饰。

任务实施

(一)制订实施方案

短袖圆领 T 恤缝制：根据任务需要进行人员分组，6～8 人 / 组；制订实施方案，具体方案见图 4-13。

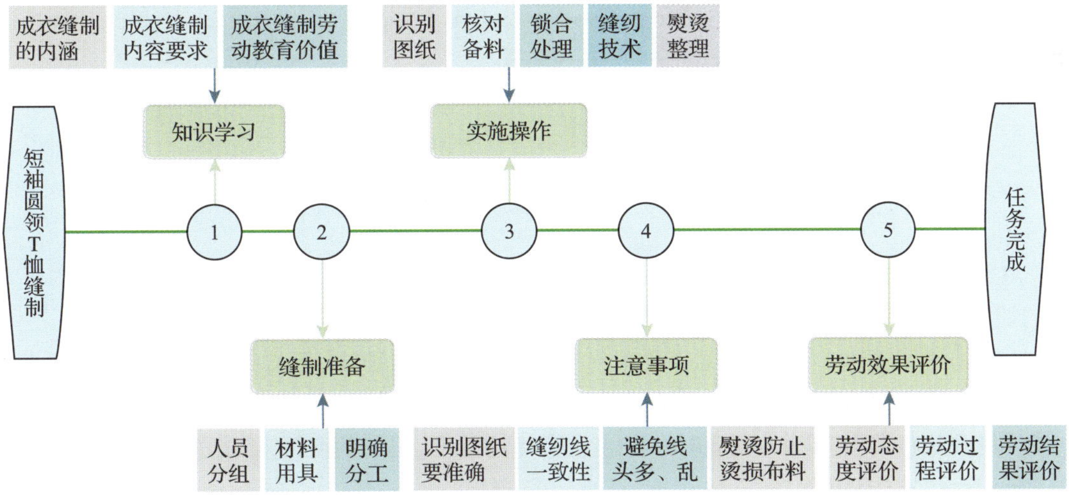

图 4-13　短袖圆领 T 恤缝制实施方案

(二)准备材料用具

裁剪好的衣料、T 恤图纸、缝纫线、缝纫针、锁边机、缝纫机、蒸汽熨斗等。

(三)具体实施步骤

(1)识别图纸　对 T 恤设计图(图 4-14)进行识别，认真看图，理解图纸上标注的尺寸及前后片的要求，有助于正确的制作。

(2)核对备料　对所提供的衣料进行核对。核对 T 恤的前后片、衣领、袖子的前后片，分辨布料的正确性，以防止锁合、缝制时出现错误。

(3)锁合处理　看清衣料的正反面及前后片，选衣料的反面进行锁合。锁合包括前后片的锁合、衣袖的锁合、衣领的锁合以及衣与袖的锁合。锁合后 T 恤基本成型。

(4)缝纫技术　对锁合成型的 T 恤进行缝纫，在锁边 2～3 mm 处再缝 1 条暗线(衣服内)；肩部、领口在锁边的 2～3 mm 处缝纫 1 条明线，起加牢及装饰作用；最后用锁边机对袖口、衣边进行锁缝，衣边锁缝为 2 条明线。

(5)熨烫整理　使用蒸汽熨斗对衣物进行烫平和整理，使其外观更为平整、美观。

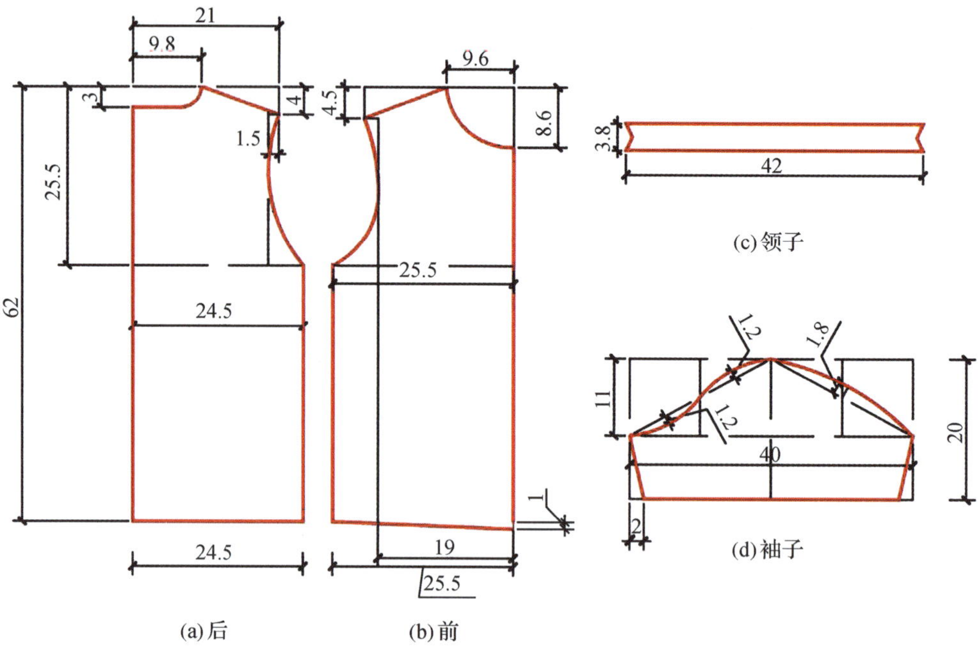

图 4-14　T 恤设计图

注：女款圆领 T 恤，尺码 M，衣长 62 cm，胸围 100 cm，肩宽 42 cm，图中尺寸标注单位为 cm。

（四）注意事项

（1）识图纸要准确　确认设计图样和测量尺寸的准确性。

（2）缝纫线一致性　注意选用适合布料和设计风格的缝纫线，保持线迹的平稳和一致性。

（3）避免线头多、乱　在缝制过程中，保持线迹整齐和线头切割整齐。

（4）熨烫防止烫损布料　熨烫时一定注意熨斗的温度，熨烫的时间长短适宜，以防烫坏衣服。

（五）劳动效果评价

劳动效果评价分为劳动态度评价、劳动过程评价、劳动结果评价。采用百分制，劳动态度评价占 30%，劳动过程评价占 40%，劳动结果评价占 30%。劳动态度评价表、劳动过程评价表和劳动结果评价表分别见表 4-20～表 4-22。

表 4-20　劳动态度评价表

劳动项目：　　评价对象：　　评价人：　　评价日期：

评价项目	分值	学生自评	组内学生互评	教师评价	总评
劳动目的	20				
劳动次数	30				
责任意识	30				
大局意识	10				
心得体会	10				

表 4-21 劳动过程评价表

劳动项目： 评价对象： 评价人： 评价日期：

评价项目	分值	学生自评	组内学生互评	教师评价	总评
服从安排	20				
团队精神	20				
劳动情绪	20				
劳动行为	40				

表 4-22 劳动结果评价表

劳动项目： 评价对象： 评价人： 评价日期：

评价项目	分值	学生自评	组内学生互评	教师评价	总评
识读图纸	20				
布料选择	10				
尺寸测量	10				
锁合处理	20				
缝纫技术	30				
熨烫整理	10				

总结反思

项目五　专业劳动实践

知识目标

1. 理解专业劳动教育的内涵；
2. 掌握专业劳动教育的内容；
3. 理解专业劳动教育的价值；
4. 了解高职院校专业劳动教育的特点；
5. 掌握专业劳动教育实践活动的基本知识。

能力目标

1. 能识别专业劳动教育的内容；
2. 具备基本的专业劳动能力；
3. 能够分析处理专业劳动教育的基本技术问题；
4. 具有与其他学生协作劳动的团队合作能力。

思政目标

1. 培育正确的劳动价值观；
2. 培养职业素养；
3. 培树劳模精神、大国工匠精神。

任务一　专业劳动教育认知

任务描述

教育部印发的《大中小学劳动教育指导纲要(试行)》中指出，职业院校要依托实习实训，参与真实的生产劳动和服务性劳动，增强职业认同感和劳动自豪感，提升创意物化能力，培育不断探索、精益求精、追求卓越的工匠精神和爱岗敬业的劳动态度，坚信“三百六十行，行行出状元”，体认劳动不分贵贱，任何职业都很光荣，都能出彩。

高职院校的劳动教育课主要是以就业为目的。通过劳动教育培养学生的专业劳动技术、技能，为岗位培养专业人才。本任务主要针对专业劳动教育的内涵、内容、价值和高职院校专业劳动教育的特点及影响因素等内容进行学习。

知识准备

高职院校的学生应具备一定的专业理论知识和专业技能。根据各专业的不同特点，学校应组织一些有一定专业技术要求的复杂劳动，如汽车维修、数控机器操作、规划制图、作物种子繁育等。专业劳动教育活动有利于高职学生掌握相应的专业劳动技能，拥有一技之长，激发对专业学习的积极性，培育专业岗位精神。

一、专业劳动教育概述

1. 专业的内涵

专业是指依据行业职业体系划分，专门从事某种事业或研究某种学业的门类。我国高职院校将根据行业科学分工或社会生产部门的职业需要把学业分成的门类称为专业。不同类别的高职院校设置不同的专业，不同专业为社会培养不同需求、不同岗位的人才。

2. 专业劳动的内涵

专业劳动是指在生产实习中结合专业特点安排的对口劳动，它是实施教育与生产劳动相结合的实践教学形式。高职院校在学生教学实习的基础之上，组织学生到校外工厂、企事业单位及相关专业部门开展专业劳动，以巩固学生在校学习的基本知识，提高学生的操作技能和岗位适应能力。

3. 专业劳动教育的内涵

专业劳动教育是在对学生实施劳动教育的过程中结合专业特点，将专业劳动与劳动教育有效结合的教育模式。在高速发展的现代社会，劳动工具现代化程度高，劳动设备的技术含量高。专业劳动教育离不开专业技术指导。专业劳动教育以专业技术作为重要载体，旨在培养学生的专业劳动情感、劳动能力和劳动品质。培育学生综合的专业劳动素养才是最为重要的。

二、专业劳动教育的内容

高职院校需要由学校教务及相关部门根据学校专业设置安排专业劳动教育内容，统一制订专业劳动教育方案和课程表，指派专业劳动教师，安排专业劳动单位及场所。另外，还需要学生管理部门、班主任等参与到学生专业劳动教育的过程中，以保障学校顺利开展专业劳动教育，达到专业劳动教育的目的。

专业劳动教育是结合专业特点对学生开展的劳动教育，它将学生所学专业与劳动教育有效结合。专业劳动教育可以培养学生的专业劳动情感、专业劳动能力和专业劳动精神，内容包括专业实验、实习、实训活动，专业社会实践活动和专业公益活动。

1. 专业实验、实习、实训活动

专业实验活动包括各种涉及专业的实验课程的学习和操作；专业实习活动主要包括专业课实习、顶岗实习和毕业实习活动；专业实训活动主要包括单科专业课实训和专业综合实训活动，如植物（动物）标本制作、药品识别、宠物护理等。

2. 专业社会实践活动

专业社会实践活动主要是指学生在周末、节假日由学校组织或自愿参与的专业性较强的社会实践活动，包括勤工俭学、社会专业服务活动（如汽车维修、电机修理、基础护理）等。

3. 专业公益活动

专业公益活动包括由学校组织或个人主动参与的专业公益活动，如专业知识宣讲、文化艺术义演活动、会计服务、敬老院专业护理服务等。

三、专业劳动教育的价值

当代高职院校的专业劳动教育一定要以习近平新时代中国特色社会主义思想为指导，准确把握育人导向，科学遵循教育规律，认真落实立德树人的根本任务，不断提高学生专业技能，培养学生创新创业能力，树立学生工匠精神，培育学生爱国敬业职业素养，力求培养出真心实意为广大人民劳动、为党和国家甘愿奉献的新青年。

1. 提高专业技能

高职院校要适应社会形势的发展，考虑国家发展的要求，培养的学生要在生产、管理、建设等方面有过硬的专业技能，要经得起考验。因此，提高专业技能是高职学生的首要任务。

在实际教育过程中，高职学生实训学时有限，学生个体得不到充分锻炼；实习时间相对集中，在毕业之前对专业知识不能及时应用。而结合专业特点开展的专业劳动教育将专业知识融进劳动技能，将理论知识转化为劳动力，实现知行合一，能够有效提高学生的专业技能，促进学生专业理论知识学习，促使学生成为合格的专业人才。

2. 培养创新创业能力

创新是一个民族的灵魂，是一个国家发展的不竭动力，也是一个人应该拥有的素质。对于每一个致力于创业的人来讲，首先要有创新意识和创业能力，创新意识和创业能力是人们从事创业活动的原动力；除此之外，还要具有卓越的专业技能，一定的组织、管理、协调能力以及很强的团队合作能力。一切能力的培养，仅仅依靠书本的教育是远远不够的，必须通过加强专业劳动教育、参加创业实践活动，让学生的发现问题能力、思维能力、变通能力、独立创新能力、制订方案能力及评价能力不断提升，自信心、进取心、责任心等内在因素不断加强。高职院校应逐渐培养学生创新创业能力，激发学生创业潜能，使学生始终保持一种奋发向上、拼搏进取的精神，为学生迈向社会、走向成功打下坚实的基础。

3. 培育工匠精神

工匠精神是一种职业精神。它是职业道德、职业能力、职业品质的体现，是从业者的一种职业价值取向和行为表现；它是一种在设计上追求独具匠心，质量上追求精益求精，技艺上追求尽善尽美，服务上追求用户至上的精神。它蕴含了耐心、专注、坚持、专业、敬业、严谨等多个元素。社会进步和国家发展离不开工匠精神。

工匠精神更多地体现在社会实践活动及生产实习之中，开展工匠精神教育贯穿于高职教育的始终，尤其在专业劳动教育方面，更为凸显。通过专业劳动教育，学生在专业技能提高的同时体会工匠精神，在生产劳动中不断升华工匠精神。学生时代树立工匠精神，必将是国家及学生个人发展的一笔无穷的财富。

4. 提高职业素养

人类创造历史，劳动开启未来。劳动是中国人民群众的本色。习近平总书记指出：“我们的根扎在劳动人民之中。在我们社会主义国家，一切劳动，无论是体力劳动还是脑力劳动，都值得尊重和鼓励；一切创造，无论是个人创造还是集体创造，也都值得尊重和鼓励。”社会的发展、国家的建设离不开劳动者，各行各业的从业者都是令人尊敬的。

专业劳动教育为高职学生参与社会劳动、培育职业素养提供条件和机会。专业劳动教育有助于学生培养拼搏、奋进、诚信、付出的劳动精神，促进学生建立职业理想，提升职业态度、职业责任及职业技能，遵守职业纪律和职业良心，自觉维护职业信誉，形成良好职业作风，养成爱岗敬业的职业素养。同时，专业劳动教育帮助学生树立为社会服务、为他人服务的服务意识和奉献精神，激励他们为实现人生价值而不懈努力奋斗，为祖国建设奉献终身。

四、高职院校专业劳动教育的特点

1. 专业性

高职院校必须把专业性技术教育作为重点，把培养高素质技能型专业人才作为根本任务。在课程设置上，学校要围绕专业综合技能，合理安排专业技术、技能课程，保证其占比不低于总课程的30%～40%；鼓励创造各种条件由课堂教育转变为现场教学，由理论教学转变为专业劳动教育；让学生尽量近距离感受真实的岗位工作环境，使学生的实践能力和应用技能得到不断提升。

2. 职业性

将职业性与专业劳动教育相结合，以产业发展要求为目标，以职业岗位技术要求为主线，培养学生职业性，使之成为适应社会企业生产、管理、建设，具备职业岗位技术技能，能够积极投身一线服务行业的职业性人才。在专业设置上，学校要考虑地方区域产业发展要求，以职业岗位作为高职院校专业设置的重要依据；在进行专业劳动教育过程中，专业设置越符合职业需求，学生从事工作岗位的社会认可度就越高，学生的工作技能、实践能力就越强，说明高职院校对学生开展的专业劳动教育就越成功。

3. 创新创业性

高职院校在专业设置上也要充分考虑创新创业性，因为只有在专业劳动教育中重视创新创业性，专业劳动教育才能真正体现出它的价值，才能在最大程度上调动学生的能动性，提高学生发现问题、解决问题的能力，培养学生勇于探索、顽强自信、乐于奉献的精神。学生要在专业劳动教育中不断实践创新创业性，为社会的进步和发展作出自己的贡献。

五、高职院校专业劳动教育的影响因素

1. 专业的一致性

通过专业劳动，不断结合学科专业，做到实践与专业一致。专业劳动与所学专业保持一致，更能调动学生劳动与学习的积极性，激发学生的学习兴趣，提高学生的专业意识。在专业劳动过程中，学生运用学到的专业知识来为企业生产和社会发展贡献力量。在此过程中，学生的事物处理能力、动手科研能力、实践能力、创新创业能力不断提升。综合能力的提升使学生产生成就感与自豪感，更加喜爱自己的学科专业，进而对专业学习产生积极心理，自信应对专业学习所带来的各种困难。因此，专业的一致性成为学生开展劳动教育最基础的条件。

2. 专业理论基础

通过专业劳动，不断夯实专业理论基础。专业理论基础是劳动生产经验的总结提炼，是生成于书本上的技术精华。在投入生产实践之前，一定的理论基础不仅为学生从事劳动提供理

论依据,还为学生从事生产提供技术指导。一定的理论知识储备能够为学生技术技能的快速成长提供保障,因此,专业理论基础成为学生开展劳动教育的基石。

3. 专业技术能力

通过专业劳动,不断提高学生专业技术能力。不同的专业学习为学生专业劳动提供了不同的生产操作标准。生产操作标准指导学生在劳动教育中规范操作、精准生产,这也是高职学生必须掌握的。在高职院校开展的专业劳动教育,不同于一般的生产、生活或服务劳动,它蕴含着专业技术、技能和市场需求。学校通过产教融合、校企合作,加强与当地企事业单位的联系,完成无缝对接,为学生创造劳动实践机会,让学生巩固课本知识,提高实践劳动能力,成为本专业的高级技术型人才。因此,专业技术能力为学生开展劳动教育提供操作标准和技术准则。

4. 个体职业素养

通过专业劳动,学生不断加强专业学习,既能加深对专业的了解,又能增强对专业相关职业的认识。学生在专业劳动中逐渐深化对劳动观、幸福观、人生观、价值观、世界观的理解,学会尊重劳动、崇尚劳动、热爱劳动,不断加强"劳动最光荣"的思想,不断提升动手能力。专业劳动不仅提高了高职学生的劳动素养,还指导高职学生对将来从事的职业进行规划,使其个体职业素养不断提升。因此,个体职业素养为促进学生开展劳动教育提供思想与认识的保障。

案例分析

2023 年包头市劳动模范师艳芳,一位"80 后"女性,坚持在机床旁工作 19 年,从一名普通工人成为行业的数控尖兵,获得了全国五一巾帼标兵、兵器集团三八红旗手标兵、包头市少数民族"巾帼之星"、包头市劳动模范等荣誉。

2005 年,21 岁的师艳芳毕业后就到北重集团工作。开始被安排在车间关键岗位学习数控机床操作,她刻苦钻研、磨炼技艺,在师傅的带领下,很快成长为车间骨干。车间的机油和冷却液味道很大,双手经常黑乎乎的,但师艳芳却说:"我喜欢我的专业,当每件精美的工件从我手中流转到下道工序时,我是快乐的。"19 年的职场生涯和多年的生产实践使她深深领悟到,"技术人生"是一个受尊重的、有价值的人生,要想在技术岗位上有所建树,就要肯吃苦、不怕困难,善于学习,常学常新,从而实现自己真正的价值。

解析:

1. 师艳芳的作为体现了专业劳动的哪些特点?
2. 从师艳芳的工作经历,你学到了哪些劳动精神?
3. 通过案例分析,你认为该如何实现专业劳动价值?

任务实施

(一)制订实施方案

专业劳动教育认知:根据任务需要进行人员分组,6~8 人 / 组;制订实施方案,具体方案见图 5-1。

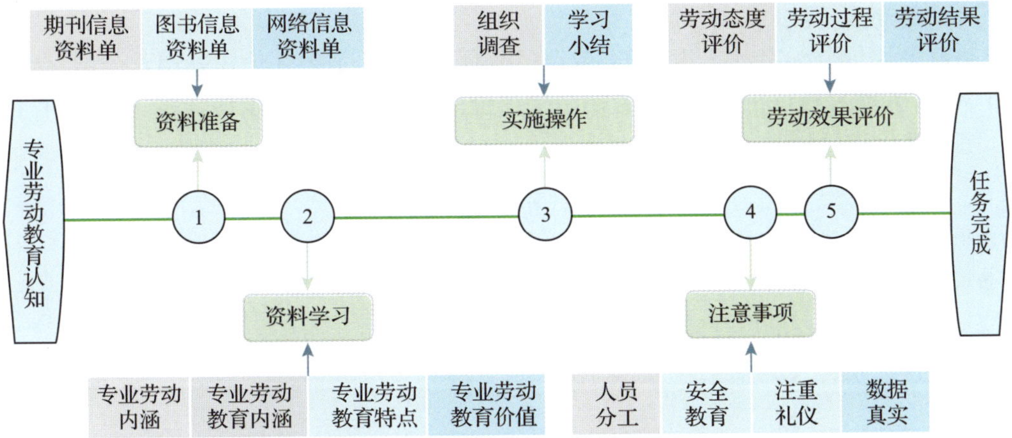

图 5-1　专业劳动教育认知实施方案

(二)准备材料用具

期刊、图书、笔、本、计算机等。

(三)具体实施步骤

1. 资料学习

在教师的指导下,学习专业劳动的内涵,专业劳动教育的内涵、特点及价值。

2. 组织调查

(1)调查准备　通过图书、期刊、网络等途径,了解我国、本省和当地专业劳动教育的基本情况。

(2)制订方案　以小组为单位制订调查方案,包括时间、地点、调查对象和内容等,并进行调查表格的设计。

(3)开展调查　在查阅资料的基础上,按照制订的调查方案,通过走访当地教育管理部门、教职员工、学生等,了解当地学校专业劳动教育的类型、目的等。

(4)调查总结　根据调查结果,每人撰写 1 份不少于 600 字的调查总结,在教师的组织下与同学们交流学习。

3. 学习小结

(1)学习收获　每人写 1 份学习收获。

(2)小组讨论　用集体的智慧完成 1 份较好的学习收获。

(3)典型发言　每组选 1 个代表进行典型发言,在全班讲解小组的学习方法、学习收获;组员补充收获的内容。

(4)小组评价　教师组织发动全班同学讨论、评价各小组的学习情况,达到全班同学共享学习资源和收获体会,巩固所学知识内容的目的。

(四)注意事项

(1)人员分工　实施前进行人员分工。

(2)安全教育　开展交通安全、人身安全、财物安全和网络安全等教育。

(3)注重礼仪　注重与人沟通交流的礼貌、礼节。

(4)数据真实　确保调查内容基础数据的真实有效性。

（五）劳动效果评价

劳动效果评价分为劳动态度评价、劳动过程评价、劳动结果评价。采用百分制，劳动态度评价占30%，劳动过程评价占40%，劳动结果评价占30%。劳动态度评价表、劳动过程评价表和劳动结果评价表分别见表5-1～表5-3。

表5-1　劳动态度评价表

劳动项目：　　评价对象：　　评价人：　　评价日期：

评价项目	分值	学生自评	组内学生互评	教师评价	总评
活动动机	20				
调查次数	30				
责任意识	30				
大局意识	10				
心得体会	10				

表5-2　劳动过程评价表

劳动项目：　　评价对象：　　评价人：　　评价日期：

评价项目	分值	学生自评	组内学生互评	教师评价	总评
服从安排	20				
团队意识	20				
沟通能力	20				
行为表现	40				

表5-3　劳动结果评价表

劳动项目：　　评价对象：　　评价人：　　评价日期：

评价项目	分值	学生自评	组内学生互评	教师评价	总评
信息查询	20				
深度访谈	20				
案例分析	30				
调查总结	30				

总结反思

任务二　涉农专业劳动教育实践

涉农专业是指涉及农林类的所有专业，具体包括种植、农艺、园艺、蚕桑、养殖、畜牧兽医等专业。高职院校以培养高素质、高技能型人才为主，在校期间对学生进行专业劳动教育，使学生掌握几项专业技能，并取得相应的资格证书，既为学生就业奠定坚实的基础，又提升学生的自我专业素养。本任务分为3个子任务：植物标本制作、宠物护理与美容和植物嫁接。

技能一　植物标本制作

任务描述

鲜活植物会受地域和季节影响不能进行现场展示、示范、教学，而植物标本有保持原貌的基础，可以供教学、展览、研究之用。那么植物标本是如何制成的呢？本任务就是采集植物整体或部分器官，经过整形整理、活体处理、信息标注、装框美化等环节制成标本，供教学、科研、展示、收藏使用。植物标本制作任务要求根据使用功能制作不同种类的标本，了解植物标本制作的用具及注意事项，掌握植物标本制作的基本知识与技能。

知识准备

植物标本类型有腊叶标本、浸制标本、硅胶包埋标本等，其功能各异。植物标本制作流程大多包括采集、整理、压制或包埋、装饰、填写信息等环节。每个环节都要按要求做，才能使标本具有功能性。植物标本如压花工艺品、永生花文创产品等的市场前景好，可以作为大学生创新创业的新渠道。

一、植物标本制作概述

1. 植物的类型

植物是指一类生物体，它有细胞壁和叶绿体，绝大部分能进行光合作用从而实现自养。植物是自然界中的第一性生产者或初级生产者，为地球上的生物提供氧气、食物和栖息地，对维持地球生态平衡和生物多样性起着至关重要的作用。

植物的分类方法较多，常见的有以下几种：按形态特征分为草本植物、藤本植物、蕨类植物等；按种类分为被子植物、裸子植物、苔藓植物等；按生长习性分为落叶植物、常绿植物等；按生态特征和生活环境分为水生植物、陆生植物、寄生植物等。从微小的藻类到高大的树木，从水生植物到陆生植物，它们大小不同、形态各异，生活方式千差万别。

2. 标本的类型

标本是动物、植物、矿物等实物经过各种处理，使其可以长久保存，并尽量保持原貌，以供展览、示范、教育、鉴定、考证及其他各种研究之用。

标本大致分为兽类标本、鸟类标本、鱼类标本、昆虫类标本、植物标本、化石类标本等。

3. 植物标本的类型

植物标本是指将新鲜植物的整株或部分器官用物理或化学方法处理后，保存起来的实物样品。它具有鲜明的代表性。采集植物部分器官或整株，经过整形整理、活体处理、信息标注、装框美化等环节制成标本，供教学、科研、展示、收藏使用。

按制作方法，植物标本一般分为压制标本、浸渍标本、树脂包埋标本、塑封标本和其他类型的植物标本。

(1) 压制标本　又称腊叶标本。采集带有花、果实的植物的一段带叶枝，或带花、果实的整株植物体，经在标本夹中压平、干燥后，装贴在台纸上，用吸水纸压制使之干燥后装订在台纸上制成标本，供植物分类学研究使用。

(2) 浸渍标本　为了教学、科研、陈列等用途，植物的整株或一部分常常需要长期保存，而要达到此目的，就需要将植物标本浸泡在一定的药剂溶液中。浸泡在药剂溶液中所制成的标本，被称为浸渍标本。

(3) 树脂包埋标本　是一种使用安全无毒、高透明的有机高分子树脂材料，将植物生物体等通过包埋的方式，加工制作成的一种新型标本产品。

(4) 塑封标本　是指植物叶片经碱性溶液的浸泡或蒸煮之后刷去叶肉，保留叶片的脉络，经染色、塑封等工艺制成的标本。

(5) 其他类型的植物标本　除了上述的主要类型外，还有干制标本、湿制标本等其他类型的植物标本。干制标本是一种较为传统的标本形式，它保留了植株、叶、花、根、茎等的完整性和真实性。

4. 植物标本制作技术

植物标本制作技术是指为了尽可能完好地长期保存植物全部或局部的某些特征，而采取必要的物理或化学手段，对植物整株或某一部分，如根、茎、叶、花、果实等进行加工处理的技术。

二、植物标本制作的内容与要求

(一) 植物标本制作的内容

植物标本制作一般包括标本采集、整理压制、干燥消毒、固定成型等内容。

1. 标本采集

选择发育完全、生长正常、无病虫害的植株作为采集对象，力求植株有花、果(裸子植物有球花、球果)及种子。采集的标本数量一般为 2～3 份，每份的数量相同，对于存疑物种可以适量多采集几份；采集标本时，要注意保护珍稀濒危种类，尽量少采或不采。采集的标本建议为 30～40 cm，如果植株本身较小，则采整株；如果植株长而纤弱，也采整株，但要折成 V 形或 N 形；如果植株粗大，则采其中有代表性的几段。

2. 整理压制

保护好采集的植株，把采集到的植株放到采集箱里。如果植株较柔软，应垫上草纸，并压在标本夹里以免损坏。

3. 干燥消毒

对压制好的标本进行干燥，一般采用吸水纸压制吸水，或用热力干燥法，即使用烘箱或热风机干燥；对干燥好的标本进行紫外线消毒或低温冷冻消毒。

4. **固定成型**

不同的植物标本制作方法对固定成型技术的要求不同。固定成型的目的是使植物标本形状不变，并保持一定的可观性，具有一定美感。

（二）植物标本制作的要求

（1）制作不同标本　根据使用功能不同制作不同种类的标本。

（2）明确用具及注意事项　明确植物标本制作的用具及使用时的注意事项。

（3）有代表性　采集的植物器官或整株要具有代表性。

（4）及时整理　压制或包埋标本需要及时整理，使其特征明显呈现。

（5）信息备注　全面、详细。

（6）及时检查　后期储藏过程中要及时检查，避免标本受潮或遭虫蛀。

（7）团队协作　发挥团队协作精神，做最完美的标本。

三、植物标本制作的劳动教育价值

（1）培养严谨的科学态度和专业精神　标本制作包含物理、化学、生物等学科的知识，植物标本制作过程可以突出培养学生的科学态度和专业精神，培育学生客观、严谨的思想，使学生做到坚持原则、崇尚理性、科学行事。

（2）培育爱岗敬业的职业素养　爱岗敬业是人们对所从事职业的喜爱态度和内在感受，是学生优良品质形成的基础和保证。植物标本制作过程可以培养学生热爱生命的态度，唤醒学生工作的主动性、积极性、创造性，为学生将来的就业创业打好基础。

（3）培养热爱生物的人本情怀　植物标本制作一般是分组进行，它可以培养学生的团结协作意识，锻炼学生的沟通协调能力，并让他们的信息整理能力在学习和实践中获得提升，为今后学生有效服务企业、推动事业发展打好基础。

任务实施

一、制订实施方案

植物腊叶标本制作：根据任务需要进行人员分组，6～8 人 / 组；制订实施方案，具体方案见图 5-2。

二、准备材料与工具

枝剪、剪刀、放大镜、掘挖铲、镊子、绑带、标本夹、采集箱、塑料袋、草纸、旧报纸、卷尺、挂签、笔、冰箱、紫外灯、针、线、记录本、胶水、烘箱（烘干机）、吸水纸、水盆、台纸等。

三、具体实施步骤

（一）标本采集

（1）木本植物　采集典型、有代表性特征，叶、花（或叶、果）齐全的枝条。一般应为二年生的枝条，枝条长度约 42 cm、宽度约 9 cm 比较适宜。

（2）草本植物　要采集地下部分如根茎、匍匐枝、块茎、块根等，以及开花或结果的整株。

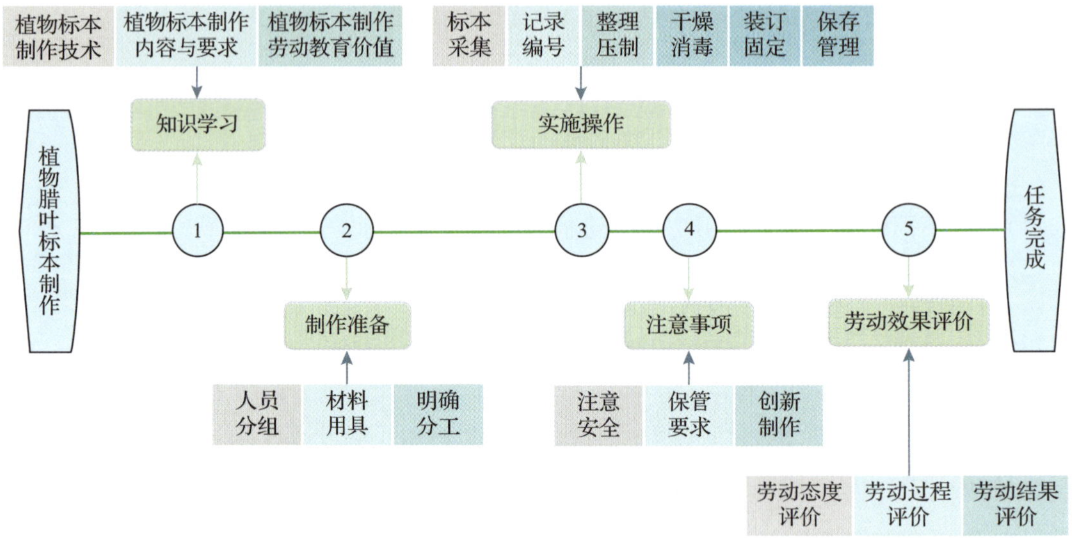

图 5-2　植物腊叶标本制作实施方案

(3) 水生植物　整株捞取，用塑料袋包好，放在采集箱里，带回室内立即将其放在水盆中；等到植物的枝叶恢复原来形态时，将 1 张旧报纸放在浮水的标本下，轻轻将标本提出水面后，将标本立即放在干燥的草纸里进行压制。

(二) 记录编号

在现场仔细记录，主要内容包括：植物的产地、生长环境、性状、花色和采集日期等。填写植物标本采集信息时要同时观察植物的形态，用照相机对植物进行拍照，拍照内容包括：叶片、花等器官的特写，整株植物，周边的生境，伴生物种。将记录信息填写在植物标本标签中。

植物标本标签

学　　名________________________________

科　　名________________________________

采 集 者____________________采集时间______________

采集地点________________________________

指导教师________________________________

(三) 整理压制

1. 整理

对采集到的标本根据“有代表性，面积要小”的原则进行适当的修理和整枝，剪去多余的枝叶，以免遮盖花果，影响观察。

2. 压制

先在标本夹的一片夹板上放几层吸水纸，然后放置标本，整理时不要使多数叶子重叠。如果叶片太大不能在夹板上压制，可沿着叶中脉的一侧剪去全叶的40%。较长的标本（长度超过40 cm）进行“之”字形、V形、N形或M形折叠。标本上再放几层吸水纸，使标本与吸水纸互相间隔，层层摞叠。最后再将另一片夹板压上，用绳子均匀扎紧标本夹并将其放置在通风处。可在第3天时打开一次标本夹，将标本姿态调整至最佳，再将标本夹绑扎好，直到标本阴干为止。

（四）干燥消毒

1. 干燥

（1）换纸干燥法　压制好的标本用标本夹夹好，然后用绑带绑紧，把标本压平。用吸水纸压制标本进行干燥，每1～2 d换吸水纸1次，以避免标本发霉；换纸10次即可。标本在第2、3次换纸时，要注意整形，枝叶要展开，不产生褶皱。

（2）热力干燥法　用烘箱或热风机干燥，干燥温度不超过45 ℃，干燥时长不超过48 h。烘干过程中避免温度过高而烧坏标本。另外，肉质植物和水生植物标本用热水烫或者烘干机烘干。

2. 消毒

（1）低温冷冻消毒法　把干燥的标本密封在塑料袋中，放入 −18 ℃以下的低温冰箱中7 d，也可置于 −30 ℃的冰箱中3 d或 −50 ℃的冰箱中1 d。

（2）紫外线消毒法　把干燥好的植物标本置于紫外灯下照射1 h。

（五）装订固定

在台纸正面选好几个固定点，用手术刀紧贴枝条、叶柄、花序、叶片中脉等的两边切开数对纵口，将韧性白纸条两端由纵口插入，穿到台纸反面，将纸条收紧后用胶水在台纸背面粘牢，再将花、果等附件固定在台纸上。大的根茎、果实等用纸条不易固定，可用白线代替；细弱的标本可用胶水直接粘贴在台纸上。细小的植物用以上方法不易装订，可用透明玻璃纸覆盖在标本上，将玻璃纸四周用胶水粘贴在台纸上。

将记录的内容输入计算机并打印；在台纸左上角贴上打印的植物标本定名标签。植物标本定名标签内容包括植物学名、拉丁名、科属名、采集地点、采集日期和采集者等。

植物标本定名标签

学　　名________________________别　　名________________________

拉 丁 名____

科 属 名____

采 集 者________________________鉴 定 人________________________

采集地点____

采集日期____

（六）保存管理

装订好的标本经定名后，都应放入标本柜中保存。标本柜要求结构密封、防潮，并放在通风干燥的室内。标本保存包括以下内容。

(1)登记编号　将每份标本按分类编号、登记,使标本保存更有条理,使用更为方便。

(2)晾干消毒　存放标本前,将标本柜打扫干净,晾干并用杀虫剂消毒;在标本柜里放置樟脑丸、干燥剂。标本入柜后,应经常抽查是否发霉、遭虫蛀等,如有,应及时处理。若标本发霉,可用毛笔轻轻扫去菌丝体,再蘸点石炭酸涂在标本上;也可用红外灯烘干、紫外灯消毒。平时取放标本时要随手关好柜门。

(3)存放要求　标本柜应避免阳光和其他光源照射;标本柜所在场所的温度应控制在20～23 ℃,相对湿度控制在40%～55%。

四、注意事项

(1)注意安全　劳动前进行安全教育,了解劳动过程,学会工具的正确使用方法,禁止在劳动过程中手拿劳动工具追跑、打闹。

(2)保管要求　植物标本制作完成后,要及时检查它的完整性,注意标本储藏条件的合理性。

(3)创新制作　在满足基本功能的基础上,制作可以加入个性化设计,为实现产品的产业化打好开发基础。

五、劳动效果评价

劳动效果评价分为劳动态度评价、劳动过程评价、劳动结果评价。采用百分制,劳动态度评价占30%,劳动过程评价占40%,劳动结果评价占30%。劳动态度评价表、劳动过程评价表和劳动结果评价表分别见表5-4～表5-6。

表 5-4　劳动态度评价表

劳动项目:　　　　评价对象:　　　　评价人:　　　　评价日期:

评价项目	分值	学生自评	组内学生互评	教师评价	总评
劳动目的	20				
劳动次数	30				
责任意识	30				
大局意识	10				
心得体会	10				

表 5-5　劳动过程评价表

劳动项目:　　　　评价对象:　　　　评价人:　　　　评价日期:

评价项目	分值	学生自评	组内学生互评	教师评价	总评
服从安排	20				
团队精神	30				
劳动情绪	20				
劳动行为	30				

表 5-6　劳动结果评价表

劳动项目：　　　　评价对象：　　　　评价人：　　　　评价日期：

评价项目	分值	学生自评	组内学生互评	教师评价	总评
标本采集	20				
整理压制	30				
干燥消毒	10				
信息记录	20				
标本定名	10				
保存管理	10				

总结反思

技能二　宠物护理与美容

任务描述

作为宠物主人，我们可以通过合理地饮食，护理毛发、口腔，定期驱虫和接种疫苗等手段为宠物提供良好的护理，以确保宠物拥有幸福健康的生活。本任务主要包含宠物日常护理和宠物美容 2 部分内容。

知识准备

随着社会的发展，人们对宠物的欣赏水平、生活待遇、造型等方面的要求越来越高。宠物主人越来越希望宠物医生能为他们的宠物提供专门的、技术性的美容和日常护理，这就给未来宠物美容行业的发展提供了无限的机遇。近几年，作为一个新兴行业，宠物美容从业人员数量，宠物美容机构规模、服务性收入和消费人群数量等各项指标均朝好的方向发展。我国许多高职院校开设有宠物护理与美容、宠物养护与驯导等专业，畜牧兽医专业也开设宠物护理与美容这门课程，以为宠物医院、宠物美容机构等培养具有宠物护理与美容技能的专业人才。

一、宠物护理与美容概述

宠物是指人们为了精神目的而豢养的生物。宠物被用于观赏、陪伴，以缓解人们的精神压力。

宠物可以根据动物学分类分为哺乳类宠物(如狗、猫、鼠、兔等)、爬行类宠物(如蜥蜴、蛇、龟、鳄鱼等)、鸟类宠物(如鹦鹉、金丝雀、鸽子等)、鱼类宠物(如金鱼、锦鲤、热带鱼等)和昆虫类宠物。此外,随着时代的发展,宠物的范围也在扩展,还包括虚拟宠物和电子宠物等。

宠物护理与美容是指使用工具及辅助设备,对各类宠物进行毛发、趾甲等的清洗、修剪、造型、染色,使其外观得到美化和保护,变得更健康和时尚,同时辅助纠正宠物的不良行为。

按照动物的种类宠物护理与美容可以分为犬的护理与美容、猫的护理与美容、其他宠物的护理与美容等。宠物的护理包括日常护理、驱虫护理、洗澡护理、运动护理等内容。根据不同的生理时期,宠物护理又可分为幼龄宠物护理、妊娠宠物护理、产后宠物护理、老龄宠物护理等。日常生活中以犬的美容最为常见。犬的美容又可以按品种分为博美犬美容、贵宾犬美容、雪纳瑞犬美容、约克夏犬美容等。

宠物美容看似是一门技术,实则是艺术学和生理学的结合。它不仅需要宠物美容师具备专业的艺术审美能力,还要懂得宠物的护理、生理结构、生活习性等专业知识。宠物美容师一般有 4 种从业方式:①可以在宠物店工作,成为一名优秀的宠物美容师;②可以做宠物美容培训师,成为指导老师;③做赛场犬舍美容师或在赛犬繁殖基地做美容师,进行赛犬比赛的护理及美容;④自主创业。

二、宠物护理与美容的内容

宠物是人们生活中的重要伴侣,它们给人们带来了无尽的欢乐和陪伴。作为宠物主人,有责任为宠物提供良好的生活环境并做好它们的日常护理。宠物护理与美容一般包括以下内容。

1. 合理饮食

饮食对于宠物的健康至关重要。根据宠物的品种、年龄和身体状况制订合理的饮食计划。新鲜水源对于所有宠物都是必需品,应该定期更换宠物的饮水碗并保持水源的清洁;同时还需提供均衡的饮食,包括适量的蛋白质、碳水化合物和脂肪。需要注意的是,在给宠物喂食时要适量,避免过度喂食,以免引发肥胖等健康问题。

2. 毛发护理

宠物毛发的健康和整洁与它们的生活质量直接相关。根据宠物的不同品种制订相应的毛发护理计划。首先,定期给宠物洗澡,选用适合宠物皮肤的洗发产品,水温和水量要适宜,洗澡时注意防止水进入宠物的耳朵;其次,在洗澡后应该及时用吹风机将宠物的毛发吹干以避免滋生细菌。此外,定期梳理宠物的毛发也是必要的,它可以去除杂质,减少打结,保持宠物的整洁和美观。

3. 口腔护理

口腔护理对于宠物的健康至关重要。可以定期为宠物刷牙,要使用专业宠物牙刷和牙膏去除牙垢和预防口腔疾病。同时要定期检查宠物的牙齿和牙龈,如果发现异常或问题,应及时咨询宠物医生。此外,为宠物提供适当的咀嚼玩具,有助于宠物的口腔健康。

4. 修剪趾甲

宠物的爪部护理属于基础护理内容。定期修剪宠物的趾甲,可以避免宠物因趾甲过长产生不适甚至受到伤害。修剪趾甲时注意不要剪伤宠物的肉垫,如果不熟悉趾甲修剪的方法,可以请专业的宠物美容师或宠物医生帮助。

5. **定期体检**

定期给宠物进行体检是日常护理的重要环节。我们应该定期带宠物去宠物医院进行体检,并接种相应的疫苗和进行驱虫工作。宠物医生会根据宠物的健康状况和品种特点,为它们制订合理的防疫计划,以避免宠物患病。

6. **关注情绪**

细心观察宠物的情绪和行为变化,对其进行及时的关注和处理也是宠物护理的内容。宠物可能因为生病、受伤或其他不适而表现出消沉、食欲减退、行动不便等症状。对于这些变化,应及时咨询宠物医生,以发现和解决潜在的问题。同时,还要为宠物提供充足的运动和社交环境,帮助宠物保持身心健康,并增强宠物与主人之间的情感联系。

三、宠物护理与美容的劳动教育价值

(1)提高专业技能,奠定就业基础 宠物护理与美容是高职院校宠物医学专业的必修课程之一,它是一项非常重要的专业核心技能,也是可以获得教育部规定的 1+X 证书的技能。从业人员必须根据宠物主人的需要为宠物进行健康护理和美容造型。不同的需求决定不同的工作过程,不同的工作过程又决定不同的实施方法与步骤,将这些复杂的工作过程分解为若干个组成部分,每个组成部分类似于一个简单的护理或美容操作,而认真进行每一项操作都会为今后从事此项工作打下良好的基础。

(2)培育爱护动物、热爱生命的情怀 学生在学习过程中完成宠物护理与美容的全部工作,充分体验真实的工作情境,动手实践洗澡、梳毛、皮肤护理、耳道清洁、剪趾甲、吹风等劳动过程,增加爱护动物、热爱生命的情怀。

(3)培养自主创业的能力 通过专业知识的学习及宠物的护理与美容实践,学生不仅能提高专业技能,还能增强专业自信及职业认同感;学生的创业意识得到增强,创业能力得到提高。随着生活水平的提高,人们对宠物的喜爱逐渐加深,宠物市场持续增长。宠物业包括宠物美容、寄养、医疗、养护等,都为学生提供了良好的创业机会。

任务实施

(一)制订实施方案

贵宾犬美容:根据任务需要进行人员分组,5~6 人 / 组;制订实施方案,具体方案见图 5-3。

(二)准备材料用具

宠物美容台、美容剪、指甲剪、宠物浴液、乳液、棉球、吹风机、工作服、专用梳子等。

(三)具体实施步骤

1. **梳理毛发**

先把贵宾犬放在美容台上固定好,然后用专用梳子从贵宾犬的背部中央朝腹部方向慢慢地往下刷,依次是腹部,前脚内、外侧,头部和尾部。

2. **修剪造型**

剃犬嘴部毛须的时候要右手持剪刀,左手握住犬的嘴,然后沿着从眉尖到鼻尖、眼角、颈部、脸颊、耳根、下巴的方向剃毛;剃 4 只脚的毛时应该修到脚垫的根部,剃脚底毛的时候用拇指和食指把犬的脚掌分开,将其间的杂毛剃除;背部、腹部的毛全部都要剃短,而尾部到肛门区域的毛则用 V 字剪法剃短 2~3 cm。

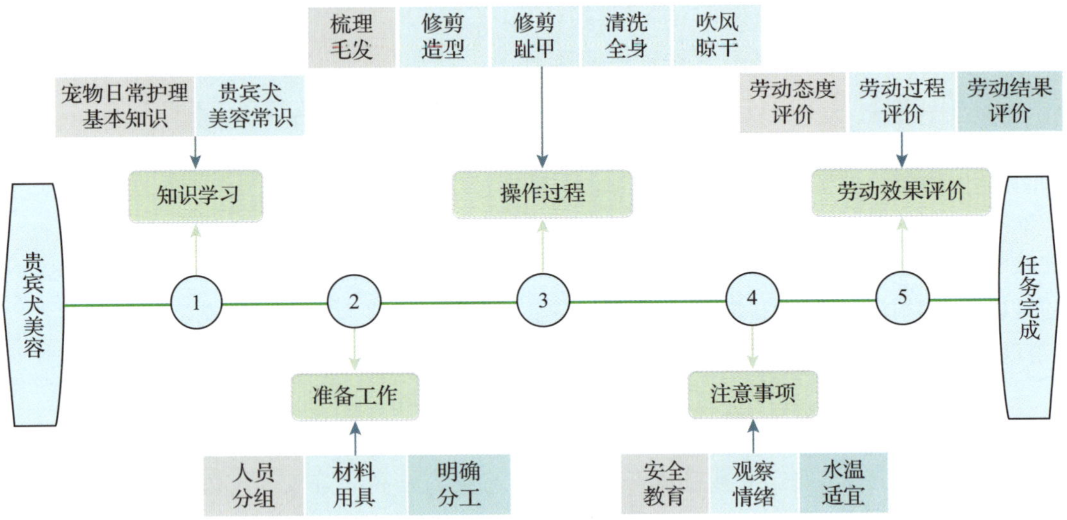

图 5-3　贵宾犬美容实施方案

3. 修剪趾甲

为了阻止趾甲伤害肉垫，避免宠物对家具和地板造成损坏，可以使用剪刀式指甲剪或断头台式指甲剪进行趾甲的修剪。

4. 清洗全身

洗澡之前要先进行耳部和趾甲的清洗，然后用长条状棉球把耳朵堵好以防止进水。宠物犬的肛门腺囊位于肛门两侧约 4 点钟及 8 点钟的地方，左右各有 1 个，且肛门腺囊各有 1 个开口。肛门腺囊内充满肛门腺液，久积会变成黑色或深咖啡色液状或泥状物，气味臭不可闻，因此在洗澡时要及时清理。具体操作方法是挤出少许宠物乳液，然后将其用水稀释，用于涂抹贵宾犬的全身；然后沿着头部向背部、腹部和四肢的方向轻轻揉搓；揉搓之后用水清洗一下，打上护发素，再彻底用水冲洗干净。

5. 吹风晾干

先把贵宾犬身上的水分擦干，然后用吹风机从头部开始把剩余的水分吹干，记得要一边吹一边用专用梳子刷，直到毛的根部完全被吹干。吹干之后再用专用梳子把全身的毛发重新梳理一遍。

(四)注意事项

(1)安全教育　劳动前进行安全教育，避免在操作过程中被宠物抓伤或者咬伤。了解劳动过程，学会美容工具的正确使用方法，禁止劳动过程中手持美容剪随意走动、嬉戏打闹，以免误伤。

(2)观察情绪　在美容过程中，注意观察宠物的情绪变化，避免过度刺激宠物，并给予适当的安抚和鼓励。

(3)水温适宜　在给宠物洗澡时应控制水温在 38 ℃左右，并使用柔和且稳定的水流，避免对宠物皮肤造成伤害。

(五)劳动效果评价

劳动效果评价分为劳动态度评价、劳动过程评价和劳动结果评价。采用百分制，劳动态度评价占 30%，劳动过程评价占 40%，劳动结果评价占 30%。劳动态度评价表、劳动过程评价表和劳动结果评价表分别见表 5-7～表 5-9。

表 5-7 劳动态度评价表

劳动项目： 评价对象： 评价人： 评价日期：

评价项目	分值	学生自评	组内学生互评	教师评价	总评
劳动目的	20				
劳动次数	30				
责任意识	30				
大局意识	10				
心得体会	10				

表 5-8 劳动过程评价表

劳动项目： 评价对象： 评价人： 评价日期：

评价项目	分值	学生自评	组内学生互评	教师评价	总评
服从安排	20				
团队精神	20				
劳动情绪	20				
劳动行为	40				

表 5-9 劳动结果评价表

劳动项目： 评价对象： 评价人： 评价日期：

评价项目	分值	学生自评	组内学生互评	教师评价	总评
犬的结构	10				
选择工具	20				
工具使用	20				
操作规范	30				
造型优美	10				
客户满意	10				

总结反思

技能三　植物嫁接

任务描述

植物嫁接是园艺中常见的一种植物人工繁殖方法。嫁接繁育具有保持品种的优良特性，增强接穗品种的抗性和适应性，改变株型和提早开花年龄等特点，能提高植物的经济效益及观赏性。本任务通过植物的嫁接活动，使学生理解植物嫁接的意义、内容与要求，明确植物嫁接的用具及注意事项，掌握植物嫁接的基本技能，以此培养学生工匠精神和发现问题、解决问题的能力。

知识准备

植物嫁接被广泛应用于农业生产中，成为花木、果树及蔬菜生产的专业技术之一。嫁接技术通过品种优化、产量提高，为农业增产，为农民增收。植物嫁接就是利用2种不同植物能接合在一起的能力，将一种植物的枝或芽，嫁接到另一种植物的茎或根上，使之愈合在一起，长成一个完整的植株。嫁接上去的枝或芽，叫作接穗；被嫁接的植物体，叫作砧木。嫁接是利用植物受伤后具有愈伤的机能来进行的。

一、植物嫁接概述

嫁接技术常用于果树、蔬菜、观赏植物等，植物嫁接常在同科植物之间进行。嫁接成活原理是具有亲和力的2株植物在接合处的形成层产生愈合现象，使导管、筛管互通，形成一个新个体。

1. 嫁接意义

(1)提高果树的产量和品质　嫁接技术可以将优良果树品种的果实特性与抗病性相结合，提高果树的产量和品质。例如，将具有优质果实特性的苹果品种嫁接到抗病性较强的砧木上，可以获得既具有高产量又具有优良品质的苹果树。

(2)改良蔬菜的耐病性和适应性　嫁接技术可以将耐病性较强的蔬菜品种的茎部嫁接到适应性较强的砧木上，提高蔬菜的耐病性和适应性。这样可以减少蔬菜的病害发生，提高蔬菜的产量和质量。

(3)培育观赏植物新品种　嫁接技术可以将不同观赏植物的茎部或根部相互嫁接，培育出新的观赏植物品种。这样可以丰富观赏植物的种类，满足人们对美丽植物的需求。

2. 嫁接技术的类型

按照嫁接方法，嫁接技术一般分为枝接和芽接。

(1)枝接　按照嫁接方法，枝接可分为劈接、切接、腹接和舌接。

①劈接：适用于较粗砧木，在靠近地面的地方劈接称为“土接”。劈接常用于苹果、核桃、板栗、枣等的嫁接，优点是可供嫁接的时间长，接合牢固；缺点是伤口大，愈合慢。劈接在春季树液流动至发芽前均可进行。

②切接：适用于较粗砧木。先将砧木与近地面树皮平滑处剪断，在砧木断面一侧下切

3～5 cm；然后将削成的且保留 1～2 个饱满芽的接穗插入砧木；对准双方形成层，严密绑扎和埋土保湿，接穗外露 1～2 个芽。

③腹接：相较于劈接、切接，腹接最明显的特点是在刚进行嫁接的时候，砧木不用去顶，枝接的部位是在砧木的腹部，等到植株成活后，再将砧木去顶。

④舌接：嫁接时在接穗和砧木的马耳形切面上端 1/3 处各切一刀，将切面都削成舌状，再将接穗和砧木相互插合，使其成为新的植株。此法有扩大接合面与提高接合牢固度的优点，常用于葡萄的硬枝接，取材时需注意砧木和接穗的粗细相近。

(2) 芽接　是从枝上削取 1 个芽(略带或不带木质部)，插入砧木上的切口中，并予以绑扎，使之密接愈合。一般分为 T 形芽接、方块芽接和嵌芽接 3 种。

① T 形芽接：先在砧木离地面 3.5 cm 处切 T 形口，深度以见木质部、能剥开树皮为宜；再用刀尖小心剥开砧木树皮，将盾形带叶柄的接芽快速嵌入，用宽 1 cm 的塑料带绑紧，只露出芽和叶柄，包扎宽度以超过切口上下 1.0～1.5 cm 为宜。芽接后培土高度约 10 cm。

②方块芽接：嫁接时所取芽片为正方形，砧木上也相应取一块正方形树皮，故称方块芽接。方块芽接接触面大，对于芽接不易成活的核桃比较适宜，嫁接后核桃容易萌发。

③嵌芽接：又称带木质部芽接，俗称“热帖皮”。它是从接穗母株的枝条上，削取正方形或长方形带有木质部的芽片，然后在砧木侧部切去与芽片形状、大小相等的皮层，将芽片镶嵌其中，加以绑扎。嵌芽接适用于枣树、栗树等枝条具有棱角、沟纹的树种或其他皮层较厚的树种。

二、植物嫁接的内容与要求

1. 植物嫁接的内容

植物嫁接是果树生产、观赏性植物生产和林木育种中常用的方法。植物嫁接还常被用作研究植物生理学、植物病理学、植物病毒学和植物组织发生学等的手段。植物嫁接内容包括选配砧木和接穗、修剪接穗、削切接口、对齐形成层、夹紧、绑扎及保护等。

2. 要求

(1) 削皮　将母树的树皮削掉 1 圈，露出木质部分。这样可以刺激母树的生长，促进伤口愈合。

(2) 切口　在母树上削出 1 个 V 形切口，切口的深度应该与嫁接枝条的直径相当；然后在嫁接枝条上削出 1 个与母树切口相匹配的 V 形切口。

(3) 嫁接　将嫁接枝条插入母树的切口中，使 2 个切口完全贴合；然后用细绳或胶带将嫁接处缠绕紧密，以防止空气进入。

(4) 修剪　将嫁接枝条上的多余部分修剪掉，只留下 2～3 个芽眼。这样可以促进嫁接枝条的生长，同时也可以减少营养消耗。

(5) 保护　嫁接后的树苗需要进行保护，以防止风吹雨打、病虫害侵袭。可以在嫁接处涂上树脂或石灰，以防止病菌侵入。

(6) 时间　果树嫁接的最佳时间是在果树休眠期，一般在春季和秋季进行。春季嫁接适合于速生品种，秋季嫁接适合于慢生品种。蔬菜苗嫁接选在砧木 2 叶 1 心时进行。

三、植物嫁接的劳动教育价值

(1) 提升技术实践能力　通过植物嫁接，学生可以掌握植物嫁接的基本原理和步骤，熟练运用植物嫁接技术；具备技能拓展（蔬菜、果树）能力，能正确评价植物嫁接的质量优劣，合理地分析和解决植物嫁接过程中的实际问题，有效提高嫁接成活率。

（2）培养解决问题的方法　通过植物嫁接，学生可以培养科学思维，能运用所学的知识与技能解决园林植物繁育和更新复壮等工作岗位和社会活动中遇到的难题；具有较强的调查研究与决策、组织与管理、口头与文字表达能力，具有自我更新知识、自我提高技能的自主学习能力和创新能力。

（3）提高就业创业素养　通过植物嫁接，学生可以具有热爱园林、献身园林的思想品质和不畏艰难困苦的顽强意志，养成求真务实、吃苦耐劳、严谨认真的工作作风，具有较强的团队协作能力和社会适应能力。

任务实施

（一）制订实施方案

植物嫁接：根据任务需要进行人员分组，3～5 人 / 组；制订实施方案，具体方案见图 5-4。

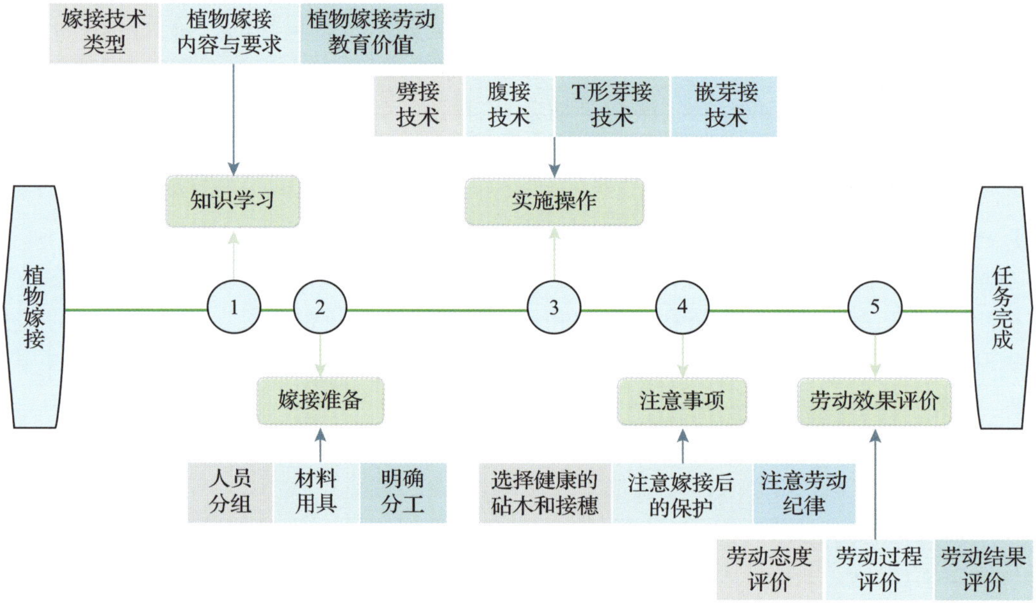

图 5-4　植物嫁接实施方案

（二）准备材料用具

砧木、接穗、剪枝剪、芽接刀、切接刀、电工刀、扁铲、劈接刀、手锯、削穗器、锤子等。

（三）具体实施步骤

1. 劈接技术

普通柿树与黑枣树嫁接：黑枣树为砧木，柿树为接穗，具体操作步骤如下。劈接技术见图 5-5。

（1）砧木处理　嫁接时，在离地面 7 cm 处将砧木切去，然后削好砧木切口。

（2）接穗处理　接穗用长约 8 cm 的枝条，下方两面各削成楔形。

（3）接合处理　将接穗插入砧木切口，使其与砧木切口完好对接，韧皮部对齐即可。

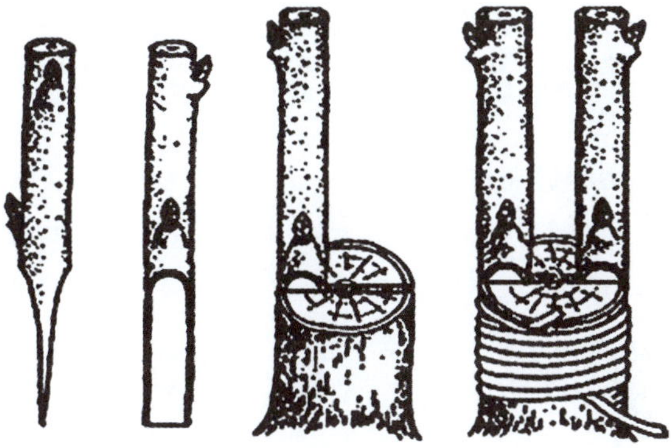

图 5-5　劈接技术

(4) 包扎捆绑　最后用塑料薄膜把二者接合处绑紧，表面再覆土。

(5) 接后管理　用黄泥或接蜡涂抹好切口，再用湿土把砧木和接穗全部埋上。

2. 腹接技术

银杏树嫁接大多是通过腹接技术来完成的，砧木为其他银杏品种，接穗为优良银杏品种，具体操作步骤如下。腹接技术见图 5-6。

(1) 砧木处理　先在砧木的接位处侧着向下纵切一刀。

(2) 接穗处理　在穗条上剪取有 2～3 个嫩芽的一段枝条作为接穗，把接穗下方侧削一个长 2 cm 的斜面（斜面长度要和砧木斜面长度大致相等）。

(3) 接合处理　将接穗长削面向内插入并紧贴砧木切口。

(4) 包扎捆绑　用塑料薄膜把接口捆绑扎实。

(5) 接后管理　查看是否嫁接成功，叶柄一触即落者可成活。植物嫁接成活后就要做好除草和施肥的工作。

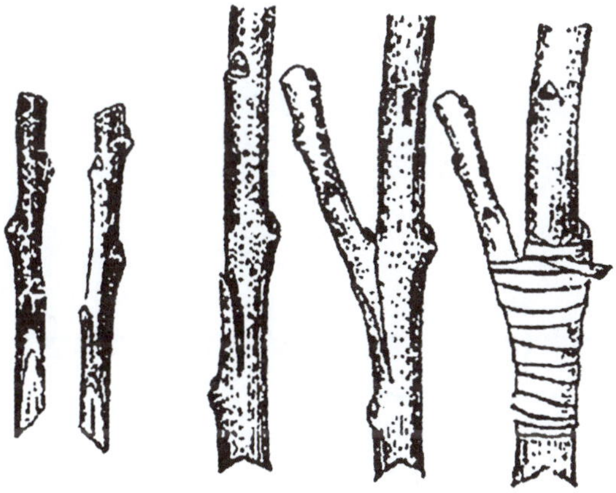

图 5-6　腹接技术

3. T 形芽接技术

红叶樱花品种基本是靠嫁接，以优化品种，保证质量和存活率。砧木为普通樱花品种，接穗为樱花优良品种，嫁接的具体操作步骤如下。T 形芽接技术见图 5-7。

(1) 接穗处理　选取接穗中生长较好的新鲜嫩芽，连带附近的木质部分一起取下，芽片一定要深入到中下芽皮，在芽片内侧应可以看见2个点（即生长点）。

（2）砧木处理　把砧木修剪一番，在砧木上先纵切1.5 cm的切口，再横向切一刀，切口总体要呈现出T字形。

（3）接合处理　慢慢撬动周边树皮，一边撬一边把芽片插进去，注意保护好芽片生长点。

（4）包扎捆绑　把芽片的平面与T字口紧贴起来，用塑料薄膜包紧，以防水分流失。

（5）接后管理　一星期后可以检查嫁接植物成活与否，如果不成活可以及时补接。

图5-7　T形芽接技术

4. 嵌芽接技术

园林月季花嫁接的砧木为蔷薇，接穗为月季，具体操作步骤如下。嵌芽接技术见图5-8。

（1）接穗处理　将接穗连皮切成一个长方形。

（2）砧木处理　在砧木上切去一块与接穗同等大小的树皮。

（3）接合处理　把接穗树皮贴在砧木对应的位置，让二者紧密贴合在一起，不要有缝隙或者多余的部分。

（4）包扎捆绑　用塑料膜在芽上、下呈环形“8”字捆绑一圈，再将接口上、下连芽一并包扎，包扎要严实、紧密，以防接合部位失水。

（5）接后管理　10 d左右检查成活情况，若芽片鲜艳呈鲜绿色，则表示嫁接植物成活，否则应及时补接。

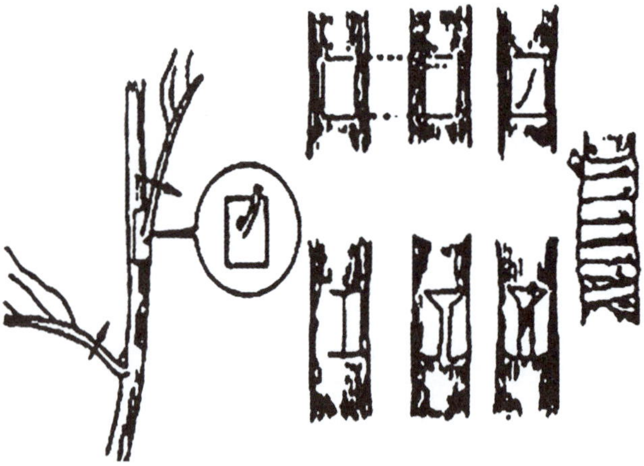

图5-8　嵌芽接技术

（四）注意事项

（1）选择健康的砧木和接穗　砧木和接穗的健康状况对嫁接的成功率有很大的影响，应该选择健康的砧木和接穗进行嫁接。

（2）注意嫁接后的保护　嫁接后的植物需要进行保护，以防止风吹雨打、病虫害侵袭等。同时，应该注意植物的浇水和施肥，以促进其生长和发育。

（3）注意劳动纪律　劳动前进行安全教育，了解劳动过程，学会工具的正确使用方法，禁止在劳动过程中手拿劳动工具追跑、打闹。

（五）劳动效果评价

劳动效果评价分为劳动态度评价、劳动过程评价、劳动结果评价。采用百分制，劳动态度评价占30%，劳动过程评价占40%，劳动结果评价占30%。劳动态度评价表、劳动过程评价表和劳动结果评价表分别见表5-10～表5-12。

表5-10　劳动态度评价表

劳动项目：　　评价对象：　　评价人：　　评价日期：

评价项目	分值	学生自评	组内学生互评	教师评价	总评
劳动目的	20				
劳动次数	30				
责任意识	30				
大局意识	10				
心得体会	10				

表5-11　劳动过程评价表

劳动项目：　　评价对象：　　评价人：　　评价日期：

评价项目	分值	学生自评	组内学生互评	教师评价	总评
服从安排	20				
团队精神	20				
劳动情绪	20				
劳动行为	40				

表5-12　劳动结果评价表

劳动项目：　　评价对象：　　评价人：　　评价日期：

评价项目	分值	学生自评	组内学生互评	教师评价	总评
砧木选择	20				
接穗修剪	20				
削切规范	20				
切口适宜	10				
接合紧密	20				
绑扎正确	10				

总结反思

任务三　机械类专业劳动教育实践

随着科技的不断进步，未来机械行业将需要更多具备创新能力和高技能的劳动者，以推动行业的发展。机械类专业主要包括机械设计制造及其自动化、机械电子工程、机电一体化、车辆工程、农业机械化与自动化等。大多数高职院校均开设有机械工程相关专业课程，旨在使学生具备设备维护、数控维修、环保设备设计等的专业技能。本任务分为 2 个子任务：汽车维修和电机修理。

技能一　汽车维修

任务描述

汽车维修就是对出现故障的汽车通过技术手段排查，找出故障原因，并采取一定措施使故障排除并恢复达到一定的性能和安全标准。汽车维修课程是汽车维修与保养专业、汽车保养专业、汽车检测与维修技术专业的核心课程，也是这些专业的学生必须掌握的一项基本技能。

知识准备

随着我国汽车需求量和销售量的不断增长，汽车行业对具备高素质、高技能的专业汽修人才的需求量也不断增加。目前国内专业汽修人才的缺口很大，尤其是既具备汽车专业理论知识，又熟练掌握汽车维护技能的多能型技师。在此背景下，我国部分高职院校相继开设了汽车维修与保养、汽车保养、汽车检测与维修技术等专业，这些专业逐渐受到广大青年的青睐，已成为高职院校的热门专业。

一、汽车维修的类型

汽车维修是汽车维护和修理的泛称，主要有汽车大修、总成修理、汽车小修、零件修理 4 大类。

1. 汽车大修

汽车大修是用修理或更换汽车零部件（包括基础件）的方法，使汽车技术状况和使用寿命完全(或接近完全)恢复的恢复性修理。汽车大修是对整车进行解体,对所有零部件进行检验、修理或更换。

2. 总成修理

总成修理是为了恢复汽车某一总成的技术状况、工作能力和使用寿命而进行的作业。总成在经过一定使用期限后,基础件和主要零部件会发生破裂、磨损、老化等,需要将其拆散进行彻底修理,以恢复其技术状况。总成修理包括发动机总成修理、变速器总成修理、底盘修理、轮胎修理、电器维修和车身喷漆。送修前要对总成进行技术鉴定,若达到送修条件,需按规定送修。

3. 汽车小修

汽车小修是使用修理和更换个别零部件的方法,保证或恢复汽车工作能力的运行性修理。汽车小修主要是为了避免车辆在运行和维护作业过程中发生故障。

4. 零件修理

零件修理是对因磨损、变形、损伤等不能继续使用的零件进行修复,以恢复其性能和使用寿命。零件修理是节约原材料、降低维修费用的重要措施。当然,零件修理必须考虑到零件是否有修复价值和是否符合经济原则。

二、汽车维修的内容

(一)系统故障

汽车防抱死制动系统即 ABS 系统,可以在汽车遇到情况发生制动时,根据车轮转速自动调整制动管内的压力大小,使车轮总是处于边抱死边滚动的滑移状态,尤其是紧急制动时,它将断续制动,即制动 - 松开 - 制动,以避免发生危险。在使用过程中,若 ABS 系统出现故障,警告灯就会点亮,需及时停车处理或修复。常见的 ABS 系统的故障检修方法如下。

1. ABS 系统的泄压

一般 ABS 系统的泄压方法是:将点火开关关闭(置于“OFF”),然后反复踩制动踏板(踩踏板的次数在 20 次以上),当踏板力明显增加,即感觉不到踩踏板的液压助力时,ABS 系统即泄压完毕。通常修理以下部件时需要泄压:液压控制单元中的任何装置、蓄压器、电动泵、电磁阀体、制动液油箱、压力警告和控制开关、后轮分配比例阀、后轮制动分泵、前轮制动分泵及高压制动液管路等。

2. ABS 系统电脑的更换

用正常的电脑代替原车电脑,观察 ABS 系统的工作情况,通过对比来鉴别原车电脑有无故障。更换时,将点火开关关闭,拆下电脑上的线束插头,换上正常电脑,插上所有的线束插头,接通点火开关;然后启动发动机,红色制动灯和 ABS 灯应显示系统的正常状态。

3. 车轮速度传感器的调整

传感器传感插头脏污、传感器的空气隙没有达到要求,都会引起传感器工作状况不良,这时应对传感器进行调整,以恢复其正常工作状态。传感器的调整可通过纸垫片贴紧传感头的端面来完成。当汽车运行时,随着传感器齿圈的旋转,纸垫片就会自然消失。若发现车轮速度传感器工作状况不良,应用数字万用表测量其线圈的电阻。电阻大为断路,电阻小为短路,2 种情况均需要更换传感头。

4. **液压控制装置的检修**

在检修液压控制装置之前，要按一般方法泄压。拆卸液压控制装置时，拔下电磁阀，取下O形环，用干净的制动液润滑电磁阀O形环；装用性能完好的电磁阀，用4～5 N·m的力矩交替拧紧固定螺栓，固定好电磁阀，插好接线插头。

5. **ABS系统更换**

ABS线束接头接触不良，线束腐蚀、断裂及外部屏蔽损坏等，都会导致ABS系统无法正常工作，需对其进行更换。个别线束插头损坏时，可更换新插头，地线与屏蔽线要焊接牢固。由于是塑料材质，线束插头一般只能与线束一同更换。线束插头必须插牢，以防接触不良；接头插接后，要将卡销插好。

6. **ABS系统放气**

ABS系统中如有空气，会严重干扰制动压力的调节，而使ABS系统的功能丧失、工作异常。尤其是对ABS系统进行维修之后，要按维修手册的规定进行放气。

7. **液压元件泄漏检查**

检查液压元件是否泄漏时，接通点火开关，直至液压泵停止运转；接着再等3 min，使整个液压系统处于稳定状态；查看压力表，若5 min内系统压力下降，表明液压系统有泄漏之处；检查是液压元件本身泄漏，还是外部系统泄漏，对泄漏处进行修复，必要时更换磨损部件或总成。

(二)发动机故障

1. **发动机在运转过程中有异味**

(1)橡胶密封件老化　车辆使用一段时间后，一些橡胶密封件老化，机油就会从密封件中泄漏，滴在排气歧管上。随着排气歧管温度的升高，机油在短时间内蒸发，就会发出机油烧焦的气味，这时只需更换密封件即可。

(2)尾气发出异味　主要原因是混合气过浓，往往要考虑油路、排气管、消音器等是否出现故障。有时由于排气管和消音器的接合部位发生松动而发生漏气，表现为消声器周围发出“叭哩，叭哩”的异响。

2. **发动机水温过高**

(1)冷却水不足　此时记住千万不要立即打开防冻液壶盖。首先将车开到通风、阴凉的地方，然后打开发动机罩，等待冷却水水温下降。如果不得已要马上打开防冻液壶盖时，可用一条在水中浸泡过的大毛巾盖在壶盖上，然后再试着慢慢打开壶盖。当蒸汽冒出时，手要迅速离开，等到蒸汽完全消散后，再将壶盖打开，并将冷却水加入。

(2)漏水　在防冻液壶上安装着许多细小的胶管，有可能会因为胶管松动或者破损而造成漏水。紧急时可以用胶布缠上破损的胶管，补足水后继续行驶。

(3)节温器故障　节温器一般安装在发动机上部。如果冷却水达不到一定温度，就不能向水箱送水。可能由于节温器的原因，即使冷却水达到了基准温度也无法向水箱送水，或者送水量过少，从而导致发动机过热。

3. **发动机无法正常工作**

(1)蓄电池电力不足　如果喇叭声音嘶哑而发动机不运转，应该检查蓄电池。当普通蓄电池极板露出来或当免维护蓄电池观察孔的颜色不是绿色时，就可以断定是蓄电池电力不足造成的发动机无法启动。当遇上普通蓄电池电力不足时，补充蒸馏水，也可用纯净水应急。如果是免维护蓄电池电力不足，就只能用跨接的方法使用其他车辆上的蓄电池，此时一定要注意随车携带发动机的电缆线。在借用其他车辆蓄电池的电量时，电池的正极连正极，负极连负极。注意被借方车辆的发动机一定要先启动。

(2)接头接触不良 喇叭及点亮大灯都无异常，但汽车会发出“咩呀，咩呀”的声音，如果用钳子夹住接头，轻轻向左右转动一下，接头处发出“咕吱，咕吱”的移动声音，则可进一步断定为接头接触不良。此时可以选择用砂纸清理接头圆柱；当没有砂纸时，可以用钳子夹住接头，左右轻轻转动来清理圆柱。

(3)发动机未通电或有故障 喇叭良好，而发动机不运转，可以考虑发动机是否通电。如果发动机本身出现故障，如电磁开关失效等，就必须采用拆下发动机，更换零部件的措施了。

小技巧

如果发动机也未卡死，可以考虑利用外力启动的方法，具体操作要点是将排挡杆推到次高挡(如4挡车型，用3挡)，左脚踩离合器踏板，右脚踩油门踏板，然后松开制动，打开发动机开关。

(三)高速振摆

(1)常见故障 ①随着车速的提高振摆逐渐强烈；②在某一较高车速出现振摆，并引起方向盘抖动。

(2)解决办法 可以先架起驱动桥，前轮加塞安全塞块，启动发动机并逐步换入高速挡，使驱动轮达到终试振摆速度。若此时车身和方向盘都出现抖动，则为传动系统引起的振摆。因为此时前轮前桥处于静止状态，若达到终试振摆速度而汽车不出现抖动，则振摆的原因是汽车前桥部分存在故障。检查前轮各定位角和前束是否符合要求，如失准应进行调整；架起前桥试转车轮，检查车轮动平衡情况及轮胎是否变形过大，必要时可换良好的车轮进行对比试验；检查前轴、车架是否变形；检查传动轴是否弯曲，有条件时应作传动轴动平衡测试。

(四)转向沉重

转向沉重的原因较多，但常见于轮胎气压不足，尤其是前轮气压不足时，转向会比较吃力。若转向沉重的原因为助力转向液不足，需添加助力转向液；若转向沉重的原因为前轮定位不准，则需进行四轮定位检测。

(五)行驶时跑偏

检查跑偏，一般是在汽车行驶时摆正方向盘，然后放开方向盘行驶，看汽车是否走直线。如果不走直线，就是跑偏。汽车跑偏可能是因为左右轮胎气压不一致造成的，需给不足的轮胎充气；也可能是因为前轮定位不准，如前轮外倾角、主销角或主销内角不相等，前束太小或负前束都会造成跑偏，这时必须到专业维修站进行检测。

三、汽车维修的劳动教育价值

(1)提高专业技能 汽车维修不仅是汽车维修专业高职学生必须掌握的一项基本技能，同时还是汽车维修专业学生走向社会、走向工厂、走向车间的一种知行合一的劳动实践过程。

(2)培育正确劳动观 通过汽车维修这一专业实践劳动，学生可以正确地理解“劳动创造了人本身”这一哲学命题，树立正确的马克思主义劳动观，达到了解世界、认识自我、认知劳动的目的。

(3) 培树工匠精神　通过汽车维修这一专业劳动实践，学生可以理清专业学习思路，坚定专业知识的学习信念，激发专业学习热情，掌握专业劳动方法，加深对汽车专业在国民经济中所处地位和作用的认识，树立爱岗敬业、吃苦耐劳、精益求精的工匠精神。

(4) 培养创新创业能力　通过现场维修实习和企业员工的交流指导，学生可以理论联系实际，把所学的理论知识加以印证、深化、巩固和充实，培养分析、解决实际工程问题的能力，为后续专业知识的学习和毕业设计打下坚实的基础。

任务实施

(一)制订实施方案

汽车小修：根据任务需要进行人员分组，5～6 人 / 组；制订实施方案，具体方案见图 5-9。

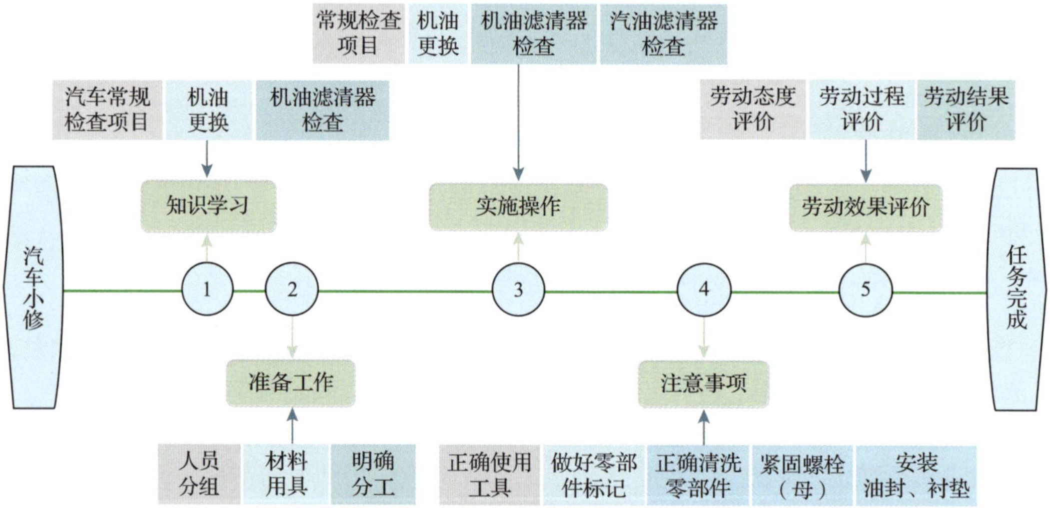

图 5-9　汽车小修实施方案

(二)准备材料用具

螺丝刀、扳手、衬板、千斤顶、钳子、锤子、润滑油、机油、毛巾、工作服等。

(三)具体实施步骤

1. 常规检查项目

①清洁汽车外表，检查门窗玻璃、刮水器、室内镜、后视镜、门锁与升降器手摇柄是否齐全、有效。

②检查散热器的水量、曲轴箱内的机油量、油箱内的燃油储量、蓄电池内的电解液液面高度是否符合要求。

③检查喇叭、灯光是否齐全、有效，安装是否牢固。

④检查转向机构各连接部位是否松旷，安装是否牢固。

⑤检查轮胎气压是否充足，并清除胎间及胎纹间杂物。

⑥检查转向盘的游动间隙是否符合标准；检查轮毂轴承、转向节主销是否松动。

⑦检查离合器和制动踏板的自由行程是否符合规定。

⑧检查轮胎螺母、半轴螺栓、钢板弹簧骑马螺栓和U形螺栓是否牢固可靠。

⑨启动发动机后，查看仪表工作是否正常，倾听发动机有无异响。

⑩检查车辆有无漏水、漏油、漏气、漏电等“四漏”现象；检查拖挂装置是否可靠。

2. 机油更换

机油的作用主要是对发动机进行润滑、冷却、密封、清洁、防锈和防腐。若没有机油，汽车的发动机就不能正常运转。机油要使用矿物油，一般汽车行驶5 000 km就要换一次机油。

汽车换机油的步骤如下：

①根据车型正确选用润滑油的质量级别和黏度级别。

②选用正规厂家生产的高质量机油滤芯，防止因滤芯质量问题造成的油路阻塞、压力不足或过滤效果差等问题，从而影响润滑效果。

③换油时要在发动机处于正常工作温度时关闭发动机，拧开加油口盖，拆下放油螺丝并放出旧油，然后用专用工具拧下旧滤清器。有条件时应对发动机进行清洗，以便彻底清洗掉发动机内的油泥和胶质。

④更换新滤芯时要检查滤芯密封圈是否完好，如发现有变形、破损等情况要及时更换。装配滤芯时应将滤芯内灌满干净的润滑油，并将密封圈上涂抹润滑油，以防止在安装时造成滤芯损坏。

⑤机油滤芯装好后，拧紧放油螺丝，按要求往发动机曲轴箱内加注一定量的新润滑油，油尺、油面应在上下刻线之间；装好油尺后拧紧加油口盖，启动发动机，使其快速转动几分钟，检查油压是否正常及有无漏油现象。如有异常，应及时停机检查并排除异常。

⑥清除仪表盘上的保养提示信息。机油切不可加得过多或过少，过多会造成润滑油消耗速度过快，发动机运转阻力增加，燃油消耗量增加；过少会造成油压太低，润滑效果不良。

3. 机油滤清器检查

①检查滤芯是否有脏污；检查滤纸是否有变形、褶皱或破损情况。

②检查机油滤清器表面是否有变形或破裂情况；检查机油滤清器安装螺纹处是否有缝隙产生；检查机油滤清器密封胶圈是否破损。

4. 汽油滤清器检查

①首先要准备适合原车型号的汽油滤清器及辅助工具等。

②更换汽油滤清器最好选在早晨冷车状态下，因为此时燃油系统中油压小，拆卸滤清器时流出来的汽油较少；或者更换前直接通过发动机燃油轨道对燃油系统进行泄压。

③找到汽车汽油滤清器位置，然后将汽油滤清器从安装支架上拔下来。将接油杯放在油管下方，并用钳子拆掉油管两边的一次性管箍。

④将汽油滤清器进油口处的管子拔下，这时管内的汽油会溢出来，将汽油引入杯子中。当汽油的流量变小后，要套上管箍并尽快把新滤清器的进油口接上，把另一端接口暂时堵上，同时把旧滤清器的进油口堵上。

⑤将旧滤清器的另一端拔下，接在新滤清器上；用螺丝刀拧紧管箍，防止有漏洞；再把换好的汽油滤清器安装回原位。

⑥启动汽车并怠速一段时间，查看汽油滤清器接口部位有没有漏洞等。若没有，则表明汽油滤清器安装良好，汽车就可以上路行驶了。

(四)注意事项

(1)正确使用工具　拆装零部件时要选用合适的工具,不允许用錾子剔打或用电气焊切割,也不允许用活扳手代替锤子敲打。若必须用锤子敲打时,应垫以软金属冲棒或衬板,以防损伤零部件或基体。

(2)作好零部件标记　解体各总成、零部件时,要作好标记。有安装方向要求的,应看好原方向或作上标记,以防装反。

(3)正确清洗零部件　清洗零部件时清洗液的温度不宜过高。橡胶件、油封、胶木齿轮、塑料零部件、铝合金和锌合金不能用碱性溶液清洗;基件经清洗后,应用净水反复冲洗,以洗净表面的化学溶液;油管、气管的内部应彻底清洗干净,以保证管路畅通。

(4)紧固螺栓(母)　有力矩要求的螺栓,应按修理或使用说明书规定的力矩或拧紧操作要求拧紧;装副螺栓、螺母时,按需要加装与螺栓直径相一致的垫圈,垫圈内径不能过大。

(5)安装油封、衬垫　注意转轴与油封孔的同轴度;衬垫的材料和厚度均要符合要求,以防松旷或密封不良。另外,油封的选择要符合要求。密封衬垫厚度要适当,衬垫安装完毕之后,既能完成油封作用,又能不使有关零部件出现松旷或变形。

(五)劳动效果评价

劳动效果评价分为劳动态度评价、劳动过程评价、劳动结果评价。采用百分制,劳动态度评价占30%,劳动过程评价占40%,劳动结果评价占30%。劳动态度评价表、劳动过程评价表和劳动结果评价表分别见表5-13～表5-15。

表5-13　劳动态度评价表

劳动项目:　　　　评价对象:　　　　评价人:　　　　评价日期:

评价项目	分值	学生自评	组内学生互评	教师评价	总评
劳动目的	20				
劳动次数	30				
责任意识	30				
大局意识	10				
心得体会	10				

表5-14　劳动过程评价表

劳动项目:　　　　评价对象:　　　　评价人:　　　　评价日期:

评价项目	分值	学生自评	组内学生互评	教师评价	总评
服从安排	20				
团队精神	20				
劳动情绪	20				
劳动行为	40				

表 5-15 劳动结果评价表

劳动项目： 评价对象： 评价人： 评价日期：

评价项目	分值	学生自评	组内学生互评	教师评价	总评
工具选择与使用	20				
维修流程正确	20				
故障排除正确	20				
零部件拆卸、安装操作规范	40				

总结反思

技能二 电机维修

任务描述

电机作为现代工业生产的核心部件，被广泛应用于各个行业和领域。电机的维修和保养是确保其正常运转和延长使用寿命的重要环节。本任务将从电机维修内涵、电机维修内容及故障排查及处理等方面进行阐述，让学生充分掌握该项技能。

知识准备

电机维修是一项机电类专业学生的必备技能之一，其重要性主要体现为保障设备的正常运转，延长设备的使用寿命，提高设备的运行效率；减少事故的发生，确保系统稳定运行，降低生产成本，提高安全性；保持电机的整体形象和美观，延长电机的使用寿命，防止电机过热，保持电机的密封性能。

一、电机维修概述

（一）电机的内涵与类型

1. 电机的内涵

电机是指依据电磁感应定律实现电能转换或传递的一种电磁装置，这里指电动机（俗称马达），在电路中用字母“M”（旧标准用“D”）表示。它的主要作用是产生驱动转矩，作为用电器械或各种机械的动力源。

2. 电机的类型

(1)按工作电源分类　可分为直流电机和交流电机,其中交流电机还分为单相电机和三相电机。

(2)按结构及工作原理分类　可分为直流电机、异步电机和同步电机。

(3)按用途分类　可分为驱动用电机和控制用电机。

①驱动用电机:主要功能在于将电能转化为机械能,以驱动负载如车辆、机械、洗衣机等,一般采用三相异步电机或永磁同步电机等结构,并采用脉冲宽度调制(PWM)等技术来控制电机的转速和转矩。

②控制用电机:也称为控制电动机,主要用于控制驱动用电机的工作状态,通常指通过调节电机的转速和转矩等参数,实现对系统的精准控制。

(二)电机维修的内涵

电机长期使用,或使用者操作不当时会发生故障,需要进行维修,以保障电机运行良好。电机维修可以节约成本,提高电机的利用率。

二、电机维修的内容

(一)维修内容

1. 检测项目

电机维修的第 1 步是检测电机,主要包括以下 3 方面:

①检查电机的外观是否损坏,是否存在漏洞等问题;

②检查电机的定子和转子是否正常运转,包括电阻测量、转子轴承检查等;

③检查电机的绝缘性能,使用绝缘测试仪进行绝缘性能测试。

2. 清洗项目

电机在运转过程中容易受到灰尘、污垢等的污染,需要进行清洗。清洗项目主要包括以下 2 方面:

①清洗电机外表面,包括通风口、散热器等;

②清洗转子、定子表面和绕组等内部部件。

3. 检修项目

检修的主要项目包括以下 3 方面:

①检修电机的轴承和轴封等配件;

②检修电机的绕组、定子铁芯等内部部件;

③检修电机的电容器等电气部件。

4. 更换项目

当检修不能修复电机时,需要进行部件的更换。更换项目主要包括以下 3 方面:

①更换电机的定子和转子等内部部件;

②更换电机的轴承、轴封等外部部件;

③更换电机的电容器等电气部件。

上述 1~4 项是电机维修的主要项目,需要根据不同的维修需求进行不同的维修项目。因此,建议选择专业的电机维修公司,以保证电机的运行安全和可靠性。同时,定期对电机进行维护和保养,以延长电机的使用寿命,降低电机的使用成本。

(二)故障排查及处理

电机在使用过程中会出现各种故障,但是使用者很多时候不知道怎么解决。绕组是电机的组成部分,老化、受潮、受热、受侵蚀、异物侵入、外力冲击都会对绕组造成伤害,电机过载、欠电压、过电压、缺相运行也能引起绕组故障。绕组故障是最常见的一种故障,一般分为绕组接地、绕组短路、绕组接线错误等。

1. 绕组接地

绕组接地指绕组与铁芯或与机壳绝缘破坏而造成的接地。

(1)故障现象　机壳带电、控制线路失控、绕组短路发热等,致使电机无法正常运行。

(2)产生原因　绕组受潮使绝缘电阻下降;电机长期过载运行;有害气体腐蚀;金属异物侵入绕组内部损坏绝缘;重绕定子绕组时绝缘损坏碰触铁芯;绕组端部碰触端盖机座;定子、转子摩擦引起绝缘灼伤;引出线绝缘损坏,并与壳体相触碰;过电压(如雷击)使绝缘击穿。

(3)处理方法　受潮引起接地的绕组应先进行烘干,当绕组冷却到 60～70 ℃时,浇上绝缘漆后再烘干;绕组端部绝缘损坏时,在接地处重新进行绝缘处理、涂漆、再烘干;绕组接地点在槽内时,应重绕绕组或更换部分绕组元件;最后应用不同的兆欧表进行绝缘电阻测量,绝缘电阻满足技术要求即可。

2. 绕组短路

绕组短路是由于电机电流过大、电源电压变动过大、电机单相运行、机械碰伤、制造不良等原因造成绝缘损坏所致,分为绕组匝间短路、绕组间短路、绕组极间短路和绕组相间短路。

(1)故障现象　离子的磁场分布不均或三相电流不平衡使电机运行时振动和噪声加剧,严重时电机甚至不能启动,而在线圈中产生很大的短路电流,导致线圈迅速发热而烧毁。

(2)产生原因　电机长期过载,使线圈绝缘老化而失去绝缘作用;嵌线时造成绝缘损坏;绕组受潮使绝缘电阻下降,造成绝缘击穿;绕组端部和层间绝缘材料没垫好或整形时损坏;绕组端部连接线绝缘损坏;过电压或遭雷击使绝缘击穿;转子与定子绕组端部相互摩擦造成绝缘损坏;金属异物落入电机内部;电机内部油污过多。

(3)处理方法　若短路点在端部,可用绝缘材料将短路点隔开,也可重包绝缘线,再上漆、烘干;若短路点在线槽内,将绕组软化后,找出短路点并修复后重新放入线槽内,再上漆、烘干;对于短路线匝少于 1/12 的每相绕组,当线匝串联时切断全部短路线,并将导通部分连接,形成闭合回路,以供应急使用。

3. 绕组接线错误

绕组接线错误造成不完整的旋转磁场,致使电机启动困难,三相电流不平衡,噪声太大,严重时若不及时处理会烧坏绕组。绕组接线错误主要有下列几种情况:某极(相)中一只或几只线圈嵌反或头尾接错,极(相)组接反,某相绕组接反,多路并联绕组支路接错,△、Y 形接法错误。

(1)故障现象　电机不能启动、空载电流过大或严重不平衡、温升太快、有剧烈振动并有很大的噪声,保险丝烧断等。

(2)产生原因　误将△形接成 Y 形;维修保养时,三相绕组有一相首尾接反;减压启动时,抽头位置选择不合适或内部接线错误;新电机在下线时,绕组连接错误;旧电机出头判断不对。

(3)处理方法　一个线圈或线圈组接反时，空载电流会有较严重的不平衡，电机应进厂返修；引出线错误时，应正确判断首尾后重新连接；减压启动接错时，应对照接线图或原理图，认真校对后重新接线；新电机下线或重接新绕组后接线错误时，应进厂返修；定子绕组的一相接反时，接反的一相电流特别大，可根据这个特点查找故障并进行维修；把Y形接成△形或匝数不够时，则空载电流大，应及时更正。

三、电机维修的劳动教育价值

(1)增强专业认识　通过电机维修劳动教育，学生可以对机电类专业在国民经济中所处的地位和作用有更清晰的认识，巩固专业思想，提高专业技能，并激发对本专业学习的兴趣。

(2)提升专业素养　通过操作练习，学生可以将所学的理论知识加以印证、深化、巩固和充实，培养分析实际问题、解决实际问题的能力，提高个人综合素质，为以后踏上工作岗位奠定基础。

(3)提高社会实践能力　通过整个劳动过程，学生可以培养吃苦耐劳的精神，提高与人交际的能力，锻炼坚强的意志，增强主人翁责任感、集体荣誉感和团队合作意识，为以后更好地适应社会和企业的发展奠定基础。

任务实施

(一)制订实施方案

电机绕组断路维修：根据任务需要进行人员分组，5～6人/组；制订实施方案，具体方案见图5-10。

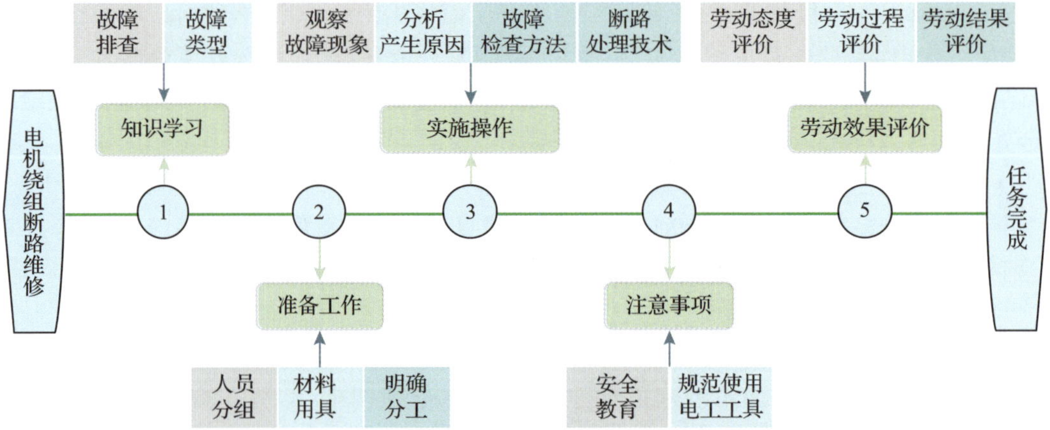

图5-10　电机绕组断路维修实施方案

(二)准备材料用具

划线刀、压线板、剪刀、专用刀、木槌、铁锤、电工工具、兆欧表、钳型表、单臂电桥等。

(三)具体实施步骤

1. 观察故障现象

电机不能启动、三相电流不平衡、电机有异常噪声或振动大、温升超过允许值或电机冒烟。

2. 分析产生原因

①在检修和维护保养时碰断线路或电机制造质量有问题。

②极(相)组和绕组与引接线等的接线头焊接不良,长期运行过热脱焊。

③机械力和电磁场力使绕组损伤或拉断。

④匝间或相间短路及接地造成绕组严重烧焦或熔断等。

3. 故障检查方法

①观察法:断路点大多数位于绕组端部,查看端部有无碰折、接头处有无脱焊。

②万用表法:利用电阻挡,对Y形接法的电机,将一根表棒接在Y形的中心点上,另一根表棒接在三相绕组的首端,电阻值为无穷大的一相为断路点;△形接法的电机断开连接后,分别测每组绕组的电阻值,电阻值为无穷大的绕组则为断路点。

③试灯法:如果试灯时灯亮,说明绕组接地。若发现某处伴有火花或冒烟现象,则该处为绕组接地故障点;若灯微亮,则绕组有接地击穿现象;若灯不亮,但测试棒接地时出现火花,说明绕组尚未击穿,只是严重受潮。也可用硬木在外壳的止口边缘轻敲,敲到某一处,若灯时灭时亮,说明电流时通时断,则该处就是绕组接地点;灯不亮的一相为断路点。

④兆欧表法:电阻值趋向无穷大(即不为零值)的一相为断路点。

⑤电流表法:电机在运行时,用电流表测三相电流,若三相电流不平衡,又无短路现象,则电流较小的一相绕组有部分断路故障。

⑥电桥法:当电机某一相电阻比其他两相电阻大时,说明该相绕组有部分断路故障。

⑦电流平衡法:对于Y形接法的电机,可将三相绕组并联后,通入低电压、大电流的交流电,如果三相绕组中的电流值相差大于10%,则电流小的一端为断路点;对于△形接法的电机,先将定子绕组的一个接点拆开,再逐相通入低压大电流,其中电流小的一相为断路点。

⑧断笼侦察器检查法:检查时,如果转子断笼,则毫伏表的读数应减小。

4. 断路处理技术

①断路点在端部时,连接好后焊牢,包上绝缘材料,套上绝缘管并绑扎好,再进行烘干。

②若为由于匝间、相间短路和接地等原因而造成绕组严重烧焦的情况,一般应更换绕组。

③当断路点在槽内时,对属于少量断路点的情况进行应急处理,采用分组淘汰法找出断路点,在绕组断路处将其连接好并在绝缘合格后使用。

④对笼形转子断笼的情况可采用焊接法、冷接法或换条法修复。

(四)注意事项

(1)安全教育　劳动前进行安全教育,避免在操作过程中由于使用工具不规范而受伤;了解劳动过程,学会专业工具的正确使用方法;禁止在劳动过程中手持工具随意走动、嬉戏打闹,以免误伤。

(2)规范使用电工工具　在电机绕组断路维修劳动过程中,要认真学习正确规范的操作方法,并规范使用专业工具,不可违规操作,以防止意外发生。

(五)劳动效果评价

劳动效果评价分为劳动态度评价、劳动过程评价、劳动结果评价。采用百分制,劳动态度评价占30%,劳动过程评价占40%,劳动结果评价占30%。劳动态度评价表、劳动过程评价表和劳动结果评价表分别见表5-16~表5-18。

表 5-16　劳动态度评价表

劳动项目：　　　　评价对象：　　　　评价人：　　　　评价日期：

评价项目	分值	学生自评	组内学生互评	教师评价	总评
劳动目的	20				
劳动次数	30				
责任意识	30				
大局意识	10				
心得体会	10				

表 5-17　劳动过程评价表

劳动项目：　　　　评价对象：　　　　评价人：　　　　评价日期：

评价项目	分值	学生自评	组内学生互评	教师评价	总评
服从安排	20				
团队合作	20				
劳动情绪	20				
劳动行为	40				

表 5-18　劳动结果评价表

劳动项目：　　　　评价对象：　　　　评价人：　　　　评价日期：

评价项目	分值	学生自评	组内学生互评	教师评价	总评
工具选择与使用	20				
故障检查精准	30				
拆装操作熟练规范	30				
电机修理效果	20				

总结反思

任务四　医学类专业劳动教育实践

医学类专业主要包括基础医学、临床医学、预防医学、口腔医学、中医学、药学等专业。高职院校的医学专业更注重培养学生的临床专业技能，比如患者的基础护理、手术操作、各种疾病的检测和诊断等。本任务分为 2 个子任务：基础护理和药品识别。

技能一　基础护理

任务描述

基础护理是临床各项护理工作的前提和基础，是满足患者生理和安全需要的重要途径，也是评价医院护理质量的重要标志之一。基础护理的内容主要包括为患者提供良好的就医环境、生活服务，协助患者完成常规治疗等。本任务的主要内容为对患者进行健康评估、协助患者进行日常活动、保证患者的安全等，旨在让学生了解基础护理的内容与知识，理解基础护理劳动教育的价值，掌握基本的护理技能。

知识准备

一、基础护理的内涵与类型

（一）基础护理的内涵

基础护理是医学护理的重要组成部分，主要内容包括对患者进行健康评估、协助患者进行日常生活活动、维持患者的舒适、预防患者的伤口感染、为患者提供心理支持。它不仅需要专业的技能和知识，还需要爱心和耐心。基础护理人员的工作对于患者的康复和舒适至关重要，他们是医疗团队中不可或缺的成员。

（二）基础护理的类型

基础护理是护理工作的基础，常见的基础护理有以下几种类型。

1. 护理观察

基础护理人员需要对患者的身体状况进行观察，及时发现患者的异常情况，及时采取措施，以防止患者的病情恶化。

2. 护理措施

基础护理人员需要根据患者的具体情况，采取适当的护理措施，如清洁护理、活动护理、营养护理等，以保证患者的身体健康。此外，基础护理措施还包括护理教育。基础护理人员需要对患者进行护理教育，使患者了解自己的病情，了解护理措施，以及如何预防疾病，以便能够更好地照顾自己。

3. 护理记录

基础护理人员需要对患者的护理情况进行记录，这样便于基础护理人员能够更好地了解患者的病情，并及时采取措施，以保证患者的健康。

二、基础护理的内容

（一）健康评估

基础护理人员会对患者进行全面的健康评估，包括测量体温、脉搏、呼吸、血压、血糖等生命体征，检查患者的意识状态、皮肤状况、疼痛程度等，以及评估患者的食欲、排尿、排便等生理功能。健康评估的主要内容包括以下几方面。

1. 健康史调查

健康史调查是健康评估的第一步，通过询问患者的病史、家族史、生活方式等信息，了解患者的健康状况和潜在的健康风险。健康史调查的内容包括调查患者的基本信息、既往病史、家族病史、生活方式、饮食习惯、睡眠质量、心理健康等。

2. 身体检查

身体检查是健康评估的重要环节，通过对患者的身体系统进行检查，了解患者的身体状况和潜在的健康问题。身体检查的内容包括检查身高、体重、血压、心率、视力、听力、口腔健康、皮肤状况、淋巴结、腹部、胸部、神经系统等。

3. 实验室检查

实验室检查是健康评估的重要手段之一，通过对患者的血液、尿液、粪便等生物样本进行检测，了解患者的生理功能和潜在的健康问题。实验室检查的内容包括检查血常规、生化指标、肝功能、肾功能、血脂、血糖、尿常规、粪便常规等。

4. 健康风险评估

健康风险评估是健康评估的重要内容之一，通过对患者的健康史、身体检查、实验室检查等信息进行综合分析，评估患者的健康风险和潜在的健康问题。健康风险评估的内容包括心血管疾病风险、代谢综合征风险、肿瘤风险、骨质疏松风险、老年痴呆风险等的评估。

5. 健康建议和干预措施

健康评估是一种全面、科学、个性化的健康检查方法，通过对患者的健康状况和潜在的健康问题进行分析，提供个性化的健康建议和干预措施，以促进健康和预防疾病。健康建议和干预措施的内容包括生活方式干预、饮食调整、运动锻炼、药物治疗等。

(二)协助日常生活活动

协助日常生活活动是基础护理的一项重要内容。基础护理人员会协助患者进行日常生活活动，如洗漱、进食、穿衣等，以满足患者的基本生活需求。

1. 洗漱

根据患者的实际情况，提供必要的洗漱用具，如牙刷、牙膏、毛巾、洗脸盆等，并协助患者完成洗漱过程，保持患者口腔和面部的清洁。

2. 进食

根据患者的饮食需求和医嘱，提供合适的饮食，并协助患者完成进食过程，注意保持患者的饮食安全和营养均衡。

3. 穿衣

根据患者的需求和身体状况，选择合适的衣物，并协助患者完成穿衣过程，注意保持患者的舒适和尊严。

(三)保证患者舒适

基础护理人员要确保患者的舒适，包括及时调整床位姿势、更换干燥的床单、保持环境整洁及温暖等。他们还需要注意保护患者的个人隐私和尊严。

1. 体位舒适

根据患者的病情选择合适的体位，指导并协助患者进行床上活动和肢体的功能锻炼。对于卧位的患者，按需要给予翻身、拍背，指导有效咳嗽并协助排痰，必要时应给予吸痰处理，同时要加强巡视；对于压疮高危患者，当有压疮警报时要及时采取有效的预防措施。

2. 环境舒适

(1)开窗通风　定时开窗通风,保持空气清新、无污浊气味、无灰尘。

(2)保持病室温度适宜　一般病室为 18～20 ℃,老年人病室、婴儿室、产房、手术室保持 22～24 ℃。

(3)保持湿度适宜　保持病室相对湿度在 50%～60%。

(4)阳光充足　病室要有充足的阳光,有效采光面积应占室内面积的 1/7 以上。病区备有各种人工光源,既不影响患者睡眠又能满足医护诊治操作的需要。

(5)保持病室安静　病室声音不超 40 dB,鼓励患者调节适宜音量,用耳机听一些悦耳动听的乐曲。

(6)布局合理　病室的布局要合理,环境要优美,尽量适应不同病室的患者需要。

3. 心理、生理舒适

(1)心理支持　与患者建立良好的沟通关系,倾听患者的诉求和感受,提供必要的心理支持和安慰,帮助患者缓解焦虑、恐惧等不良情绪。

(2)关怀照顾　关注患者的生活细节和需求,提供个性化的照顾服务,如为患者读书、陪伴患者散步等,让患者感受到温暖和关爱。

(四)确保安全措施

1. 保证患者的活动安全,防止患者跌倒

(1)评估患者的状况　在协助患者进行日常活动前,基础护理人员应对患者的身体状况、活动能力和跌倒风险进行评估。

(2)提供安全的环境　确保患者活动区域整洁、无障碍物,提供足够的照明,保持地板干燥,以降低患者跌倒的风险。

(3)使用辅助设备　根据患者需要,提供合适的辅助设备,如拐杖、助行器、轮椅等,以确保患者活动时的稳定性。

2. 定期检查设备的完好性及安全性

(1)检查辅助设备　定期检查所提供的辅助设备,如拐杖、助行器等,确保其结构完好、功能正常,以提供安全的支持。

(2)检查病室设施　定期检查病室内的设施,如床铺、椅子、浴室设备等,确保其稳固、无损坏,以减少意外的发生。

(3)更新设备　根据设备的使用情况和患者的反馈,及时更新或调整设备,以确保其安全性能。

3. 及时处理突发状况,确保患者安全

(1)应急准备　基础护理人员应随时作好应急准备,熟悉各种突发状况的处理流程,以便在紧急情况下迅速采取措施。

(2)应急处理　遇到突发状况时,基础护理人员应立即报告医生或上级护理人员,同时根据患者的状况采取必要的急救措施。

(3)记录与总结　在处理完突发状况后,基础护理人员应详细记录事件的经过和采取的处理措施,并进行分析总结,以防止类似事件的再次发生。

基础护理人员在护理患者的过程中除了要做到以上内容外,还要注意防止感染发生。防止感染的控制措施主要包括勤洗手、穿戴适当的防护服、正确处理和清洁医疗设备以及正确处理和处置医疗废物等。同时基础护理人员还要负责监测和管理患者的药物使用情况，包括及时给予患者药物，记录药物的剂量和服用时间，并监测患者对药物的反应等。

三、基础护理的劳动教育价值

基础护理劳动教育是指对护理专业学生进行劳动技能培养和实践能力提升的教育活动。该劳动教育不仅可以提高学生的实践操作能力，还可以培养学生的团队合作精神和岗位责任意识，使他们为将来的工作作好充分准备。

(1)提高实践操作能力　从事基础护理工作需要丰富的实践经验和熟练的操作技能，而这些都需要通过实践和劳动来培养。在高职院校，护理专业的学生会接受一系列的实践教学，例如模拟操作、临床实习等。通过这些活动，学生可以熟悉各种护理操作的步骤和要点，提高技能水平。同时，基础护理劳动教育还可以帮助学生培养观察力、判断力和应急处理能力，提高他们在实践中的应变能力。

(2)培养团队合作精神　在基础护理工作中，一个人独立完成一项工作是很难的，团队合作尤为重要。一个团队的成员需要相互配合，共同完成工作任务。基础护理劳动教育可以提供一个锻炼团队合作能力的平台，通过这个平台，学生可以学会如何与他人合作，如何在团队中发挥自己的优势。这对于未来从事护理工作的学生来说非常有益。

(3)培养岗位责任意识　作为一名基础护理人员，首先要具备高度的责任心，因为基础护理人员的工作直接关系到患者的生命安全和健康。通过基础护理劳动教育，学生可以体验到工作的重要和责任的重大，从而培养起对工作的责任感和使命感。在劳动中，学生需要严格按照操作规范和流程进行工作，确保每一个步骤都正确无误，这样才能保证患者的安全和健康。这种责任感的培养对于护理专业的学生来说至关重要。

任务实施

(一)制订实施方案

日常基础护理：根据任务需要进行人员分组，5～6 人 / 组；制订实施方案，具体方案见图 5-11。

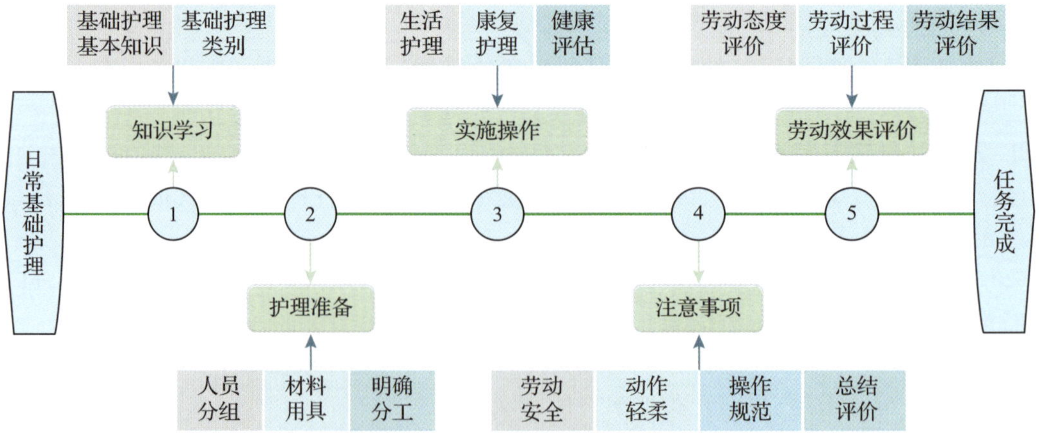

图 5-11　日常基础护理实施方案

（二）准备材料用具

血压计、体温表、听诊器、血糖仪、轮椅、病床及床上用品等。

（三）具体实施步骤

1. 生活护理

（1）日常活动　学会帮助患者进行基本的日常活动，如洗漱、穿衣、进食、活动等，以满足患者的基本生活需求。

（2）保证身体舒适　学会帮助行动不便或不能下床的患者保持正确坐姿、卧姿，例如对长期卧床的患者，要及时翻身，防止褥疮；对于骨折患者，要协助解决疼痛、睡眠不足、骨折部位水肿或感染、皮肤破损或压疮等问题。

（3）确保患者安全　定期评估患者状况，检查患者的活动环境及辅助设备是否安全，以排除隐患，如遇突发情况应及时上报。

2. 康复护理

（1）康复锻炼　帮助患者进行身体运动功能的康复锻炼，或进行心理健康指导。

（2）辅助用药　按照医嘱提醒或帮助患者按时、按量用药。

3. 健康评估

（1）评估内容　包括测量血压、血糖、心率、体温、呼吸等生命体征，检查患者的意识状态、皮肤状况、疼痛程度等，以及评估患者的食欲、排尿、排便等生理功能。

①血压：一般血压是指收缩压和舒张压，成年人正常的收缩压为 90～139 mmHg，舒张压为 60～89 mmHg。但随着年龄的增长，血压也会相应增高。如果收缩压超过 140 mmHg，舒张压超过 90 mmHg，就属于高血压。

②血糖：血糖值分为空腹血糖值、餐后 1 h 血糖值、餐后 2 h 血糖值、随机血糖值等。正常空腹全血血糖值为 3.9～6.1 mmol/L，正常餐后 1 h 血糖值为 6.7～9.4 mmol/L，正常餐后 2 h 血糖值应小于 7.8 mmol/L，正常随机血糖值一般应小于 11.1 mmol/L。如果发现血糖异常，要及时就医。

③心率：是指人体心脏每分钟搏动的次数，为人的基本生命体征之一。成年人的正常心率水平为在安静、清醒状态下 60～100 次 /min。老年人心率偏慢，女性心率稍快，儿童心率比较快，运动后人的心率会加快。

（2）健康指导　指导患者按时、按量用药，生活规律，饮食科学，营养搭配合理，适当锻炼等。

（四）注意事项

劳动前进行安全教育，护理过程中动作要轻柔，语言要温和；注意不同护理工作的操作要点，以期有针对性地进行护理；操作结束要总结评价，及时改正错误操作，进行规范操作。

（五）劳动效果评价

劳动效果评价分为劳动态度评价、劳动过程评价和劳动结果评价。采用百分制，劳动态度评价占 30%，劳动过程评价占 40%，劳动结果评价占 30%。劳动态度评价表、劳动过程评价表和劳动结果评价表分别见表 5-19～表 5-21。

表 5-19　劳动态度评价表

劳动项目：　　评价对象：　　评价人：　　评价日期：

评价项目	分值	学生自评	组内学生互评	教师评价	总评
劳动目的	20				
劳动次数	30				
责任意识	30				
大局意识	10				
心得体会	10				

表 5-20　劳动过程评价表

劳动项目：　　评价对象：　　评价人：　　评价日期：

评价项目	分值	学生自评	组内学生互评	教师评价	总评
服从安排	20				
团队精神	20				
劳动情绪	20				
劳动行为	40				

表 5-21　劳动结果评价表

劳动项目：　　评价对象：　　评价人：　　评价日期：

评价项目	分值	学生自评	组内学生互评	教师评价	总评
工具选择与使用	20				
健康评估准确	30				
动作熟练规范	30				
健康建议合理	10				
患者满意度评价	10				

总结反思

技能二　药品识别

任务描述

药品是关系到广大人民群众生命和健康的特殊商品。提供安全有效的优质药品对于保障医疗健康服务至关重要。本任务主要针对药品种类及真伪识别进行讲述，目的是让学生能够识别日常生活中的药品种类、真伪，提高用药质量，确保身体健康。

知识准备

药品作为人们生活中必备的预防、治疗身体病症的物品，种类复杂、品种繁多。正确购药、用药在很大程度上影响人的健康，甚至关乎生命。能正确识别药品属于专业能力，学生掌握一般的药品识别常识，有利于自身的健康。

一、药品识别概述

（一）药品的内涵

药品是指用于预防、治疗、诊断人的疾病，有目的地调节人的生理机能并规定有适应证或者功能主治、用法和用量的物质，包括中药材、中药饮片、中成药、化学原料药及其制剂、抗生素、生化药品、放射性药品、诊断药品、血液制品、血清、疫苗等。

（二）药品识别的内涵与方法

1. 药品识别的内涵

药品识别是指通过对药品进行化学、物理、生物学等方面的测试和分析，确定药品的质量、纯度、成分和含量等信息的一种方法。药品识别是药品质量控制和药品研究的重要手段，其主要目的为保证药品的质量和安全性，识别药品的真伪和来源等。

2. 药品识别的方法

（1）外部特征法　通过药品的外部形态、颜色、气味、口感等特征来判断药品是否为真品。

（2）物理化学性质法　通过药品的物理和化学性质如溶解度、熔点、沸点、比重、旋光度等来识别药品。

（3）生物反应法　通过将待测药品与生物体或其组织进行接触，观察生物体的生理反应、药效等进行识别。

（4）化学鉴定法　通过常规化学检验、红外光谱、核磁共振等手段分析鉴定药品成分的含量和性质。例如将待测药品与化学试剂反应，观察反应产物的颜色、气味等，进行药品识别。

（5）光谱分析法　利用紫外光谱、红外光谱、质谱等技术，对药品的分子结构进行识别。

（6）生物学鉴定法　通过比对药品的 DNA、RNA 序列等生物学信息进行药品识别。

二、药品识别的内容

药品识别可以从以下几个方面进行。

1. 成分组成

可以用化学分析法、化学试剂、生物试验、色谱分析法进行药品成分的鉴别。

2. 包装与外观

真正的药品包装上会标明“国药准字”批准文号，境内生产药品批准文号格式通常为国药准字 H（Z、S）+4 位年号 +4 位顺序号，并且可以在国家药品监督管理局官网上查询验证。使用手机应用软件扫描药品包装上的中国药品电子监管码，可以获得药品的真伪提示、有效期和流向等信息。真正的药品应有唯一的 20 位数字构成的监管码，外包装外观颜色纯正、印刷精美、字迹清晰。假药的外包装质地较差，外观颜色不纯正，字体和图案印刷粗糙，防伪标识模糊。所有药品的外包装或说明书内应详细注明生产企业名称、地址、邮编、电话、网址等内容，并有药品的防伪标识。

3. 药品物理性状

合格药品的外观颜色纯正，形状、质地、硬度、比重、溶解性等正常，表面光滑，无花斑、裂片、潮解等问题。

三、药品识别的劳动教育价值

（1）关爱生命，提高健康意识　药品识别是对药品质量的监控，更是关爱生命的举措，其主要目的是保障身体健康，促进社会发展进步。

（2）科学严谨，强化责任感　药品识别作为专业技能，来不得半点马虎，学生必须严格、认真、科学分析，保证药品质量高、安全性强。在药品识别过程中，学生具有更强烈的责任感。

（3）明辨真伪，弘扬求真精神　去伪求真是药品识别的意义，通过药品外观、包装、成分检验辨别药品的真伪、质量和效果的好坏，是一种求真的过程，也是一种追求求真精神的体现。

任务实施

（一）制订实施方案

常用药品真伪识别：根据任务需要进行人员分组，6～8 人 / 组；制订实施方案，具体方案见图 5-12。

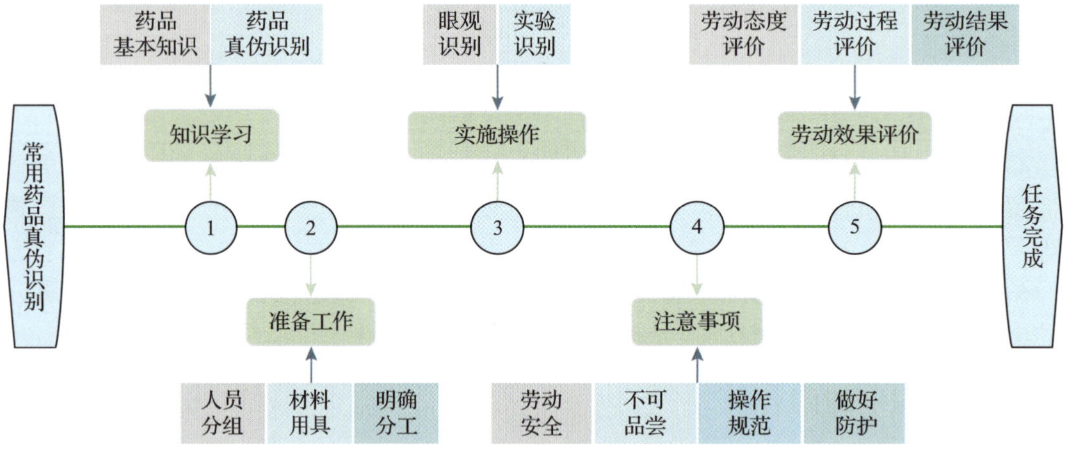

图 5-12　常用药品真伪识别实施方案

(二)准备材料用具

不同种类的药品、笔、本、水、烧杯、玻璃棒等。

(三)具体实施步骤

1. 眼观识别

常见的药品种类很多,以下常用药品可以通过说明书进行识别。

(1)消炎药　如布洛芬、对乙酰氨基酚、阿司匹林等,用于缓解发烧、头痛、关节疼痛等症状。

(2)抗生素　如青霉素、头孢菌素、红霉素等,用于治疗细菌感染。

(3)镇痛药　如吗啡、可待因、芬太尼等,用于缓解剧痛。

(4)抗过敏药　如氯苯那敏、氯雷他定、苯海拉明等,用于缓解过敏症状。

(5)消化药　如奥美拉唑、雷尼替丁、酶制剂等,用于治疗胃酸过多、消化不良等胃肠道疾病。

(6)心脑血管药物　如阿托伐他汀、肝素、硝酸甘油等,用于治疗高血压、心脏病、中风等心脑血管疾病。

(7)抗抑郁药　如帕罗西汀、氟西汀、舍曲林等,用于治疗抑郁症和焦虑症。

2. 实验识别

首先教师讲解有关真假药品识别的方法,然后学生进行分组并针对以下几种药品进行真假识别。

(1)快克胶囊　真品因含人工牛黄,口尝时感觉味苦;将胶囊打开,把药倒入蒸馏水中,水不会被染色。而假药多用面粉冒充,口尝时感觉味不苦;将假药放在水中,水会立即被染色。以此方法区别真假药品。

(2)芬必得胶囊　真品胶囊内的白色小丸大小一致,外表光滑且均匀透明,用手捻之不易破碎。假药为淀粉等冒充,颗粒大小不一,外表粗糙不光滑,有的可见棱角,用手捻之易成碎粉。

(3)复方丹参片　真品因含丹参浸膏、三七、冰片,除去糖衣后显褐色,气芳香,味微苦。而假药除去糖衣后,呈银灰色,无芳香气,味不苦。

(4)片仔癀　真品为牛黄、麝香、三七、蛇胆等药材经加工制成的锭剂,为类扁椭圆形块状,块上有一椭圆环,表面为棕黄色或灰褐色,有密细纹,质坚硬、难折断。如形状、颜色与上述不符合的片仔癀,就可能为假药。

(四)注意事项

在进行药品真假识别过程中尽量不要用手直接接触药品,防止药品对皮肤造成伤害;不可直接品尝药品;采用化学方法进行药品识别实验产生气体时要远离,同时做好防护。

(五)劳动效果评价

劳动效果评价分为劳动态度评价、劳动过程评价和劳动结果评价。采用百分制,劳动态度评价占 30%,劳动过程评价占 40%,劳动结果评价占 30%。劳动态度评价表、劳动过程评价表和劳动结果评价表分别见表 5-22～表 5-24。

表 5-22　劳动态度评价表

劳动项目：　　评价对象：　　评价人：　　评价日期：

评价项目	分值	学生自评	组内学生互评	教师评价	总评
劳动目的	20				
劳动次数	30				
责任意识	30				
大局意识	10				
心得体会	10				

表 5-23　劳动过程评价表

劳动项目：　　评价对象：　　评价人：　　评价日期：

评价项目	分值	学生自评	组内学生互评	教师评价	总评
服从安排	20				
团队精神	20				
劳动情绪	20				
劳动行为	40				

表 5-24　劳动结果评价表

劳动项目：　　评价对象：　　评价人：　　评价日期：

评价项目	分值	学生自评	组内学生互评	教师评价	总评
识别药品包装信息	10				
通过感官识别药品	20				
通过嗅觉识别药品	30				
实验材料的正确使用	30				
操作的熟练程度	10				

总结反思

项目六　公益劳动实践

知识目标

1. 理解公益劳动与公益劳动教育的内涵；
2. 掌握公益劳动教育的特点；
3. 了解公益劳动教育的内容与要求；
4. 理解公益劳动教育的价值。

能力目标

1. 能分辨公益劳动教育的特点；
2. 具有分析公益劳动教育现状问题的能力；
3. 能阐述公益劳动教育的时代价值；
4. 具备公益劳动的基本能力。

思政目标

1. 培育公益劳动精神；
2. 培育社会实践和环保意识；
3. 提高社会责任感和综合能力。

任务一　公益劳动教育认知

任务描述

公益劳动与我们的生活密不可分，公益劳动给我们带来了什么呢？本任务我们就来了解公益劳动的内涵、类型，明确公益劳动教育的内涵，厘清公益劳动与公益劳动教育的关系，理解公益劳动教育的价值。

知识准备

一、公益劳动教育概述

（一）公益和公益劳动的内涵

在现代语境中，公益是公共利益事业的简称，主要是指与社会的公共利益相关的事业，包含“公共福利”“公共利益”以及“公共物品”等内涵。“公益”一词也常用来指代那些非政府和非营利组织的活动，这些组织多专注于如卫生、教育、环保等领域的热点问题，旨在推动社会发展和提高公民的生活质量。因此，公益以公共利益为出发点和目标，强调集体和社会的福祉。此外，公益的实践者可以是个人或团体，他们通过自己的努力，无论是捐赠还是志愿服务，为需要帮助的人群提供公益服务。

在劳动教育的视域下，“公益”则更注重“人人参与，人人受益”，提倡学习者的参与和社会责任感的培育；注重国家和集体的利益，而不是个人的利益。

公益劳动是指以非营利为最终目的，为改善社会问题、服务社区和社会大众而进行的自愿、无偿的活动。这些活动旨在促进社会公正，提升社会福祉，改善环境等。

（二）公益劳动的类型

公益劳动类型有很多，常见的有以下几种：

(1) 志愿者服务活动　个人或团队组织自愿通过做好事、行善举而提供公共产品，如迎新生志愿活动、抗灾志愿者服务等。

(2) 义工活动　目的在于帮助那些需要帮助的人，为社会贡献一份自己的力量并不计报酬，给社会传递正能量，如特教学校服务、敬老院服务等。

(3) 支教支边服务劳动　旨在帮助贫困地区儿童和弱势群体子女接受教育的活动，如乡村学校支教、支边技术服务等。

(4) 环保公益劳动　以保护环境、减少污染、节约资源为主题的活动，如植树造林、清理垃圾、节能减排等。

(5) 公共设施公益劳动　对公共设施进行维护和改善的活动，如修缮公园设施、维护道路安全等。

随着社会的发展，新的公益劳动类型会产生，现有的不合时宜的公益劳动也会消失。

（三）公益劳动教育的内涵与特点

1. 公益劳动教育的内涵

公益劳动教育是劳动教育系统整合公益要素，围绕人的发展来开展的教育模式。它重视社会的参与，并不局限于学校和教师，涉及与校外公益组织、企业等的互动和协作，以保障公益教育的资源需求和可持续发展。公益劳动教育是一种旨在培养个体社会责任感的重要教育形式。

2. 公益劳动教育的特点

公益劳动教育是劳动教育在公益领域的延伸，它具有以下几方面的特点：

(1) 自愿性　公益劳动教育是高职学生自愿参与的一种善意的举动，它以自愿自觉为前提，并不是出于政府或学校的强制。当然，政府部门或高校出于鼓励学生接触社会、了解社会、参与社会以及回馈社会的良好意愿，制定一些政策或采取相关措施来推动学生进行公益劳动教育，只要这些政策和措施是倡导性的而不是强制性的，并且高职学生是可以根据自身实际情况选择是否参与的，就应多从正面的角度予以支持和理解。

(2) 社会性　公益劳动教育是在社会领域践行，其活动平台是社会，服务对象也应具有社会方面的特征，而不是服务经济部门或私人部门。参与公益劳动教育的学生应该走出校园，在了解社会民情及环境特征的基础上参与服务活动。公益劳动教育的社会性，也意味着公益实践将产生一定的社会影响，在一定程度上改善社会某方面的状况，或促进社会的发展进步。

(3)利他性 公益劳动教育具有利他性,不以私利为目的,而以更多人的公共利益为目标,从公益劳动教育项目的设计初始便应确立"公益"这个核心价值。高职学生群体普遍具有热心公益、胸怀理想、有所作为的心理特点,青春、理想、激情与公益的结合将激发出高职学生服务社会、奉献社会的强大动力,使高职学生成为推动社会福利发展的重要力量。

(4)联动性 公益劳动教育既可以是由学生自身发起的活动,也可以是学生参与学校、政府、民间非营利机构等组织的公益活动,最重要的是要深入到基层民众中去。因此,公益劳动教育是多方联动的。我们不能误认为公益劳动教育必须由学生自己组织发起,而应从资源整合的角度考虑学生公益劳动教育,从整体社会系统的角度考量学生公益劳动教育项目的设计与实施。无论发起者或组织方是谁,学生参与公益劳动教育的目的主要是在帮助他人、服务社会的过程中开阔视野、提升能力和完善自我。

二、公益劳动教育的内容与要求

(一)公益劳动教育的内容

公益劳动教育主要有 3 种类型:校园公益性劳动教育、社会公益性劳动教育和国家公益性劳动教育。公益劳动教育的内容会随着产业新业态、劳动新形态的发展而进行调整。

1. 校园公益性劳动教育

校园公益性劳动教育指在学校内组织学生自愿参加的公益劳动教育,如公共设施维护、校园净化绿化美化等。

(1)公共设施维护 是保障生活环境正常运行的重要环节。公益劳动教育应引导学生积极参与公共设施的维护和保养,如校园消防设施、公共交通设施、阶梯教室等的维护与保养。通过维护公共设施,学生可以增强社会责任感,提高自身综合素质。

(2)校园净化绿化美化 旨在提高学生的环保意识,引导学生积极参与环境的保护和可持续发展。活动类型包括垃圾分类、植树造林、水源保护等。通过这些活动,学生可以了解环境问题,提高环保技能,传播环保理念。

参加校园公益性劳动可以让学生热爱劳动,增进友谊,体会校园文化,增强集体荣誉感,树立"我爱我校"的主人翁精神。

2. 社会公益性劳动教育

社会公益性劳动教育是不谋私利、不计报酬、直接服务于社会的义务劳动,如知识科普宣传、公共文化传承、助老助残等。

(1)知识科普宣传 是公益劳动教育的重要内容之一,旨在普及科学知识,提高公众的科学素养。活动内容包括科普讲座、展览、科学实验等。通过参与知识科普宣传,学生可以拓展知识面,提高科学素养,同时培养传播科学文化的责任感。

(2)公共文化传承 是指传承和弘扬优秀传统文化和民间艺术的活动。学生可以参与特教学校服务、非物质文化遗产的传承与保护等。通过公共文化传承活动,学生可以深入了解文化内涵,培养文化自信和民族自豪感。

(3)助老助残 是公益劳动教育的重要组成部分,主要内容包括为老年人、残疾人提供生活照料、心理疏导、康复训练等服务,如学生可以参加敬老院服务。通过参与助老助残活动,学生可以了解弱势群体的需求,培养关爱之心,提高自身的人道主义精神。

3. 国家公益性劳动教育

国家公益性劳动教育是国家级政府性公益活动，如贫困地区援助、应急救援响应等。

（1）贫困地区援助　是指针对贫困地区的教育、医疗、基础设施等方面进行的援助活动。高职院校组织、鼓励和支持学生以不同的形式参与救灾、支边、扶贫等活动。几十年来，党中央、国务院对援藏、援疆制定了一系列特殊政策和鼓励措施，引导和鼓励高校毕业生到西部去、到基层去、到祖国最需要的地方去。通过落实“三支一扶”计划（支教、支农、支医、帮扶乡村振兴），为偏远山区脱贫提供志愿者公益性服务，学生可以了解贫困地区的需求，锻炼吃苦耐劳的精神，培养关爱之心和社会责任感，培育新时代高职学生正确的人生观和价值观，成为实现中华民族伟大复兴中国梦的合格接班人。

（2）应急救援响应　是指针对自然灾害、突发事件等的应急救援活动。学生可以参与抗灾服务、物资捐赠等活动。通过应急救援响应，学生可以学习应急救援知识，培养团队合作和应对突发事件的能力。

（二）公益劳动教育的要求

1. 心理动机要求

公益劳动教育注重劳动性与教育性的协调统一，它还需要精神的涵养。参与心理是参与者参与公益劳动的思想支柱，所以必须对参与心理有充分的认识。志愿活动参与心理有以下几种：帮助有需要的人回应社会需要；参与改善社会问题，尽公民的责任回报社会；发挥自己所长服务社会；了解社会，微服务社会，实现自己的人生价值和获得社会认可感。

2. 明确核心目标要求

公益劳动教育可以把高职学生的个人发展与社会的整体繁荣紧密联系起来，通过二者的有效互动而相得益彰。公益劳动教育的核心是“人”，既是服务“人”的公益行动，又是培养“人”的有效方法。通过参与公益劳动教育，学生可以深入了解社会、服务社会，促进全面发展。公益劳动教育可以实现学校为党育人、为国育才的目标。

3. 实施内容方式要求

高职公益劳动教育与中小学公益劳动教育存在诸多的不同，这些不同使高职公益劳动教育在内容选择和呈现方式等方面具有鲜明的学段特点。高职公益劳动教育区别于中小学公益劳动教育的关键点在于高职公益劳动教育要体现先进生产力的发展方向，提升公益劳动教育的科技含量；要充分实现公益劳动教育与专业学习的有机融合，增强专业实践的劳动真实性。比如护理专业的学生在去养老院的公益劳动中就不应该像中小学生一样简单地给老人洗衣服、打扫卫生，而是要充分结合所学护理专业的知识与技能进行服务。这实际上要求高职公益劳动教育要高度重视劳动形态的发展和高职学生劳动素养的培养。

三、公益劳动教育的价值

公益劳动教育以培育学生深厚的劳动情感观为起点，以塑造学生正确的劳动价值观为归宿，积极引领学生树立正确的劳动观。

（1）培育社会责任感和担当精神　劳动情感观的培育基于责任意识和担当精神的渗入。高职院校担负着立德树人的崇高使命，既要培养学生的专业技能、创新精神和实践能力，又要培养学生深厚的家国情怀及“以天下为己任”的社会责任感和担当精神。而学生的责任意识、担当精神立足于扎实的劳动实践。高职院校在培育学生的劳动情感观方面，对劳动态度的情感培育是最为关键和有效的视角。在端正学生的劳动态度方面，公益劳动教育起着关键作用，它引导学生以主人翁的姿态自觉站在国家、社会和民族的高度去参与实践，在崇尚劳动、诚实劳动、热爱劳动、自觉劳动中奋发图强；它帮助学生树立“劳动最光荣”的信念，使学生在身体力行中日渐形成良好的公益劳动行为习惯。

（2）塑造正确的劳动价值观　劳动价值观关注的是为什么劳动、为谁劳动和怎样劳动的问题，劳动价值观的塑造以服务和奉献为最高境界。公益劳动中的劳动突出“公益”2字，包含服务和奉献的情感境界，融合自愿性和无偿性的特征。公益劳动教育实践如校园净化美化、维修公共设施等可以潜移默化地使学生树立感恩国家、奉献社会、劳动创造价值的理念。尤其是在奉献与索取关系的价值判断方面，公益劳动教育可以更直接有效地对学生进行集中的劳动价值观引领。

（3）促进学生成长与社会和谐　公益劳动教育的目的在于培养学生的社会责任感和实践能力，提高学生的综合素质。通过参与公益劳动，学生可以了解社会的真实需求，亲身感受到服务他人的价值和意义，同时培养自身的实践能力、团队合作能力以及解决问题的能力。这不仅有助于学生的个人成长，还有利于社会的和谐发展。

案例分析

为增强科技志愿者的荣誉感、自豪感，激励更多人投身科技志愿服务事业，提升科技志愿服务质量和社会影响力，打造科技志愿服务品牌，厚植高水平科技自立自强的科学文化基础，中国科学技术协会决定选树胡勇等30名科技志愿者、中国电子学会科技志愿者总队等30个科技志愿服务组织、科技工作者心理服务热线项目等30个科技志愿服务项目、贵州省遵义市播州区影山湖街道龙泉社区等10个科技志愿服务点（社区或村）为2022年科技志愿服务先进典型。

解析：

1. 公益劳动教育有哪几种类型？被表彰的胡勇从事的是哪种类型的公益劳动？
2. 这次活动说明公益劳动教育有哪些意义？
3. 中国科学技术协会举办的科技志愿服务劳动验证了公益劳动教育的哪些价值？

任务实施

（一）制订实施方案

公益劳动教育认知：根据任务需要进行人员分组，6～8人/组；制订实施方案，具体方案见图6-1。

（二）准备材料用具

期刊、图书、笔、本、计算机等。

（三）具体实施步骤

1. 资料学习

在教师的指导下，学习公益劳动、公益劳动教育的内涵，公益劳动教育的内容、要求、价值。

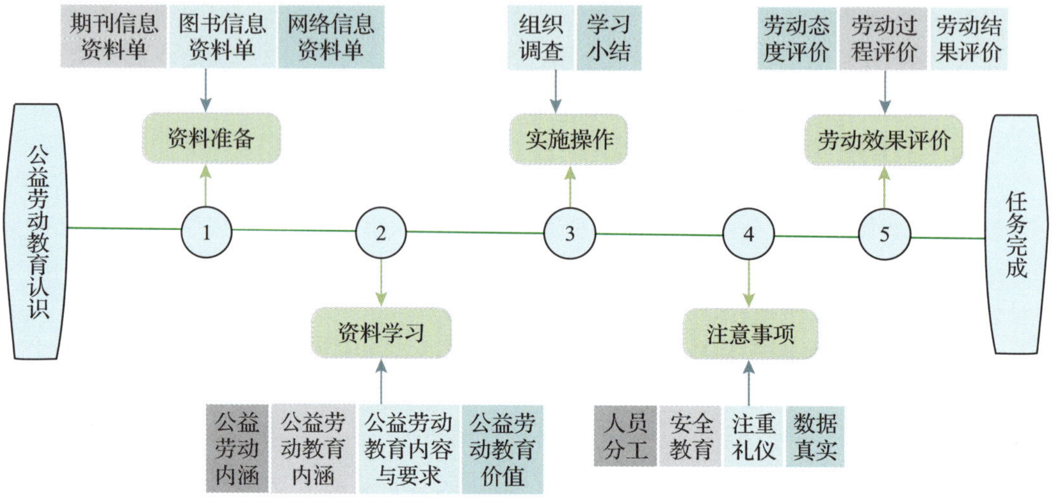

图 6-1　公益劳动教育认知实施方案

2. **组织调查**

(1) 调查准备　通过图书、期刊、网络查询等途径，了解我国、本省和当地劳动教育的基本情况。

(2) 制订方案　以小组为单位制订调查方案，包括时间、地点、调查对象和内容等，并进行调查表格的设计。

(3) 开展调查　在查阅资料的基础上，按照制订的调查方案，通过走访当地教育管理部门、教职员工、学生等，了解当地学校公益劳动教育的类型、目的等。

(4) 调查总结　根据调查结果每人撰写 1 份不少于 600 字的调查总结，在教师的组织下与同学们交流学习。

3. **学习小结**

(1) 学习收获　每人写 1 份学习收获。

(2) 小组讨论　用集体的智慧完成 1 份较好的学习收获。

(3) 典型发言　每组选 1 个代表进行典型发言，在全班讲解小组的学习方法、学习收获；组员补充收获的内容。

(4) 小组评价　教师组织发动全班同学讨论、评价各小组的学习情况，实现全班同学共享学习资源和收获，巩固所学的知识内容。

(四) 注意事项

(1) 人员分工　实施前进行人员分工。

(2) 安全教育　开展交通安全、人身安全、财物安全和网络安全等教育。

(3) 注重礼仪　注重与人沟通交流的礼貌、礼节。

(4) 数据真实　确保调查内容基础数据的真实有效性。

(五) 劳动效果评价

劳动效果评价分为劳动态度评价、劳动过程评价、劳动结果评价。采用百分制，劳动态度评价占 30%，劳动过程评价占 40%，劳动结果评价占 30%。劳动态度评价表、劳动过程评价表和劳动结果评价表分别见表 6-1～表 6-3。

表 6-1　劳动态度评价表

劳动项目：　　　　评价对象：　　　　评价人：　　　　评价日期：

评价项目	分值	学生自评	组内学生互评	教师评价	总评
活动动机	20				
调研次数	30				
责任意识	30				
大局意识	10				
心得体会	10				

表 6-2　劳动过程评价表

劳动项目：　　　　评价对象：　　　　评价人：　　　　评价日期：

评价项目	分值	学生自评	组内学生互评	教师评价	总评
服从安排	20				
团队意识	20				
沟通能力	20				
行为表现	40				

表 6-3　劳动结果评价表

劳动项目：　　　　评价对象：　　　　评价人：　　　　评价日期：

评价项目	分值	学生自评	组内学生互评	教师评价	总评
信息查询	20				
深度访谈	20				
案例分析	30				
调查总结	30				

总结反思

任务二　志愿者服务活动实践

志愿服务是社会文明的重要标志，是广大志愿者奉献爱心的重要渠道。志愿者服务活动实践是高职劳动教育的一个重要组成部分，是一项全面提升人才素质的系统工程。大学生志愿者服务活动指的是大学生不将工资报酬和其他利益作为追求，在业余时间运用自己的专业和其他知识储备，开展一系列的公益性社会活动。本任务分为2个子任务：迎新生志愿活动和抗灾志愿者服务。

技能一　迎新生志愿活动

每年开学季，大学校园都会迎来大批新生。新生对于新环境不熟悉，并对大学生活充满各种疑虑，往往需要在校生给予适当的引导和帮助。为了迎接新生的到来，使新生对学校、学院以及专业有一定的认知，以及传承志愿者服务的精神，提高学生的社会责任意识，学校应开展迎新生志愿活动，做好迎新生的工作。

任务描述

本任务主要讲述新生入学报到接待工作，让学生了解迎新生志愿活动的内容与要求，理解迎新生志愿活动的教育价值，掌握其基本流程和方法，做到积极稳妥、热情周到，优质高效地完成迎新生任务。

知识准备

每个新生踏入大学校门的第1天都充满了憧憬和期待，怀揣着梦想和热情迎接新的挑战，同时也心怀忐忑。迎新生志愿活动能让新生快速了解学校，融入大学学习生活中，而且能加大学校的宣传力度，提高学校的知名度。

一、迎新生志愿活动概述

迎新生是指在新学年新生入学之际，为新生举行的一系列仪式和活动，以帮助他们顺利融入校园生活。这是一项重要的任务，不仅对于新生，甚至对于学校和老师们来说都具有重要意义。在迎新生志愿活动中，学校可以向新生传递学术信息，宣传校园文化，促进学生间的社交互动，并引导新生建立良好的学习和生活习惯。

目前，高职院校的生源主要包括普通高中毕业生、中等职业学校毕业生以及社会在职人员。其中，普通高中毕业生是主要的生源，他们通过高考进入高职院校；中等职业学校毕业生主要通过单招考试等方式进入高职院校；社会在职人员则主要通过成人高等教育等方式进入高职院校。

高职院校生源多元化致使高职院校学生的能力参差不齐；同时，这些不同来源的学生有着不同的学习和生活经历、不同的求学心态和需求、不同的思想和客观现实。这使高职院校在学生管理上遇到了挑战。

迎新生志愿活动属于校园公益性志愿服务活动。迎新生志愿活动是指学生为帮助新生办理入学手续、了解校园环境以及举办迎新晚会等，自愿付出个人时间及精力所进行的无偿服务工作。它具有志愿性、无偿性、公益性、组织性4大特征，体现了奉献、友爱、互助、进步等多重属性，表达了青年学子接触社会、参与社会、改善社会的良好愿望。

二、迎新生志愿活动的内容与要求

（一）迎新生志愿活动的内容

1. 新生报到

（1）校园导览　志愿者们将带领新生参观校园，介绍主要场所及其功能，以便让新生熟悉学校环境。

（2）住宿安排　志愿者们将协助新生入住宿舍，帮助他们整理行李并熟悉宿舍的设施和规定。

（3）注册办理　志愿者们将协助新生完成各项注册手续，如办理学生证、缴费等。

（4）交通指引　志愿者们将为新生提供准确的交通指引，帮助他们顺利到达学校。

（5）学习指导　志愿者们将和新生分享学习技巧和经验，帮助他们适应学习节奏。

（6）心理疏导　志愿者们会提供心理疏导和情绪支持，帮助新生调整心态并解决问题。

2. 社团纳新

（1）前期宣传及相关安排　志愿者们通过悬挂横幅、张贴海报、发放宣传单等方式进行广泛宣传，以吸引更多学生参与。宣传活动包括以下内容。

①悬挂横幅：在校园主干道、迎新现场等地方悬挂横幅。

②张贴海报：在校园内醒目的公告栏和活动现场宣传板上张贴海报，标明活动的主题、主办单位等信息。

③发放宣传单：包含发放报名表。宣传单由赞助商提供或与赞助商合作制作，介绍赞助商和社团的合作或宣传赞助商产品。

（2）具体纳新流程　志愿者们负责现场布置、纳新活动以及活动结束后的清理工作。纳新具体时间安排可能从 16 点开始，直至 21 点 20 分结束。

（3）现场社团各部门分工与协作　志愿者们分组负责不同的工作，如场地布置、设备调试、拍摄记录、海报设计、财务处理、外部协调等，以确保活动顺利进行。

这些活动有助于确保社团纳新活动能够有效地吸引新成员，同时保证活动的组织和流程井然有序。

（二）迎新生志愿活动的要求

（1）服从安排　全体志愿者必须服从学院领导、组长或志愿者事务组的工作安排。

（2）着装要求　志愿者工作期间统一穿志愿者服装，佩戴工作证。

（3）纪律要求　志愿者们要按时到岗，不准迟到、早退；发扬不怕苦、不怕累、服务到底的志愿者精神；不分享不实信息，不传播有害信息，保证信息的真实性。

（4）服务要求　志愿者们在迎新过程中要热情周到、礼貌待人，具有责任心和耐心，要注重细节、注意安全。同时，还要特别提醒志愿者们要遵纪守规。

三、迎新生志愿活动的劳动教育价值

（1）培养社会适应能力　通过迎新生志愿活动，新生可以更好地了解并适应新环境，包括了解学校的文化、规章制度、社交环境等，这有助于培养新生的社会适应能力。参加迎新生志愿服务可以使志愿者挖掘自己的潜力，增强自信心和自尊心，提高解决问题和应对困难的能力，为将来更好地融入社会打下基础。

(2)提升人际交往能力　在迎新生志愿活动中,志愿者有机会与新生、同学、学长学姐、教师等进行交流,建立新的人际关系。这不仅可以拓宽他们的社交圈子,还可以提升他们的人际交往能力,包括沟通、合作、解决冲突的能力。

(3)培养团队合作意识　在迎新生志愿活动中,团队合作是必不可少的。通过集体活动,志愿者可以学习如何与他人合作,如何发挥自己的优势,如何解决团队的冲突,这有助于培养志愿者的团队合作意识和领导能力。

(4)增加社会责任感　志愿者在迎新生志愿活动中学会关心和尊重他人,培养为社会、为他人服务的责任与意识,增强社会责任感。参加迎新生志愿服务可以让志愿者意识到自己对社会的责任,激发他们的社会意识,让他们帮助他人、回报社会。

任务实施

(一)制订实施方案

迎新生志愿活动:根据任务需要进行人员分组,6～8 人 / 组;制订实施方案,具体方案见图 6-2。

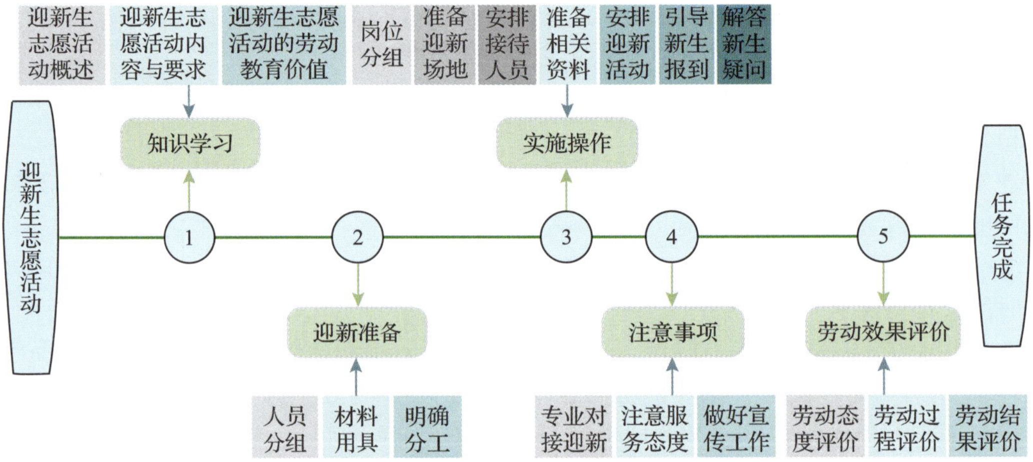

图 6-2　迎新生志愿活动实施方案

(二)准备材料用具

扫帚、墩布、盆、毛巾等打扫卫生的劳动工具,横幅、海报、宣传板、胶水、喇叭、音响、计算机等宣传用具。

(三)具体实施步骤

1. 岗位分组

(1)新生接待组　主要工作是接待刚到校的新生及家长,指导他们依次、有序地进行新生报到,并为新生寄存行李。该小组需要准备行李标签贴。

(2)新生注册组　主要工作是协助新生及家长填写学生登记表。

(3)班级微信群组　主要工作是让新生家长微信扫码,进入班级微信群。特别提醒:只允许家长进微信群,任何学生不许进微信群,后期将会逐一电话确认。

(4)寝室接待组　主要工作是接新生,帮忙搬运行李物品,带领他们进入寝室,并帮助他们整理床铺。

(5)物品发放组 负责协助班主任领取班级用具、学生学习及生活用品，并将其及时搬运至教室，或按要求发放给每一位学生。

(6)机动事务组 在规定地方待命，保证联络通畅，以备应急工作需要；根据工作情况随时补充到其他组参加迎新活动。

2. 准备迎新场地

(1)确定迎新场地 确保场地宽敞、整洁、安全，方便新生和家长进出。

(2)做指示牌 在迎新场地设置指示牌和路标，方便新生和家长找到报到地点。

(3)准备物品 准备足够的桌子、座椅和饮水设施，以满足新生和家长的需求。

3. 安排接待人员

(1)确定人员名单 包括学生志愿者、教职员工等。

(2)接待培训 对接待人员进行培训，确保他们了解迎新流程和注意事项。

(3)值班安排 安排接待人员轮流值班，确保迎新期间有足够的人手。

4. 准备相关资料

(1)入学手册 包括学校简介、学院介绍、课程设置、规章制度等内容。

(2)新生表格 准备新生报到表、住宿申请表等相关表格，方便新生填写。

(3)宣传资料 如学校宣传册、学院宣传单等，供新生和家长了解学校情况。

5. 安排迎新活动

(1)策划迎新活动 如文艺表演、互动游戏等，以增进新生之间的交流和了解。

(2)确定活动时间和地点 确保活动能够顺利进行。

(3)安排活动人员 包括主持人、演员、志愿者等，确保活动能够顺利进行。

6. 引导新生报到

(1)办理注册 安排志愿者引导新生填写报到表、住宿申请表等相关表格；核对新生信息，确保信息的准确性。

(2)办理住宿 安排志愿者带领新生前往宿舍，并介绍宿舍设施和使用方法；确保宿舍安全、卫生、舒适，为新生提供良好的住宿环境。

(3)介绍校园环境 安排志愿者带领新生参观校园，介绍学校的各个区域和设施，介绍学校的文化、历史和传统，让新生更好地了解学校。

7. 解答新生疑问

(1)联系方式 提供联系方式和咨询渠道，方便新生随时了解学校情况和寻求帮助。

(2)学习生活问题 安排志愿者解答新生和家长的问题，包括课程设置、学习方法、校园生活等。

(3)意见反馈 关注新生的反馈意见，及时解决问题和改进工作。

通过以上7个方面的具体实施步骤，可以顺利地完成迎新生入校的工作，并为新生提供一种温馨、便捷的入学体验。同时，这也有助于新生更好地融入校园生活，开始他们的学习之旅。

(四)注意事项

(1)专业对接迎新 建议安排本专业的学生接待新生，有利于学生之间的沟通，并增加亲切感。

(2)注意服务态度 新生入校有许多不明白或不理解的内容，尤其是在办理入学注册手续时表格填写内容的正确性、规范性等，都需要志愿者耐心指导、微笑服务。

(3)做好宣传工作　通过迎新生志愿活动，宣传校史、办学理念、校园文化、专业特色等。

(五)劳动效果评价

劳动效果评价分为劳动态度评价、劳动过程评价、劳动结果评价。采用百分制，劳动态度评价占 30%，劳动过程评价占 40%，劳动结果评价占 30%。劳动态度评价表、劳动过程评价表和劳动结果评价表分别见表 6-4～表 6-6。

表 6-4　劳动态度评价表

劳动项目：　　评价对象：　　评价人：　　评价日期：

评价项目	分值	学生自评	组内学生互评	教师评价	总评
劳动目的	20				
劳动次数	30				
责任意识	30				
大局意识	10				
心得体会	10				

表 6-5　劳动过程评价表

劳动项目：　　评价对象：　　评价人：　　评价日期：

评价项目	分值	学生自评	组内学生互评	教师评价	总评
服从安排	20				
团队精神	20				
劳动情绪	20				
劳动行为	40				

表 6-6　劳动结果评价表

劳动项目：　　评价对象：　　评价人：　　评价日期：

评价项目	分值	学生自评	组内学生互评	教师评价	总评
工具准备	20				
场地布置	10				
接待工作	20				
宣传工作	20				
迎新活动	30				

总结反思

技能二　抗灾志愿者服务

任务描述

校园是学生时代生活的主要场所，校园安全直接影响学生的学习生活，需要学生共同营造。本任务我们学习抗灾志愿者服务的内容，理解抗灾志愿者服务的要求，以具备必要的抗灾应急避险及疏散能力。

知识准备

一、抗灾志愿者服务概述

1. 抗灾的内涵

抗灾又称为抵抗灾难或应对灾害，是指人们在面临自然灾害或其他灾难时，积极采取措施，如通过预防、预警、应对、救援、恢复、教育等，抵御灾害的侵袭，以保护生命和财产的安全。

灾害的种类非常多，主要可分为自然灾害和人为灾害2大类。自然灾害是由于自然力量造成的灾害，如地震、台风、洪水、火山爆发、干旱、雪灾、冰雹、沙尘暴、山体崩塌、滑坡、泥石流、海啸等；人为灾害则是由人类行为或活动引起的灾害，如战争、火灾、爆炸、化学物质泄漏、核泄漏、交通事故、建筑倒塌等。

2. 抗灾志愿者服务的内涵

抗灾志愿者服务是指在自然灾害等紧急情况下，志愿者们自愿贡献个人的时间、技能和资源，为受灾地区和社会提供无偿、非职业化的援助服务。这种服务旨在帮助受灾地区恢复秩序，救助受影响的人群，以及促进灾后重建和社会进步。志愿者通过参与抗灾志愿者服务，不仅帮助了社会，同时还实现了自身的成长和提升。抗灾志愿者服务是志愿者服务精神在特殊时期的具体体现，其核心精神是万众一心、众志成城、不畏艰险、百折不挠、以人为本、尊重科学，它不仅体现了爱国主义、集体主义、社会主义精神，还是中华民族精神在当代中国的体现和发展。

二、抗灾志愿者服务的内容与要求

1. 抗灾志愿者服务的内容

抗灾志愿者服务活动的内容较为丰富，一般包括预防服务、抢险服务、救灾服务等。

（1）预防服务　是抗灾志愿者服务活动的重要组成部分，是指志愿者在灾害发生之前组织宣传活动，提高公众的防护意识和应急处理能力，以及参与防灾设施的检修和维护工作。

（2）抢险服务　是指在灾情发生后，志愿者迅速行动起来，采取紧急措施进行抢救、维修等工作。志愿者可以协助救援部门进行调查和情况分析，组织人员疏散和物资转移，制订抢险方案，并协助专业抢险队员完成各项任务。志愿者还可以参与救援行动，包括协助搜救被困人员、运送救援物资和疏散人群等。

(3)救灾服务　主要是为受灾群众提供各种帮助和支持。志愿者可以组织开展物资捐赠和募捐活动，收集和分发急需的生活物资，如衣物、食品、饮用水等。志愿者还可以协助相关部门设立临时避难所，为受灾群众提供临时住所和食物，以解决他们的基本需求。同时，志愿者还可以提供心理疏导服务，关心受灾群众的情绪和心理健康，帮助他们渡过难关。

2. 抗灾志愿者服务的要求

抗灾志愿者服务的要求主要包括以下几点。

(1)“以人为本”的原则　志愿者应主动作为，积极参与抗灾救灾，本着“以人为本”的原则，救人在前、抢险在前、安置受灾群众在前，让受灾群众能够听到志愿者组织的声音。

(2)具备抗灾素质　志愿者应具备一定的抗灾救灾知识与技能，并且做好自我防护工作，以防自己或他人受到二次伤害。特别是对于容易造成安全事故的因素，要重点反复分析，增强自我保护意识，牢记“安全第一”的重要性和必要性。

(3)严格遵守纪律　志愿者要做好整个活动的调度和控制工作，稳定好抗灾秩序。志愿者要一切行动听从指挥、服从安排，有序参与抗灾救灾工作，及时进行疏散工作。志愿者要积极做好聚人心、鼓斗志的工作，传播齐心协力、共同抗灾的正能量。

三、抗灾志愿者服务的劳动教育价值

在现代社会，学生参与抗灾志愿者活动不仅是履行社会责任的表现，还是一种全面提升自我能力的宝贵经历。这样的活动不仅锤炼了学生的意志，还为他们积累了宝贵的经验，使他们为适应未来的社会发展奠定了坚实的基础。

(1)培养社会责任感　通过参与抗灾志愿者活动，学生能够深切体会到作为社会一分子所应承担的责任。在灾难面前，每个人都不是孤立的，而是与整个社会和民族紧密相连的。通过实际行动，学生能够更加明确自己作为社会成员所肩负的责任，进而增强为社会、为人民服务的自觉性和使命感。

(2)提升团队协作能力　在抗灾救援中，团队协作至关重要。学生需要与来自不同背景、不同专业的人员共同合作，完成各种救援任务。这种跨界的合作不仅能够拓宽学生的人脉和视野，更能够锻炼他们的团队协作和沟通能力，提升他们在复杂环境中的适应能力。

(3)学习救援知识与技能　通过参与抗灾志愿者活动，学生能够更加深入地了解灾难的严重性和不可预测性，从而增强自身的灾难应对意识。应对灾难不仅需要依靠政府和专业救援队伍，还需要每个人都具备一定的自救、互救能力和灾难应对知识。在参与抗灾志愿者活动时，学生还有机会学习到专业的救援技能，如心肺复苏、止血包扎、简易担架制作等。这些技能不仅在日常生活中具有重要的实用价值，还是对生命尊重和救助的体现。

(4)提高心理抗压能力　抗灾志愿者活动往往需要在恶劣的环境和紧张的氛围中进行，这对于学生的心理素质是一次极大的考验。在抗灾救援中，学生会接触到许多受灾群众，他们的痛苦和需要会给学生带来深刻的触动。参与这样的活动，有利于锻炼学生的心理抗压能力，使学生学会在压力下保持冷静和理智，这对于他们未来的生活和工作都具有重要的意义。

任务实施

(一)制订实施方案

火灾演练志愿者服务:根据任务需要进行人员分组,6~8 人 / 组;制订实施方案,具体方案见图 6-3。

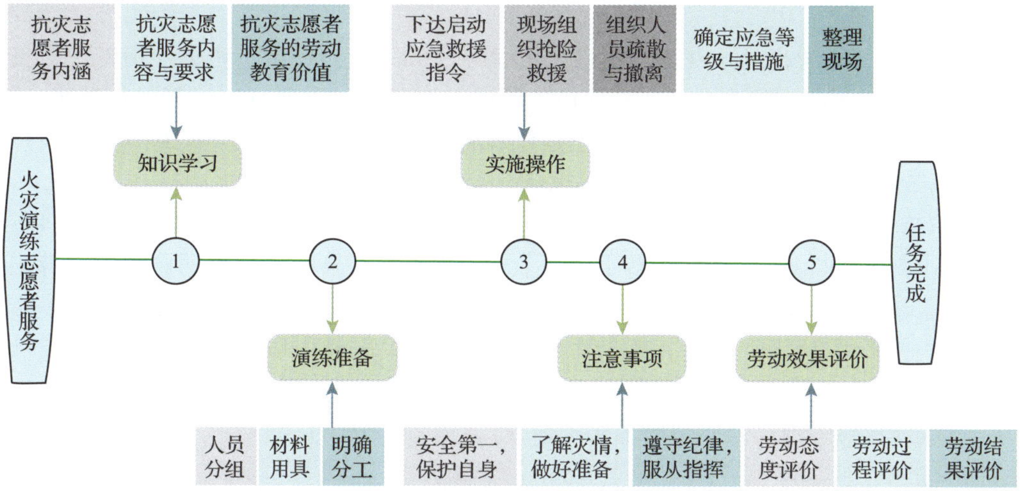

图 6-3 火灾演练志愿者服务实施方案

(二)准备材料用具

劳动服、口罩、毛巾、口哨、喇叭、水桶、灭火器等。

(三)具体实施步骤

1. 下达启动应急救援指令

志愿者在校内发现火灾应该立即报告安置部和消防指挥中心。志愿者服务总指挥请示上级后,就要下达启动应急救援指令,志愿者通信组通知所有参加义务消防的志愿者在指定地点集合并进行紧急处理。

2. 现场组织抢险救援

预警信号发布后,志愿者领导小组成员和各专业组人员要迅速行动。志愿者消防组在 5 min 内要赶赴现场组织抢险救援工作,并向志愿者总指挥报告人员情况,听从总指挥的统一指挥。

3. 组织人员疏散与撤离

首先疏散着火层的人员;然后疏散着火层上层的人员,以防火灾向上蔓延造成人员伤亡;最后疏散着火层下层的人员。人员疏散地点应优先考虑地面,因为地面的安全性最高;如果竖向通道被封堵,也可以考虑楼顶。在高层建筑中,疏散地点还可以考虑避难间或避难层。此外,在疏散过程中,人员应听从指挥,做到迅速而不慌乱。注意:人员疏散不可使用电梯,通过烟雾区域时要用湿毛巾或湿衣服等捂住口鼻并弯腰行进;已被疏散的人员在楼外指定地点集合,未接到通知不得自行返回火灾现场。

4. 确定应急等级与措施

志愿者总指挥根据现场火势情况确定应急等级。如果火势较小,志愿者消防组可以自行扑灭;如果火势较大难以控制,志愿者总指挥应该立即组织人员撤离,并拨打119火警电话,告知消防部门火灾发生的详细地址和火势情况。在消防车到达的路口安排人员等候,并以最快的速度引导消防人员到达目的地。

5. **整理现场**

由志愿者总指挥宣布演练结束。演练结束后应清理演练垃圾,打扫演练现场卫生,整理用具物品,清点志愿者人数。

(四)注意事项

(1)安全第一,保护自身　在参与抗灾志愿者服务的过程中,志愿者必须始终把自身安全放在首位。灾区的环境可能复杂多变,存在各种潜在的危险。志愿者应时刻保持警惕,避免进入危险区域,不参与超出自身能力范围的任务;同时,志愿者要学习并掌握基本的自我保护技能,如正确穿戴防护装备、了解应急避险方法等。

(2)了解灾情,作好准备　参与抗灾志愿者服务前,志愿者应对灾区的基本情况有所了解,包括地理环境、气候特点、灾情状况等。此外,志愿者还应了解即将从事的志愿者服务工作的具体内容、要求和可能面临的风险,作好相应的心理和物质准备。

(3)遵守纪律,服从指挥　在灾区做志愿者工作时,志愿者应尊重当地的风俗习惯和文化传统,避免与当地居民产生不必要的冲突。同时,志愿者要服从灾区管理机构和志愿者服务团队的统一指挥和安排,确保志愿者服务工作有序、高效地进行。

(五)劳动效果评价

劳动效果评价分为劳动态度评价、劳动过程评价、劳动结果评价。采用百分制,劳动态度评价占30%,劳动过程评价占40%,劳动结果评价占30%。劳动态度评价表、劳动过程评价表和劳动结果评价表分别见表6-7～表6-9。

表6-7　劳动态度评价表

劳动项目:　　　　评价对象:　　　　评价人:　　　　评价日期:

评价项目	分值	学生自评	组内学生互评	教师评价	总评
劳动目的	20				
劳动次数	30				
责任意识	30				
大局意识	10				
心得体会	10				

表6-8　劳动过程评价表

劳动项目:　　　　评价对象:　　　　评价人:　　　　评价日期:

评价项目	分值	学生自评	组内学生互评	教师评价	总评
服从安排	20				
团队精神	20				
情绪变化	20				
行为表现	40				

表 6-9　劳动结果评价表

劳动项目：　　评价对象：　　评价人：　　评价日期：

评价项目	分值	学生自评	组内学生互评	教师评价	总评
下达启动应急救援指令	20				
确定应急等级与措施	20				
现场组织抢险救援	30				
组织人员疏散与撤离	20				
整理现场	10				

总结反思

任务三　义工活动实践

义工是指在不计物质报酬的情况下，基于道义、信念、良知、同情心和责任心，为改善社会而提供服务，贡献个人的时间、精力和个人技术特长的人或人群。义工活动是一种自愿性的服务活动。义工通过参与社会公益事业，为社会和他人提供帮助，实现个人价值和社会价值的双重提升。本任务分为 2 个子任务：特教学校服务和敬老院服务。

技能一　特教学校服务

任务描述

特教学校的孩子们因为自身的某些原因，往往无法像正常的孩子一样自由自在地学习和生活。他们需要更多的关爱和帮助，增强社会适应能力，提高生活质量。特教学校服务活动旨在为特教学校的孩子们提供一个充满关爱和关注的环境，让义工们和孩子们共同创造一个美好的未来。本任务让学生了解特教学校的类型，掌握特教学校服务的内容和要求，理解特教学校服务的劳动教育价值。

知识准备

目前特殊教育的对象主要是残疾儿童、青少年，也包括具有学习障碍、多动症、行为困扰、自闭症、心理健康问题等的儿童、青少年。特教学校服务可以帮助特殊教育的儿童或青少年逐步适应对他们限制最少的环境，使他们尽可能地与正常儿童或青少年一同参与普通学校的学习活动，以帮助他们达成适应正常生活的目标。

一、特教学校服务概述

1. 特教学校

特教学校的全称为特殊教育学校，是由政府、企事业单位、社会团体、其他社会组织及公民个人依法举办的专门针对残障儿童、青少年实施的教育机构。这些学生可能因为各种残疾或障碍，如听力障碍、视力障碍、智力障碍、自闭症谱系障碍等，需要特别的关注和支持。特教学校主要分为以下几种：

(1) 盲校　又称盲人学校，是专门针对视力障碍儿童、青少年而实施特殊教育服务的机构。

(2) 聋校　主要为听力障碍儿童、青少年提供特殊教育服务的机构。

(3) 培智学校　主要服务于智力障碍儿童、青少年，旨在帮助他们提高生活技能和社会适应能力。

(4) 其他特教学校　根据不同的特教需求，特教学校还可能包括肢体残疾和畸形儿童学校、语言障碍儿童训练中心、森林学校、疗养学校、特殊学校、低能儿学校、工读学校、儿童感化院等。此外，按照学生年龄和类型，特教学校还包括如幼儿特教学校、小学特教学校、初中特教学校、高中特教学校等。这些学校有助于更精确地为不同年龄段和类型的特殊儿童或青少年提供合适的教育服务。

2. 特教学校服务

特教学校服务是指为特教学校如盲校、聋校、培智学校及其他特教学校提供无偿支持与援助的行为。特教学校服务的主要目的如下：

(1) 帮助特教生健康成长与发展　特教生可能具有各种残疾或障碍，如听力或视力障碍、智力障碍、自闭症谱系障碍等。特教学校服务为他们提供特殊方式和内容的服务，帮助他们在智力、行动、心理等方面健康成长与发展。

(2) 提高特教学校的教育质量和办学条件　对特教学校提供物资的资助服务，可以改善特教学校的办学条件，为特教生提供康复教育的硬件条件，从而提高特教学校的教学质量和办学水平。通过不断拓展服务项目内容、更新服务理念、丰富服务内容、创新活动方法等措施，势必会促进特教学校教育质量的提高。

(3) 提高社会对特教的认知与关注　特教学校服务的开展可以弘扬中华民族扶残助残的传统美德，倡导“奉献、友爱、互助、进步”的志愿精神，树立现代文明社会残疾人观。特教学校服务的开展使越来越多的人关注特教学校，增加社会对特教学校的了解和认知，推动全社会形成理解、尊重、关心、帮助残疾人的良好社会风尚。

二、特教学校服务的内容与要求

（一）特教学校服务的内容

1. 课程教学和课外活动

参与特教课程与活动对于促进特教生的发展和成长至关重要，这可以增加特教生之间的互动，帮助他们学习和参与校园活动。这些课程和活动旨在满足特教生的个体需求，帮助他们充分发挥潜力并提高生活质量。特教课程和活动包括专门设计的教学课程、个体化的支持服务、社交技能培训、职业准备培训等内容。

2. 提供个人支持和干预

提供个人支持和干预可以帮助特教生解决学习和生活中的问题，使他们获得专门的教育支持和帮助，提高他们的学习成绩和生活技能。这些个人支持和干预也有助于促进特教生的社交能力和情感发展，提高他们的自信心和自我效能感。

3. 协助康复训练服务

(1) 肢体残疾人运动康复训练　一般包括手法治疗、器械训练、家庭自主运动训练指导等。

(2) 日常生活活动能力训练　基本的生活能力训练，如自主吃饭、穿衣、如厕、清理个人卫生等。

(3) 医疗健身器械及辅助工具的使用指导　指导特教生正确使用康复训练器械，告知注意事项以及训练程度等。

(4) 残疾预防教育与咨询　定期组织各类康复活动，进行康复知识宣传教育及其他康复咨询，降低残疾率。

4. 协助学校组织课外活动

为丰富特教生的校园文化生活，提高特教生的综合素质，根据特殊儿童或青少年的康复与发展需求、心智特点、兴趣特点、接受能力等，特教服务者协助特教学校开展多项社交和娱乐活动，如联谊会、座谈会、家长见面会、趣味运动会、绘画、串珠、钻石贴、培智唱游、生活实践、舞蹈、缝纫、美工等。这些社交和娱乐活动可以促进特教生之间的交流和互动，增强他们的社交能力和自信心。最重要的是，这些社交和娱乐活动可以帮助特教生融入社会，获得平等的机会和待遇。

5. 提供家庭支持服务

为特教学校的家长提供咨询和支持服务，如亲子沟通培训、亲子兴趣培养、育儿观念提高、亲子互动游戏等。这可以帮助家长了解孩子的需求和掌握有效的教育方法，并为孩子提供必要的支持和帮助；也可以促进家庭与学校之间的沟通和合作，帮助家长了解孩子的学习需求和进展情况。

6. 参与心理咨询工作

特教学校心理咨询工作内容较多，如为特教生提供心理测试和结果分析，帮助特教生认识自我、发掘潜能；为个别有心理困扰的特教生进行鉴别、疏导、调整等。心理咨询人员应严格遵守职业道德，尊重来访特教生，为特教生提供心理咨询服务，帮助他们处理情感和心理问题，增强他们的自尊心和自信心。

7. 参与校园安全工作

校园安全工作包括意外伤害、同学矛盾、水电安全、宿舍安全、食品安全、交通安全等。特教学校服务应提供必要的设施和设备，以确保特教生的人身安全和健康，增强学生的安全意识。

(二) 特教学校服务的要求

(1) 目标制订　特教老师需要与特教生和家长一起制订明确的学习目标。这些目标应该能够被衡量和评估，以便于老师及时调整教学策略。

(2) 知识储备　开展特教学校服务的人员应具备特殊教育专业的经历和一定的教学经验。

(3) 隐私保护　特教生的个人信息和个别化教育方案等内容需要得到保护。学校和家长需要共同确保特教生的隐私不受侵犯。

(4) 合作教学　特教老师需要与其他教师和工作人员合作，以确保特教生获得连续的教育和服务。合作内容包括定期召开会议、分享特教生信息和互相支持等。

(5) 不歧视原则　特教生应该受到公平和平等的对待。学校应该遵循相关法律法规，确保不歧视原则得到贯彻。

三、特教学校服务的劳动教育价值

(1) 培养爱心与社会责任感　特教学校服务是一种爱心的奉献，是传承与弘扬“真、善、美”的美德，体现的是一个人善良的本质和博爱的社会责任感。特教学校服务劳动教育可以进一步培养学生的爱心和社会责任感，让他们意识到义工活动的重要性和生命的力量。

(2) 促进特殊教育的普及与发展　特殊儿童或青少年作为人类的一部分，是独特的生命个体，有其独特的发展规律，有平等享受自然、社会发展的权利，应该得到尊重。特殊儿童或青少年本身是具有潜能的，但它需要被开发、被发展。只要特殊儿童或青少年接受教育，他们都会有所发展，而系统、科学、合理的教育理念和方式能够帮助特殊儿童或青少年良好地发展。因此，特教学校服务可以减轻特殊儿童或青少年家庭和社会的负担，促进特教的普及与发展。

(3) 丰富知识和技能　通过具体实践活动，学生有机会不断学习和提升自己的知识和技能。学生需要了解不同类型的特教需求，研究最新的教育方法和策略，与其他专业人士进行合作和交流。这些都有利于学生成为经验更全面、更丰富的特教服务者。

任务实施

(一) 制订实施方案

特教学校服务：到培智学校进行简笔画《鸭子》的创作服务，根据任务需要进行人员分组，3～4 人 / 组；制订实施方案，具体方案见图 6-4。

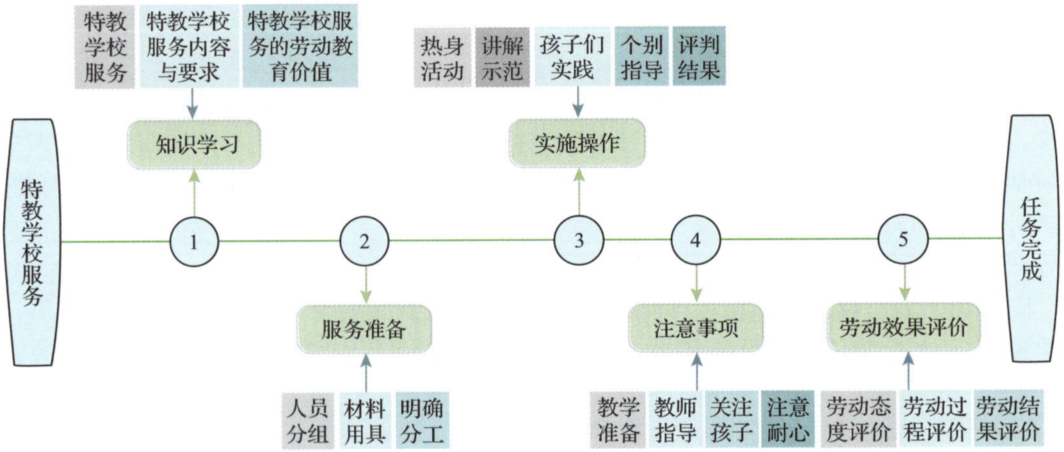

图 6-4　特教学校服务实施方案

(二) 准备材料用具

水彩纸、橡皮、铅笔、勾线笔、水彩笔、小印章等。

(三)具体实施步骤

1. 热身活动

服务志愿者教唱绘画儿歌,这也是教孩子们绘画的要点。学唱内容为“我上二年级,考试得零分,妈妈打我 3 下,我翘起嘴巴走了,我的名字叫小小。”这首儿歌生动形象地描述出绘制小鸭子的基本过程,不仅可以活跃教学气氛,激发孩子们的绘画兴趣,调动他们的学习积极性,同时还可以拉近彼此的关系,促进教学活动的实施,提高教学效果。

2. 讲解示范

服务志愿者进行小鸭子绘画示范。

(1)确定主题　绘制小鸭子图形。

(2)绘制轮廓　先画一个数字“2”;然后在“2”里面画一个数字“0”;再在“2”拐弯处画上“三”;画“翘起嘴巴走”,完成小鸭子的身体;最后在小鸭子的身体下面写 2 个汉字“小”,见图 6-5。

图 6-5　小鸭子图形绘制步骤

(3)修整图形　将线条、图案等不规范、不精确的地方用铅笔进行修改,使小鸭子图形更加生动形象。

(4)勾边定形　沿着改好的小鸭子轮廓,用勾边笔进行勾边定形。

(5)填充颜色　按颜色要求或自己的喜好,选取水彩笔对作品进行颜色填充,以完成作品。

3. 孩子们实践

在服务志愿者的引导和启发下,孩子们自己动手、动笔,尝试画出水彩画作品。同时,服务志愿者一定要强调孩子们要认真且有耐心,告诉孩子们每一幅画都有自己的特点,不要追求完全的一致,要有自己的创新。

4. 个别指导

服务志愿者对孩子们的画进行逐一检查和指导,并耐心细致、不厌其烦地帮助孩子们修改,直到使孩子们对自己的作品满意为止。

5. 评判结果

对孩子们的作品进行评判,以鼓励为主,给孩子们的作品盖上小印章。肯定每一名孩子的作品,帮助他们建立绘画的信心,体验绘画的快乐。

(四)注意事项

(1)教学准备　为确保活动的顺利进行,在活动开始前作好充足的教学准备,如根据孩子们的年龄、智力、行动协调能力、语言表达等情况进行教学实施方案的准备,处理应急教学问题等。

(2)教师指导　在教师的指导或其他义工的协助下,完成教学活动。

(3)关注孩子　教学过程中,要注意观察孩子们行为、内心及情绪的变化。

(4)注意耐心　整个教学过程需要服务志愿者投入百分之百的耐心和热情。

（五）劳动效果评价

劳动效果评价分为劳动态度评价、劳动过程评价、劳动结果评价。采用百分制，劳动态度评价占 30%，劳动过程评价占 40%，劳动结果评价占 30%。劳动态度评价表、劳动过程评价表和劳动结果评价表分别见表 6-10～表 6-12。

表 6-10　劳动态度评价表

劳动项目：　　评价对象：　　评价人：　　评价日期：

评价项目	分值	学生自评	组内学生互评	教师评价	总评
劳动目的	20				
劳动次数	30				
责任意识	30				
大局意识	10				
心得体会	10				

表 6-11　劳动过程评价表

劳动项目：　　评价对象：　　评价人：　　评价日期：

评价项目	分值	学生自评	组内学生互评	教师评价	总评
服从安排	20				
团队精神	20				
劳动情绪	20				
劳动行为	40				

表 6-12　劳动结果评价表

劳动项目：　　评价对象：　　评价人：　　评价日期：

评价项目	分值	学生自评	组内学生互评	教师评价	总评
热身活动	20				
讲解示范	20				
孩子们实践	20				
个别辅导	20				
评判结果	20				

总结反思

技能二　敬老院服务

任务描述

随着社会人口的老龄化，越来越多的老年人住进敬老院。老人们需要关怀与温暖。而关爱、陪伴是中华传统美德，我们要充分将其传承与弘扬下去，尽自己所能地帮助老人，减少老人的孤独感。本活动旨在给敬老院的老人们送去温暖和关爱，让学生学习敬老院服务的内容与要求，体验社会公益活动，感受老年人的生活，增强学生的社会责任感和服务意识。

知识准备

敬老院服务的内容和项目比较多。我们需了解敬老院的基本情况，一般包括敬老院的工作环境、工作程序、应急处理等；敬老院服务人员的日常工作内容、工作方法、与老人的相处方式等；敬老院老人的基本情况和生理、心理方面的特殊需求等。

一、敬老院服务概述

敬老院是指由政府开办或由政府与集体合办，为特殊老年人群提供养老服务的非营利性社会福利机构，又称养老院。中国的敬老院是在农村实行"五保"的基础上发展起来的。敬老院的服务对象主要是"五保"老年人。有条件的敬老院，还接收享受退休金的自费老人，并坚持"入院自愿、出院自由"的原则。敬老院经常组织一些老年人参加力所能及的生产劳动和适合老年人特点的文娱体育活动。

敬老院可以按照服务类型、经营主体、管理方式和居住模式等因素进行分类。常见敬老院的类型有以下几种：

(1)政府敬老院　由政府或政府机构运营的敬老院，提供住宿、饮食、医疗和护理等服务。政府敬老院通常面向中低收入老年人群体，并以提供基本的养老服务为主。

(2)社会福利机构敬老院　由社会福利机构、慈善机构或非营利组织运营的敬老院。这些机构通常提供经济援助、物质供应和社会支持，以满足老年人的基本生活需求。

(3)综合敬老院　提供住宿、饮食、医疗、护理和社交活动等多种综合服务的敬老院。综合敬老院通常具备一定的专业医疗团队和设施，可以提供全面的护理和照料。

(4)护理型敬老院　专门提供护理服务的敬老院，主要面向需要长期护理的老年人，如患有疾病、行动不便或认知障碍的老年人群。护理型敬老院拥有专业的护理人员和设施，提供个性化的医疗和护理支持。

(5)家庭式敬老院　以家庭为单位经营的小型敬老院，通常由居住在其中的老年人的家人或个人创办。这种敬老院提供家庭式的照料和环境，相对较为温馨和个性化。

此外，还有一些特殊类型的敬老服务机构，如老年公寓、老年社区和老年护理中心等，它们的服务形式和内容可能略有不同。敬老院服务是专门为敬老院的老年人提供的无偿生活照顾和护理工作行为，包括日常生活服务、身心健康护理、特殊护理等。

二、敬老院服务的内容与要求

(一)敬老院服务的内容

1. 日常生活照料

(1)膳食服务　为老年人提供营养均衡的饮食,满足他们的日常营养需求,并照顾老年人特殊的饮食需求或口味偏好。

(2)个人卫生护理　协助老年人进行个人卫生护理,包括洗漱、洗澡、更换衣服、整理头发等,确保他们身体的清洁和舒适。

(3)生活协助　帮助老年人完成日常生活中的各项活动,如起床、就餐、穿衣服、行走等,并提供其他必要的支持和协助。

(4)环境整洁　保持敬老院环境的整洁,定期清理房间,更换床单、被罩,确保老年人居住环境的舒适和卫生。

(5)社交活动　组织老年人参加各种社交活动,如座谈会、文艺表演、户外活动等,促进老年人之间的交流和互动,减轻他们的孤独感和负面情绪。

2. 医疗护理

定期监测老年人的健康状况,为他们提供基本医疗护理服务。

(1)日常健康监测　定期检查老年人的生理指标,如血压、体重、血糖等,及时发现和处理老年人潜在的健康问题。

(2)临时医疗护理　提供急救服务和基本医疗护理,如伤口包扎、药物管理等,以确保老年人在突发状况下得到及时的医疗帮助。

(3)长期护理　针对有慢性疾病或有长期护理需求的老年人,敬老院提供定期的护理服务,包括定时服药、生活护理、身体按摩等,以帮助老年人维持身体健康。

(4)康复护理　为因疾病或意外而需要康复治疗的老年人提供康复护理服务,以帮助他们尽快康复,恢复独立生活的能力。

3. 精神关爱

精神关爱即提供心理支持和关注。这包括与老年人建立亲密的关系,倾听他们的需求和想法,提供陪伴和安慰,帮助他们缓解孤独和焦虑。敬老院还可以组织各种活动,以促进老年人之间的交流,让他们感受到社会的温暖和关怀。

(1)情感陪伴　员工和志愿者要定期和老年人进行交流互动,倾听他们的心声,分享彼此的故事和经历,提供温暖和支持。

(2)心理抚慰　在老年人情绪低落或孤独时,员工和志愿者要通过心理疏导、支持、鼓励和安慰,帮助他们渡过难关,重拾信心和勇气。

(3)文化娱乐　组织各种文化活动和娱乐节目,如书法绘画、音乐演出、电影欣赏等,以丰富老年人的文化生活,增加他们的快乐感和满足感。

(4)社交活动　定期组织老年人参加社交活动,如茶话会、生日聚会、戏曲表演等,促进老年人之间的交流和互动,增强他们的社会联结感。

(5)宗教信仰　尊重老年人的宗教信仰,提供宗教活动场所和服务,满足他们在精神层面的需求,帮助他们找到心灵的慰藉。

4. 特殊护理

对于一些存在严重疾病或身体残疾的特殊情况，敬老院应提供个性化、高水平的特殊护理服务。

(1) 专业护理服务　针对患有慢性病、失智症、残疾或其他特殊疾病的老年人，提供专业护理服务，包括定时给药、换药，进行生活协助等，以确保他们的身体健康和日常生活质量。

(2) 物理康复护理　针对患有运动障碍、关节疼痛或肌肉萎缩等疾病的老年人，提供物理康复护理服务，包括康复训练、按摩理疗、热敷及冷敷等，以帮助他们恢复身体功能和减轻疼痛。

(3) 志愿服务支持　组织志愿者为老年人提供陪伴、关爱和帮助，帮助他们完成日常生活中的各项活动，如购物、清洁、散步等，以减轻老年人的负担和孤独感。

(二) 敬老院服务的要求

(1) 对老年人怀有关爱和尊重之心　尊重老年人的意愿和隐私，耐心倾听他们的故事和需求，给予他们关怀和理解。

(2) 具备良好的沟通技巧　良好的沟通技巧是成为一名合格志愿者的关键。和老年人进行有效的沟通，包括倾听老年人的心声和表达自己的想法，这样可以建立起老年人对志愿者的信任感和亲近感。

(3) 具备宽容和耐心　老年人有时可能会情绪低落或者耐心不足，这时志愿者需要宽容和有耐心，理解老年人的情绪变化，并用陪伴和关怀给予他们安慰和支持。

(4) 关注老年人的健康和安全　到敬老院服务，关注老年人的身心健康和安全是志愿者的责任。老年人的饮食、起居、个人卫生和生活环境都是需要关注的，如发现有问题应及时报告，确保老年人的安全和舒适。

(5) 关心老年人的心理需求　老年人的心理需求同样重要。合格的志愿者应了解老年人的心理需求，给予他们关怀和支持，帮助老年人保持积极的心态，提升他们的生活质量。

三、敬老院服务的劳动教育价值

(1) 提高社会责任感　通过敬老院服务活动，学生可以走进敬老院，给予老年人亲人般的关怀。这种关怀不仅能够丰富老年人的精神文化生活，让他们感受到社会的关爱与温暖，还能够提升学生对社会责任的认识和理解。

(2) 丰富社会实践经验　随着社会的快速发展，年轻人所面临的挑战和压力越来越大。大部分年轻人希望尽自己的力量去帮助别人，同时也希望能在这个过程中得到自我提升和成长。敬老院服务就是一个很好的选择和途径。通过参与敬老院服务，学生可以加深对社会现实的认识，锻炼组织和领导能力，提高社交和表达能力等，从而更好地适应社会环境。

(3) 磨炼意志，提升个人品质　通过敬老院服务，学生可以体验到助人为乐的自我价值感，并在实践中磨炼意志和提升品质。他们可以从中学到如何与人相处，如何在困难面前展现出团结合作的精神，加深对合作意识、团队精神、集体荣誉感的理解。

(4) 传承与弘扬敬老美德　古人曰："老吾老以及人之老，幼吾幼以及人之幼。"敬老爱老是中华民族的传统美德。当人们因老龄、病残、丧失劳动能力等原因而生活无法自理时，能够得到家庭的赡养和社会的关爱，就体现出"老有所养、老有所医、老有所教、老有所学、老有所乐、老有所为"的养老宗旨。敬老院服务展现出当代大学生关心、尊重老年人的精神面貌，是对敬老爱老美德的传承与弘扬，是一种正能量的传递，能够帮助大学生树立正确的价值观。通过服务他人，大学生可以更好地理解和感恩社会，从而成为对社会有益的一分子。

任务实施

（一）制订实施方案

敬老院服务：到敬老院进行为期半天的义工服务，根据任务需要进行人员分组，2～3 人/组；制订实施方案，具体方案见图 6-6。

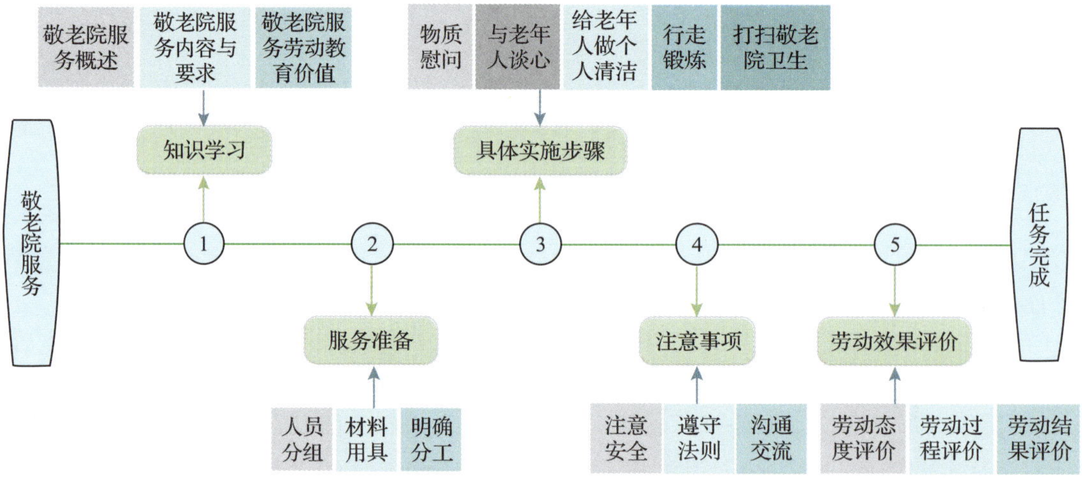

图 6-6　敬老院服务实施方案

（二）准备材料用具

衣物、蛋糕、牛奶、鸡蛋、水果等。

（三）具体实施步骤

（1）物质慰问　首先全组开展物质慰问活动，给老年人送衣物、蛋糕、牛奶、鸡蛋、水果等，表达对敬老院老年人的关心。

（2）与老年人谈心　2～3 人为一组，与老年人谈心。学生主要是做一名耐心的倾听者，与老年人促膝而谈，拉近彼此距离，时刻让老年人感受到温暖。

（3）给老年人作个人清洁　2～3 人为一组，在充分征得老年人同意的前提下，给老年人作个人清洁，包括为老年人梳头、剪指甲、洗脸、洗脚、洗头等。

（4）行走锻炼　2～3 人为一组。如果老年人有基本的活动能力，但行走稍有不便，学生可以搀扶他们在室内慢步行走，其中 1～2 人搀扶老年人，1 人在旁边看护；对于无法站立行走的老年人，则让老年人坐轮椅，由学生推着老年人在室外开展简单的上肢活动练习。

（5）打扫敬老院卫生　事前与敬老院管理层沟通，将学生 2～3 人分为一组，分配任务，对敬老院能够打扫的场所进行彻底的卫生清理。

（四）注意事项

（1）注意安全　注意老年人的安全及自身安全。为确保活动的顺利进行，提前了解老年人的身体状况和自理情况等。

（2）遵守法则　自觉遵守敬老院义工的工作法则。

(3)沟通交流　注意与敬老院管理人员、专业服务人员和老年人的沟通交流,并在专业服务人员的指导下,完成各项活动。

(五)劳动效果评价

劳动效果评价分为劳动态度评价、劳动过程评价、劳动结果评价。采用百分制,劳动态度评价占30%,劳动过程评价占40%,劳动结果评价占30%。劳动态度评价表、劳动过程评价表和劳动结果评价表分别见表6-13～表6-15。

表6-13　劳动态度评价表

劳动项目：　评价对象：　评价人：　评价日期：

评价项目	分值	学生自评	组内学生互评	教师评价	总评
劳动目的	20				
劳动次数	30				
责任意识	30				
大局意识	10				
心得体会	10				

表6-14　劳动过程评价表

劳动项目：　评价对象：　评价人：　评价日期：

评价项目	分值	学生自评	组内学生互评	教师评价	总评
服从安排	20				
团队精神	20				
劳动情绪	20				
劳动行为	40				

表6-15　劳动结果评价表

劳动项目：　评价对象：　评价人：　评价日期：

评价项目	分值	学生自评	组内学生互评	教师评价	总评
物质慰问	20				
与老年人谈心	20				
给老年人作个人清洁	20				
行走锻炼	20				
打扫敬老院卫生	20				

总结反思

任务四　支教支边服务劳动教育实践

为促进中国部分落后城乡教育和技术的发展，国家推出了支教支边政策。越来越多的青年学生参与到支教支边的公益事业中去，在支教支边过程中无私奉献与奋斗。青年学生胸怀“国之大者”，到基层和人民中去建功立业，让青春之花绽放在祖国最需要的地方，在实现中国梦的伟大实践中书写别样精彩的人生。本任务分为2个子任务：乡村支教服务和支边技术服务。

技能一　乡村支教服务

任务描述

贫困、偏远地区通常缺乏教育资源和师资力量，这些地区需要更多的支持和援助，以改善教育状况，提高儿童和青少年受教育的质量。乡村支教服务旨在为贫困、偏远地区提供教育援助和教育服务，让学生了解乡村支教的内涵与类型，理解乡村支教服务的劳动教育价值，掌握乡村支教服务的内容与要求。

知识准备

乡村支教服务可以弥补当地教育资源的缺失，满足当地教育教学的需求。支教服务者需要了解乡村学校的基本情况，包括乡村学校的工作环境、工作流程等；乡村学校老师的生活条件、工作内容、教学方法、与学生的相处方式等；乡村学校学生的基本情况，如在学习、生活方面的需求等。

一、乡村支教服务概述

乡村支教是一项公益事业，它主要是走出城市，到农村或边远地区为当地的学校提供支持和帮助。这种活动既可以帮助我们提高素质、增广见识，又可以为当地孩子提供发展的机会。

乡村支教服务是城市和乡村间进行教育援助的一种重要服务方式，它主要由义工、志愿者等提供援助和支持，以满足支教服务的发展需求。乡村支教的主要类型如下。

(1)按支教时间长短　离岗全职支教和在岗兼职支教。

①离岗全职支教：属于一种长期的支教形式，通常需要支教者放弃原有工作岗位，全身心投入到乡村教育工作之中。

②在岗兼职支教：是相对于全职支教而言的一种短期或半职支教形式，支教者在保留原工作岗位的同时，利用业余时间参与乡村教育工作。

(2)按支教组织机构　官方组织的支教活动和非官方组织的支教活动。

①官方组织的支教活动：包括由政府或相关机构发起并组织的支教项目，如西部计划和特岗教师项目等。这些项目的目的是吸引和培养人才，壮大乡村教育力量。

②非官方组织的支教活动：主要由慈善基金会支持的非营利组织提供，如中华支教网等。这些组织的支教活动通常没有固定的名额和周期，而是根据社会需求灵活开展。民间的支教社团主要是大学中的支教社团或者由个人自发组成的团队，他们前往乡村学校进行短期的教学支援。

二、乡村支教服务的内容与要求

1. 乡村支教服务的内容

(1)教学工作　主要包括教学计划制订、教学准备、课堂教学、作业批改和反馈、个别辅导和补习、学生评估和考核、与家长和其他教育工作者沟通、教学反思和总结等。服务者通过讲授新知识、新方法，设置教学游戏等方式，教授学生基本的学科知识、学习技能和行为习惯。

(2)学生关怀　包括倾听和理解、鼓励和赞扬、关注学生的心理健康、提供心理支持、引导学生树立正确的人生观和价值观、关注学生的生活环境和安全、培养学生的品德素养、激发学生的学习兴趣和潜能等。服务者与学生建立互动关系，帮助学生解决各种学习和生活问题。

(3)社会宣传　包括通过各种媒体渠道进行宣传，如电视、广播、报纸、网络等。采用宣传片、报道等形式介绍乡村支教服务的相关信息，吸引更多人参与支教活动；组织各种活动，如支教义卖、支教演讲等，吸引社会各界人士关注和参与乡村支教活动，让更多人了解支教的意义和作用；邀请一些知名人士或公益组织代表参与乡村支教服务活动，增加宣传的影响力和感染力，让更多人了解并关注乡村支教工作。通过组织公益活动、开展宣传活动等方式，倡导社会关爱贫困、偏远地区和弱势群体，增强社会的公共意识和社会责任感。

(4)文化交流　包括语言交流，如学习当地语言，与当地学生和教师进行基本的语言交流；传统文化体验，如节日庆祝、民俗表演等，深入了解当地的文化精髓，增进对当地传统的理解和尊重；文化分享，如服务者可以将自己地域的文化、历史、艺术等知识分享给当地学生，让他们了解外部世界的文化多样性；艺术表现，如艺术表演、绘画、音乐等，服务者向当地学生展示自己地域的艺术魅力。通过这些文化交流活动，可以促进不同文化之间的学习和交流，增进彼此的理解与尊重，从而推动跨文化教育的发展，为建设更加包容、和谐的世界作出贡献。

2. 乡村支教服务的要求

(1)身体健康、甘于奉献　服务者需要有健康的体魄，愿意为教育事业贡献自己的时间和精力，能够在艰苦的环境中坚持工作。

(2)普通话等级达标　服务者需要具备一定的普通话水平，通常要求达到二级乙等及以上。

(3)学习和合作能力较强　服务者应有持续学习和自我提升的能力，并能与他人进行有效合作。

(4)富有爱心和责任心　爱心是一种奉献精神，它包含于所有情感之中。爱心和责任心体现了服务者对待学生和教学工作的态度，即关爱学生，给予学生耐心的教导，对学生负责、对教学负责，具有高度的责任感。

三、乡村支教服务的劳动教育价值

(1)提高对农村的认知和理解　城市青年从小生活在较为优渥的环境中，去乡村支教的经历会帮助他们客观地认识和理解相对落后的乡村,从而对他们产生深刻的影响,激发他们的爱国之志,使他们投身到中国广大的乡村教育工作之中。

(2)提升社会责任感　通过乡村支教服务,服务者可以深入了解贫困地区的情况,感受到自己对社会的责任,并为改善当地的教育状况作出贡献。

(3)提高综合素质　乡村支教服务不仅可以提高服务者对社会的认识和责任感,同时还可以提高他们的综合素质。在支教过程中,服务者需要面对各种各样的问题和挑战。在解决问题和克服困难的过程中,他们可以锻炼和提高自己的思考能力、组织能力和沟通能力等。

任务实施

(一)制订实施方案

乡村支教服务:针对贫困山区英语老师缺乏的情况,到贫困山区小学开展英语教学服务。根据任务需要进行人员分组,3 人 /(组·班);制订实施方案,具体方案见图 6-7。

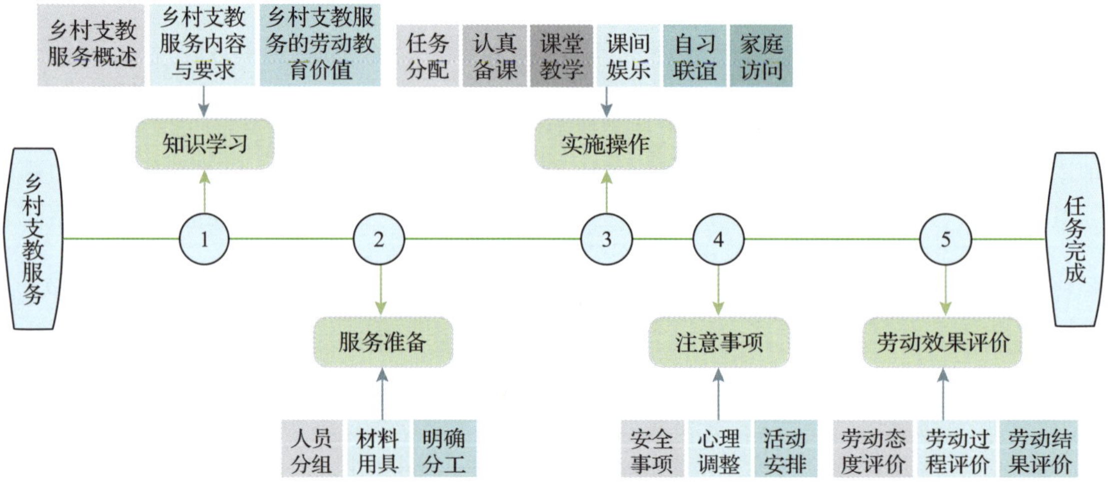

图 6-7　乡村支教服务实施方案

(二)准备材料用具

图书、备课本、糖果、花生、瓜子、跳棋、跳绳、毽子等。

(三)具体实施步骤

(1)任务分配　每 3 人为一组,负责 1 个班级。1 人为主讲,另外 2 人做助教。

(2)认真备课　以小组为单位,提前认真查阅并准备上课资料,包括教案、PPT、视频资料等;另外,根据特长可以准备歌曲、舞蹈、励志小故事、谜语、游戏等,以与学生互动。

(3)课堂教学　上课时通过讲授新知识、练习口语、进行教学游戏等方式,教授学生基本的学科知识、学习技能和行为习惯,优质地完成课上 45 min 的教学。

(4)课间娱乐　课间与学生互动娱乐,根据学生意愿将学生分为跳绳小组、跳棋小组和踢毽子小组,每人根据自己的特长与学生们玩耍。充分利用课间 10 min,丰富学生的课间活动,缩短师生距离,增进彼此感情。

(5)自习联谊　利用自习课,将课桌围成圆形,摆上糖果、花生、瓜子,与学生们开展联谊会。通过联谊会增进师生间的了解,让老师走进学生们的心里。适时插入励志小故事,以“立志方能成才”为主题畅谈人生理想,帮助学生们树立远大理想,鼓励他们努力学习。

(6)家庭访问　放学后,到有问题的学生家里进行家庭访问,了解学生的家庭条件、成长环境、父母的文化水平及乡村大环境对学生的影响等。

(四)注意事项

(1)安全事项　包括用水、用电、财物安全等。

(2)心理调整　作好应对艰苦环境、生活不便等的心理准备。

(3)活动安排　与乡村学校充分沟通,确定活动时间及内容。

(五)劳动效果评价

劳动效果评价分为劳动态度评价、劳动过程评价、劳动结果评价。采用百分制,劳动态度评价占30%,劳动过程评价占40%,劳动结果评价占30%。劳动态度评价表、劳动过程评价表和劳动结果评价表分别见表6-16～表6-18。

表6-16　劳动态度评价表

劳动项目:　　　　　评价对象:　　　　　评价人:　　　　　评价日期:

评价项目	分值	学生自评	组内学生互评	教师评价	总评
劳动目的	20				
劳动次数	30				
责任意识	30				
大局意识	10				
心得体会	10				

表6-17　劳动过程评价表

劳动项目:　　　　　评价对象:　　　　　评价人:　　　　　评价日期:

评价项目	分值	学生自评	组内学生互评	教师评价	总评
服从安排	20				
团队精神	20				
劳动情绪	20				
劳动行为	40				

表6-18　劳动结果评价表

劳动项目:　　　　　评价对象:　　　　　评价人:　　　　　评价日期:

评价项目	分值	学生自评	组内学生互评	教师评价	总评
认真备课	20				
课堂教学	20				
课间娱乐	20				
自习联谊	20				
家庭访问	20				

总结反思

技能二 支边技术服务

任务描述

几十年来,党中央、国务院对援藏、援疆和支边干部制定了一系列特殊政策和鼓励措施,鼓励大家,尤其是大学生投身到支边活动中。支援边疆建设,是当代大学生的责任与义务;投身边远地区建设、提供技术援助,也是当代大学生的责任与任务。本任务让学生了解支边技术服务的内涵、类型、目的,掌握支边技术服务的内容和要求,理解支边技术服务的劳动教育价值。

知识准备

技术服务是现代社会不可或缺的一项重要服务。随着科技的不断进步和应用的日益广泛,技术服务在各个行业扮演着至关重要的角色。为促进我国边远地区的经济发展、提高人民的收入、改善生活条件,支边技术服务意义重大。针对边远地区的气候条件、生活习惯、具体技术需求,有的放矢,提供精准的技术服务。

一、支边技术服务概述

(一)支边技术服务的内涵

支边技术服务通常指用技术支持边远地区,以帮助边远地区发展的服务,它涉及教育、卫生、经济、文化等多个领域。

(二)支边技术服务的类型

1. 教育领域技术服务

教育领域技术服务包括到边疆学校任教、提供教育资源、改善教育设施、开展远程教育等。

(1)到边疆学校任教　指在边疆地区的学校担任教师的工作。这些地区通常离城市较远,基础设施和资源相对匮乏,教学条件有限,师资力量不足。由于地理位置的特殊性和发展水平的不同,这些地区的学校面临着更多的挑战和困难。

(2)提供教育资源　指为教育机构、教育工作者、学生提供各种教学、学习、研究所需的信息、工具、设备或支持。教育资源包括教学资料、教学设备、教学空间、教育技术支持、专业培训和后勤支持等。

(3)改善教育设施　指对学校、教育机构的建筑、设备和环境进行改造和升级，以提升教学质量、舒适性和安全性。教育设施包括校园建筑、教学设备、安全设施、无障碍设施等。

(4)开展远程教育　指通过现代信息技术手段，实现教育资源的远程传输和共享，让学习者可以在不同地点、不同时间进行学习的一种教育模式。远程教育包括网络硬件设施、教育资源整合与开发、远程教育平台建设与维护、远程教育教师专业培训、学习支持服务、质量监控体系、远程教育的理念和实践等。

2. 卫生领域技术服务

卫生领域技术服务包括提供医疗服务、建立卫生设施、开展健康教育等。

(1)提供医疗服务　指由医疗机构或医务人员提供各种医疗服务，旨在预防、诊断、治疗和康复疾病，维护和促进人们的身体健康。医疗服务的内容包括但不限于诊断服务、治疗服务、康复服务、预防服务、医疗咨询服务等。

(2)建立卫生设施　指为了保障公众健康和安全而提供各种设施和资源。卫生设施包括基本卫生设施、消毒设施、空气净化设施等。

(3)开展健康教育　指通过开展正规的教学活动和宣传教育，向人们传授有关健康的知识和技能，促进人们改变不良生活方式，构建健康的生活环境，提高全民的健康水平。健康教育主要包括健康知识、健康技能、行为改变、社会环境改善等教育。

3. 经济领域技术服务

经济领域技术服务包括发展特色产业、改善基础设施、提供就业机会等。

(1)发展特色产业　指发展某一地区或企业独有的、具有竞争优势的产业。常见的特色产业包括农业特色产业(如绿色有机农产品、土特产等)、文化创意产业(如传统工艺、民俗文化产品等)、旅游休闲产业(如特色旅游景点、民宿等)、高新技术产业(如电子信息、生物医药等)、绿色环保产业(如清洁能源、循环经济等)等。这些特色产业的发展不仅可以带动当地经济的快速增长，还有助于打造区域品牌和扩大市场影响力。

(2)改善基础设施　指改善为社会生产和生活提供支持和条件的各种设施和设备，这些设施和设备是现代城市和工业社会的基础。基础设施包括交通运输设施(如道路、桥梁、铁路、机场等)、水利设施(如水库、堤坝、泵站等)、能源设施(如发电厂、高压输电线路等)、通信设施(如电话网络、互联网等)、公共建筑设施(如学校、医院、政府大楼等)等。

(3)提供就业机会　指的是在一定时期内，能够提供给就业者工作岗位或工作机会。就业机会的数量和质量直接影响着一个国家、地区或者行业的就业形势和就业率。

4. 文化领域技术服务

文化领域技术服务包括文化产品开发、文化市场推广、文化产业发展等。

(1)文化产品开发　指的是对文化资产进行开发和加工，创造出可以传播和推广文化价值的产品。这些产品包括文学作品、音乐专辑、电影、游戏、美术作品等，可以通过各种形式进行传播和销售。

(2)文化市场推广　指在文化领域内，通过广告、宣传、营销等手段，将文化产品、文化活动或文化服务推向市场，促进它们销售和传播的过程。

(3)文化产业发展　指以文化为核心内容，以创意、知识和技术为驱动力，通过生产、传播和消费文化产品和服务来推动经济增长和促进社会发展的过程。

（三）支边技术服务的目的

支边技术服务通常由政府机构、非政府组织、志愿者团体以及其他社会力量来开展。支边技术服务的目的是帮助边远地区经济发展，提高人民生活水平，加强民族团结，维护国家统一，促进社会稳定。

二、支边技术服务的内容与要求

1. 支边技术服务的内容

（1）信息技术服务　指通过促进信息技术系统效能的发挥，帮助用户实现自身目标的服务。服务内容包括软件测试服务和硬件测试服务 2 种。

（2）种植技术服务　指农业技术服务机构或个人为农民提供的一项全面的技术服务，包括从苗木种植到收割的全过程。种植技术服务的目的是通过科学种植管理，提高农作物的产量和经济效益，从而助力推进农业现代化进程。

（3）养殖技术服务　包括提供养殖规划和养殖过程中的生产指导；为养殖户提供专业的养殖技术培训和养殖管理软件；在养殖过程中出现问题时，提供及时的技术支持和解决方案，以保障养殖业的正常运转等。

（4）维修技术服务　指为了确保设备的正常运行和提升效率，侧重于为客户提供的专业技术支持和解决方案，也包括设备的维护保养和紧急修复。

2. 支边技术服务的要求

（1）具备相关专业知识和技能　技术服务人员应具有相关领域的工作经验或相关专业的知识和技能。相关专业知识和技能包括计算机、通信、电子等领域的专业知识，以及相关应用软件和工具的使用技能。

（2）具备较强的团队协作能力　技术服务人员需要与相关部门和人员进行有效的沟通和协作，确保项目的顺利进行。

（3）具有良好的职业道德和素养　边远地区的生活条件一般都比较差，技术服务人员需要具备吃苦耐劳、认真负责的服务态度，能够按时保质完成技术服务的工作任务；需要遵守职业道德，保护公司机密和客户隐私。

三、支边技术服务的劳动教育价值

（1）增强实践能力和创新精神　支边技术服务使学生能够将理论知识与实际操作相结合，提高学生的实践能力和动手能力。学生在解决实际问题的过程中，可以培养创造性思维和创新精神。

（2）提高专业技能和综合素养　支边技术服务旨在培养具有专业操作技能的技术型人才，它不仅可以为学生提供提高专业技能的机会，还有助于培养学生的沟通协调能力、组织管理能力、团队合作能力等综合素养。

（3）提高社会责任感和使命感　通过参与支边技术服务，学生可以更深入地了解劳动人民的生活和工作状况，增强对劳动人民的理解和尊重；了解自己所学知识和技术在社会发展和进步中的重要作用，从而增强社会责任感和使命感。

任务实施

（一）制订实施方案

支边技术服务：到山区养殖场开展养殖技术服务，根据任务需要进行人员分组，2～3 人/组；制订实施方案，具体方案见图 6-8。

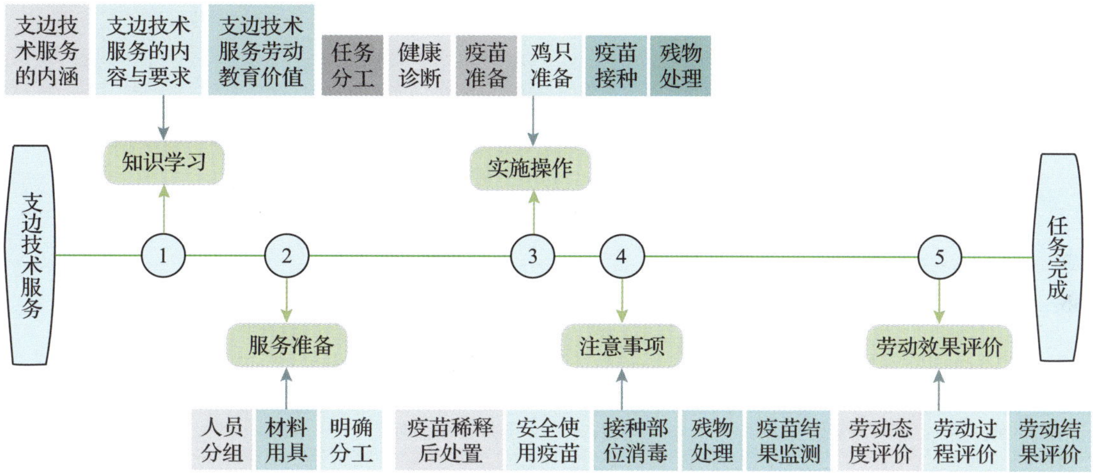

图 6-8　支边技术服务实施方案

（二）准备材料用具

鸡痘疫苗、酒精、灭菌生理盐水、刺种针等。

（三）具体实施步骤

（1）任务分工　1 人进行主要操作，另外 1～2 人做助手。

（2）健康诊断　以组为单位，在使用疫苗前，详细了解鸡群的健康状况。不健康的鸡群是不能使用疫苗的，因为如果鸡群不健康，疫苗的免疫力会被抑制。

（3）疫苗准备　操作员观察疫苗包装是否完好，并根据疫苗生产商的说明准备好疫苗；助手准备灭菌生理盐水。通常鸡痘疫苗是一种冻干疫苗，需要适量的灭菌生理盐水稀释。

（4）鸡只准备　助手将鸡只捕捉或固定在一个合适的位置，以便于进行疫苗接种。应确保工作环境卫生，以减少感染的风险。

（5）疫苗接种　操作员用刺种针蘸取稀释的鸡痘疫苗，选取鸡翅膀内侧无血管处的皮下进行刺种。20～30 日龄的雏鸡刺 1 针；30 日龄以上的鸡刺 2 针；6～20 日龄雏鸡用再稀释 1 倍的疫苗刺 1 针。接种 3～4 d 后，刺种部位微现红肿、结痂；14～21 d 痂块脱落。

（6）残物处理　助手必须将用过的疫苗瓶、器具、稀释后剩余的疫苗等物品进行消毒处理。

（四）注意事项

（1）疫苗稀释后处置　疫苗稀释后，应放在冷暗处，并且必须于当日内用完。

（2）安全使用疫苗　勿将疫苗溅出或触及鸡只接种区域以外的任何部位。

（3）接种部位消毒　刺种部位使用 75% 的酒精消毒，不宜使用碘酒消毒。

（4）残物处理　使用过的器具、空疫苗瓶及未使用完的疫苗等须进行消毒处理。

(5)疫苗结果监测　鸡群刺种 7 d 后应进行逐个检查,刺种部位无反应者,应重新补刺。

(五)劳动效果评价

劳动效果评价分为劳动态度评价、劳动过程评价、劳动结果评价。采用百分制,劳动态度评价占 30%,劳动过程评价占 40%,劳动结果评价占 30%。劳动态度评价表、劳动过程评价表和劳动结果评价表分别见表 6-19～表 6-21。

表 6-19　劳动态度评价表

劳动项目:　　　　评价对象:　　　　评价人:　　　　评价日期:

评价项目	分值	学生自评	组内学生互评	教师评价	总评
劳动目的	20				
劳动次数	30				
责任意识	30				
大局意识	10				
心得体会	10				

表 6-20　劳动过程评价表

劳动项目:　　　　评价对象:　　　　评价人:　　　　评价日期:

评价项目	分值	学生自评	组内学生互评	教师评价	总评
服从安排	20				
合作精神	20				
劳动情绪	20				
劳动行为	40				

表 6-21　劳动结果评价表

劳动项目:　　　　评价对象:　　　　评价人:　　　　评价日期:

评价项目	分值	学生自评	组内学生互评	教师评价	总评
健康诊断	20				
疫苗准备	20				
鸡只准备	20				
疫苗接种	20				
残物处理	20				

总结反思

项目七　文化传承性劳动实践

知识目标

1. 了解文化传承性劳动教育的内涵与类型；
2. 掌握文化传承性劳动教育的内容与原则；
3. 理解文化传承性劳动教育的价值；
4. 掌握文化传承性劳动教育实践活动的基本知识和技能。

能力目标

1. 能识别文化传承性劳动教育的类型；
2. 具有基本的文化传承性劳动能力；
3. 能够处理校园文化传承性劳动教育的技术问题；
4. 具有独立工作或团队合作的能力。

思政目标

1. 培养热爱、传承、弘扬传统文化的意识；
2. 培养艰苦奋斗、勤俭节约的良好品质；
3. 培育民族自豪感，厚植文化自信。

任务一　文化传承性劳动教育认知

任务描述

随着中国国力的增强，我们对中华优秀传统文化越来越自信，优秀传统文化也受到越来越多人的关注和喜爱，焕发出新的生机。优秀传统文化是需要传承的，那么它与劳动教育有什么关系呢？本任务我们就来了解中华传统文化的内涵、类型，明确文化传承性劳动教育的内涵与类型，厘清传统文化与劳动教育的关系，理解文化传承性劳动教育的价值。

知识准备

文化是需要传承的。中华传统文化之所以绵延几千年仍能历久弥新，与中华民族一代又一代地传承、弘扬和创新密不可分。习近平总书记曾指出，保护和弘扬优秀传统文化，延续城市历史文脉。2017 年 1 月 25 日，中共中央办公厅、国务院办公厅印发的《关于实施中华优秀传统文化传承发展工程的意见》指出，把中华优秀传统文化全方位融入思想道德教育、文化知识教育、艺术体育教育、社会实践教育各环节，贯穿于启蒙教育、基础教育、职业教育、高等教育、继续教育各领域。高职院校作为职业教育的重要组成部分，做好中华优秀传统文化的传承工作责无旁贷。

一、文化传承性劳动教育概述

（一）中华传统文化的内涵与类型

1. 中华传统文化的内涵

中华传统文化是指在长期的历史发展过程中形成和发展起来的，保留在中华民族中、具有稳定形态的中华文化，包括思想观念、思维方式、价值取向、道德情操、生活方式、礼仪制度、风俗习惯、文学艺术、教育科技等诸多层面的内容。

2. 中华传统文化的类型

（1）按照地理环境划分　河谷型文化、草原型文化、山岳型文化和海洋型文化。中华传统文化以河谷型文化为主，突出特点是内聚力和容纳性强。

（2）按照生产方式划分　农业文化、工商文化和游牧文化。中华传统文化以农业文化为主。

（3）按照哲学思想划分　儒家文化、道家文化、法家文化和佛教文化。其中，处于主导地位的是儒家文化。

（二）文化传承性劳动教育的内涵与类型

1. 文化传承性劳动教育的内涵

文化传承性劳动教育是通过劳动学习与传承中华传统文化中的知识、技艺、技能、思想和精神，从而达成中华传统文化活态传承的目标，也称传统文化劳动教育。

2. 文化传承性劳动教育的类型

根据学习、传承的传统文化内容的不同，文化传承性劳动教育可分为多种类型，如传统生活文化劳动教育、传统装饰文化劳动教育、传统习俗文化劳动教育、传统书法文化劳动教育、传统绘画文化劳动教育、传统戏曲文化劳动教育、传统武术文化劳动教育等。

二、文化传承性劳动教育的内容与原则

中华优秀传统文化承载着我们的民族记忆和民族精神，是我们增强文化自觉、坚定文化自信的强大底气。传承和弘扬中华优秀传统文化，有利于增强全国人民的国家认同感和民族自豪感，有利于凝聚起实现中华民族伟大复兴的强大精神力量。

（一）文化传承性劳动教育的内容

文化传承性劳动教育的内容主要有 2 个方面：①学习、传承传统文化中蕴含的思想理念、传统美德、人文精神等；②了解、传承传统（包括非遗）技艺、技能，包括生活、装饰、生产等各方面，如茶艺、花艺、字画装裱、刺绣、盘扣制作、剪纸、烫金、宣纸制作、紫砂陶器制作等。

本项目选择传统生活文化劳动教育和传统装饰文化劳动教育 2 大类作为文化传承性劳动教育的具体实践内容。

1. 传统生活文化劳动教育

（1）传统生活文化　是指古人为了生存和发展而进行的各种活动中所蕴含的思想、精神、

风俗、礼仪、习惯、技艺和技能等。

(2)传统生活文化劳动教育　是围绕学习、传承传统生活技艺和技能而进行的劳动教育。

2. 传统装饰文化劳动教育

(1)传统装饰文化　是指我国人民世代相传的、在身体或物体的表面添加具有鲜明中华传统文化特色的附属物，以增加其功能或使其更加美观的理念、思想、习惯、方法、技艺和技巧等。

(2)传统装饰文化劳动教育　是围绕学习、传承传统装饰方法、技艺和技能而进行的劳动教育。

(二)文化传承性劳动教育的原则

1. 普适性原则

文化传承性劳动教育任务的开展应该较为便利，所需工具材料较为容易获得，对技艺和技能的专业要求相对不高，并具有一定的代表性。如剪纸、盘扣制作等，各类高职院校均可开展。

2. 实用性原则

有些传统技艺和技能仍旧活跃在人们的生活当中，受到人们的广泛关注和喜爱，在今天仍有较高的实用价值，如茶艺、花艺、字画装饰、刺绣等。学生掌握这些技艺和技能，不仅可以方便以后的生活，还可以丰富精神生活，提高审美情趣和自身修养，保持身心健康和人格健全。

3. 可操作性原则

可操作性是指在1～2个课时内，学生通过观看教师课堂上的示范，就可亲手实践操作该项传统技艺或技能，且期间允许失败，学生可反复尝试直至基本掌握。传统技艺是传统文化的优秀载体，但并不是所有的传统技艺都适宜用于劳动教育，如针灸和按摩。这些技艺事关人的生命和健康，必须通过长期学习相关的中医知识才能掌握，不宜当作劳动教育的实践内容。

三、文化传承性劳动教育的价值

1. 有利于活态传承传统文化

传统文化要想得到传承和发展，必须有学生的参与，必须要实现活态传承。传统文化的传承首先要让学生了解传统文化、认识传统文化，这就需要传统文化有合适的呈现方式和传承途径。如果只是通过课堂理论讲授的方式呈现给学生，学生对传统文化的了解就只能停留在图片、文字和老师的讲解之中，缺乏对传统文化的直观感知和亲身体验；学生对传统文化的感觉还是“遥不可及”，对传统文化的态度还是“敬而远之”，对传统文化的传承还是“无从下手”。这时，传统文化的传承就只是概念。文化传承性劳动教育将传统文化中的技艺和技能作为劳动教育的内容，把这些技艺、技能以直观可感、可触、可学、可亲手操作的方式呈现在学生面前，打破传统文化和学生之间不能直接体验、深入感知和亲身参与的壁垒，让传统技艺和技能在学生面前真正“活”起来。在劳动课堂上，学生通过直接参与传统技艺、技能的学习，掌握传统技艺和技能，可以实现传统文化的活态传承。

2. 有利于厚植文化自信

习近平总书记指出：“有文化自信的民族，才能立得住、站得稳、行得远。中华文明历经数千年而绵延不绝、迭遭忧患而经久不衰，这是人类文明的奇迹，也是我们自信的底气。”坚定文化自信，是事关国运兴衰、事关文化安全、事关民族精神独立性的大问题。学生是祖国的未来，如何让学生坚定文化自信，是一个值得深入研究的问题，也是学校教育必须面对的问题。目前，高职学生对传统文化的了解相对较少，大多数高职院校的传统文化教育仅停留在课堂理论讲授层面，很少融入实践活动中。将传统文化中的技艺和技能纳入劳动教育课程，不仅可以使高职学生在传统文化课堂上听讲，还可以在劳动课上亲自尝试、参与、传承。他们在操作过程中，可以深切体会中华传统文化的魅力，对中华传统文化的感情由了解到理解再到热爱，这时文化自信的建立就会水到渠成。

3. 有利于培养工匠精神

职业精神是职业活动必备的精神，是具有鲜明职业特征的操守。工匠精神是职业精神的集中体现。高职院校人才培养的目标是为中国特色社会主义事业培养高技能的人才。当前我国的制造业进入了高速发展时期，也是由“中国制造”向“中国精造”“中国创造”转型的时期，亟须具有工匠精神的高技能人才。作为一种优秀的职业道德，工匠精神的传承和发展契合了时代发展的需要，具有重要的时代价值与广泛的社会意义。工匠精神的首要内涵就是敬业，敬业是当今社会主义核心价值观的基本要求之一。中华民族历来有“敬业乐群”“忠于职守”的优良传统。我国传统文化中的技艺和技能，无不是工匠精神的具体体现。在文化传承性劳动教育中，学生需要负责从选材到作品完成的整个过程，因此他们会全身心投入，对每一个步骤认认真真、尽职尽责；在劳动过程中，从开始的不断尝试，到进一步追求作品的优化，再到熟练之后的不断创新，学生耐心、细心、专注的品质逐渐养成，精益求精、追求卓越的精神得到弘扬，创新的意识、能力得到培养和提高，工匠精神日渐内化于心。

案例分析

乔进双梅是一名“80后”，来自四川西南小凉山区马边彝族自治县，是国家级非物质文化遗产项目——彝族手工刺绣的县级代表性传承人。

2015年，乔进双梅等5人利用自身特长和优势，成立马边县首个刺绣专业合作社——马边花间刺绣，生产彝绣服饰、手绣工艺品等。经过几年的努力，马边花间刺绣专业合作社带动周边168名绣娘实现居家就业，年人均创收达8 000元以上。从2017年起，乔进双梅带着“女子绣班”走进当地小学开展培训，推动彝绣传承。

2021年2月26日，乔进双梅当选2020“中国非遗年度人物”。在颁奖仪式上，乔进双梅激动地说“我和彝绣的故事，三天三夜讲不完，我心里感恩的话，三天三夜也讲不完！”“非遗，改变了深山里妇女的命运；小小的绣花针成了脱贫致富的秘密武器。”

解析：

1. 文化传承性劳动教育有哪几种类型？乔进双梅从事的是哪种类型的劳动？（提示：文化传承性劳动教育类型，乔进双梅从事的是刺绣，属于传统装饰文化劳动教育。）

2. 乔进双梅的发言，说明了传统文化有哪些价值或意义？

3. 乔进双梅的感人事迹，验证了文化传承性劳动教育的哪些价值？

任务实施

（一）制订实施方案

文化传承性劳动教育认知：根据任务需要进行人员分组，6～8 人 / 组；制订实施方案，具体方案见图 7-1。

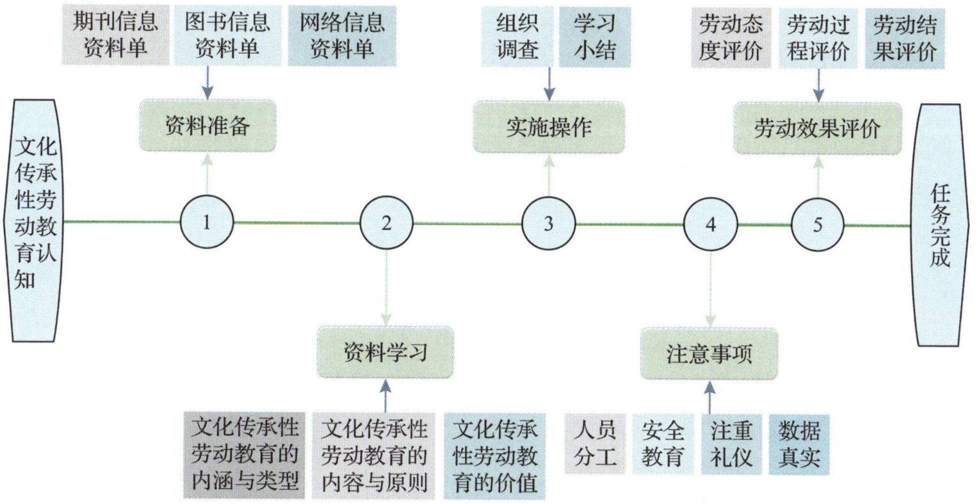

图 7-1　文化传承性劳动教育认知实施方案

（二）准备材料用具

期刊、图书、笔、本、计算机等。

（三）具体实施步骤

1. 资料学习

在教师的指导下，学习文化传承性劳动教育的内涵与类型、内容与原则、价值。

2. 组织调查

（1）调查准备　通过图书、期刊、网络查询和实地走访等途径，了解我国、本省和当地文化传承性劳动教育的基本情况。

（2）制订方案　以小组为单位制订调查方案，包括时间、地点、调查对象和内容等，并进行调查表格的设计。

（3）开展调查　在查阅资料的基础上，按照制订的调查方案，通过走访当地教育管理部门、教职员工、学生等，了解当地学校文化传承性劳动教育的类型、目的等。

（4）调查总结　根据调查结果每人撰写 1 份不少于 600 字的调查总结，在教师的组织下与同学们交流学习。

3. 学习小结

（1）学习收获　每人写 1 份学习收获。

（2）小组讨论　小组集体讨论，总结本组在劳动中的得失。

（3）典型发言　每组选 1 个代表进行典型发言，在全班讲解小组的学习方法、学习收获；组员补充收获的内容。

(4)讨论评价　教师组织全班同学讨论、评价各小组的学习情况，实现全班同学共享学习资源，交流收获体会，巩固所学的知识内容。

(四)注意事项

(1)人员分工　实施前进行人员分工。

(2)安全教育　开展交通安全、人身安全、财物安全和网络安全等的教育。

(3)注重礼仪　注重与人沟通交流的礼貌、礼节。

(4)数据真实　确保调查内容基础数据的真实有效性。

(五)劳动效果评价

劳动效果评价分为劳动态度评价、劳动过程评价、劳动结果评价。采用百分制，劳动态度评价占30%，劳动过程评价占40%，劳动结果评价占30%。劳动态度评价表、劳动过程评价表和劳动结果评价表分别见表7-1～表7-3。

表 7-1　劳动态度评价表

劳动项目：　　评价对象：　　评价人：　　评价日期：

评价项目	分值	学生自评	组内学生互评	教师评价	总评
活动动机	20				
调研次数	30				
责任意识	30				
大局意识	10				
心得体会	10				

表 7-2　劳动过程评价表

劳动项目：　　评价对象：　　评价人：　　评价日期：

评价项目	分值	学生自评	组内学生互评	教师评价	总评
服从安排	20				
团队意识	30				
沟通能力	20				
行为表现	30				

表 7-3　劳动结果评价表

劳动项目：　　评价对象：　　评价人：　　评价日期：

评价项目	分值	学生自评	组内学生互评	教师评价	总评
信息查询	10				
深度访谈	20				
走访学校	20				
案例分析	20				
调查报告	30				

总结反思

任务二　传统生活文化劳动教育实践

在我国的传统文化中，有很多历史悠久、流传广泛、老少皆宜、深受欢迎的文化项目，这些项目已经成为中国老百姓生活当中不可或缺的组成部分，承载着人们对美好生活的殷殷期盼和对亲朋好友的深深祝福。本任务分为 3 个子任务：茶艺、花艺和剪纸。

技能一　茶艺

任务描述

中国有句俗语："开门七件事——柴、米、油、盐、酱、醋、茶。"茶早已成为中国人日常生活中不可或缺的一部分。中国人最先发现、利用茶，至今已有上千年历史，茶艺也成为中国人民生活中的一大特色。2008 年 6 月，茶艺被列入国家级非物质文化遗产名录。本任务我们就借茶艺劳动，理解茶艺的内涵、内容、要求与劳动教育价值，明确茶艺的用具及要求，掌握待客型茶艺的基本技能。

知识准备

中国是茶的故乡，经过几千年的发展，形成独特的茶文化。茶文化成为中华民族悠久文明和礼仪的代表之一。茶艺是茶文化的集中体现，其中潮州工夫茶在中国茶艺中最具代表性，被尊称为"中国茶道"，是国家级非物质文化遗产，被列入联合国教科文组织人类非物质文化遗产代表作名录。

一、茶艺概述

1. 茶艺的内涵

茶艺即有关烹茶、饮茶及以茶款待客人的技艺。简单地说，茶艺就是艺术性饮茶，是饮茶生活的艺术化。

2. 茶艺的类型

根据不同的分类标准，茶艺可以划分为不同的类型。茶艺的基本类型见表 7-4。

表 7-4 茶艺的基本类型

分类标准	茶艺类型
茶事功能	生活型茶艺、经营型茶艺、表演型茶艺
茶叶种类	绿茶茶艺、红茶茶艺、黄茶茶艺、白茶茶艺、乌龙茶茶艺、黑茶茶艺
主泡用具	盖碗茶艺、紫砂壶茶艺、玻璃杯茶艺
冲泡方式	烹茶法、点茶法、泡茶法、冷饮法
社会阶层	宫廷茶艺、文士茶艺、宗教茶艺、民间茶艺
地域	北京盖碗茶、潮汕工夫茶、婺源文士茶、四川长嘴壶茶
习俗	客家擂茶、惠安女茶、新娘茶
民族	汉族茶艺、少数民族茶艺
时期	古代茶艺、现代茶艺

3. 茶艺的功能

茶艺具有普及茶文化、款待客人、营销相关茶产品和养生等功能。

(1) 普及茶文化　主要指通过茶艺师在轻柔舒缓的音乐中,当众表演泡茶技巧,并配以专门创作的解说词,让观众在轻松、舒适、富有韵味的氛围中接受茶文化的熏陶,侧重于精神享受。

(2) 款待客人　茶艺具有很强的实用功能。如果在款待客人时配以茶艺活动,通过茶艺师充满文化气息的冲泡仪式,让客人当场品尝到香茗,可以充分体现对客人的尊重和重视,增进友谊,促进合作。

(3) 营销相关茶产品　在茶叶、茶具等与茶相关产品的营销活动中配以茶艺活动,让顾客当场看到茶具之美,品到茶之香味,可以促进销售,提高利润。

(4) 养生　随着茶文化的普及和人们对养生的日益重视,茶艺在养生中也扮演着越来越重要的角色。如包括打坐、入静或气功导引等功法在内的传统养生茶艺和包括调制养生茶在内的现代养生茶艺,都提倡饮茶者通过自泡、自斟、自饮进入自得其乐的境界,从而达到养生的目的。

4. 茶艺的用具

(1) 茶盘　指放置茶壶、茶杯、茶道组、茶宠及茶食的浅底器皿。

(2) 茶道组　指茶匙、茶针、茶夹、茶则、茶海及茶筒组合在一起的用具统称。

(3) 茶匙　从茶叶罐等贮藏茶叶的器皿中取茶的用具,形似细长小勺。

(4) 茶针　呈细长针状。紫砂壶使用久了,壶嘴可能堵塞,可用茶针进行疏通。茶针也可用于在茶艺表演中挑开盖碗盖。

(5) 茶夹　用来夹品茗杯的夹子,多为竹制或木制,也有金属的。不用手拿品茗杯以示干净。

(6) 茶则　把茶叶拨入泡茶器具中的用具,形状略有起伏。

(7) 公道杯　又称茶海、茶盅。泡好的茶汤先后倒出的浓度不同,如果直接倒入客人的茶杯,则客人品到的茶汤会浓淡不均。为避免这一现象,先把茶汤全部倒至公道杯中,将茶汤混合均匀后再分至各杯中。这一操作同时可沉淀茶渣、去除茶沫。

(8) 随手泡　即煮水器、烧水壶。

(9) 闻香杯　专门用来闻茶汤香气的用具。使用时先将公道杯中的茶汤倒入闻香杯;然后将茶杯倒扣在闻香杯上，用手连同倒扣其上的茶杯一起将闻香杯托起，迅速稳妥地将闻香杯倒转，使闻香杯倒扣在茶杯上，茶汤流入茶杯；将闻香杯慢慢提起逆时针绕茶杯口旋转一圈，倒转使闻香杯口向上，用双手掌心夹住闻香杯并靠近鼻孔，闻茶的香气；边闻边搓手掌，使闻香杯发生旋转运动，这样做的目的是使闻香杯的温度不至于迅速下降，有助于茶香气的散发。

(10) 茶巾　又叫茶布，用来擦拭泡茶过程中茶具，尤其是茶壶、品茗杯的侧部以及底部的水渍和茶渍。

二、茶艺的内容与要求

1. 茶艺的内容

茶艺包括选茶、择水、备器、环境、冲泡和品饮 6 种基本要素。

选茶　茶叶是茶艺的基础。不同类型茶叶的香味和功效各不相同，可以根据自身喜好、身体状况与饮茶目的，选择合适的茶叶。

择水　茶汤色、香、味呈现的关键要素除了茶叶之外，还有水质。唐代茶圣陆羽十分重视茶艺用水的选择，他曾在《茶经》中对此有过专门的论述，并解释了不同水质的优劣，后演变为俗语“水为茶之母”。茶叶所含的营养物质只有溶解在水中，才能被人们品尝、利用。水质的好坏直接影响茶汤的口感和香气，如果水质硬度过高，茶汤就会浑浊、口感粗糙。水质的 pH 应适中：水质酸性强，茶汤色泽浅而口感酸；水质碱性强，茶汤则色泽深而口感苦。现代茶艺一般选用无污染的山泉水、纯净水或矿泉水。

备器　指准备茶具。茶具不仅是盛放茶汤的器具，还具有欣赏价值，是泡茶时不容忽视的一个环节。茶的种类不同，选用的茶具材质也不同。普洱茶等红茶多选用紫砂茶具；西湖龙井、洞庭碧螺春、安溪铁观音等轻发酵、重香气的茶叶宜选用陶瓷茶具；信阳毛尖、君山银针、金骏眉等外形姣好的茶叶，宜选用玻璃茶具，以便冲泡时欣赏茶汤色泽变化和茶叶水中起舞的状况，增强观感。

环境　指茶艺活动的场所，主要作用是通过营造品茶的意境，让品茶者产生艺术享受。基本要求是室内环境干净、物品摆放整齐、设计布置美观、周围环境幽静、音乐优美舒缓。

冲泡　指用开水浸泡茶叶。茶叶的种类不同，冲泡方法也各不相同，总体要求是要充分发挥茶叶的特色。

品饮　即饮茶。与普通的饮茶不同，品饮需要饮用者慢啜、细品，通过观茶色、品茶汤、享环境、体韵味，获得物质和精神上的双重享受。

2. 茶艺的要求

(1) 妆容与着装　头发梳洗干净整齐、无异味；选择适合自己脸型和气质的发型，一般多为盘发、扎髻发型；不得长发散梳，注意前额应无头发，避免头发掉落到茶具或操作台上。着装一般选用与传统文化氛围相符的中式服装，女士常穿旗袍或江南蓝印花布服饰；男士穿中西式服装均可，穿西装时要打领带。

（2）言谈举止　言谈轻柔有礼，切忌大声喧哗，保持环境安静；面带微笑，行走时脚步须成一条直线，身体平稳，双肩放松，两眼平视，下颌微收，做到举止有礼、仪态典雅、动作轻柔。

（3）动作程序　整个过程动作熟练、轻柔，茶具轻拿轻放，不能碰撞发出声响；步骤顺序正确。

（4）茶叶水温　根据不同的需要选择茶叶，茶叶投放适量；水温（表 7-5）符合茶叶冲泡要求。

表 7-5　冲泡不同茶叶的适宜水温

温度	适合的茶叶
低温（85～90 ℃）	适合龙井、碧螺春等采摘嫩叶、芽的绿茶以及白茶、黄茶
中温（90～95 ℃）	适合茶梢长到驻芽时才采摘的绿茶及花茶，如六安瓜片等；也适合采摘嫩叶、发酵程度比较轻的乌龙茶，如白毫乌龙茶等
高温（95～100 ℃）	适合大多数乌龙茶、红茶及所有黑茶

水沸腾之后关闭电源开关，水温从 100 ℃下降到 95 ℃需要时间为 1～1.5 min；水温从 95 ℃下降到 90 ℃需要时间为 2～2.5 min；水温从 90 ℃下降到 80 ℃需要时间为 6～7 min。

三、茶艺的劳动教育价值

（1）引导养成健康的生活方式　茶叶中含有茶多酚、氨基酸、维生素等多种有益成分，适量饮茶有助于降低心脑血管疾病发病率、降低胆固醇浓度、提神解乏、促进新陈代谢和血液循环等。当今学生喜饮碳酸饮料、奶茶、咖啡、果汁等含糖饮品，较少饮茶，原因之一是他们对茶叶的成分和功效了解不够。这些含糖饮品存在很大的健康隐患，可以造成肥胖、心脏病、糖尿病等多种疾病问题。通过茶艺劳动教育，学生可以增加对茶叶的了解，有利于养成健康的生活方式。

（2）有效提升礼仪素养　中华民族是礼仪之邦，茶艺是茶文化与传统礼仪文化深度融合的产物，已形成一套有着严格礼仪规范的文化形式，涉及茶具的选择、泡茶的步骤和奉茶礼仪等多个方面。茶艺注重仪式感，通过仪式化的泡茶过程和品茶，学生能够体会茶文化的庄重和深远内涵，提高对仪式感的敏感度；通过茶艺劳动教育，学生可以深入了解茶道礼仪的原则和意义，感受在冲泡和敬茶的过程中对长辈和客人的尊重，养成谦虚、尊重、注重细节的品格，增强对礼仪的认识和理解，培养良好的礼仪修养。

（3）有助于形成良好的人际关系　茶艺包括很多环节，各环节的共同特点是“慢”，需要茶艺师和客人都有足够的耐心，而茶艺师更要足够细致。无论泡茶还是品茶，都体现出温和恬静。茶艺活动往往伴有柔和的音乐和温馨的环境，可以让学生在耐心泡茶和用心品茶过程中，身心得以放松。学生奉茶时则需要展现出真诚和友善，这有助于他们学习如何与他人交流和互动，养成以更加平和的心态去处理好周围人际关系的习惯，逐步形成稳重、娴静的性格，可以冷静地面对、思考、解决生活中的问题，避免盲目冲动，形成良好的人际关系。

任务实施

（一）制订实施方案

待客型茶艺劳动：根据任务需要进行人员分组，6～8 人 / 组；制订实施方案，具体方案见图 7-2。

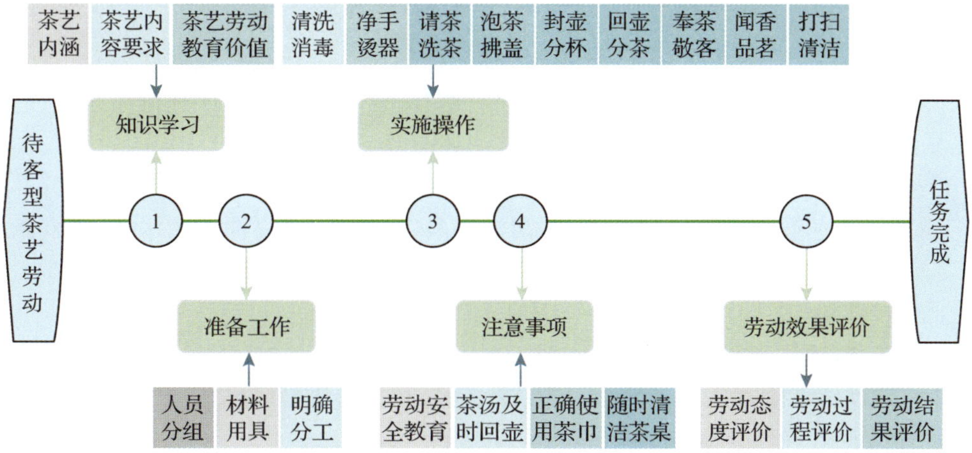

图 7-2　待客型茶艺劳动实施方案

(二)准备材料用具

随手泡(煮水壶)、茶叶、茶壶、茶道组、公道杯、闻香杯、品茗杯、茶巾、抹布等。

(三)具体实施步骤

1. 清洗消毒

(1)清洗　将茶具用净水清洗干净,使茶具里外无污垢、斑迹。

(2)消毒　一般采用沸水消毒,将洗涤洁净的茶具置入沸水中浸泡 2～5 min。

2. 净手烫器

茶艺开始之前务必洗手,泡茶的器具务必用开水冲烫,目的是给茶具预热,使茶的味道更香浓。

3. 请茶洗茶

请茶就是往茶壶里投放茶叶。往茶壶里倒入沸水,让水和茶叶接触几秒,然后将水迅速倒出,即洗茶。洗茶的目的是清洁茶叶表面的浮尘,让客人放心饮用,这是茶艺中必有的步骤。

4. 泡茶拂盖

泡茶即往茶壶里倒入沸水,倒水时一定要让壶嘴"点头"3 次,也称"凤凰 3 点头",以示向客人致敬。泡茶时,沸水比壶口略高,主人则用壶盖拂去漂浮在上面的茶沫儿,称之为拂盖,以防止客人饮用时茶沫进入口中。

5. 封壶分杯

泡好的茶盖上壶盖,称为封壶,以便保存茶汤的香气。分杯时,主人先把杯子"一"字排开,用茶夹将闻香杯、品茗杯分别放在茶托上,以便为客人加茶。

6. 回壶分茶

轻轻将茶汤倒入公道杯即为回壶,目的是使茶汤充分混合。将回壶后的茶汤倒入每个客人的闻香杯中即为分茶,分茶需注意:①斟茶只需七分满,以免客人饮用时茶水溢出,烫伤客人;②每个杯子的茶量要一致,不能厚此薄彼。

7. 奉茶敬客

奉茶敬客即端茶敬客。主人务必双手把闻香杯送到客人面前,这也是中国"以茶奉客"礼仪的根本,表示对客人的敬意和真诚的欢迎。

8. **闻香品茗**

闻香即客人将茶汤倒入品茗杯，轻嗅闻香杯中的余香，最好能有陶醉状，表示对主人茶艺的欣赏和赞叹。闻香过后，客人需用3指拿起品茗杯，分3口轻啜慢饮进行品茗，然后放下品茗杯，以显示对主人的尊重。

9. **打扫清洁**

清理剩余茶汤、茶壶或茶杯中的茶叶，清洗茶具，擦净茶台、桌面上的水迹，整理茶具将其放入茶盘。

(四)注意事项

1. **劳动安全教育**

(1)防止烫伤　在烧水泡茶过程中，态度要谨慎，动作要优雅缓慢，严禁在茶室奔跑、打闹，以防被开水烫伤。

(2)防止划伤　在使用茶具时，应轻拿轻放；如果不小心打碎茶具，应注意及时处理，避免被割伤。

2. **茶汤及时回壶**

茶壶中的茶冲好后应马上倒进公道杯，如果时间太长，茶汤会变得太浓。茶汤倒进公道杯后，等几秒钟让茶汤静止，按先从左到右，然后再从右到左的顺序把公道杯里的茶分到茶杯里，这样可以保证每个茶杯里的茶汤浓度基本一致。

3. **正确使用茶巾**

茶巾不是抹布，只能擦拭茶具上的水或者茶汤，不能清理茶桌上的各种污渍、杂物，也不能擦手。

4. **随时清洁茶桌**

冲泡过程中，应该随时用抹布把茶桌擦干净，不要有水渍。

(五)劳动效果评价

劳动效果评价分为劳动态度评价、劳动过程评价、劳动结果评价。采用百分制，劳动态度评价占30%，劳动过程评价占40%，劳动结果评价占30%。劳动态度评价表、劳动过程评价表和劳动结果评价表分别见表7-6～表7-8。

表7-6　劳动态度评价表

劳动项目：　　　　评价对象：　　　　评价人：　　　　评价日期：

评价项目	分值	学生自评	组内学生互评	教师评价	总评
劳动目的	20				
劳动次数	30				
责任意识	30				
大局意识	10				
心得体会	10				

表7-7　劳动过程评价表

劳动项目：　　　　评价对象：　　　　评价人：　　　　评价日期：

评价项目	分值	学生自评	组内学生互评	教师评价	总评
服从安排	20				
团队精神	30				

续表 7-7

评价项目	分值	学生自评	组内学生互评	教师评价	总评
劳动情绪	20				
劳动行为	30				

表 7-8 劳动结果评价表

劳动项目： 评价对象： 评价人： 评价日期：

评价项目	分值	学生自评	组内学生互评	教师评价	总评
妆容着装	20				
言谈举止	20				
水温合适	20				
投放适量	20				
动作程序	20				

总结反思

技能二 花艺

任务描述

花艺作为中华民族传统文化的一部分，一直是文人雅士审美价值的体现。花艺劳动不仅需要学生有花卉识别、造型设计、工具使用、整理制作、作品展示、保养等方面的专业知识与技能，还需要学生学会审美创美、组织管理、业务沟通、健康安全、时间管理等方面的知识。

知识准备

中国是东方插花艺术的起源国，在历史上具有辉煌的成就和巨大的影响力。花卉作品是人类生活中重要的一部分，成为社会活动的美丽表达。随着经济和技术的不断发展，人们的物质水平和精神追求不断提高，插花艺术的使用越来越广泛。在各种婚礼宴会和聚会上花艺作品的装饰是必不可少的。花艺不仅在环境美化中发挥着重要作用，还在丰富文化生活、培养情感、改善社会氛围、提高民族精神和文明素质方面发挥了启示作用。中国优秀的传统插花艺术应继续传承和弘扬。

一、花艺概述

花艺是花卉艺术的简称，包涵“插花”“花道”的艺术审美等内容。中国花艺有传统插花与现代花艺2个方向。以中式插花为代表的中国花艺师正在走向世界，旨在宣扬中国传统文化与现代花艺设计的结合时展现技能和人文载体，是文化自信的重要体现。

（一）花材的类型

花材就是制作花卉产品所用的材料，一般是专业从事花店经营或鲜花束、花篮等制作人士经常使用的术语。花材可以广泛地指在花卉产品上看到的一切组成部分，包括主花、配花、绿叶类衬托植物等。花材有以下几种分类方法：

（1）按照质地划分　草本花材、木本花材、叶材等。常见的草本花材通常有雏菊、康乃馨、唐菖蒲、百合、水仙、向日葵、桔梗、满天星、鸢尾等；木本花材有玫瑰、山茶、玉兰、牡丹等；叶材有尤加利叶、迷迭香、龟背竹、高山羊齿、散尾葵、银叶菊等。

（2）按照外形划分　线状花材、串状花材、团状花材、点状花材、果实花材、不规则花材6大类。花材的花形分类没有绝对性，在不同的作品和使用场景之下花材的作用和分类也随之改变。例如，满天星在花束中一般充当衬托点缀，常被划分为点状花材；当满天星捆扎在一起作为主花或焦点花时，就可看作团状花材。

（二）花艺的内涵、流派与造型

1. 花艺内涵

花艺是指通过一定技术手法，将花材进行排列组合，让花变得更加赏心悦目，从而表现一种思想或意境，体现人与自然的完美结合，形成花的独特语言，让欣赏者解读与感悟。

2. 花艺流派

所谓流派，就是花艺设计的风格和类型。在当今花艺界，中式插花、英式花艺、美式花艺、德式架构花艺、法式自然系花艺、日式花道、韩式花艺、泰式花艺这8大流派具有较大的影响力。

3. 花艺造型

花艺同雕塑、盆景、园林、建筑等一样，均属于造型艺术的范畴。中国的插花分为6大基本造型，即直立型、倾斜型、平出型、平铺型、倒挂型、综合型。无论是哪一种造型，在插花构图中，和谐的比例关系是必不可少的因素。

（三）花艺创作原则

1. 上轻下重

带花苞的花材在上，开盛花的花材在下；浅色的花材在上，深色的花材在下，这样会体现花艺作品的自然性。一般形态小、质地轻、色彩淡的花材在上或在外（距重心较远），反之则要插在重心附近，以使作品保持均衡、稳定，显得自然而有生命力。

2. 高低错落

花朵的位置要有高低之分；花材设计应采用多面立体空间结构来表现成品的外形，即要求在立体空间用点、线、面等要素进行有层次的排列，上、下、左、右、前、后层次分明而又趋向统一。

3. 上散下聚

花材各部分分别安插，基部要像树木一样聚集，拧成一股，似为同根生；上面部分要如树枝一样分散，发挥花的自然个性，使作品既有多变丰实的个性又有同一性。

4. 疏密有致

在花艺设计中花材应有疏有密，每一朵花、每一片叶都要具有观赏价值和设计构图效果；花艺作品要让观赏者感受到自然美。

5. **仰俯呼应**

花材要围绕重心仰俯呼应，既反映作品的整体性，又保持作品的均衡感。花材的仰俯呼应要能把观赏者的视线引向重心，产生稳定漂亮的感觉。

二、花艺的内容与要求

(一)花艺的内容

1. **用具的选择**

(1)花材处理用具　一般有花剪、枝剪、丝带剪、普通剪刀、铁丝剪刀、打刺钳、劳保手套、花刀等。

(2)固定花束用具　常见的有胶带、扎带、麻绳、皮筋、丝带、铁丝等。

(3)插花用具　花泥、花泥刀、花篮、花盆、花瓶、花碗、花盘、剑山、鸡笼网、剑桶等。

(4)花材保水用具　保水棉、玻璃纸、营养管、弯嘴壶、喷水壶等。

(5)其他用具　花艺铁丝、竹签、珠针、热熔枪、双面胶、订书器、镊子、胶带切割器等。

2. **花材的识别**

(1)种类识别　不同种类花材的形态特征不同，表达的寓意也不同。根据花材的形态特征对花材种类进行识别，如鲜切花花茎的形状、质地，有无附属物等；叶的形状、着生方式、质地等；花的形状、色彩、大小等。

(2)新鲜程度识别　为了使花艺作品有较长的观赏期，选择新鲜的花材是很重要的。选择时应注意以下几点。

看切口：切口新鲜、无变色、无异味和不发黏。

观枝茎：新鲜的花茎挺拔有力，用手捏时有弹性。

看叶片：颜色翠绿、形状完整、富有弹性的叶片为好。

观花朵：主要看花朵的开放程度，一般选择已开1/3～1/2的花朵为佳，如唐菖蒲、金鱼草以花朵下部刚开3/5、部分开放1/2，上部待开为好；月季花以整朵花开放1/3为好。

3. **花材修剪整形**

用花剪、花刀、打刺钳等对鲜切花进行修剪整形，基本操作要领如下：

(1)花材　对没有经过修整的花材进行修剪整形，如除去棘刺、过多的叶片、花部修饰；对未开放的花进行处理，使其开放；用刀对草本花材、较细的木本花材削截等。

(2)叶材　对没有经过修剪的叶材(或其他衬叶)进行修剪造型，如用圈叶法、修叶变形法、支撑定形法、叶片拉丝法、枝叶打结法等对叶材进行造型。

(3)枝条　对枝条进行剪截，去掉多余的小枝叶。对枝条进行整理造型，如用缠绕铁丝法延长月季花花枝的长度；用插入茎秆法把康乃馨的茎插入马蹄莲茎秆内，以增粗或延长康乃馨的花枝。

4. **花型的设计**

根据摆放的场合、设计的主体、个人的审美以及花材的特点等，对花型进行设计，常见的花型有直立型、倾斜型、平出型、平铺型、倒挂型、综合型等。

5. 花材固定方法

为将花材整理成美观的花型，需将花材进行固定，固定方法有用剑山固定、用“撒”固定、用花泥固定以及用胶带、铁丝、丝带等固定。

6. 成品的整理

成品整理是插花的最后一步，对已经插好的花进行补插、修型，使其形成完美的花型；然后喷洒水分，以增加花材的新鲜度，提高花艺作品的观赏性，延长其观赏期。

（二）花艺的要求

(1) 花艺知识　了解不同花材的品种、特点、花期和保鲜方法；具备花卉的搭配原则、色彩搭配方法和造型设计等方面的知识；懂得如何处理花材，以使其保持新鲜和美观。

(2) 创作能力　具有创造性、艺术性、创新性、善用资源表达主题的能力，能够将花材与环境、场合和主题相结合，创造出独特而美丽的花艺作品。

(3) 安全措施　具有安全使用工具、防止危险发生的劳动安全基础知识，具备《中华人民共和国劳动法》《中华人民共和国野生植物保护条例》等相关的法律、法规知识。

(4) 职业道德　具备爱岗敬业、勤奋钻研、弘扬传统、大胆创新、爱护环境、热情服务的职业道德。

三、花艺的劳动教育价值

(1) 以劳育美　花艺是一种很好的修身养性之道。插花时讲求心平气和、神态专注、举止文明优雅，这最能彰显劳动育人和以美育人的特色教育理念，弘扬劳动精神，教育引导学生崇尚劳动、尊重劳动。

(2) 劳艺融合　花艺的空间效果能够舒缓人们的心情，提升学生的审美情趣和文化修养，激发学生的创新意识和艺术追求，弘扬尊师重教的良好风尚。

(3) 创新创业　高雅的花艺作品不仅能够树立商家的品牌形象，还能赋予产品或服务更高的价值。同时，在购物的地方摆放鲜花还能为顾客带来更好的购物体验，烘托氛围，从而增加顾客的消费意愿。现在很多场合都会用到花艺作品，因此花艺可以作为一门职业，是学生就业创业的好方向。

任务实施

（一）制订实施方案

花束制作：根据任务需要进行人员分组，3～5 人 / 组；制订实施方案，具体方案见图 7-3。

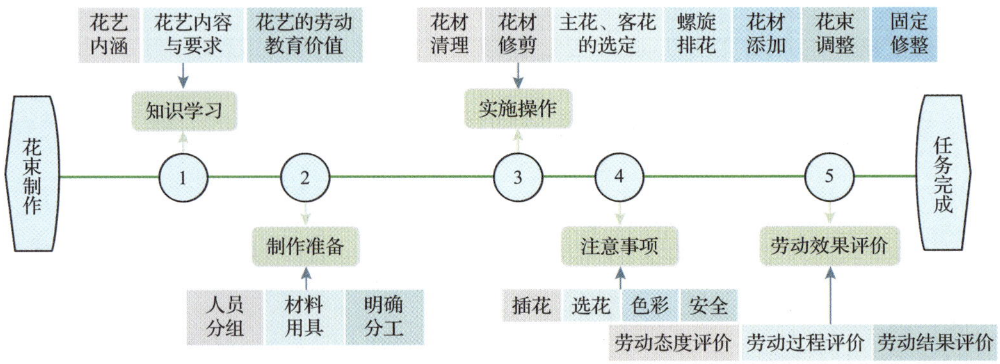

图 7-3　花束制作实施方案

（二）准备材料用具

花材、剪刀、美工刀、插花钳、花带、热熔胶枪、喷壶、包装纸、丝带等。

（三）具体实施步骤

(1)花材清理 去除花材的外包装，清除花材上的尘土和杂质，去除残枝败叶及受损花朵。

(2)花材修剪 根据花束设计构图需要，适当剪除多余的叶片，去除茎秆上的刺，进行正确的剪根处理，使花材满足下一步的操作需求。

(3)主花、客花的选定 主花，原则上来说是整个花束中最大或最明显的花朵，它在整个花艺作品中起画龙点睛的作用，通常位于花束的中心位置，高度应与握花的手掌虎口处高度大致相等。

(4)螺旋排花 将花材沿顺时针或逆时针方向旋转，使花材都呈螺旋状分布。为确保花材朝同一方向旋转，应随时检查花秆排列是否有交叉现象。花材可以依靠茎秆互相支撑而固定。

(5)花材添加 将第2枝花材叠在第1枝花材的上面，倾斜最大角度沿顺时针或逆时针方向在虎口处加入花材，用左手的大拇指固定住花材；再将第3枝花材也用同样的方法加入，注意花茎不能交叉。以中心位置的花材为轴，一边转动花材，一边用同样的方式加入其他花材，注意添加花材时方向要保持一致。

(6)花束调整 在添加花材时，随时调整花材螺旋的方向和角度，保持花束的形状饱满。调整花头的朝向和高低时，稍微松开螺旋点以便调整。所有花材添加完成后，一些花材可能会滑落或者高低层次不完整，通过调整可以进一步完善花束的整体造型。

(7)固定修整 在花束的顶部添加最后一枝花，调整花的高度和朝向，以确保整体协调。使用扎带或螺旋点固定花束，然后用麻绳或者丝带将花束绑紧，绑扎点与手握点要一致，注意不要绑扎过紧，以免影响花束的美观和透气性。修剪花束上部和花脚，使花束的整体作品高度:花器高度:花材高度 =8∶3∶5。

（四）注意事项

(1)插花 插花过程中花束下部应尽量密集，上部花材不宜过多，上疏下密，尽量避免成一条直线；注意花束应高低错落。

(2)选花 应根据主题要求和个人喜好来选花，也可借花来表达自己的志向、情感。

(3)色彩 深色的花朵应插低，浅色的花朵应插高，以突出植物的自然姿态和当季的代表花卉，使花型有稳定感和代表性。

(4)安全 分工协作，遵守劳动纪律，保障劳动过程中的安全。

（五）劳动效果评价

劳动效果评价分为劳动态度评价、劳动过程评价、劳动结果评价。采用百分制，劳动态度评价占30%，劳动过程评价占40%，劳动结果评价占30%。劳动态度评价表、劳动过程评价表和劳动结果评价表分别见表7-9～表7-11。

表 7-9 劳动态度评价表

劳动项目： 评价对象： 评价人： 评价日期：

评价项目	分值	学生自评	组内学生互评	教师评价	总评
劳动目的	20				
劳动次数	30				

续表 7-9

评价项目	分值	学生自评	组内学生互评	教师评价	总评
责任意识	30				
大局意识	10				
心得体会	10				

表 7-10　劳动过程评价表

劳动项目：　　　　评价对象：　　　　评价人：　　　　评价日期：

评价项目	分值	学生自评	组内学生互评	教师评价	总评
服从安排	20				
团队精神	20				
劳动情绪	20				
劳动行为	40				

表 7-11　劳动结果评价表

劳动项目：　　　　评价对象：　　　　评价人：　　　　评价日期：

评价项目	分值	学生自评	组内学生互评	教师评价	总评
花材选用	10				
工具挑选	10				
花材预处理	20				
绑扎成型	20				
整体效果	20				
卫生与展示	20				

总结反思

技能三　剪纸

任务描述

中华民族历史悠久，传统文化丰富灿烂。中国有很多非物质文化遗产，剪纸就是其中之一。随着科技的进步，很多剪纸作品都转为由机器制作，但是最能烘托节日气氛、寄托人们美好心愿的还是手工制作的剪纸作品。本次劳动任务让我们一起来学习剪纸的起源、发展、类型等基础知识，掌握剪纸的基本技能。

知识准备

在中国，剪纸具有广泛的群众基础，与各族人民的生活深度交融，是百姓日常生活和各种民俗活动的重要组成部分。剪纸的纹样造型所呈现的视觉形象，蕴涵了丰富的文化历史信息，表达了广大民众的社会认知、道德观念、实践经验、生活理想和审美情趣，具有认知、教化、表意、抒情、娱乐、交往等多重社会价值。

一、剪纸概述

剪纸又称中国剪纸，是指用剪刀或刻刀在纸上剪刻花纹，并配合日常生活或节日民俗活动对房屋、衣物、生活用具等进行装饰，属于民间艺术的一种。在中国，剪纸具有广泛的群众基础，与各族人民的生活深度交融，是百姓日常生活和各种民俗活动的重要组成部分，包含着丰富的中国历史文化、民间民俗文化和地域文化，体现了剪纸创作者对美的艺术想象和创造精神，其文化价值远远超过了剪纸本身。

在战国时期，我国就出现了皮革镂花、银箔镂空刻花，它们为后来剪纸艺术的出现奠定了一定的基础。至唐代时，剪纸已得到较大发展，并被用于布匹印染。宋代剪纸的用途进一步扩大，被广泛用于窗花、礼花、灯饰、陶瓷花样、皮影制作、布匹等的装饰，并出现以剪纸为职业的行业艺人。明清时期，剪纸艺术走向成熟，剪纸的应用范围更加广泛。新文化运动时期，蔡元培、鲁迅等一大批先进知识分子大大推动了剪纸艺术的传承与发展。20 世纪 40 年代，延安鲁艺的艺术家们对民间剪纸进行了搜集、发掘、整理和研究，并创作出了一大批反映边区人民生产、生活、战斗的新剪纸，推动了群众性剪纸的创作和发展，使传统的民间剪纸发生了革命性的变化，开创了中国剪纸的新纪元。新中国成立后，艺术家们创作了大量表现社会主义新人新事的剪纸，丰富了中国民间装饰艺术的形式和内容。

按照不同的分类方法，剪纸可分为多种类型。

(1) 按纸张的颜色划分　单色剪纸、复色剪纸。

(2) 按剪纸立体感划分　平面剪纸和立体剪纸。

(3) 按剪纸的纹样划分　植物、动物、人物、文字、器物、山水等。

(4) 按剪纸的寓意划分　纳吉、祝福、驱邪、除恶、劝勉、警戒、趣味等。

(5) 按剪纸的用途划分　装饰类，贴于他物之上以供欣赏或增加他物之美的剪纸，如窗花；俗信类——用于祭祀、祈福、除灾、驱邪的剪纸，如门神；稿模类——用于版模、印染的剪纸，如绣稿；设计类——能增加他物之美，或能宣扬他物的剪纸，如电影或电视剧的片头。

二、剪纸的内容

(1) 选择纸张　根据剪纸的图案，选择纸张的颜色、大小、厚薄、质地。通常选择彩色纸张，以红色居多，以突出吉祥、喜庆的气氛；形状一般为正方形；为降低操作难度，建议初学者选择的纸张不要小于 30 cm × 30 cm；最好选择较薄的纸张，但是纸张质地要结实、耐折叠，柔韧性要好。

(2) 选择工具　选择剪纸专用剪刀。根据剪纸图样的大小，选择大小不同的剪刀。要求剪刀刀尖尖锐适度，既要便于抠图、剪面积小的部分和一些细小的锯齿线，又要避免刺破剪纸；剪刀刀轴松紧得当，太松容易歪扭导致纸张剪不掉或者边缘不整齐，太紧则会导致开合吃力；手柄大小合适，易于 5 个手指都参与为佳；刀刃锋利，否则会影响剪纸的速度和纸张边缘的整齐度。

(3)折叠纸张　剪纸一般不会直接在纸张上进行剪裁，通常需要把纸张按照图样进行相应的折叠之后再剪裁，这样纸张展开后才能形成层次丰富的图案。纸张折叠要求正确、规范、整齐。

(4)勾画图样　在折叠好的纸张上勾画出需要剪裁的图样，通常是剪纸图案的半边，将纸张展开后可以形成完整的图案。要求勾画的图样比例合适，位置正确；把需要剪掉的部分画上标记，以防止剪错。

(5)剪好展开　根据勾画的标记，剪裁掉画线部分，形成作品雏形；然后小心打开纸张，使其成为完整的作品。

剪直线时剪口要流畅，不能有毛边和停顿感；剪锯齿时保证剪成W形，如没有剪断不要用手去扯断纸张，而应再次重复剪断；剪曲线时要求弧度流畅而不要有停顿感；剪波浪形时要一手拿纸一手握剪刀，往前小幅度、快速地摆动剪刀口剪进，使剪口显示出不规则的形状；抠纸时边缘要清晰、准确，切忌抠坏；展开剪纸时要小心，并将剪纸整理平整。

三、剪纸的劳动教育价值

(1)传承非遗文化，厚植文化自信　千百年来，剪纸早已与老百姓的日常生活和各种民俗活动深度融合，成为中国民间历史文化内涵最为丰富的艺术形态之一。2006年，剪纸艺术被列入第一批国家级非物质文化遗产名录。2009年，中国剪纸入选人类非物质文化遗产代表作名录。把剪纸列为劳动教育项目，让非遗传统文化以可触的、活态的、生动的形式亲近学生，可以提高学生对非遗传统文化的认知，让非遗传统文化在学生心中扎根、生长、传承，加深学生的认同感，增强学生的自豪感，厚植文化自信。

(2)培养专注能力，奠定匠心基础　剪纸劳动无须付出较多的体力和汗水，但是需要高度的专注力。特别是初学者，稍有不慎就可能造成剪口的破坏，导致创作前功尽弃。在剪纸过程中，为了保证作品的顺利完成，创作者从始至终需要专心致志，按照画好的线条，小心裁剪。这项劳动非常有助于学生练就心静如水的境界，形成一丝不苟的作风，为培养工匠精神打下坚实的基础。

(3)培养创新意识，练就创造美的能力　高职院校人才培养的目标之一是培养高素质的劳动者，所以高职院校不能只满足于模仿和重复，更要着重于创新意识和能力的培养。剪纸艺术是传统文化的重要组成部分，其纹样具有典型的传统文化特征。各大媒体平台上有很多教授剪纸的视频，因此学生掌握几种纹样的剪纸方法并没有多大的难度。但如何在传承的基础之上设计出具有时代特色和自享版权的纹样，对学生来说是一个全新的挑战，更是一种创新意识和创新能力的激发和孕育。学生在剪纸过程中，当剪纸的技巧趋于成熟后，可以尝试创造新的剪纸纹样，在不断探索的过程中练就创造美的能力。

任务实施

一、制订实施方案

剪纸劳动：学生能够独立完成剪纸劳动，可不分组；但为提高劳动效率，培养团队意识，建议进行分组，4 人 / 组；制订实施方案，具体方案见图 7-4。

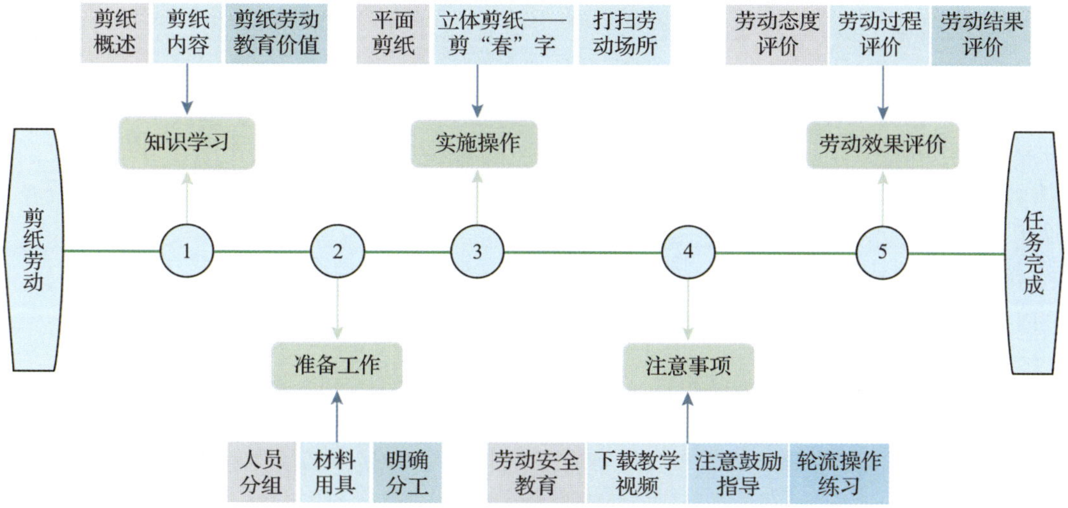

图 7-4　剪纸劳动实施方案

二、准备材料用具

彩纸、裁纸刀、铅笔、直尺、橡皮、剪纸专用剪刀、彩色绳线、A4 纸、胶棒等。

三、具体实施步骤

（一）平面剪纸

1. 剪“囍”字

（1）裁纸　用裁纸刀把彩纸裁剪为 30 cm × 30 cm 的正方形。

（2）折纸　拿一张正方形彩纸，把任意一边连续对折 2 次。

（3）勾画纹样　对折后彩纸开口的一侧向右，以不开口的一侧为“喜”字纵向中线，参照教师提供的模板，勾画出“喜”字右半边，把需要剪除的部分画上斜线作为标记。

（4）裁剪　剪掉标记斜线的部分。

（5）成品　小心打开，将作品粘贴到 A4 纸上，注意粘贴要平整，避免剪纸被损坏。

2. 剪花朵

（1）裁纸　用裁纸刀把彩纸裁剪为 30 cm × 30 cm 的正方形。

（2）折纸　第 1 步，把正方形彩纸对折 2 次成为一个小正方形；第 2 步，沿小正方形中心点连接的对角线，把小正方形对折成为一个直角三角形；第 3 步，沿直角三角形直角的中线再对折，形成一个等腰三角形。

（3）勾画纹样　第 1 步，在等腰三角形底部连接三角形的 2 个腰画弧线，注意弧度尽量大一些；第 2 步，在三角形的 2 个腰上分别画弧线，注意 2 条弧线的位置要上下错开，弧形本身不要对称。把需要剪去的部分画上斜线作为标记。

（4）裁剪　剪掉标记斜线的部分和三角形的顶点。

（5）成品　小心打开，将作品粘贴到 A4 纸上，注意粘贴要平整，避免剪纸被损坏。

（二）立体剪纸——剪“春”字

（1）裁纸　用裁纸刀把彩纸裁剪为 30 cm × 30 cm 的正方形。

（2）折纸　第 1 步，把彩纸沿正方形任意一边对折，打开；第 2 步，把彩纸沿折线垂直方向再次对折，打开；第 3 步，把彩纸沿正方形对角线对折，打开；第 4 步，把彩纸沿正方形另一条对角线对折，打开，这时在正方形上就行成“米”字折痕；第 5 步，沿“米”字折痕把正方形折成一个等腰直角三角形；第 6 步，把彩纸沿三角形底边的垂线对折，对折后垂线在左侧。

（3）勾画纹样　按照教师示范，以最后一次的折线作为“春”字的纵向中线，勾画出“春”字右半边，把需要剪除的部分画上斜线作为标记。

（4）裁剪　剪掉标记斜线的部分。

（5）成品　小心打开，把彩色线绳穿入立体“春”字的顶部。

（三）打扫劳动场所

将剪裁掉的碎纸打扫干净；剪刀合拢，与备用纸张等物品一起整理后放回指定位置。

四、注意事项

（1）劳动安全教育　裁纸刀使用完毕应及时收缩刀头；劳动期间禁止嬉笑打闹，以免误伤。注意双手配合，剪纸动作要轻、慢。特别是剪锯齿形和抠图时，要注意力度，避免刺伤、剪伤。

（2）下载教学视频　由于剪纸的折叠方法用语言描述清楚相对困难，建议提前下载剪纸视频，或由教师逐步示范，给学生留下初步印象；劳动过程中教师要根据学生需要随时示范，保证学生操作正确。

（3）注意鼓励指导　学生首次自创纹样剪纸时很有可能失败，教师要注意鼓励学生分析原因，找出解决办法，必要时提供适当的帮助。

（4）轮流操作练习　注意各步骤由组员轮流操作，确保每个学生都能完整参与劳动的每一个环节，掌握劳动技能。

五、劳动效果评价

劳动效果评价分为劳动态度评价、劳动过程评价、劳动结果评价。采用百分制，劳动态度评价占 30%，劳动过程评价占 40%，劳动结果评价占 30%。劳动态度评价表、劳动过程评价表和劳动结果评价表分别见表 7-12～表 7-14。

表 7-12　劳动态度评价表

劳动项目：　　　　评价对象：　　　　评价人：　　　　评价日期：

评价项目	分值	学生自评	组内学生互评	教师评价	总评
劳动目的	20				
劳动次数	30				
责任意识	30				
大局意识	10				
心得体会	10				

表 7-13　劳动过程评价表

劳动项目：　　　　评价对象：　　　　评价人：　　　　评价日期：

评价项目	分值	学生自评	组内学生互评	教师评价	总评
服从安排	20				
团队精神	20				
劳动情绪	20				
劳动行为	40				

表 7-14　劳动结果评价表

劳动项目：　　　　评价对象：　　　　评价人：　　　　评价日期：

评价项目	分值	学生自评	组内学生互评	教师评价	总评
作品完整	30				
直线光滑	20				
曲线流畅	20				
比例协调	30				

总结反思

任务三　传统装饰文化劳动教育实践

中国人民自古热爱生活，无论物质上富有还是贫穷，他们总是对生活满怀希望。他们把对未来的美好憧憬融入生活中的每一个细节，用自己的双手把生活的方方面面装饰得如诗如画。本任务分为 3 个子任务：字画装裱、衣物刺绣和盘扣制作。通过本任务的学习，让我们一起从中国传统装饰文化中体会中国传统文化的无穷魅力。

技能一　字画装裱

任务描述

大家在中国传统文化课程当中都学过中国书法和绘画（统称字画），对于中国字画都有一定的认识和了解，那么这些字画在作品完成之后是如何变成墙上的悬挂形式的呢？这期间使用了哪些工艺进行加工呢？今天我们就一起来学习字画装裱的内涵、类型、内容、价值，掌握字画装裱的基本技能。

知识准备

字画是作为艺术品供人欣赏的书法和绘画，是中国传统文化的重要组成部分。字画创作源于生活，创作者往往将自己在生活中的所感、所悟融入作品之中，用笔墨和颜料表达出来。字画饱含了创作者对生活的理解和情感的宣泄，创作者或通过字画表达对大自然的赞美和向往，或通过它表现生活中的酸甜苦辣。因此，字画不仅是中国人艺术表达的一种方式，更是中国人生活情感的真实映射。

一、字画装裱概述

（一）字画的内涵

字画也称书画，是书法和绘画作品的统称。传统字画一般是用毛笔蘸取墨汁、彩色颜料或朱砂在宣纸上通过书写、绘画完成。字画既可指已经装裱完成的字画作品，也可指用来装裱的字画作品。本任务“字画装裱”中的字画，是指用来装裱的字画，也就是画心。

（二）字画装裱的内涵与类型

1. 字画装裱的内涵

字画装裱又称装潢、装池，是中国独有的工艺，即利用各种绫、绢、锦等丝织品或宣纸对字画作品进行装饰，用以美化或保护、修复字画作品。它不仅可以让字画作品便于保存、更加美观，还可以对破损的字画进行补救，故有“三分画，七分裱”的说法。古代装裱的专称叫作“裱背和裱面”。

2. 字画装裱的类型

（1）按照装裱的次数划分　原裱和重新装裱。原裱就是把新完成的字画作品按装裱的程序进行装裱。重新装裱就是对那些原裱工艺欠缺或是由于保存、管理不当，造成不同程度损坏的字画作品重新进行装裱，以延长其寿命。

（2）按照成品形制划分　挂轴、手卷、册页。

①挂轴：也称立轴，是字画装裱中一种竖条幅的体式，便于悬挂、欣赏，是中国传统字画中最常见的装裱形式。

②手卷：只能卷舒而不能悬挂的横幅字画长卷，也称横卷，是字画装裱中的一种体式。

③册页：指书画作品分页装潢成册的一种体式。

（3）按照装裱工艺划分　宣和装、吴装、红帮、行帮、一色装、二色装、三色装、仿古装池、惊燕等。

（三）部分术语

（1）画心　指需要装裱的字画作品。

（2）托心　是装裱字画的第1道工序。中国字画大都是采用宣纸、皮纸、竹纸以及绫绢等材料书写和绘制的，这些材料质地较薄，较易损坏，需要先在其背面托一层宣纸，使之平展而厚实，以保护和加固画心。用来托住画心的这层宣纸称为托心纸。

（3）覆背纸　修复破旧字画的一道工序，以整纸或绢覆衬于画幅背后，起保护和加固的作用。

（4）天头、地头、天杆、地杆　是立轴书画的组成部分，以画心为界上下分为“天”“地”。上方区块称“天头”，下方区块称“地头”，而上、下轴杆分别称“天杆”和“地杆”。

（5）隔界　又叫隔水，分布在画心上下或左右两端。一般与画心所用材质的颜色不同，由浅色锦绫裁成。

（6）边　画心左右两边的锦绫称为“边”，一般与上下隔水同色。

(7)局条 镶在画心周围的纸条,将画心和镶料边接在一起,作用是保护画心在未来的揭裱过程中不受损伤。

二、字画装裱的内容

(1)剪裁托纸 一般用生宣纸作为托纸。按照四周都比画心宽出 10 cm 的标准将画心放在托纸上,沿画心的边缘在托纸上画出轮廓,然后沿画心轮廓线外 10 cm 处剪裁托纸。要求画心周围宽度一致,以备后续上局条和镶边。

(2)整理画心 用喷壶以喷雾状态向画心背面喷水,然后用软毛刷轻轻向四周把画心推刷平整。喷水不用太多,让画心湿润即可;要使用柔软、干燥的毛刷整理,注意动作要轻柔,切勿造成画心的损坏。

(3)刷涂糨糊 把糨糊均匀地刷涂在画心背面,要求从中间向外推刷糨糊,注意动作要轻柔,切勿损坏画心。刷好后,用抹布擦去画心周边的糨糊,以防止托心纸粘在桌上。

(4)上托心纸 把托心纸粘贴在画心背面。粘贴完成后,在托心纸四周边缘刷上 2 cm 宽的糨糊。要求画心与托心纸之间粘贴紧密结实,没有气泡。

(5)上墙晾干 把上好托心纸的画心正面朝外粘贴在墙上,等待自然风干,要求画心粘贴平整。

(6)粘贴局条 把晾干的半成品用起子起下,在画心的边缘粘贴局条,要求局条粘贴平整,保证横平竖直。

(7)粘贴绫布 把选好的绫布粘贴在局条外缘,要求局条露出的宽度一致。

(8)装轴入框 根据需要安装卷轴,或装入镜框,要求卷轴安装端正、牢固。

三、字画装裱的劳动教育价值

近年来,随着国家文化软实力的迅速提升,国家越来越重视对传统文化的保护与传承,加之民间收藏品市场的日益繁荣发展,古籍修复与字画装裱人才的市场需求量迅速攀升,这项传统的手工艺再度掀起热潮。字画装裱是我国独有的一种对字画进行美化和保护的古老技艺,需要当代青年人积极参与传承和弘扬。

(1)在追求卓越中磨砺技能 高职院校人才培养的目标是培养高技能型人才,实操能力是硬核本领,这就需要学生把课堂上学到的知识通过实训转变为技能。这种技能不仅是“会”,还要实现“精”,在熟能生巧的基础之上实现突破和创新。字画装裱劳动过程中,只有将整理画心、刷涂糨糊、上局条、镶边料等各个步骤做到极致,才能使装裱成品实现平(平整)、挺(挺括)、美(美观)。这就要求学生反复执行“操作 – 检查 – 再操作 – 再检查 – 再操作”的循环,并在这一过程中逐渐熟练劳动技能。这样的实践和体验有利于培养学生追求卓越的品质,充分磨砺学生的技能。

(2)在不疾不徐中磨炼心性 任何一种技术和技能的获得,尤其是高级技术和技能的掌握,都必须静得下心、沉得下气、耐得住性、受得住枯(枯燥)。字画装裱劳动过程的每一步都需要学生平心静气,比如刷涂糨糊,动作过慢则糨糊渗透过多,动作过快则糨糊不易均匀。学生必须心平气和、不紧不慢才能出色地完成劳动任务,并在不知不觉中磨炼心性。

(3)在一丝不苟中练就严谨 一丝不苟是工匠精神的重要组成部分,也是高技能型人才的必备素质之一。高职院校要提高学生的技能,就必须培养学生一丝不苟的品质,这种品质的培养必须贯穿整个实践教学过程。思想指导行动,只有思想层面态度严谨才有可能在行动层面一丝不苟。字画装裱的每一个步骤都需要认真和细心，各步骤要严格按照规范和程序进行操作。如果学生在劳动中没有严谨的态度，不遵守操作规范，装裱结果就可能达不到要求，更不可能完美。因此，这一劳动项目可与其他专业课程的实践教学相辅相成，在一丝不苟的操作之中练就学生严谨的工作态度。

任务实施

（一）制订实施方案

装裱画心：画心为学生自己的书法作品，尺寸不超过 60 cm × 80 cm。根据任务需要进行人员分组，6～8 人 / 组；制订实施方案，具体方案见图 7-5。

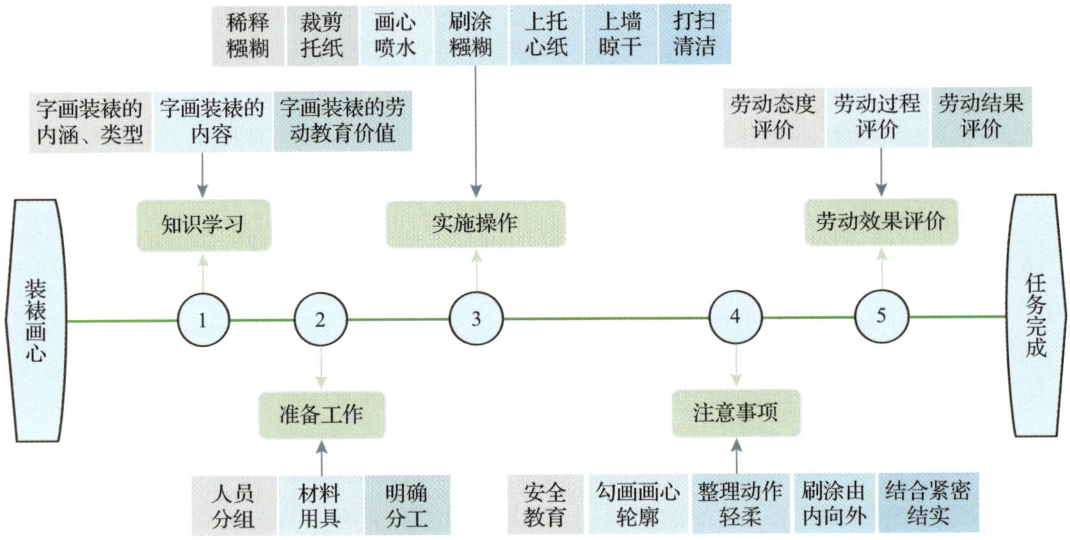

图 7-5　装裱画心实施方案

（二）准备材料用具

画心、糨糊、生宣纸、裁纸刀、长直尺、铅笔、羊毛排刷、毛刷、喷壶等。

（三）具体实施步骤

1. 稀释糨糊

稀释糨糊时，糨糊不能太稠，也不能太稀，能流动即可。

2. 裁剪托纸

沿画心轮廓线外 10 cm 处裁剪托纸，把裁剪好的托纸沿短边卷成圆筒状备用。

3. 画心喷水

用喷壶以喷雾状态向画心上喷水，然后用软毛刷轻轻向四周把画心刷平整。

4. 刷涂糨糊

把画心反面向上平铺在平滑的木板或玻璃台面上，用羊毛排刷从中间向外均匀地刷涂糨糊。刷好后，用抹布擦去画心周边的糨糊。

5. 上托心纸

一边慢慢展开托心纸，一边左右来回推刷，直到托心纸完全覆盖画心；再盖上一层报纸继续推刷，让画心与托心纸粘贴紧实。用有糨糊的毛刷或毛笔在作品的四周边缘刷上1～2 cm宽的糨糊；在其中一个长边的中间部位放一张小纸片，但不刷糨糊，保证作品晾干之后能轻松地揭下来。

6. **上墙晾干**

从一个边角开始，轻轻拿起裱好的作品，使作品正面朝向自己，将作品贴在墙上或玻璃上；用毛刷沿作品周围2 cm的边缘往外面刷，使作品粘贴在墙上或玻璃上；最后向作品和墙壁或玻璃之间吹口气，便于作品晾干后起下；等待作品晾干。

7. **打扫清洁**

把剪裁掉的碎托心纸清扫干净，清洗盛放糨糊的容器和毛刷，把所有工具整理后放入指定位置，擦净桌面。

（四）注意事项

1. **安全教育**

①裁纸刀用毕及时回收刀头，避免划伤；

②直尺较长，使用时注意不要误伤身边同学；

③禁止嬉笑打闹，以免误伤。

2. **勾画画心轮廓**

装裱开始之前，在托心纸上画出画心的轮廓；上托心纸时保证画心端正不歪斜。

3. **整理动作轻柔**

画心喷水时水雾越细越好，喷水不要太多，整理画心时动作务必轻柔；用抹布擦去画心周边的糨糊时，切勿碰到画心，以免画心起皱。

4. **刷涂由内向外**

刷涂糨糊时注意一定要由中心向四周推刷，保证画心平展无皱；糨糊刷涂务必均匀。

5. **结合紧密结实**

托心纸完全放到画心上之后，注意盖上一层报纸继续将其刷平，以保证托心纸不被损坏，这一步务必使用干毛刷。上好托心纸拿起作品时，注意动作要轻慢，以保护画心。

（五）劳动效果评价

劳动效果评价分为劳动态度评价、劳动过程评价、劳动结果评价。采用百分制，劳动态度评价占30%，劳动过程评价占40%，劳动结果评价占30%。劳动态度评价表、劳动过程评价表和劳动结果评价表分别见表7-15～表7-17。

表7-15　劳动态度评价表

劳动项目：　　　　评价对象：　　　　评价人：　　　　评价日期：

评价项目	分值	学生自评	组内学生互评	教师评价	总评
劳动目的	20				
劳动次数	30				
责任意识	30				
大局意识	10				
心得体会	10				

表 7-16　劳动过程评价表

劳动项目：　　评价对象：　　评价人：　　评价日期：

评价项目	分值	学生自评	组内学生互评	教师评价	总评
服从安排	20				
团队精神	20				
劳动情绪	20				
劳动行为	40				

表 7-17　劳动结果评价表

劳动项目：　　评价对象：　　评价人：　　评价日期：

评价项目	分值	学生自评	组内学生互评	教师评价	总评
画心完好无损	20				
四边宽度一致	10				
糨糊推刷均匀	20				
画心放置端正	20				
画心平展无皱	30				

总结反思

技能二　衣物刺绣

任务描述

大家在生活中是否因为漂亮的刺绣而喜欢一件衣服？如果新买的、心爱的衣服不小心破损了，或者一件衣服穿的时间长了，出现审美疲劳，这时候我们该怎么处理呢？今天我们就来学习传统的刺绣技艺，它不仅可以挽救一件衣服，还可以为衣服增添别样的装饰，让衣服焕发出新的风采。本任务我们一起了解衣物刺绣的内涵、类型与内容，理解衣物刺绣劳动教育的价值，掌握利用刺绣修补或装饰衣物的基本技能。

知识准备

刺绣是中国古老的手工技艺之一，历史悠久。中国刺绣流派众多，针法丰富，图案各具特色，在世界享有很高的声誉，是中国传统文化的优秀代表之一。

一、衣物刺绣概述

（一）刺绣的内涵与类型

1. 刺绣的内涵

刺绣，俗称“绣花”，是把不同颜色的棉质、丝质或动物毛发等穿入绣针，按照提前设计的花样，在纺织品上穿针引线形成图案或文字的一种技艺，是中国优秀的传统工艺之一。

2. 刺绣的类型

（1）按照地域划分　刺绣可分为不同的类型，其中最能代表中国刺绣工艺水平的有被称为“四大名绣”的苏绣、湘绣、蜀绣和粤绣。

①苏绣：是苏州地区刺绣的总称，又分为苏州刺绣、南通仿真绣、无锡精微绣和扬州刺绣 4 个流派，是国家级非物质文化遗产之一。苏绣作品图案秀丽，构思巧妙，绣工细致，针法活泼，色彩清雅，地方特色浓郁。

②湘绣：起源于湖南的民间刺绣，是中国国家地理标志产品，是以湖南长沙为中心的带有鲜明湘楚文化特色的湖南刺绣产品的总称，吸取了苏绣和粤绣的优点。湘绣具有强调写实、质朴而优美、形象生动的特点。

③蜀绣：以四川成都为中心，流行于四川巴蜀地区，又称川绣，是中国国家地理标志产品。蜀绣最早可上溯到三星堆文明时期，与蜀锦并称“蜀中瑰宝”，具有针法严谨、针脚平齐、变化丰富、形象生动、富有立体感等特点。

④粤绣：起源于唐代，是广州刺绣（广绣）和潮州刺绣（潮绣）的总称。粤绣题材广泛，针法丰富；构图丰满，繁而不乱；图案工整，富于夸张；色彩艳丽，对比强烈；针法多样，善于变化。荔枝和孔雀是粤绣的传统题材。

除“四大名绣”之外，中国还有很多具有浓郁地方特色的刺绣，如以绣制中国名画而著世、兴盛于北宋汴梁（今河南开封）的汴绣；流行于北京地区的京绣（宫绣）；流行于山东地区的鲁绣；起源于汉代、到南宋发展为极盛、流行于杭州地区的杭绣（吉绣）；流行于浙江温州一带的传统民间刺绣艺术瓯绣；流行于甘肃庆阳的陇绣；流行于山西民间的忻州刺绣和晋南刺绣；还有河南灵宝民间刺绣、青海民间刺绣、西和民间刺绣、濮阳刺绣等。

（2）按照民族划分　汉族刺绣、藏族刺绣、苗族刺绣、壮族刺绣、维吾尔族刺绣、彝族刺绣、满族刺绣、侗族刺绣、瑶族刺绣等。

（3）按照绣线材质划分　丝线绣、棉线绣、毛发绣。毛发绣又包括头发绣、羽毛绣、羊毛绣（上海绒绣）、马尾绣（水族）等。

（二）衣物刺绣的内涵与类型

1. 衣物刺绣的内涵

衣物刺绣是指在衣物成品的特定部位用丝、棉、毛、金属或其他质地的纱线，手绣或机绣出设计好的图案，以对衣物进行装饰或改造的技艺。

2. 衣物刺绣的类型

衣物刺绣根据刺绣目的的不同可分为以下 3 种：

（1）装饰性衣物刺绣　为了使衣物更加美观而进行的刺绣。

（2）改造性衣物刺绣　衣物因为各种原因不能满足需要，通过剪裁和刺绣，使衣物具备新的功能。

(3)修复性衣物刺绣　衣物因为各种原因遭到破坏而不能穿着或使用，通过刺绣进行修复，从而延长衣物的寿命。

二、衣物刺绣的内容

(一)绣布选择

绣布选择即选择刺绣的载体，也叫底布选择。建议选择没有弹性的纺织品，如果是有弹性的纺织品，要在背面通过熨烫粘贴无纺布来抵消弹性，以避免绣绷固定绣布时变形。

(二)绣针选择

根据刺绣花样的不同选择合适的绣针。绣针通常分为不同型号，针号越小越适宜绣制细小的图案。具体来说，1 股线适合使用 7～10 号绣针，2 股线适合使用 5 或 6 号绣针，3 股线适合使用 3 或 4 号绣针，4 股线适合使用 2 或 3 号绣针，5 股线适合使用 1 或 2 号绣针。

刺绣的针与缝制衣物的针不同，它的针孔更长、更大。因为经常需要根据绣制图案的不同而使用不同粗细的绣线，这就需要针孔相对大一些，以方便绣线穿入。一般购买整套的绣针，绣针的长短、粗细和针孔大小各不相同，可以满足不同的刺绣需要。

(三)绣线选择

根据刺绣图案的需要和个人的喜好选择不同粗细、材质、颜色的绣线。绣线有丝线、棉线、毛发等天然材质，也有合成纤维如涤纶线等材质。要求绣线表面有光泽，光滑不粗糙；粗细均匀无结节，质地柔软不易打结；色泽均匀稳定不褪色，结实耐用不易断裂。

(四)基本针法

1. 内容

要想学会基本针法，先要搞清楚刺绣的 2 个基本术语：出针和入针。出针，是指针尖向上，从绣布下方向上方穿出绣布；入针，是指针尖向下，从绣布上方向下方穿入绣布。因为刺绣针法种类繁多，考虑到学生的基础和接受能力，我们只学习以下几种最基本的针法：

(1)直针绣　一般用来填补图案的空白，是最基本的针法。

(2)回针绣　用来绣出各种线条，也可以用来填补各种图形的空白。

(3)轮廓绣　可以用来描边、绣植物的茎叶和脉络，也可以用来绣出整个作品的轮廓。

(4)锁链绣　与轮廓绣的用法基本相同，但是线条更加饱满，也可以用来绣制简单的花朵。

(5)叶形绣　一般用来绣制叶片，有时也用来绣制“心”形或花瓣等相对对称的图案。

(6)蛛网绣　一般用来绣制花朵，具有立体美感，也用于修补衣服破洞。

(7)玫瑰绣　与蛛网绣作用相同，同样具有立体美感。

2. 要求

要求直线挺直、曲线圆顺；针迹整齐，边缘光滑；绣面平服，丝缕顺直；针距一致，不空不重；绣面光洁，干净无污；针法恰当，作品美观。

三、衣物刺绣的劳动教育价值

(1)传承优良作风，弘扬传统美德　习近平总书记曾指出：“不论我们国家发展到什么水平，不论人民生活改善到什么地步，艰苦奋斗、勤俭节约的思想永远不能丢。”生活中衣服开线、不小心划破都是常有的事；原本一件质地优良的衣物，因为穿的时间稍长而造成审美疲劳，或者跟别人撞衫等也时有发生。学会刺绣技能，就可以解决以上问题，它不仅避免浪费，还能通过“DIY”让衣物具备私人定制的个性风采。

(2)提高审美情趣,培育创美能力　苏联作家高尔基曾说过:“照天性来说,人都是艺术家。他无论在什么地方,总是希望把‘美’带到他的生活中去。”中国刺绣艺术之美令人叹为观止,在世界享有盛誉。通过刺绣劳动教育,学生可以学会欣赏刺绣色彩和谐之美、技艺精湛之美、题材丰富之美、图案灵动之美,提高审美情趣,从而更加热爱生活;学生可以利用刺绣的技巧修补衣服破洞或者为旧衣服增加装饰,并在绣制过程中培育创造美的能力,激发“爱美”之心,提高审美情趣。

(3)锻炼灵活手指,提高生活技能　随着生活水平的提高,人们获得服装的途径基本是直接购买成品,自己动手缝制衣服的时代早已成为历史,这就导致很多学生根本没有使用针线的经历,成为“拿不动针”的一族。“拿不动针”的表象之下,是动手能力的缺失和生活能力的下降。物质条件的优越和物流的便利不应成为生活技能下降的借口,因此,培养学生基本的生活技能也是学校教育的一项重要任务,这些技能只能通过学生亲自参加相应的劳动教育项目获取。

任务实施

(一)制订实施方案

衣物刺绣:衣服的破洞为边长 2 cm 的三角形,本次劳动任务由学生独立完成;制订实施方案,具体方案见图 7-6。

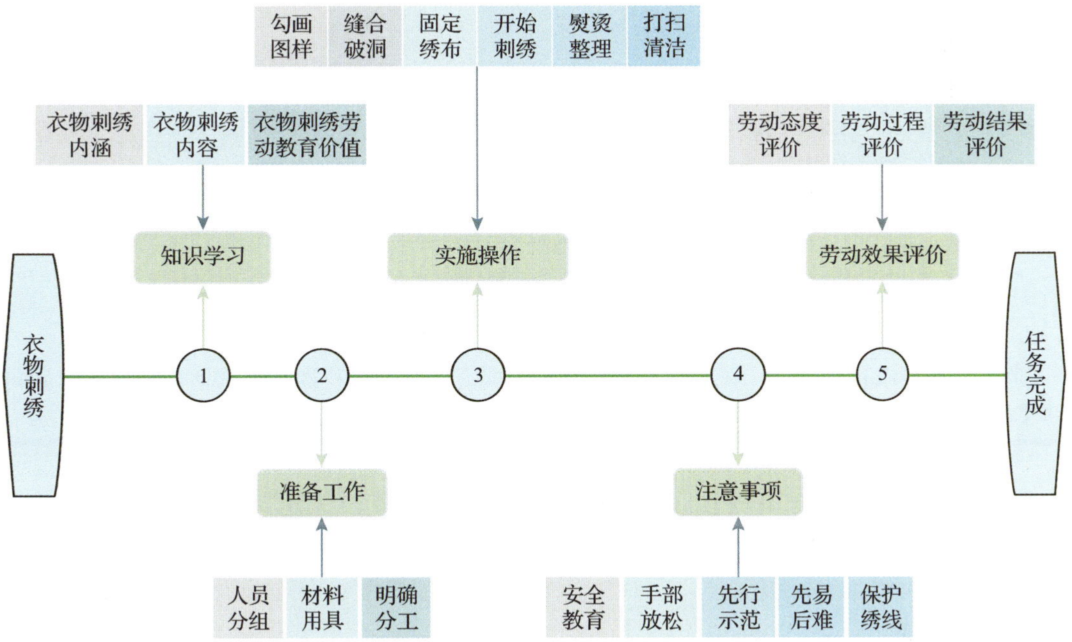

图 7-6　衣物刺绣实施方案

(二)准备材料用具

绣布、绣线、绣针、绣绷、剪刀、铅笔、熨斗等。

(三)具体实施步骤

1. 勾画图样

沿着三角形破洞外缘 1 cm 处勾画图样,形成一朵小花,包括叶子、花梗、花朵,保证图案完全覆盖破洞。

2. 缝合破洞

先用普通针法沿着破洞边缘左右交叉把破洞简单缝合到一起,或者裁剪一块比破洞略大的贴片,粘贴在破洞的背面,以防止绣布变形。

3. 固定绣布

用绣绷固定绣布。先把绣绷的内圈放在破洞的下方,然后铺平绣布,再套上绣绷的外圈,加以固定。注意绣布要保持平展且松紧一致。

4. 开始刺绣

①用回针绣(轮廓绣或锁链绣)绣出花梗。

②用蛛网绣或玫瑰绣绣出花瓣。

③用叶形绣绣出叶片。

5. 熨烫整理

作品绣好后,往往绣布上会留有绣绷的压痕,绣出的图案也可能不太平整,可以将熨斗调整到非喷雾状态,低温时在绣品的背面将绣品熨平。

6. 打扫清洁

把散落的碎线头清扫干净,绣针放入针线盒,剪刀合拢,所有物品整理归入指定位置。

(四)注意事项

1. 安全教育

①劳动期间注意动作要轻慢,避免被绣针刺伤。

②学习绣绷的正确使用方法,避免被夹伤。

③劳动期间禁止嬉笑打闹,以免被剪刀扎伤、绣针刺伤。

④正确使用熨斗,防止被烫伤。

2. 手部放松

学生大都没有使用针线的经验,拿针的时候不要太用力,手指、手腕要放松、自然。

3. 先行示范

刺绣针法难以用语言准确描述,因此建议教师先行示范,让学生形成初步印象,然后再跟随动手操作。操作过程中教师要根据情况随时指导或纠正。

4. 先易后难

先从基本的线条开始,再逐步过渡到简单的图形,这可以让学生从一开始就能获得小的技能,增加成就感,激发进一步学习的兴趣。如果男同学完成劳动较为困难,建议可以只完成其中一部分,如叶形绣或锁链绣。

5. 保护绣线

如果手上干燥起毛刺,要适当涂抹护手霜,以防止毛刺挂丝线,导致刺绣作品不够光滑。

(五)劳动效果评价

劳动效果评价分为劳动态度评价、劳动过程评价、劳动结果评价。采用百分制,劳动态度评价占 30%,劳动过程评价占 40%,劳动结果评价占 30%。劳动态度评价表、劳动过程评价表和劳动结果评价表分别见表 7-18～表 7-20。

表 7-18　劳动态度评价表

劳动项目：　　　　评价对象：　　　　评价人：　　　　评价日期：

评价项目	分值	学生自评	组内学生互评	教师评价	总评
劳动目的	20				
劳动次数	30				
责任意识	30				
大局意识	10				
心得体会	10				

表 7-19　劳动过程评价表

劳动项目：　　　　评价对象：　　　　评价人：　　　　评价日期：

评价项目	分值	学生自评	组内学生互评	教师评价	总评
服从安排	20				
团队精神	20				
劳动情绪	20				
劳动行为	40				

表 7-20　劳动结果评价表

劳动项目：　　　　评价对象：　　　　评价人：　　　　评价日期：

评价项目	分值	学生自评	组内学生互评	教师评价	总评
针距一致	30				
直线挺直	20				
曲线圆顺	20				
绣面平服	30				

总结反思

技能三　盘扣制作

任务描述

随着传统文化日益受到重视，中式服装越来越多地回归到我们的生活中来。大家是否注意到中式服装上的盘扣与西式服装上的纽扣有着很大的区别？盘扣不仅材质不同，形状更是千姿百态，美不胜收。中国盘扣之所以能够如此美妙，其根本原因是高超的盘结技巧。今天我们就一来学习盘扣制作这一传统技艺。本任务我们一起了解盘扣的内涵、类型，盘扣制作的内容，理解盘扣制作的劳动教育价值，掌握盘扣制作的基本技能。

知识准备

盘扣属于传统中国结的一种，是一种古老的编织艺术。盘扣外观大多对称且精致，是中式服装的重要组成部分，不仅具有很强的实用价值，还因其造型优美、色彩多样而具有极高的观赏价值。盘扣的体积虽然不大，却蕴含着精巧的传统技艺和中国智慧。

一、盘扣制作概述

（一）盘扣的内涵与类型

1. 盘扣的内涵

盘扣，也称为盘纽、纽结、纽襻，是中国传统服装中使用的一种纽扣，是中国传统服装上不可或缺的组成结构和装饰元素，也是中国传统服装的一种标志。

2. 盘扣的类型

（1）根据功能　分为盘扣和盘花（花扣）。

①盘扣：指具有固定衣服的功能并实际使用的盘扣。

②盘花：指没有固定衣服功能的纯装饰性的盘扣，是古老中国结的一种。按照盘结后形成的空心部分的结构，盘花可分为实心（中心部位被袢条充满）和空心（中空或用其他布料包裹棉花嵌在里面）2类。盘花广泛应用于服装、手包、头发、抱枕、请柬、耳环、项链、手链、挂件等各种物品的装饰。

（2）根据盘扣的形状　分为直盘扣和花型扣。

①直盘扣：又叫一字盘扣，是盘扣的基础款，编结最为简单。将一根袢条编结成球状的扣头，将另一根袢条对折成为带扣环的扣带。扣头和扣环分别缝在衣襟相对的两侧，扣头扣入扣环以固定衣服。直盘扣适用于所有的中式服装。

②花型扣：是指除了具有固定衣服功能的扣头、扣环以外，还在扣头和扣环的尾部编结不同的花型，具有装饰作用。

按照花型的结构，花型扣又可分为实心（中心部位被袢条充满）和空心（中空或用其他布料包裹棉花嵌在里面）2类。

（3）根据花型的形状　分为模仿植物、动物、文字、器物、几何图形的盘扣。

①模仿植物的盘扣：兰花扣、菊花扣、铃兰花扣、树叶扣、葫芦扣、梅花扣等。

②模仿动物的盘扣：蝴蝶扣、小兔扣、凤尾扣、金鱼扣、燕子扣等。

③模仿文字的盘扣：喜（囍）字扣、吉字扣、寿字扣等。

④模仿器物的盘扣：琵琶扣等。

⑤模仿几何图形的盘扣：一字扣、波形扣、三角形扣等。

盘扣的花型图案都具有浓郁的中国传统文化韵味和吉祥意义，每一种都代表着特定的寓意，表达了中国人民对美好生活的追求，展现出中华民族独特的审美观，呈现出中国服饰独有的意蕴与内涵。

(4) 根据袢条的材质　分为软滑扣、嵌丝硬滑扣。

①软滑扣：袢条全部是由布料的窄条折叠缝制而成，中心没有任何填充。

②嵌丝硬滑扣：一般在真丝面料当中嵌入金属丝（以铜丝为多），便于盘花时定型。

（二）盘扣的历史

盘扣起源于远古时期的结绳系带。我国早期的服装都比较宽大，为提高衣服的保暖性能和让衣服更加合体，常常借助各种绳带进行打结。秦朝出现盘扣雏形。盘扣使用于唐朝，普及于宋朝，于清朝取代系带，于民国时期到达巅峰，被沿用至今，经历了绳、结、带、扣的形式演变，并逐步从单一功能性向兼具装饰性的方向发展。

（三）盘扣的构成

盘扣由扣头、扣环、扣颈和扣花 4 部分组成。最基本的构造是一端为扣头、扣颈和扣花，另一端为扣环、扣颈和扣花，成对使用，扣头扣入扣环，起到固定衣服的作用。盘扣左右对称者居多，契合中华民族追求和谐、平衡的审美观。盘扣也有不对称的，由扣头、扣环与扣花组合在一起共同构成一个完整的图案。

(1) 扣头　相当于纽扣，是由袢条编结而成的球形纽结，扣入扣环后起到固定衣服的作用。扣头材质除传统的布质以外，还有金、银、铜、玉石、绿松石、玛瑙等材质。通常根据服装的款式选择不同材质的扣头进行搭配。

(2) 扣环　相当于扣眼，由袢条编结而成，环状。

(3) 扣颈　扣头、扣环与扣花连接的部位。

(4) 扣花　在盘扣的尾部，是由袢条编结而成的各种花型图案，是盘扣最精彩的部分。

二、盘扣制作的内容

(1) 缝制袢条　是指将布料通过折叠缝制成细条或将布料包裹棉纱线、金属丝缝制成细条，以用来制作盘扣，这是盘扣制作的第 1 步。袢条与现代普遍使用的、以整块硬质塑料或金属为材质打洞形成的纽扣有着本质的区别。袢条缝制要求纤细、顺直、饱满，边缘光滑，针距均匀整齐。

(2) 编结扣头　指将袢条通过盘绕、弯折编织成扣头。要求扣头盘结圆润紧实，扣环大小合适。

(3) 缝制扣颈　即把扣头和扣环下边 2 条袢条缝在一起，使盘扣紧实不松散，方便扣头扣入扣环。要求缝制松紧合适，针脚平整，长度大概与袢条的直径一致。

(4) 编结扣花　就是按照需求盘结扣花。要求盘扣两边扣花大小一致，形态端正。

(5) 固定盘扣　指把盘扣用针线固定到衣服上。要求盘扣装钉位置准确，扣头扣入扣环后布料边角整齐。

三、盘扣制作的劳动教育价值

(1)传承古老技艺,弘扬传统文化　盘扣是中国传统文化元素之一,对于中国女性传统服装——旗袍而言,盘扣是其点睛之笔,是如同灵魂一般的存在。随着时代的发展,盘扣已经不只具备固定服装这一项功能,它已演变为富有装饰性的工艺美术品,开始作为一种中国的标志性元素,出现在国际时尚圈。这项传统技艺不应只有裁缝传承,而应有更多的年轻人加入学习、传承的大军,让盘扣走进更多人的生活,让更多人掌握盘扣手艺,使盘扣衍生更多生活中实用的非遗价值,让传统文化焕发具有时代特色的生机和活力。

(2)培育工匠精神,助力"中国创造"　工匠精神的内涵为"执着专注、精益求精、一丝不苟、追求卓越",落在个人层面,工匠精神就是一种认真精神、敬业精神。工匠精神是推动实现中华民族伟大复兴中国梦的精神驱动力和引领力。盘扣虽小,却因其制作工艺的特殊性,使成品在精巧中蕴含着精致,成为中国独特的服饰装饰。高职院校承载着培养高技能创新人才的重任,传统的盘扣制作属于"中国创造",也是"中国精造",因此此项劳动实践非常有利于培养学生的创新精神。

(3)培养创收能力,促进自主创业　随着社会的发展和盘扣技艺的创新,盘扣早已不单是中式服装的附属品,而是成为可以独立创收的项目,比如盘扣头饰、盘扣项链坠、盘扣手链、盘扣工艺品等。学生熟练掌握盘扣技艺之后,可以自己制作各种盘扣制品进行售卖,培养独立自主的意识和经济独立的能力,在减轻家庭负担的同时,促进自主创业。

任务实施

(一)制订实施方案

盘扣制作:根据任务需要进行人员分组,6～8 人 / 组;制订实施方案,具体方案见图 7-7。

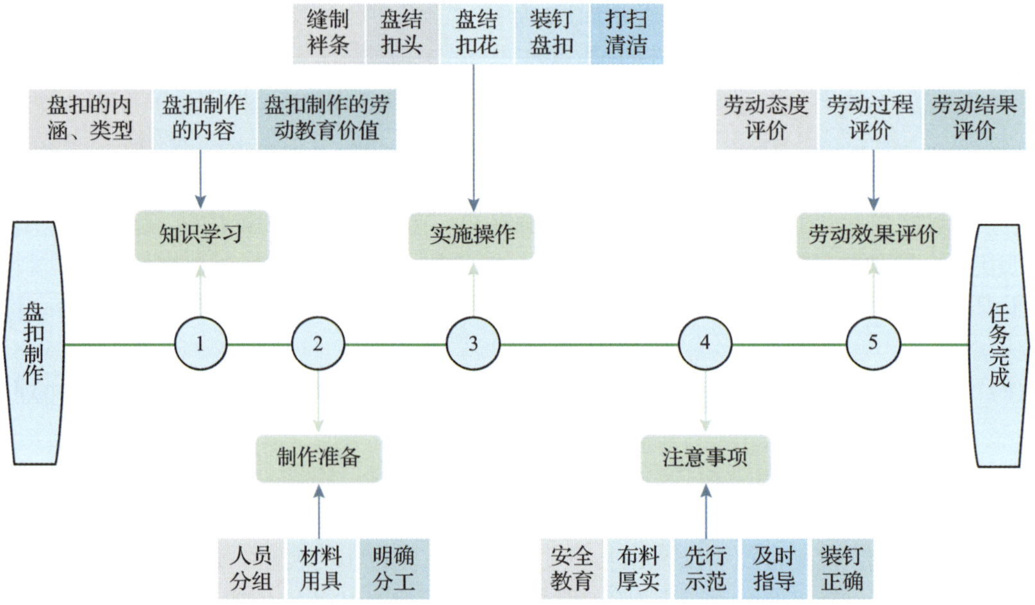

图 7-7　盘扣制作实施方案

(二)准备材料用具

布料、镊子、针、顶针、线、剪刀、针锥、熨斗等。

(三)具体实施步骤

1. 缝制袢条

①教师逐步分解示范,学生了解后开始动手操作。

②把布料以 45° 角斜裁成 1.5 cm 或 2 cm 宽的布条。注意切勿顺着布料的经纬线裁剪,因为 45° 角斜裁后布料的伸缩性最大,扭转的时候不会起波浪纹,缝制好的袢条比较光洁、顺滑。

③将布条的两端剪成 45° 角的斜口,并两两拼接起来。

④拼接好后将布条用熨斗熨平,纵向对折,再熨一遍中线,这样缝线的时候布条不容易扭曲;然后把布条两边向中心对折,注意将毛边务必全部折进去,以保证边缘光滑无毛刺;用暗针将布条缝成长细条,尽量不要露出线迹。

2. 盘结扣头

①教师示范,让学生形成初步印象。

②跟随教师的分解示范步骤,学生动手操作。扣头两边袢条要留够盘花所需的长度,且两边的长度一致。

3. 盘结扣花

教师按照琵琶扣制作视频逐步分解示范,让学生形成初步印象。学生跟随教师逐步动手操作;教师随时观察学生的操作,在盘结过程中随时给予指导。

4. 装钉盘扣

教师示范,让学生形成初步印象。学生用 2 片布料模拟衣服的左右两边,把盘结好的盘扣装钉在衣服门襟上。

5. 打扫清洁

把缝制袢条时裁剪的边角料和线头清扫干净,针线收入针线盒,剪刀合拢,将所有物品整理归入指定位置。

(四)注意事项

1. 安全教育

①劳动期间注意动作要轻慢,避免被针刺伤。

②学习顶针的使用方法,便于缝制时用力。

③劳动期间禁止嬉笑打闹,以免被扎伤、刺伤。

2. 布料厚实

选择厚实且无弹性的布料,因为这样的布料不容易走形,裁剪和制作都比较方便。

3. 先行示范

盘扣过程难以用语言准确描述,因此建议教师先行逐步分解示范,让学生形成初步印象,然后学生再跟随教师的示范动手操作。

4. 及时指导

扣头盘结比较复杂,教师的示范动作要慢;学生操作时教师要根据情况及时纠正或指导。

5. 装钉正确

装钉盘扣时注意扣头要露出门襟之外,以保证扣入扣环后衣襟平展。

(五)劳动效果评价

劳动效果评价分为劳动态度评价、劳动过程评价、劳动结果评价。采用百分制,劳动态度评价占30%,劳动过程评价占40%,劳动结果评价占30%。劳动态度评价表、劳动过程评价表和劳动结果评价表分别见表7-21～表7-23。

表7-21 劳动态度评价表

劳动项目: 评价对象: 评价人: 评价日期:

评价项目	分值	学生自评	组内学生互评	教师评价	总评
劳动目的	20				
劳动次数	30				
责任意识	30				
大局意识	10				
心得体会	10				

表7-22 劳动过程评价表

劳动项目: 评价对象: 评价人: 评价日期:

评价项目	分值	学生自评	组内学生互评	教师评价	总评
服从安排	20				
团队精神	20				
劳动情绪	20				
劳动行为	40				

表7-23 劳动结果评价表

劳动项目: 评价对象: 评价人: 评价日期:

评价项目	分值	学生自评	组内学生互评	教师评价	总评
袢条纤细顺直、饱满光滑	20				
扣头圆润紧实、形态端正	30				
扣花大小一致、端正	30				
盘扣装钉位置准确	20				

总结反思

参考文献

[1] 高文红，郭丽萍，靳慧龙．高等职业学校劳动教育教程[M]. 保定：河北大学出版社，2021.
[2] 高文红．高职劳动教育评价改革的时代要求、现实困境和实施策略[J]. 中国职业技术教育，2022(19)：62-67.
[3] 刘小惠．新时代劳动素养评价体系建构与课程实践路径选择——以人大附中劳动教育课程建设为例[J]. 创新人才教育，2021(2)：31-37.
[4] 玄友珍．升级笔记本电脑——安装固态硬盘[J]. 农村青少年科学探究，2022(5)：44.
[5] 罗亮，张应梅，刘金广．轻松玩转电脑组装与维修[M]. 北京：电子工业出版社，2019.
[6] 方寸心．电脑操作系统的安装技巧研究[J]. 通讯世界，2017(24)：314-315.
[7] 九州书源．系统安装与重装[M]. 北京：清华大学出版社，2016.
[8] 宋烨，邓桂萍，凌晨．高职院校《电视机的装调与维修》课程教学改革的实践[J]. 中国校外教育，2009(S3)：447-448.
[9] 谢志明，戴鼎鹏．项目教学法在《电视机原理与维修》中的应用[J]. 长沙航空职业技术学院学报，2008(2)：17-19.
[10] 李宗糖．彩色电视机维修技术探究[J]. 职业，2019(28)：118-119.
[11] 刘凤彪．植物文化赏析[M]. 保定：河北大学出版社，2017.
[12] 黄礼祥．绿篱在园林中的应用[J]. 中国园艺文摘，2009，25(1)：23-24.
[13] 黄丽萍．木工实训室可视化教学方式的探索与建设[J]. 造纸装备及材料，2021，50(11)：155-156.
[14] 李明宇．圣女果脯的制作工艺[J]. 农产品加工(创新版)，2012(9)：47.
[15] 张倍宁，赖健．菠萝心果脯生产工艺的研究[J]. 广东农业科学，2010，37(8)：156-158.
[16] 黄焱．中国传统文化概论[M]. 北京：中国水利水电出版社，2017.
[17] 林素彬．茶艺师基本技能[M]. 北京：中国劳动保障出版社，2013.
[18] 张雪楠．茶艺全书：知茶泡茶懂茶[M]. 北京：中国纺织出版社，2021.
[19] 张鑫，王辉，李东霞. 植物标本制作的研究概述[J]. 教育教学论坛，2020(26)：153-154.
[20] 王宇. 植物腊叶标本的制作方法[J]. 农村科学实验，2013(8)：6.
[21] 温带娣，陈志明．试论植物标本的制作与保存技术[J]. 现代园艺，2018(11)：188-189.
[22] 韩亚利. 金叶国槐嫁接技术及园林应用[J]. 安徽农业科学，2011，39(13)：7887-7889.
[23] 杨军，和中缘，赵隆昌，等．基于文化传承视角下的古籍修复与书画装裱技术研究[J]. 数字与微缩影像，2021(1)：36-39.